죽기 전에 꼭 읽어야 할 법화경

죽기 전에 꼭 읽어야 할

법화경

인운 손종호 지음

운주사

머리말

경經이란 글자는 '날실'이란 뜻으로 옷감을 의미한다.

옷을 만드는 천과 같은 것으로서 필요에 따라 어떤 이는 저고리도 만들어 입을 수 있고, 어떤 이는 바지를 만들기도 하며, 어떤 이는 버선도 만들어 신을 수 있고, 또 어떤 이는 보자기로도 사용할 수 있고, 모자를 만들어 쓰기도 한다. 이렇듯 천은 쓰는 이의 필요에 따라 여러 가지로 만들어 사용할 수 있다. 천이 쓰는 이의 필요에 따라 갖가지로 쓰이듯 경도 쓰는 이의 필요에 따라 여러 가지로 사용할 수 있다.

경經 속에는 무진장한 보물이 들어 있다. 경 속에는 우리가 살아가는 데 필요한 모든 것이 다 들어 있으며, 각자의 근기와 노력에 따라 그것을 찾아 쓸 수 있다.

그러나 경經을 그냥 석가모니부처님이나 예수님 또는 무함마드와 같은 성인들의 가르침을 기록해 놓은 것이라고 할 때에는 경은 그냥 성인들의 가르침을 적어 놓은 기록물에 지나지 않는다. 경을 성인들의 가르침을 기록해 놓은 기록물이라고 할 때는 우리는 경 속에 숨어 있는 보물을 찾아 쓸 수가 없다.

그러면 어떻게 해야 경 속에 들어 있는 보물을 찾아 쓸 수 있는가?

이 책에서는 법화경 속에 들어 있는 무진장한 보물을 나의 필요에 따라 찾아서 쓰는 방법에 대하여 공부하고자 한다.

금강경이나 화엄경 공부를 많이 한 사람도 법화경 공부는 어렵다고 한다. 왜 그럴까? 아마도 금강경이나 화엄경은 많은 사찰에서 일찍부터 공부가 있어 왔지만 법화경 공부는 역사가 비교적 짧기 때문이라고 생각한다. 더욱이 법화경이 일본으로부터 수입이 되었다는 잘못된 인식이 법화경의 접근을 더욱 더디게 하였을 것이라고 생각한다. 그러나 법화경은 6세기경 백제 성왕 때 불상과 더불어 일본으로 전해진 경전이다.

법화경은 반야경, 유마경, 화엄경과 더불어 대승경전에 속한다.

대승은 소승에 대한 상대적인 개념으로 깨달음을 성취하는 데에 될수록 많은 사람과 함께 가자는 말이다. 그러나 대승의 속뜻은 이 우주의 모든 존재들은 그 대승 자리에 들어가지 않으면 살 수 없다는 말이다.

남자나 여자나 늙은이나 젊은이나 부자나 가난한 사람이나 선한 사람이나 악한 사람이나 권력이 높은 사람이나 낮은 사람이나 모두 이 대승 자리에 들어가야 산다.

이 우주 속에서 사람을 위시한 모든 존재가 살아가기 위해선 대승을 실천해야 부처님〔우주의 섭리, 우주를 움직이는 힘〕이 우리를 도와준다. 석가모니부처님은 이 우주 속에서 우리가 살아 나가는 길을 열어 준 것이다.

부처님은 법화경 속에 여래신통력과 비밀법장을 숨겨 놓으셨다.

법화경 전체 28품은 각 품마다 우리와 약속하는 자리가 다르고 그 움직이는 힘이 각기 다르다. 이 책은 법화경 각 품마다 움직이는 힘을 어떻게 사용할 수 있는지를 알게 해 주신 설송雪松 불승종佛乘宗 종조宗祖님의 가르침을 많이 수록하였다. 그분의 말씀에는 ◉표를 하여 눈에 쉽게 띄게 하였다.

　설송 종조님의 해설이 너무 앞서 나가서 우리가 이해하기엔 무리가 있을 수 있으나 법화경을 자유자재로 운영하신 분의 말씀이므로 무슨 깊은 뜻이 있겠지 하고 열심히 들어가 보면 어느 땐가는 그 의미를 알 수 있을 것이라 생각한다. 필자에게 30년 가까이 많은 가르침을 주신 그분의 가르침을 많은 사람들에게 전하기 위하여 이 책을 쓰게 되었다.

　아쉬운 점은 지면 관계로 법화경 28품 전체를 해설하지 못하고 각 품의 중요한 부분만을 해설한 점이다.

　이 책에서 사용된 원문은 동국대학교 불교학술원의 『妙法蓮華經』(大正藏 제9권)을 인용하였다. 이 책의 탄생에 큰 도움을 주신 이해숙 민화 보살님과 이상철 거사님 그리고 진관 김미순 보살님께 감사의 마음을 새긴다.

　아버님 어머님, 감사합니다. 그리고 이 책이 세상에 나오게 해준 운주사 김시열 대표께 고마움을 전합니다.

2021. 3. 지은이

머리말 • 5

법화경 해설

참고 문헌 • 637

묘법연화경妙法蓮華經의 뜻은 무엇인가?

묘법연화의 묘법妙法이란 위대한 부처님의 가르침이란 뜻이요, 가장 높은 뜻을 가진 가르침이란 뜻이다. 묘妙자는 묘하다는 의미인데, 계집 女변에 적을 少자를 했다. 즉 나이가 적은 여자 아이는 묘하다는 의미이다. 어린 여자 아이의 속마음은 알 수가 없는 경우가 많다. 울어야 할 것 같은 상황에서 웃는다든지, 웃어야 할 것 같은 때에 운다든지, 길바닥에 낙엽이 굴러가는 것만 봐도 웃는다든가 하는 모양이 묘妙자이다.

법法자는 물이 흘러가듯 자연스럽다는 의미이다. 물은 높은 데서 낮은 곳으로 흐르고, 앞에 장애물이 있으면 돌아서 가듯 세상 살아가는 방법은 순리대로 이루어져야 한다는 말이다.

묘법이란 '지식이나 경험에 의하지 않고 실제로 증득해야 알 수 있는 법'이나 그 속뜻은 '항상 젊어진다', '불변不變이다'라는 의미가 담겨져 있다. 산불이 나서 산에 나무가 다 타서 없어져도 몇 년이 지나고 보면 예전처럼 산에 나무가 자라고, 가뭄이 들어 저수지에 물이 말라 물고기가 다 말라죽어도 몇 년 지나면 다시 물고기가 생기는 원리, 즉 늘 젊어지는 원리를 말한다. 엄동설한 겨울에는 모든 것이 다 시들고 잠자고 없어지지만 봄이 되면 모든 것이 다시 생겨나는 원리, 또 이 우주는 텅 비어 있는데 만물을 자라게 하고 열매를 맺게 하고 모든 것을 살리는 원리 등, 이런 것들이 모두 묘妙이다.

그 다음 연화蓮華란 무슨 뜻인가? 연꽃은 더러운 흙탕물(탐진치貪瞋痴·번뇌煩惱·망상妄想)에서 피지만 그 더러움에 물들지 않는다는 의미이다. 이것을 처염상정處染常淨이라고 한다.

연화는 땅과 연결되어 있다. 땅과 연결되지 않고는 묘법이 움직이지 않는다. 땅이 변화되면서 우주의 기운을 어떻게 받느냐 하는 문제가 있다.

그러므로 연화란 우리가 땅에서 기운을 받으면서 마음에 구상이 생겨나는 모습을 말한다.

연꽃은 꽃을 피움과 동시에 그 속에 열매를 맺는다(화과동시花果同時). 꽃은 현실現實, 열매는 이상理想을 의미하는데, 연꽃은 이 두 가지를 함께 갖추고 있다는 뜻이다. 현실〔諸法〕과 이상〔實相〕을 동시에 갖춘 연꽃처럼 이 두 가지를 하나로 조화시키는 데 가르침의 참뜻이 있다. 불교는 수행을 통한 깨달음의 종교인데 수행을 마친 후에 깨달음을 얻는 게 아니라 수행 속에 이미 깨달음이 내포되어 있다.

이와 같이 묘법과 연꽃을 연결한 것이 바로 이 묘법연화경으로 수행의 단계 속에 이미 부처님이 지도하는 세계가 내포되어 있는 것이다. 이처럼 묘법연화경은 현실을 살아가는 사람을 위한 지혜의 보고이며 인생을 위한 지침인 것이다.

— 민희식, 『법화경과 신약성서』, p.222

법화경은 어떤 경전인가?

법화경(묘법연화경)은 대승경전의 으뜸으로서 우주의 힘이 장엄되어 있다.

법화경 전체 28품은 우주의 28수宿 모양을 본뜬 것이니, 법화경 공부를 열심히 하면 우주 실상을 알게 되어 깨달음의 길로 나아갈 수 있다. 부처님은 오직 일대사인연一大事因緣으로 세상에 나타나시는데, 그 일대사인연이란 부처님이 깨달으신 지견知見을 열어서〔開〕, 보여 주고〔示〕, 사람들로 하여금 깨닫게 해 주고〔悟〕, 불지견의 길로 들어가게〔入〕 하는 것이다.

법화경은 수기경受記經이고 천도경薦度經이다. 우리가 법화경 공부를 열심히 하고 참회하면 내가 제도가 되고 조상님이 천도가 된다.

법화경은 교보살법敎菩薩法이며 불소호념佛所護念의 경전이다.

이 뜻은 법화경은 보살을 가르치는 경전이며 부처님이 보호해 주는 경전이라는 말이다. 물론 법화경을 수지독송受持讀誦(받아 지니고 늘 읽고 욈), 해설解說, 서사書寫하면 부처님이 보호해 주신다. 법화경을 자꾸 읽고 외우고 쓰면 업業에 의하여 피할 수 없는 고통이 닥치더라도 그 고통이 경감되고 마지막 자리는 피할 수 있는 힘을 주신다. 그리고 내가 하는 일이 아무 장애 없이 순조롭게 풀리는 지혜를 주신다.

그러면 교보살법이란 무슨 말씀인가?

교보살법이란 이 우주의 모든 존재가 살아가는 방법을 서로 알게 하고 도와주는 법이라는 뜻이다. 이 우주 안에 있는 모든 존재가 서로 잘 조화롭게 살아가기 위해선 보살로 살아가야 한다. 어느 존재든 혼자의 힘으론 살 수가 없다. 인연의 법칙에 따라 서로서로 도와주고 도움을 받고 살아가야 하는 것이 보살로 살아가는 것이며 이것은 우주법칙이다. 법화경 속에는 보살로 살아가는 방법이 들어 있다.

불소호념이란 이 우주의 모든 존재가 각기 살아 나가는 방법을 찾게 해 주는 것이다. 우주의 살아 움직이는 힘이 우리를 살아가게 한다. 석가모니부처님은 우리가 살아 나갈 수 있는 길을 보여 주시고 열어 주시는 것이지 석가모니를 위해서 살라고 하신 말씀은 아닌 것이다.

따라서 불소호념이란 누구나 살아갈 수 있는 길을 찾는 힘을 갖게 해 주는 것이다.

법화경에는 비유譬喩와 방편이 들어 있는데, 비유란 어떤 현상이나 사물을 말할 때 그와 비슷한 다른 현상이나 사물을 끌어내어 표현하는 효과적인 서술방식을 말한다. 비유는 부처님께서 중생에게 깨달음의 진리를 쉽고 재미있게 설명하기 위해 가장 널리 사용하신 언어적 표현방법이다.

그리고 방편이란 중생을 구제하기 위한 방법으로써 중생에게 진실을 가르치기 위해 그때그때의 경우에 따라 편리하고 쉽게 이용하는 수단을 말한다.

법화경에는 7가지의 비유가 있는데 이를 법화칠유法華七喩라 한다.

법화칠유

1. 삼계화택三界火宅의 비유(비유품 제3)

한 부호의 집에 불이 났는데도 노는 데 정신이 팔려 그 집에서 빠져나오지 않는 아이들에게 양거羊車·녹거鹿車·우거牛車로 유인하여 그들이 나오자 보배로 장식된 흰 소 수레를 준다는 내용. 여기서 부호는 부처를 상징하고, 불타는 집은 탐욕과 미혹이 들끓는 마음의 세계를, 아이들은 중생을, 세 수레는 삼승三乘을, 보배로 장식된 흰 소 수레는 일승—乘을 상징한다. 법화경의 비유는 삼승에서 벗어나 일불승으로 나가야 한다는 것을 강조하고 있다. 부처님께서 법화경을 열반하시기 8년 전부터 설하신 이유가 여기에 있다.

2. 장자궁자長者窮子의 비유(신해품 제4)

원래 부호의 아들이었으나 어릴 때부터 집을 나가 가난하게 살아온 아들을 그 부호가 찾아내어, 부호가 죽을 때 그가 자신의 아들임을 밝히고 재산과 모든 것을 물려준다는 내용. 여기서 부호는 부처를 상징하고, 가난한 아들은 무명에 싸여 있는 중생을 의미한다.

3. 삼초이목三草二木의 비유(약초유품 제5)

공중에서 내린 비는 한 모양 한 맛(—相—味)이지만 비를 맞는 약초는 그 크기와 종류와 성질에 따라 제각기 다르게 비를 맞고 자라듯, 부처는 중생의 근기나 능력에 따라 여러 비유와 방편으로 설하지만 부처의 유일한 가르침은 보살행을 닦아 성불하는 것이라는 내용.

4. 화성보처化城寶處의 비유(화성유품 제7)

보물을 찾기 위해 멀고도 험난한 길을 가던 무리가 도중에 힘들고 지쳐 돌아가려 하므로 길라잡이가 신통력으로 성城을 만들어 무리를 쉬게 한 다음 다시 길을 떠난다는 내용. 여기서 보물은 일승一乘에 의한 성불을 상징하고, 길라잡이는 부처를, 신통력으로 만든 성은 방편을 상징한다.

화성化城이란 나 자신도 모르게 쌓아 놓은 굳건한 성인데 나의 고정관념을 뜻한다. 이것이 변해야 한다는 것이다. 이 품에서도 삼승에 머물러 있는 성문, 연각, 보살들로 하여금 부처가 되는 일불승一佛乘을 강조하신다.

5. 의리보주衣裏寶珠의 비유(오백 제자 수기품 제8)

가난한 사람이 친구 집에 갔다가 술에 취해 자고 있는데, 친구가 불쌍해서 그의 옷 속에 보석을 매달아 주고 길을 떠났다. 그 사실을 모르는 가난한 친구는 자기 옷 속에 보물이 있는 줄도 모르고 어렵게 살다가, 훗날 우연히 만나서 자기 옷 속에 보물이 있다는 것을 알게 되었다는 내용. 여기서 가난한 사람은 매일매일 살아가기 위해 고생하는 중생을 상징하고, 친구는 부처를, 보물은 부처의 지혜(일체지一切智)를 상징한다.

6. 계중명주髻中明珠의 비유(안락행품 제14)

전륜성왕이 전쟁에서 공을 세운 군사들에게 갖가지 상을 주는데, 자신의 상투 속에 간직한 빛나는 구슬만은 좀처럼 주지 않다가 아주 뛰어난 공을 세운 자에게 그것을 준다는 내용.

여기서 전륜성왕은 부처를 상징하고, 갖가지 상은 여러 가지 가르침과 방편을, 뛰어난 공을 세운 자는 일불승의 수행자를, 빛나는 구슬은 법화경의 가르침을 상징한다. 부처님께서 45년 동안 여러 가지 경을 설하였지만 맨 나중에 설하신 것이 법화경인데, 이 법화경은 전륜성왕의 상투 속에 있는 명월주처럼 아주 귀하고 중요한 것이다. 오직 큰 공을 세운 장수에게 주듯이 이 법화경도 아주 귀한 부처님의 깨달은 내용이 들어 있다는 내용이다.

7. 광자양의狂子良醫의 비유(여래수량품 제16)
훌륭한 의사의 자식들이 실수로 독약을 먹고 정신에 이상이 생겼는데, 아버지가 곧 좋은 약을 마련하여 자식들에게 주자, 증세가 약한 자식들은 그 약을 먹었으나 증세가 심한 자식들은 그 약을 먹지 않았다. 아버지는 먼 곳에 가서 거짓으로 죽은 체한 뒤 심부름꾼을 보내 자식들에게 자신의 죽음을 알리게 하니, 증세가 심한 자식들이 그 소식을 듣고 정신을 차려 그 약을 먹고 회복하였다는 내용. 여기서 의사는 부처를 상징하고, 독약을 먹은 자식들은 번뇌에 사로잡힌 중생을, 약은 부처의 가르침을, 의사의 거짓 죽음은 방편을 상징한다.

지금 우리는 오탁악세五濁惡世에 살고 있다. 이 시대에는 법화경의 가르침을 익히고 수행함으로써 나를 가로막고 있는 장애에서 벗어날 수 있고, 밝고 깨끗한 정토사회淨土社會를 이룰 수 있다.
이 책에서는 법화경이 담고 있는 깊은 속뜻을 이해함으로써 모든 속박에서 벗어나는 대자유를 누리는 데 도움을 주려고 한다.

경經을 공부하고 법문을 들어야 하는 이유

경經 공부가 필요한 이유는 우선 석가모니부처님의 가르침을 잘 알기 위함이다. 잘 알아서 그 가르침대로 생활하다 보면 현세를 살아가는 지혜를 얻어서 모든 장애로부터 벗어날 수 있고, 사람답게 살면서 가정을 평안하게 하고 우리 사회를 밝고 명랑하게 만들 수 있다. 경 공부를 열심히 하면 복락福樂을 누릴 수 있다. 그리고 끝내는 모든 고통의 원인인 무명無明을 밝혀서 해탈解脫의 길로 가기 위함이라고 말할 수 있다.

그러나 좀 더 깊이 생각해 보면, 우리가 경을 공부하지 않고 기도만 열심히 하면 사도邪道에 빠지기 쉽다.

경 공부를 등한시하거나 스승 없이 기도만 열심히 하면 뜻하지 않는 길로 빠질 수 있다. 우리 정신은 어떤 때는 굉장히 강하지만 또 어떤 경우에는 무지하게 약해서 자기 본성을 잃어버리고 나 아닌 다른 힘에 의해서 종살이하는 경우도 생긴다. 그러니까 자기 마음대로 하지 못하고 다른 힘에 의해서 끌려 다니는 경우도 생기게 된다.

간혹 참선 수행을 열심히 하는 분 중에는 스스로 상근기임을 은근히 자랑하면서 경은 보지 않고 화두만 들고 20안거 또는 30안거를 하여 견성성불하였노라고 자만에 빠진 사람들이 있다. 그들은 한결같이 경을 보지 말기를 주장하는데, 견성성불은 본성을 안 것으로 성불이 아니며 아직 노력의 결과인 보신과 법신을 합한 화신의 경지가 남아 있는 것이다. 법화경 「상불경보살품 제20」에는 상불경보살이 경은 보지 않고 다만 만나는 사람마다 예배공경하면서 "나는 그대들을 경멸하지 못하노니 그대들은 마땅히 성불할 것이니라."고 하였는데 중생을 보되 불성이 보이고 삼라만상을 보되 진리가 보이고 생각을 넘어 대지혜에 언제든지 들고 날 수 있는 힘이 있을 때는 경을 보지 않아도 되나 그렇지 않으면 경을 보아야 한다. — 이상구, 『천부경 강해』

법사法師가 법문할 때에는 네 단계가 있다. 경을 공부할 때도 마찬가지이다.

첫째 단계: 남의 말이나 책을 보고 그대로 전달하는 단계
둘째 단계: 경을 열심히 공부하고 해설하며 진리를 탐구하는 단계
셋째 단계: 법사의 법문을 듣고 자기를 돌아보는 단계
넷째 단계: 자연의 실상에 들어가서 자기 마음대로 세상을 그리게 하는 단계

위 네 단계 중 첫째 단계와 둘째 단계는 법문을 듣는 사람의 마음의 변화를 이끌어 내는 자리는 아니어서 힘은 없으나 진리를 배워 사람답게 사는 법을 배운다. 그리고 셋째 단계만 되어도 법문이 듣기 좋고 감동적이 된다. 경 공부일 경우에는 좋은 구절은 외우고 싶어진다.

넷째 단계는 우리 모두가 경험해야 하는 단계이다. 경을 공부하거나 법문을 들을 때 자기 마음에 실상 세계를 그릴 수 있다면 그것이야말로

우리가 바라는 바이다. 이 단계에는 법문이나 경 공부에 힘이 있어서 사람을 변화시키는 힘이 있고 깨달음을 얻을 수 있는 길에 들어서게 된다.

깨달음으로 나가는 길은 각자 다 다르다. 어떤 정형定型이 없다. 어떤 길을 어떤 방법으로 가든지 그것은 각자의 근기와 노력에 따라 이루어진다.

법화경 28품은 우주의 모습대로 그려 놓은 것이다. 그리고 경의 각 품은 약속이 각각 다르고 그 움직이는 힘이 각각 다르다. 경은 전체가 약속으로 되어 있어서 그 가치가 있는 것이다.

예를 들어 「관세음보살보문품 제25」에서는 만약 어떤 중생이 관세음 보살을 일심칭명一心稱名하면 어떠한 재난에서도 구해 주신다고 약속하 셨다. 그래서 우리는 그 말씀을 믿고 열심히 부처님의 가르침을 경을 통해서 배우고 있는 것이다. 한 시간 경 공부를 하고 기도하는 공덕은 다른 어떤 수행보다 더 크다.

법화경은 「서품 제1」에서 시작하여 「보현보살권발품 제28」에서 끝난 다. 그러니까 「보현보살권발품」에서 열매를 맺는 것이다.

열매를 잘 맺으려면 어떻게 해야 하는가? 내가 공부 또는 사업을 해서 열매를 잘 맺게 하기 위해서는 어떻게 해야 하는가? 「서품」에 등장하는 문수사리보살은 지혜智慧를 나타내고, 보현보살은 행行을 나타낸다. 다시 말해 열매를 잘 맺기 위해서는 지혜와 행이 필수요건 이다.

공부를 많이 해도 그 공부를 써먹지 못하는 사람이 있고, 공부를 적게 해도 잘 써먹는 사람이 있다. 그 차이는 어디서 오는 것일까?

공부한 것을 잘 써먹기 위한 힘은 보현보살에서 이루어진다. 무슨 일이든지 열심히 하는데 그것을 잘 써먹지 못하는 사람은 보현보살 기도를 많이 해야 한다.

경 공부를 열심히 하면 부처님의 가피加被가 생겨난다. 가피란 걸어가면 힘들지만 차를 타고 가면 쉽게 가는 것과 같다. 앞으로의 세상은 아주 험난한 길의 연속될 것이다. 말법시대이기 때문이다.

자연재해가 자주 일어나고 이름 모를 전염병이 세상을 휩쓰는 것도 보게 될 것이고, 사람들의 마음이 간악해져서 사악함이 득세하게 될 것이다. 이럴 때 일수록 우리 법화행자들은 부처님의 자재신통력과 비밀법장이 들어 있는 법화경 공부를 열심히 해서 깨달음을 얻어 해탈에 이르고 말법시대를 잘 건너는 지혜를 터득해야 한다.

법화경 기도는 어떻게 하는가?

우리는 사방이 꽉 막혀서 앞이 보이지 않거나 또 간절히 원하는 것이 있을 때 어느 품으로 기도해야 하는지에 대해선 깊이 생각하지 않고 있다. 법화경 전체 28품은 그 움직이는 힘이 각기 다르기 때문에 어떤 경우에 어떤 품으로 기도해야 좋은지를 아는 것은 매우 중요한 일이다.

법화경 기도는 보통 다음의 여섯 품으로 한다.

평상시에는 자정, 또는 새벽 3시부터 한 시간을 하는데 먼저 한 품을 읽고 남는 시간을 합장하면서 기도한다.

그러나 상황이 몹시 급할 경우에는 3일이나 일주일, 또는 삼칠일, 또는 백일 동안 기도한다. — 설송 스승님의 가르침

1. 「약초유품 제5」 - 자정
세상을 살아가는 데 필요한 길(직업, 학교 등)을 찾고 싶을 때, 세상 살아가는 데 이길 수 있는 힘을 달라고 기도한다.

2. 「화성유품 제7」 - 자정
날이 오랫동안 가물면 벌레가 생기듯이, 어떤 집은 조상들의 누진累塵이나 영가靈駕, 혹은 악귀惡鬼가 생겨서 후손을 괴롭힌다.

이럴 경우 그 집 사람들은 몸이 아프고 되는 일이 없다. 「화성유품」 기도는 제 갈 길을 찾지 못하고 방황하는 조상들을 천도시켜서 후손을 자유롭게 살게 한다.

3. 「상불경보살품 제20」 - 자정
강도나 부도를 맞는 꿈을 자주 꾸거나, 고부姑婦 간에 불화가 있거나 공부에 자신이 없는 학생, 취업이 안 되는 사람은 「상불경보살품」으로 기도한다.

육근六根이 청정해져서 제대로 보고, 듣고, 냄새 맡고, 말하고, 감각하고, 느껴서 몸과 마음이 안정된다.

4. 「약왕보살본사품 제23」 - 새벽 3시
나는 정도正道로 살아가는데 공연히 남이 나를 싫어하고 피한다거나 왕따가 됐을 때, 또 병이 났을 때, 특히 열병이 났을 때 「약왕보살본사품」으로 기도한다.

병은 인연에 의해서 오고, 업보로 인해서 오고, 신神을 통해서 온다. 신을 통해서 오는 병은 노력하지 않고 남에게 의지하는 마음이 많은 데서 신이 접하게 된다. 보이지 않는 데 의지하면서 간절히 비는 마음에서 신을 접하게 된다.

5. 「묘음보살품 제24」 - 새벽 3시
말은 씨앗으로서 보이지 않는 힘의 원천이다.

곱게 말하고 상대가 듣기 싫지 않게 말하면 묘음보살이 도와주고 입학시험, 승진시험을 볼 때 부족한 부분을 묘음보살이 채워 준다.

6. 「관세음보살보문품 제25」 - 자정

관세음보살은 중생이 갖가지로 고통받는 소리를 듣고 즉시에 구원해 주신다. 사업을 시작할 때, 운이 안 풀릴 때 등.

특별한 기도 품을 받지 않았을 경우에는 관세음기도가 보편적이다.

7. 「보현보살권발품 제28」 - 자정

열심히 일하고 나서 추수를 잘하려고 할 때 보현보살은 긍정적인 인연을 맺게 해 준다.

법화경
해설

서품序品 제1

1. 대의

「서품」은 법화경의 서론 부분으로서 무량의 경인 법화경이 어떤 인연으로 언제 어느 곳에서, 어느 부처님이 누구를 상대로 설법했는가를 설명하고 있다.

그러므로 「서품」에서는 석가모니부처님께서 설하신 것은 없고 부처님이 법화경을 여시기 직전의 여러 가지 불가사의한 일들이 일어나는 모습과 많은 보살들과 성문, 출가자, 재가 수행자와 인간 이외의 팔부신중을 위시한 여러 존재들이 모여 있는 왕사성 기사굴산의 광경이 묘사되어 있다.

부처님의 미간 백호상으로부터 한 줄기 큰 빛이 나와 동방으로 1만 8천 세계를 비춘다. 그 빛이 아래로는 아비지옥과 위로는 아가니타천까지 이르러 두루하지 않는 데가 없어 육취중생을 볼 수 있고, 저 세계에 계신 부처님을 볼 수 있고 부처님이 경전을 말씀하기도 하고 사부대중이 수행하고 도를 얻는 것도 보고, 보살마하살들이 보살도를 행하고, 부처님들이 열반에 드시고, 그리고 부처님의 사리를 받들기 위해 칠보탑七寶

塔을 세우는 것도 본다.

이러한 희유한 광경이 펼쳐지자 미륵보살이 사부대중, 천 인 용 귀신과 여러 대중을 대신하여 이런 현상에 대하여 문수사리보살에게 질문한다.

그러자 문수보살은 아득한 옛날에 계셨던 일월등명여래日月燈明如來에 대하여 얘기한다.

"그 부처님은 올바른 법을 설하셨는데 처음과 중간과 나중도 선善하고, 이치는 깊고도 멀고, 말씀은 공고하고 묘하며 순일하고 잡되지 않았다."고 설명한다.

"성문聲聞을 구하는 사람에게는 사제법四諦法을 설하고, 벽지불(연각)을 구하는 이에게는 십이인연법十二因緣法을 설하고, 보살을 구하는 이에게는 육바라밀六婆羅密을 설하셔서 아뇩다라삼막삼보리를 얻어 최고 지혜의 경지에까지 이르게 하셨다."라고 이야기한다.

"이러한 옛날의 예를 미루어 볼 때 지금부터 세존께서도 묘법연화경을 설하실 것이 틀림없다."라고 대답한다.

법화경을 비롯한 대승경전에서는 밝은 지혜를 강조하고 있는데, 일월등명불이 똑같은 이름으로 2만 번이나 반복해서 태어났다는 것은 일월등명불의 명호가 빛을 상징하는 해[日]·달[月]·등불[燈]로서 밝음을 나타내고 있고, 2만 번이나 반복해서 태어났다는 것은 일월등명불의 지혜의 빛은 시간과 공간의 제약을 받지 않고 영원불변하다는 것을 나타내고 있는 것이다.

또한 지혜를 상징하는 문수사리보살이 경전의 맨 처음에 등장하는 것도 모두 불교 경전에서는 지혜의 빛이 가장 중요하다는 것을 보여 주는 것이다.

지혜는 지식과는 차원이 다르다.

지식은 어떤 사물에 대해서 배우거나 경험을 통해서 알게 된 인식이나 이해를 말하고, 지혜는 사물의 이치를 깨달아서 캄캄한 방에 전등불을 밝히면 그 순간 수백 년, 수천 년 어두웠던 방도 일시에 밝아지듯 어떠한 상황이 닥치더라도 언제나 그 상황에 맞게 적절하게 쓸 수 있는 능력을 말한다.

지혜의 지智란 일체 법의 다른 점[有, 差別]을 아는 것이다. 다시 말해서 일체중생들의 근기가 서로 다름을 아는 것이 지智이다. 혜慧는 평등[平等, 空]을 아는 것, 누구에게나 다 갖추어져 있는 것, 일체중생은 누구나 다 부처가 될 수 있는 불성佛性을 가지고 있다는 것을 아는 것이다.

그러므로 지혜란 일체중생이 서로 다르다는 차별상도 알고 동시에 일체중생이 평등하다는 것도 아는 것이다.

법화경의 맨 처음 부분인 「서품」에서는 문수사리보살이 등장하고, 맨 나중에는 보현보살이 등장하는 「보현보살권발품」으로 장식된다.

이 두 보살은 부처님께서 가지고 계신 힘을 나타내는데, 석가모니부처님을 양쪽에서 모시는 협시보살脇侍菩薩로서 문수사리보살은 이치[理]를 나타내고, 보현보살은 이치를 실현하는 행行을 대변한다.

보현보살은 보살의 대표역할을 하고 있는데, 이것은 보현보살이 수행을 대표하는 보살이기 때문이다.

법화경에서 제일 중요한 덕목이 수행이라는 것을 알 수 있다.

2. 본문 해설

如是我聞하오니 一時에 佛이 住王舍城耆闍崛山中하사 與大比丘衆 萬二千人으로 俱러시니 皆是阿羅漢이라 諸漏已盡하야 無復煩惱하며 逮得已利하야 盡諸有結하고 心得自在러시니 其名曰 阿若憍陳如 摩訶迦葉 優樓頻螺迦葉 迦耶迦葉 那提迦葉 舍利弗 大目犍連 摩訶迦旃延 阿㝹樓馱 劫賓那 憍梵波提 離婆多 畢陵伽婆蹉 薄拘羅 摩訶拘絺羅 難陀 孫陀 羅難陀 富樓那彌多羅尼子 須菩提 阿難 羅睺羅 如是衆所知識인 大阿羅漢等이며 復有學無學二千人하며 摩訶波闍波提比丘尼는 與眷屬六千人俱하며 羅睺羅母 耶輸陀羅比丘尼는 亦與眷屬으로 俱하며 菩薩摩訶薩 八萬人이 皆於阿耨多羅三藐三菩提에 不退轉하야 皆得陀羅尼와 樂說辯才하사 轉不退轉法輪하시며 供養無量百千諸佛하사와 於諸佛所에 殖衆德本하야 常爲諸佛之所稱歎하며 以慈修身하야 善入佛慧하며 通達大智하야 到於彼岸하며 名稱이 普聞無量世界하사 能度無數百千衆生하시니 其名曰 文殊師利菩薩 觀世音菩薩 得大勢菩薩 常精進菩薩 不休息菩薩 寶掌菩薩 藥王菩薩 勇施菩薩 寶月菩薩 月光菩薩 滿月菩薩 大力菩薩 無量力菩薩 越三界菩薩 跋陀婆羅菩薩 彌勒菩薩 寶積菩薩 導師菩薩 如是等 菩薩摩訶薩 八萬人으로 俱하시다.

이와 같이 내가 들었다. 어느 때 부처님께서 왕사성 기사굴산 중에서 큰 비구대중 일만 이천 인과 함께 계셨으니, 그들은 다 아라한으로서 모든 새어 흐름이 이미 다하여 다시 번뇌가 없었으며, 자기의 이로움을 얻어 모든 존재의 결박이 없어지고 마음이 자유로워진 이들이었다. 그들의 이름은 아야교진여 마하가섭 우루빈나가섭 가야가섭 나제가섭 사리불 대목건련 마하가전연 아누루타 겁빈나 교범바제 이바다 필릉가바차 박구라 마하구치라 난타 손타라난타 부루나미다라니자 수보리 아난 라훌라이니, 여러 사람이 잘 아는 대 아라한들이다. 또 유학 무학 이천 인이 있으니 마하파사파제 비구니는 권속 육천 인과 함께 있었고, 라훌라의 어머니 야수다라 비구니도 권속들과 함께 있었다. 보살마하살이 팔만 인이니 다 아뇩다라삼먁삼보리에서 물러나지 않으며 다라니와 말솜씨 있는 변재를 얻어 퇴전하지 않는 법륜을 굴리었고, 또 한량없는 백천 부처님께 공양하여 여러 부처님 계신 데서 덕의 근본을 심었으며, 항상 여러 부처님의 칭찬을 받았고, 자비로 몸을 닦아 부처의 지혜에 깊이 들어갔으며, 큰 지혜를 통달하여 열반의 언덕에 이르고, 이름이 한량없는 세계에 널리 퍼져 수없는 백천 중생들을 제도하는 이들이다. 그들의 이름은 문수사리보살 관세음보살 득대세보살 상정진보살 불휴식보살 보장보살 약왕보살 용시보살 보월보살 월광보살 만월보살 대력보살 무량력보살 월삼계보살 발타바라보살 미륵보살 보적보살 도사보살 등 보살마하살 팔만 인이 함께 있었다.

- 여시아문如是我聞

"나는 이와 같이 들었다."

부처님께서 열반에 드시기 전에 25년 동안 부처님을 시봉했던 다문제일多聞第一의 아난존자가 여쭸다.

"부처님께서 열반하신 뒤 부처님의 가르침을 기록하게 되면 그때 무슨 말씀으로 시작하는 게 좋겠습니까?"

부처님께서는 "여시아문, 즉 나는 이와 같이 들었다"라며 시작하라고 하셨다. 그래서 모든 경전의 처음은 '여시아문'으로 시작하게 되었다.

◉ 여시아문의 깊은 뜻은 '내가 한 모습대로 세상이 나에게 말한다'란 의미를
가졌다. 내가 열심히 살면 열심히 살았다는 소리가 들리고, 게으르게
살면 게으르다는 소리가 들리고, 바르게 살면 바르게 살았다는 소리가
들린다.

'들었다'고 한 것은 '보이지 않는 것을 가졌다'는 말이다. 물건처럼
보이는 것을 가졌으면 '나는 가졌다'고 할 텐데, 보이지 않는 말씀이니
까 '들었다'고 한 것이다.

들었으니까 내게 힘이 생겨서 누구에게나 나누어 줄 수 있다. 내가
들은 것이 우주의 힘인데 이 경 속에 들어 있으니, 이 경을 읽으면
우주의 힘을 가질 수 있다는 말씀이다. 우주는 먼저 음양이 생기고
선악이 생겼다.

- 여시如是: 이와 같이

  ◉ 콩 심은 데 콩 나고 팥 심은 데 팥 난다. 뿌린 대로 거둔다. 내가 움직이는
  모습에 따라 상대가 움직이는 언사言辭.

- 아문我聞: 나는 들었다

  ◉ 세상에 존재하는 물체는 내가 움직이는 대로 응답이 돌아오므로 자기
  재주, 능력에 맞게 들린다. 자기 재주를 뛰어넘어서는 안 된다.
  그 사람 재주, 능력에 맞게 써먹는다.
  그러므로 내가 어떻게 움직이는 바를 알게 되면 상대를 아는 것이며
  국민의 움직임에 따라 세상은 응답하기에 민심民心은 곧 천심天心이다.

• 일시一時

"어느 때, 한때."

  ◉ 한꺼번에, 별안간.
  우리 생각은 일시에 솟아올라 와서 일을 하게 된다. 모든 중생은 한때

같이 움직인다. 해가 뜨면 모든 중생이 일시에 같이 깨어서 움직인다.

• 만이천인萬二千人

"일만 이천 사람."

4의 곱수로서 사방에서 빠짐없이 다 모였다.

숫자 4는 동·서·남·북, 앞·뒤·오른쪽·왼쪽 모든 것이 다 갖춰졌다.

숫자 8은 전·후·좌·우·네 모퉁이 모두 빠짐없이 갖춰졌다.

숫자 9는 8방方+1 = 가득 찬다.

  ◉ 돌고 있는 것, 일이 계속되어 돌아가는 것, 이 세상은 360도 둥글다.
    열두 달 만에 다시 돌아와서 다시 시작하니 이것이 12인연법.

  ◉ 세상을 움직이고 살아가는 힘은 일만 이천 인에 있다. 1만 2천 인은
    360도가 움직이면서 봄·여름·가을·겨울이 오고 가고 하면서 모든 것이
    자라고 변화하면서 인간도 12인연법으로 움직여서 자식을 낳고 살아가
    고, 법사도 법문을 하면 그 법문이 12인연법으로 움직여서 돌아 들어가
    서 법문이 써먹을 수 있도록 움직여진다. 법문이 들어가면 그것이 돌아
    서 써먹을 수 있는 열매가 생겨나고, 또 씨를 뿌려서 자라고 써먹을
    수 있는 열매가 생겨나고, 이렇게 끝없이 돌고 돌아 움직여서 끝없이
    살아가게 하는 힘은 1만 2천 인에 있다.

  ◉ 세상을 둥글게 만들어 놓았다. 우리 마음이 둥글어야 한다. 모가 나면
    고통을 받는다. 모가 난 자리가 깎이고 깎여서 둥글어질 때까지 고통을
    받는다.

• 불佛

"부처님."

석가모니부처님을 이른다.

불佛은 '깨닫다, 깨어 있다'는 말이며 '영원히 살아있다'는 말이다. 석가모니釋迦牟尼의 석가釋迦는 능인能仁으로서 일체의 인간을 구원할 수 있는 힘을 가졌다는 뜻이며, 모니牟尼는 적묵寂默으로서 절대의 진리를 깨달아서 어떠한 경우에도 주위로부터의 영향을 조금도 받지 않고 변하지 않는다는 뜻이다.

• 제루이진諸漏已盡

"새어 흐름이 없다."

이미 모든 망상의 더러움이 다하여 더는 번뇌가 없으며, 깊은 진리를 얻어 모든 미혹된 습성을 버리고 마음의 자재함을 얻었다는 뜻.

◉ 하나도 걸림이 없다. 자연 원리대로 움직인다. 세상의 모든 것은 사정과 인정에 의해서 움직이는 것이 아니라 본연의 자세대로 움직인다.

• 무부번뇌無復煩惱

"더 이상의 번뇌가 없다."

108번뇌는 미혹이며, 미혹의 근원은 탐진치貪瞋痴(욕심내고 성내고 어리석음)이다. 탐진치 삼독을 없애야 더 이상의 번뇌가 없게 된다.

◉ 쓸데없는 생각이 들어갈 여지가 없다. 완성된 자리.

• 체득이리逮得已利

"자기의 이로움을 얻어."

－ 이리已利: 자기 마음의 미혹을 없이 하고 자기 마음의 어두움을 없앤다. 그렇게 해야 미혹에 빠져 있는 남을 구원할 수 있다.

자기 마음에 미혹이 없어져서 마음속에 여러 가지 고뇌가 없는 것이

나의 이로움이다.

◉ 자기 깜냥대로 얻어서 정신, 육신이 자라는 것.

• 진제유결盡諸有結
"모든 존재의 결박이 없어지다."
유有는 차별, 결結은 집착하는 것. 차별에 집착하는 마음을 없앤다.
모든 것으로부터 자유로워져서 어떤 환경의 지배도 받지 않는다.

• 심득자재心得自在
"마음이 자유롭다."
환경(또는 경계)에 영향을 받지 않아서 마음이 편안하다.

◉ 자기 마음대로 하게끔 되어 있다. 모든 만물에 이롭게 하여 주는 것

• 기명왈其名曰
"그들 이름은."

◉ 아야교진여로부터 라훌라까지 21제자. 21제자는 3칠보(하늘의 7보,
공간의 7보, 땅의 7보)를 의미한다.

• 유학무학有學無學 이천인二千人
"배워야 하는 사람, 배울 필요가 없는 사람 2천 명."

◉ 배운 자, 배우지 못한 자 답답함은 다 같다.

- 학무학學無學: 배워야 하는 사람과 더 배우지 않아도 되는 사람.

◉ 배울 수 없는 것을 배운다.

◉ 연등을 켜는 것은 보고 배워서 아는데 연등을 켜는 그 속은 모른다.

겉으로 나타난 것은 알 수 있으나 그 속은 모른다. 그 모르는 것을 배운다는 말이다. 땅에 씨앗을 떨어뜨리면 싹이 나와서 열매를 맺는 것은 알수 있는데 어떻게 해서 열매가 여는지 그 속은 모른다.

우리가 기도하고 선禪을 하고 하는 것은 모두 땅에서 변화가 되어서 이루어지는 것을 바라서 하는 것이지 하늘에서 이루어지는 것을 바라서 하는 것은 아니다. 기우제를 지내는 것도 공중에서 비가 내려서 땅에 있는 곡식이 잘되라고 하는 것이지 하늘이 잘되라고 하는 것은 아니다. 가정에서도 부인을 잘 대하면 가정이 융성해진다. 부인은 곡식은 가꾸고 열매를 맺게 해 주는 땅이다.

부모가 자식을 낳았는데 귀엽다. 2천인은 하늘과 땅을 의미하는데, 하늘과 땅 사이에 사람이 생겼으니 얼마나 귀한가. 우리는 이런 도리를 믿는다. 부처님을 믿으면 그 사이에서 뭐가 나오는데 뭐가 나오는지는 모른다. 재수가 좋아지는 게 나오는지 건강이 좋아지는 게 나오는지 재물이 늘어나는 게 나오는지, 아들이 나오는지 딸이 나오는지 우리는 모른다. 부처님을 믿고 나와 부처님 사이에서 나오는 것은 모두 귀하다. 그래서 뭔지 모르지만 부처님을 믿고 기도한다.

- 마하파사파제비구니摩訶波闍波提比丘尼

석가모니의 이모이다. 석가모니 친모는 석가모니를 낳고 일주일 만에 돌아가셔서 이모가 대신 키웠다.

  ◉ 맨 처음 석가모니 이모가 등장한 이유. 여자는 도움을 주는 것이다. 땅에서 나는 곡식은 여기서도 먹을 수 있고 다른 데로 줘서 다른 데서도 먹을 수 있다. 석가모니 이모는 석가모니를 도와서 자라게 했다.

- 야수다라비구니耶輸陀羅比丘尼

라훌라의 어머니.

◉ 야수다라비구니는 약속인데 약속을 지킬 때 모든 것이 나올 수 있다.
약속을 지키면 변화하여 열매가 나온다.

• 보살마하살菩薩摩訶薩
"보살 가운데서 큰 보살."
◉ 보살펴서 잘 자라게 하는 자리.
가르쳐서 기르는 것이 잘 자라는 자리.

• 팔만인八萬人
생·노·병·사·자·비·희·사生老病死慈悲喜捨로 와서 다시 되돌아가는
자리. 사농공상인의예지士農工商仁義禮智(벼슬하고 농사짓고 공업하고
어질고 의롭고 예의 바르고 지혜 있고).

• 불퇴전不退轉
"뒤로 물러나지 않는다."
◉ 한번 익히고 나면 후퇴하지 않는다. 한번 글씨 쓰는 것에 통달하고 나면
다시 후퇴하지 않는다.

• 개득皆得 다라니陀羅尼
"모두 다 다라니를 얻다."
- 다라니: 총지攝持. 진언眞言. 선善을 잡아서 잃지 않고 악惡을 잡아서
잃어버리지 않는다.
총지란 한마디로 설명할 수 없는 여러 가지 의미가 종합적으로 포함
된 말.

사람은 각자 잘하는 게 있다. 잘하는 것에 정성을 다해서 살아 나간다. 늙어도 잘하는 취미가 있어 즐겁게 살아간다.

• 요설변재樂說辯才

"상대의 근기에 맞춰서 얘기하는 능력."

　◉ 무엇이든지 완전히 익히고 나면 잘할 수 있다.

농사, 장사, 공부 모두 잘 익히고 습득하고 나면 언제나 잘할 수 있다. 후퇴하지 않는다.

왜?

팔만 인이 아뇩다라삼먁삼보리에서 물러나지 않으니까.

사농공상인의예지가 다 갖춰지니까.

• 전轉 불퇴전법륜不退轉法輪

"물러나지 않는 법의 수레바퀴를 굴렸다."

　◉ 살아가는 데 헛수고하지 않는다. 무슨 말을 하거나 무슨 행동을 해도 실수하지 않는다. 다 열매가 있다. 쓸데없는 말, 쓸데없는 행동을 하지 않는다. 말을 하면 다 배울 게 있다.

• 공양무량백천제불供養無量百千諸佛

"한없이 많은 부처님께 공양을 올리다."

　◉ 내가 나를 썩히니까 모든 것을 헤쳐 나가는 힘이 생긴다. 모든 것을 살리는 힘이 생긴다. 어렵고 힘든 세상을 뚫고 나가는 힘이 생긴다. 이 세상은 내가 잘났다고 하면 하나도 뚫어지지 않는다. 우주는 겹겹이 싸여 있어서 하나도 보이지 않는다. 그러나 참고 썩히는 데서 뚫고 나가는 힘이 생긴다. 사람은 욕심이 있어서 자기를 썩히지 못하니까 답답한

일이 생긴다. 우주 이치는 자기를 썩혀야 많은 열매가 생겨서 많은 사람을 살릴 수 있는 힘이 생긴다.

• 어제불소於諸佛所 식중덕본植衆德本
"여러 부처님 계신 데서 덕의 근본을 심다."

  ● 살아있는 생명체가 백천 제불을 이용하여 산 사람에게 덕의 근본을 심게 했다. 나무는 나무대로 자라서 집을 짓게 하거나 땔감으로, 곡식은 곡식대로 자라서 사람이 먹게 하고, 개는 개대로 자라서 개의 임무를 다하게 하고 모두 살아있는 생명체에게 덕의 근본을 심게 했다.

  – 제불諸佛: 살아있는 힘을 말한다. 살아있는 자체가 덕의 근본을 심게 해 주는 것이다.

  – 식중덕본植衆德本: 덕의 근본을 심는다.
  모든 일에 다 공덕을 짓는다는 뜻. 부처님의 가르침을 익혀 미혹이 없어져서 이해득실에 얽매이지 않고, 마음이 넓고 커서 그때그때 적절한 생각이 떠올라 올바르게 일을 처리할 수 있다.

• 이자수신以慈修身
"자비로 몸을 닦는다."
자기가 자기를 사랑하여 자기를 닦는다.
만물은 다 자기를 보호한다.

• 선입불혜善入佛慧
"부처의 지혜에 깊이 들어갔다."
부처님의 지혜는 멈추지 않고 자꾸자꾸 연결돼서 계속 나온다.

• 18보살菩薩

문수사리보살부터 도사보살까지의 18보살은 1만 8천 세계를 뜻한다.
1만 8천 세계에 광명을 비추게 된다.

✿

爾時에 釋提桓因이 與其眷屬 二萬天子로 俱하며 復有名 月天子와 普香
天子와 寶光天子와 四大天王이 與其眷屬 萬天子로 俱하며 自在天子와
大自在天子와 與其眷屬 三萬天子로 俱하며 娑婆世界主 梵天王 尸棄大
梵과 光明大梵等이 與其眷屬 萬二千天子로 俱하며 有八龍王하니 難陀
龍王과 跋難陀龍王과 娑伽羅龍王과 和脩吉龍王과 德叉迦龍王과 阿那
婆達多龍王과 摩那斯龍王과 優鉢羅龍王等이 各與若干 百千眷屬으로
俱하며 有四緊那羅王하니 法緊那羅王과 妙法緊那羅王과 大法緊那羅
王과 持法緊那羅王이 各與若干 百千眷屬으로 俱하며 有四乾闥婆王하
니 樂乾闥婆王과 樂音乾闥婆王과 美乾闥婆王과 美音乾闥婆王과 各與
若干 百千眷屬으로 俱하며 有四阿修羅王하니 婆稚阿修羅王과 佉羅騫
馱阿修羅王과 毘摩質多羅阿修羅王과 羅睺阿修羅王이 各與若干 百千
眷屬으로 俱하며 有四迦樓羅王과 大威德迦樓羅王과 大身迦樓羅王과
大滿迦樓羅王과 如意迦樓羅王이 各與若干 百千眷屬으로 俱하며 韋提
希子阿闍世王이 與若干 百千眷屬으로 俱하사 各禮佛足하고 退坐一面
이러시다. 爾時에 世尊은 四衆이 圍遶하와 供養恭敬 尊重讚歎이러니 爲諸
菩薩하사 說大乘經하시니 名無量義라 敎菩薩法이며 佛所護念이러라. 佛
說此經已에 結跏趺坐하시고 入於無量義處三昧하사 身心不動이러시니
是時에 天雨曼陀羅華와 摩訶曼陀羅華와 曼殊沙華와 摩訶曼殊沙華하
야 而散佛上과 及諸大衆하며 普佛世界 六種震動이러라. 爾時 會中에

比丘比丘尼 優婆塞優婆夷와 天龍夜叉와 乾闥婆 阿修羅와 迦樓羅 緊那羅와 摩睺羅伽 人非人과 及諸小王과 轉輪聖王인 是諸大衆이 得未曾有하사 歡喜合掌하고 一心觀佛하더니 爾時에 佛이 放眉間白毫相光하사 照 東方萬八千世界하야 靡不周遍하시며 下至阿鼻地獄하고 上至阿迦尼吒天하며 於此世界에 盡見彼土 六趣衆生히며 又見彼土에 現在諸佛하고 及聞諸佛 所說經法하며 幷見 彼諸比丘比丘尼와 優婆塞優婆夷인 諸修行得道者하며 復見諸菩薩摩訶薩의 種種因緣과 種種信解와 種種相貌로 行菩薩道하며 復見諸佛의 般涅槃者하며 復見諸佛의 般涅槃後에 以佛舍利로 起七寶塔이러라. 爾時에 彌勒菩薩이 作是念호되 今者世尊이 現神變相하시니 以何因緣으로 而有此瑞하시며 今佛世尊이 入于三昧하시니 是不可思議인 現希有事라. 當以問誰며 誰能答者오. 復作此念호대 是文殊師利法王之子는 已曾親近供養 過去無量諸佛일세 必應見此希有之相하리니 我今當問호리라. 爾時에 比丘比丘尼와 優婆塞優婆夷와 及諸天龍鬼神等이 咸作此念호대 是佛光明 神通之相을 今當問誰오 하더니 爾時에 彌勒菩薩이 欲自決疑하며 又觀四衆의 比丘比丘尼와 優婆塞優婆夷와 及諸天龍鬼神等 衆會之心하사 而問文殊師利言호대 以何因緣으로 而有此瑞 神通之相하시며 放大光明하사 照于東方 萬八千土하시며 悉見彼佛 國界莊嚴이닛고.

그때 석제환인이 그 권속 2만 천자와 함께 있었고, 또 이름하여 월천자 보향천자 보광천자 4대 천왕이 그 권속 1만 천자와 함께 있었고, 자재천자 대자재천자가 그 권속 3만 천자와 함께 있었고, 사바세계의 주인 범천왕인 시기대범 광명대범 등이 그 권속 1만 2천 천자와 함께 있었다. 여덟 용왕이 있으니 난타용왕 발난타용왕 사가라용왕 화수길용왕 덕차가용왕 아나바달다용왕 마나사용왕 우발라용왕 등이 각각 여러 백천 권속 등과 함께 있었다. 네 긴나라왕이 있으니 법긴나라왕 묘법긴나라왕 대법 긴나라왕 지법긴나라왕 등이 각각 여러 백천 권속들과 함께 있었다. 네 건달바왕이 있으니 악건달바왕 악음건달바왕 미건달바왕 미음건달 바왕 등이 각각 여러 백천 권속들과 함께 있었다. 네 아수라왕이 있으니 바치아수라왕 거라건타아수라왕 비마질다라아수라왕 라후아수라왕 등 이 각각 여러 백천 권속들과 함께 있었다. 네 가루라왕이 있으니 대위덕가 루라왕 대신가루라왕 대만가루라왕 여의가루라왕 등이 각각 여러 백천 권속들과 함께 있었다. 위제희의 아들 아세사왕이 여러 백천 권속들과 함께 있다가 각각 부처님 발에 정례하고 한쪽에 물러가 앉았다.

그때 세존을 사부대중이 에워싸고 공양하고 공경하고 존중하고 찬탄 하는데, 보살들을 위하여 대승경을 말씀하시니 이름이 무량의경이라. 보살을 가르치는 법이며 부처님이 호념하시는 바이다. 부처님이 무량의 경을 말씀하고는 결가부좌하시고 무량의처 삼매에 드시어 몸과 마음이 동요하지 않으시었다. 이때 하늘에서 만다라꽃 큰 만다라꽃 만수사꽃 큰 만수사꽃을 비 내리어 부처님 위와 대중들에게 흩으며 여러 부처님 세계가 여섯 가지로 진동하였다. 그때 모여 있던 비구 비구니 우바새 우바이 천인 용 야차 건달바 아수라 가루라 긴나라 마후라가 사람과 사람이 아닌 이와 모든 작은 왕과 전륜성왕들이 전에 없던 일을 만나 환희하여 합장하고 일심으로 부처님을 뵈옵고 있었다.

이때 부처님이 미간의 백호상으로 광명을 놓아 동방의 1만 8천 세계를 비추시매 두루하지 않는 데가 없어 아래로는 아비지옥과 위로는 아가니 타천까지 이르니, 이 세계에서 저 세계의 여섯 갈래 중생들을 볼 수도 있고 또 저 세계에 계신 부처님을 뵈오며 그 부처님께서 말씀하시는 경을 듣기도 하였다. 또 저 세계의 비구 비구니 우바새 우바이들이 수행하며 도를 얻는 것을 보기도 하고, 또 보살 마하살들이 갖가지 인연과 갖가지 믿음과 갖가지 모양으로 보살도를 행함을 보았으며, 또 저 부처님들의 열반에 드시는 일과 열반에 드신 뒤에 부처님의 사리를 받들기 위하여 칠보로 탑을 세우는 일을 볼 수 있었다.

이때 미륵보살이 이렇게 생각하였다.

'지금 세존께서 신통한 변화를 나타내시니 무슨 인연으로 이런 상서가 있는가. 부처님께서 지금 삼매에 드셨으니 이는 불가사의하고 희유한 일이라 누구에게 물어야 하며 누가 대답할 수 있을까.'

다시 이렇게 생각하였다.

'문수사리보살은 지난 세상에 한량없는 부처님을 친근히 모시고 공양하였으니 반드시 이렇게 희유한 모양을 보았으리라. 내가 이제 그에게 물으리라.'

이때 비구 비구니 우바새 우바이와 천인과 용과 귀신들이 모두 이런 생각을 하였다.

'이 부처님의 광명과 신통한 모양을 누구에게 물어야 하나.'

그때 미륵보살이 자기의 의심을 해결하려 하며, 또 비구 비구니 우바새 우바이와 천인 용 귀신 여러 대중의 마음을 살펴보고 문수사리에게 물었다.

"무슨 인연으로 이런 상서가 있으며 신통한 모양으로 큰 광명을 놓아 동방으로 1만 8천 세계를 비추어서 저 부처님 세계의 장엄한 모양을 보게 되나이까?"

• 석제환인釋帝桓因

제석천왕을 말하며, 불법을 수호하는 신이다.

– 제석천: 수미산 정상에 있는 도리천의 주인으로서 사천왕을 거느리고 불법을 보호한다. 부처님의 설법 자리에 나타나 법회를 수호하고, 사바세계 인간의 번뇌와 죄를 다스리는 역할을 한다.

◉ 제석천은 이만천자二萬天子로 구俱한다. 이는 제석천은 암수를 만들어 낸다는 뜻이다. 암은 암대로, 수는 수대로 만들어져서 쭉 계속되어 나가게 한다. 인간도 곡식과 마찬가지로 발아가 되어 변화된다.

포태가 되어서 알 수 있기까지는 18일이 걸리고, 21일이 되면 모습이 나타난다. 부처님은 이 모든 것을 다 보시고 경經 속에 넣어 놨는데 그것을 볼 수 있는 도구가 이 경 속에 들어 있다. 우리는 경 속에 있는 도구를 찾아내서 세상 만물의 이치를 보아야 한다.

• 사바세계沙婆世界

"인내하면서 사는 곳. 투쟁하면서 사는 곳."

고난이 가득한 이 사바세계에 살면서 부처님의 가르침을 수행하면 이 사바세계가 차차 변해서 여기가 정토淨土(寂光土)가 된다. 시방세계十方世界가 다 통해서 하나가 된다(「여래신력품」). 그것이 이상이다. 법화경에서도 사바세계를 떠나서 다른 세계에 극락세계가 있는 것이 아니라 우리들의 노력으로 이 사바세계에 정토를 실현해 나가야 한다고 가르치신다.

• 보불세계普佛世界 육종진동六種振動

"널리 부처님 세계가 여섯 종류로 진동하였다."

안이비설신의眼耳鼻舌身意의 육근六根이 청정하다는 뜻.

청정하다는 말은 티 없이 맑고 깨끗하다는 뜻이지만 경전에서는
집착하지 않는다, 차별하지 않는다는 의미가 강하다.
새롭게 태어나다, 중생의 세계에서 부처의 세계로 들어간다는 뜻.

• **팔부신중八部神衆**

불법을 지키는 여덟 종류의 신.

① 천天: 천계에 거주하는 여러 신을 말한다. 천은 삼계三界(욕계·색계·
무색계) 27천으로 구분되나, 지상의 천으로는 세계의 중심에 있는
수미산 정상의 도리천忉利天(33천)이 최고의 천이며, 제석천帝釋天
이 그 주인이다.

② 용龍: 물속에 살면서 바람과 비를 오게 하는 능력을 가진 존재.
호국의 선신善神으로 간주된다.

③ 야차夜叉: 고대 인도에서는 악신으로 생각되었으나, 불교에서는
사람을 도와 이익을 주며 불법을 수호하는 신이 되었다.

④ 건달바乾闥婆: 고기와 술 등 음식을 먹지 않고 향만 맡으며 사는
신. 제석천을 섬기며 음악을 담당한다.

⑤ 아수라阿修羅: 전쟁이 끊이지 않는 아수라도에 머무는 귀신들의
왕. 보통 세 개의 얼굴과 여섯 개의 팔을 지닌 삼면육비三面六臂의
모습으로 묘사된다. 제석천과 싸움을 벌이다 호법선신이 되었다.
공중을 날아다닌다.

　◉ 인간을 해치는 신들도 부처님 말씀을 듣기 위해 다 모였다. 세상에는
　　선악이 따로 없다.

⑥ 가루라迦樓羅: 머리와 날개가 금빛인 탓에 금시조金翅鳥라 부르며,
수명을 늘리는 능력이 있다.

⑦ 긴나라緊那羅: 상계에서 제석천을 섬겨 음악을 연주하는 신.

⑧ 마후라가摩睺羅迦: 건달바, 긴나라와 함께 음악의 신. 땅 위를 기어
   다닌다.

- 인비인人非人

"사람〔人〕과 사람 아닌 존재〔非人〕."

또는 사람이라 할 수도, 축생이라 할 수도, 신이라 할 수도 없는
존재를 말한다.

인비인 등 신은 천룡팔부를 포함한 모든 것을 의미한다.

   ◉ 땅 위에 살고 있는 인간, 천상계에 살고 있는 것, 물속에 살고 있는
      모든 것, 공중을 날아다니는 귀신 등 모든 생물계. 생명이 있는 모든
      것은 부처님의 가르침에 의해 모두 성불할 수 있다.

- 상지아가니타천上至阿迦尼吒天

부처님의 미간백호 광명이 위로는 아가니타천까지 비춘다. 아가니타
천은 색계 18천 중 맨 꼭대기 하늘.

- 유정천有頂天: 형상이 있는 세계의 맨 위. 색구경천. 대범천왕이 산다.

   ◉ 모든 세계의 육도 중생에까지 광명이 비추었다. 부처님의 자비광명은
      차별이 없어서 지옥이나 천상세계를 다 골고루 비추신다.

- 육취중생六趣衆生

육취란 육도六道라고도 한다.

육도 윤회는 보통 사람의 마음속에서 일어나는 여섯 가지 상태를
말한다. 누가 시켜서 가는 곳이 아니라 자기 스스로 간다. 마음에

의해, 업에 의해 가는 곳이다.

중생이 업業에 따라 나아가는 곳을 여섯 가지로 나눈다.

①지옥: 성, 화를 내는 마음. 진에瞋恚.

　　◉ 갇혀 사는 것. 자기 마음대로 할 수 없다. 부모, 자식에게 얽매여 산다.
　　　재물, 명예, 권세, 인기에 얽매어 산다.

②아귀: 욕심. 자기중심. 먹어도 먹어도 배고픔.

　　◉ 먹기 위해 사는 것.

③축생: 본능대로, 어리석음. 눈앞에 것만 보고 앞뒤 보이지 않음.

　　◉ 번식. 자식에 대한 고통.

④수라: 싸움. 투쟁.

　　◉ 남이 잘못되길 바라는 것.

⑤인: 보통. 평정.

⑥천: 천상계. 행복.

　　◉ 자기가 제일인 줄 알다가 실패.

• 일심관불一心觀佛

"일심으로 부처님을 우러러보다."

세상 움직이는 게 보인다. 실상이 보인다는 뜻.

• 미간백호상광眉間白毫相光

"부처님의 이마에서 나오는 찬란한 빛."

곧 부처님의 지혜를 말한다.

　　◉ 살아 움직이는 자연의 실상의 모습이 우리로 하여금 알게 한다.
　　　자연 실상을 움직이는 힘이 우리 눈에 띄게 한다.

미간백호상이 움직이면 이 세상 일어나는 일을 잘 볼 수 있다.
경을 열심히 읽으면 미간백호상이 움직인다.

◉ 양미간 중간에 있는 조그만 털구멍. 물체를 하나로 보이게 하는 역할을
한다. 우주에서 나오는 힘은 각각 다르다. 나의 미간백호에서 나오는
힘과 우주의 힘이 맞닥뜨릴 때 구상이 나오고 앞일을 예측할 수 있다.
기도를 열심히 하면 힘들이지 않고 살아갈 수 있는 힘이 생긴다. 이때
욕심이 생겨서 자기가 감당할 수 있는 힘보다 더 큰 힘을 끌어들이면
자기 능력에 못 미쳐서 실패한다. 부도가 난다.

• 동방東方
동방은 해가 뜨는 방향이니 해는 빛, 지혜를 말한다.

• 만 팔천 세계
부처님의 힘이 우주에 가득 찼다는 뜻.
인간의 삶은 육근六根(안이비설신의), 육경六境(색성향미촉법), 육식六
識(안식, 이식, 비식, 설식, 신식, 의식)으로 이루어진다. 정신적이든
물질적인 활동이든 18계界로 움직인다. 18계는 우주다.
부처님께서 깨달으신 지혜를 중생들에게 비추다.

• 하지아비지옥下至阿鼻地獄
"부처님의 미간백호상의 광명이 아래로는 아비지옥까지 비춘다."
우리는 지옥에 살면서 지옥을 못 본다.

• 제수행諸修行 득도자得道者
수행을 하면 자기가 장사를 해야 할지, 공업을 해야 할지, 농사를

지어야 할지 자기 길이 보인다. 수행을 하지 않으면 욕심 때문에
자기 앞길이 보이지 않는다.

• 종종상모種種相貌
"가지가지 모양."
마음으로 믿어서 행하는 가지가지 일이 모두 상相에 나타난다.

• 반열반般涅槃
"모든 번뇌가 완전히 소멸된 열반."
열반涅槃은 생사生死가 있는 인因과 과果를 멸하여 다시는 미혹한
생사를 계속하지 않는 적정한 경계를 말한다.
여기서 멸滅은 말끔히 없앤다는 뜻이 아니라 환경에 구애받지 않는다,
세상의 변화를 떠난다, 생사를 떠난다, 좋고 나쁘다를 떠나는 것을
의미한다.
- 무여열반無餘涅槃: 번뇌와 괴로움이 완전히 소멸된 상태. 온갖 번뇌와
분별이 끊어진 상태. 모든 분별이 완전히 끊어진 적멸寂滅의 경지.
- 유여열반有餘涅槃: ①번뇌는 완전히 소멸되었지만 아직 미세한 괴로
움이 남아 있는 상태. 아라한阿羅漢의 열반. ②번뇌는 완전히 소멸되
었지만 아직 육신이 남아 있는 상태.

• 미륵보살彌勒菩薩
미래의 부처님이다.
현재는 도솔천에 있으면서 천인들을 교화시키고 있다.
사랑(자심慈心), 말세에 세상을 구원하는 것을 본원本願으로 한다.

- 무상도無上道, 정도淨道, 보살도菩薩道

  사무량심四無量心을 말한다.

  - 사무량심

    ① 자慈: 한량없는 중생에게 즐거움을 주려는 마음.

    ② 비悲: 남의 고통을 벗겨 주려는 마음.

    ③ 희喜: 다른 이의 고통을 여의고 낙을 얻어 희열케 하려는 마음.

    ④ 사捨: 중생을 평등하게 보아 멀고 가까움의 구별을 하지 않는 마음. 남을 위해 애쓴 것을 잊어버린다. 베풀고 나서 잊는다. 대가를 바라지 않는다.

- 오신통五神通

  다섯 가지 신통한 능력을 말한다.

  ① 천안통天眼通: 자유자재하게 장애되는 일이 없이 환하게 뚫어볼 수 있는 능력.

  ② 천이통天耳通: 세상의 모든 소리를 다 들을 수 있는 능력.

  ③ 신족통神足通: 필요한 때에 따라 아무 곳에나 나타나는 능력.

  ④ 타심통他心通: 남의 마음을 아는 능력.

  ⑤ 숙명통宿命通: 지난 세상, 전세의 일을 아는 능력.

- 위의무결威儀無缺

  "위의가 완전하여 모자람이 없이 단정하다."

  위의威儀란 주위에 감화를 준다는 뜻.

• 희소戲笑

무책임한 말이나 행동.

✿

爾時에 文殊師利 語彌勒菩薩摩訶薩과 及諸大士호대 善男子等아 如我
惟忖컨대 今佛世尊이 欲說大法하사 雨大法雨하시며 吹大法螺하시며 擊
大法鼓하시며 演大法義시니라. 諸善男子야 我於過去諸佛에 曾見此瑞
호니 放斯光已에 卽說大法일새 是故로 當知하라 今佛現光도 亦復如是하
야 欲令衆生으로 咸得聞知 一切世間 難信之法일새 故現斯瑞니다. 諸善
男子야 如過去無量無邊 不可思議 阿僧祇劫에 爾時에 有佛하시니 號는
日月燈明如來 應供 正遍知 明行足 善逝 世間解 無上士 調御丈夫 天人
師 佛 世尊이러시니 演說正法하사대 初善中善後善이라 其義深遠하며 其
語巧妙하야 純一無雜하며 具足淸白梵行之相이라 爲求聲聞者하야 說應
四諦法하야 度生老病死하고 究竟涅槃하며 爲求辟支佛者하야 說應十二
因緣法하며 爲諸菩薩하야 說應六波羅蜜하야 令得阿耨多羅三藐三菩
提하야 成一切種智시니라. 次復有佛하시니 亦名日月燈明이라 次復有佛
하시니 亦名日月燈明이라 如是二萬佛이 皆同一字시니 號는 日月燈明이
며 又同一姓이시니 姓은 頗羅墮니라. 彌勒아 當知하라 初佛後佛이 皆同
一字시니 名日月燈明이며 十號具足하시고 所可說法은 初中後善이라 其
最後佛 未出家時에 有八王子하니 一名은 有意요 二名은 善意요 三名은
無量意요 四名은 寶意요 五名은 增意요 六名은 除疑意요 七名은 響意요
八名은 法意라 是八王子 威德이 自在하야 各領四天下러니 是諸王子
聞父出家하야 得阿耨多羅三藐三菩提하고는 悉捨王位하고 亦隨出家하
야 發大乘意하며 常修梵行하야 皆爲法師호대 已於千萬佛所에 植諸善

本하니라. 是時에 日月燈明佛이 說大乘經하시니 名無量義라 敎菩薩法이며 佛所護念이시니라. 說是經已하시고 卽於大衆中에 結跏趺坐하사 入於無量義處三昧하사 身心不動이시러니 是時에 天雨曼陀羅華와 摩訶曼陀羅華와 曼殊沙華와 摩訶曼殊沙華와 而散佛上과 及諸大衆하고 普佛世界 六種震動이러라. 爾時會中에 比丘比丘尼와 優婆塞優婆夷와 天龍夜叉와 乾闥婆 阿修羅와 迦樓羅 緊那羅 摩睺羅伽 人非人과 及諸小王과 轉輪聖王等 是諸大衆이 得未曾有하야 歡喜合掌하고 一心觀佛터니 爾時에 如來 放眉間白毫相光하사 照東方萬八千佛土하야 靡不周遍호대 如今所見是諸佛土러라. 彌勒아 當知하라 爾時會中에 有二十億菩薩이 樂欲聽法이러니 是諸菩薩이 見此光明의 普照佛土하고 得未曾有하야 欲知此光의 所爲因緣이러니 時有菩薩하니 名曰妙光이라 有 八百弟子러니 是時에 日月燈明佛이 從三昧起하사 因妙光菩薩하야 說大乘經하시니 名妙法蓮華라 敎菩薩法이며 佛所護念이시니라. 六十小劫을 不起于座하며 時會聽者도 亦坐一處하야 六十小劫을 身心不動하고 聽佛所說을 謂如食頃호대 是時衆中에 無有一人도 若身若心에 而生懈倦일러라. 日月燈明佛이 於六十小劫에 說是經已하시고 卽於梵과 魔와 沙門婆羅門과 及天人阿修羅衆中에 而宣此言하사대 如來於今日中夜에 當入無餘涅槃하리라 하시니라. 時有菩薩하니 名曰德藏이라 日月燈明佛이 卽授其記하사 告諸比丘하사대 是德藏菩薩이 次當作佛하시니 號曰 淨身 多陀阿伽度 阿羅訶 三藐三佛陀러라. 佛이 授記已하시고 便於中夜에 入無餘涅槃하시니라.

이때에 문수사리보살이 미륵보살과 여러 대중에게 말하였다.
"선남자여, 나의 생각으로는 아마 부처님께서 큰 법문을 말씀하시며 큰 법비를 내리시며 큰 법소라를 부시며 큰 법북을 치시며 큰 법의 뜻을 연설하시리라 믿소. 여러 선남자들이여, 내가 과거에 여러 부처님 계신 곳에서 이런 상서를 보았으니, 이 광명을 놓으시고는 큰 법문을 말씀하시었소. 그러므로 오늘 부처님이 광명을 놓으심도 그와 같아서 중생들로 하여금 모든 세간들이 믿기 어려운 법문을 듣고 알게 하시려고 이 상서를 나타내심인 줄 아오. 여러 선남자들이여, 지난 세상 한량없고 그지없고 불가사의한 아승지겁 전에 부처님이 계시었으니 이름이 일월등명여래 응공 정변지 명행족 선서 세간해 무상사 조어장부 천인사 불세존이었소. 바른 법을 연결하시니 처음도 선하고 중간도 선하고 나중도 선하며 이치는 깊고도 멀고 말씀은 공고하고 묘하며 순일하고 잡되지 않았으며 맑고 깨끗한 범행을 갖추었소. 성문을 구하는 이에게는 네 가지 진리를 알맞게 말씀하여 나고 늙고 병들고 죽음을 벗어나서 끝끝내 열반하게 하시고, 벽지불을 구하는 이에겐 열두 가지 인연을 알맞게 말씀하였고, 보살들을 위하여서는 육바라밀을 알맞게 말씀하여 아뇩다라삼먁삼보리를 얻어 갖가지 지혜를 이루게 하시었소. 다음에 부처님이 계시었으니 역시 이름이 일월등명이시고, 그다음에 또 부처님이 계시었으니 역시 이름이 일월등명이시었소. 이와 같이 이만 부처님이 계시었는데 다 같이 이름이 일월등명이시었고 성도 같으시어 파라타였소. 미륵보살이여, 첫 부처님이나 나중 부처님이나 이름이 다 같아서 일월등명이시고 열 가지 명호가 구족하였고 말씀하시는 법문도 처음과 중간과 나중이 모두 선하시었소. 맨 나중 부처님이 출가하기 전에 여덟 왕자가 있었으니 맏이는 유의, 둘째는 선의, 셋째는 무량의, 넷째는 보의, 다섯째는 증의, 여섯째는 제의의, 일곱째는 향의, 여덟째는 법의이었소. 이 여덟 왕자는 위엄과 덕이 자유자재하여 각각 사천하를 거느렸더니 이 왕자들이 부왕이 출가

하여 아뇩다라삼먁삼보리를 얻으신 줄 알고는 모두 왕위를 버리고 따라서 출가하여 대승심을 내었고 항상 범행을 닦아 법사가 되었으며 천만억 부처님 계신 데서 여러 가지 선한 근본을 심었소. 이때에 일월등명불이 대승경을 말씀하셨으니 이름이 무량의경이라. 보살을 가르치는 법이며 부처님이 호념하시는 바이었소. 이 경을 말씀하시고는 대중이 모인 가운데서 결가부좌하시고 무량의처 삼매에 드시어 몸과 마음이 동요하지 아니하였소. 그때 하늘에서 만다라꽃 큰 만다라꽃 만수사꽃 큰 만수사꽃을 내리시어 부처님 위에 또 대중들에게 흩었으며 여러 부처님 세계가 여섯 가지로 진동하였소. 그때 모여 있던 비구 비구니 우바새 우바이 천인 용 야차 건달바 아수라 가루라 긴나라 마후라가 사람과 사람 아닌 이와 모든 작은 왕과 전륜성왕들이 전에 없던 일을 만나 환희하여 합장하고 일심으로 부처님을 뵈옵고 있었소. 이때 부처님이 미간의 백호상으로 광명을 놓아 동방의 1만 8천 세계를 비추시매 두루하지 않는 데가 없는 것이 지금에 보는 저 세계들과 같았소. 미륵이여, 그때 모인 가운데 이십억 보살들이 있어 법문을 듣자오려 하더니 그 보살들이 이 광명이 여러 세계에 비침을 보아 전에 없던 일을 얻고는 이 광명의 인연을 알고자 하였소. 그때 묘광보살이 팔백 제자를 데리고 있었더니 일월등명불이 삼매에서 일어나 묘광보살을 인하여 대승경전을 말씀하였더니 이름이 묘법연화경이라. 보살들을 가르치는 법이며 부처님의 호념하시는 바이었소. 육십 소겁 동안을 자리에서 일어나지 않으시었고 듣는 이들도 한곳에 앉아서 육십 소겁 동안 몸과 마음을 동요하지 않고 부처님의 말씀을 들으면서 밥 한 그릇 먹는 동안밖에 아니 된다고 하였는데, 그때 대중에 한 사람도 몸이나 마음에 해태함을 내는 이가 없었소. 일월등명불이 육십 소겁 동안 이 경을 말씀하시고는 즉시 범천과 사문과 바라문과 하늘과 아수라들에게 이렇게 말씀하였소. '여래는 오늘 밤중에 남음 없는 열반에 들리라.' 그때 덕장보살이 있었는데 일월등명불이 그에게 수기를 주시면서 비구들에게 이렇게 말씀하시었소. '이 덕장보살이 이다음에 성불하여 이름을 정신 다타아가도 아라하 삼먁삼불타라 하리라.' 부처님이 수기를 마치시고는 그날 밤중에 남음 없는 열반에 드시었소."

• 선남자선여인善男子善女人

부처님의 가르침을 굳게 믿고 아뇩다라삼먁삼보리를 증득하고자 다짐한 사람.

• 일월등명여래日月燈明如來

이 부처님의 광명이 하늘에서는 해, 달과 같고 땅에서는 등불과 같아서 일월등명불이라 하였다.

– 일월등명日月燈明: 해, 달, 등불과 밝음. 모두 빛을 내는 주체로 지혜를 나타낸다.

일월등명불은 대중을 위하여 법화경을 위시한 여러 경전을 설하시었다. 2만 등명불이 계속 출현하여 설법하였으므로 2만 등명불이라고도 한다. 최후의 일월등명불이 묘광보살에게 법화경을 설하였고 묘광보살은 또 대중에게 설하였는데, 청중 팔백 명 중에 구명보살求名菩薩이 있었다.

• 선서善逝

"잘 가신 분."

여래 10호의 하나. 세상에 조금도 얽매이지 않는다. 환경에 어떠한 지배도 받지 않는다는 뜻.

• 조어장부調御丈夫

"중생을 잘 이끌어 가르치는 대장부."

여래 10호의 하나. 말이나 코끼리를 잘 다루듯 모든 중생을 잘 가르친
다는 뜻이다.

• 초선初善 중선中善 후선後善

부처님의 최초의 설법이나 중간 설법이나 최후의 설법은 다르지
않다. 최초로 나타나신 부처님이나 중간에 나타나신 부처님이나
최후에 나타나신 부처님이나 다 같다. 다르지 않다.

완전무결한 선善을 말한다.

  ◉ 초선初善: 처음부터 지금까지 쭉 계속되는 이야기. 태초에 인간이 나와서
    말세까지 가는 것. 정법시대. 아침에 해가 뜰 때. 15일에 한 번씩 장애가
    온다.

    중선中善: 낮. 상법시대. 그때그때 국운이 바뀌어서 돌아가는 얘기.

    후선後善: 저녁 해질 때 등의 시대. 말법시대. 인간의 얘기.

• 사제법四諦法

부처님의 교설을 체계화시키고 그 실천법에 대하여 설명해 놓은
교설. 이 세상의 모든 이치를 고락苦樂(고통과 즐거움)의 원인과 결과에
따라 설명한 네 가지 진리. 사성제四聖諦라고도 한다.

①고제苦諦: 이 세상 모든 것은 무명無明(진리에 대하여 어리석음)으로
  인하여 고통이 따른다. 언제나 부족하여 불만족한 것. 자꾸자꾸

구해도 만족을 모르는 고통.

②집제集諦: 괴로움의 원인은 집착에서부터 생긴다.

집集은 미혹의 모임. 우리의 마음은 번뇌가 가득 차서 괴롭게 된다. 미혹으로 말미암아 자기에게 얽매어서 서로 시기 질투하고 투쟁하게 된다. 그래서 더욱 괴로워진다는 것을 가르치는 것.

③멸제滅諦: 괴로움의 원인인 번뇌를 끊고 평온한 경지에 들어가는 것.

④도제道諦: 괴로움을 없애고 대자유, 즉 열반을 얻는 여덟 가지의 길인 팔정도八正道를 닦아야 한다.

◉ 세상은 불만족스러운 것이며 우리는 미혹에 차 있다. 그러나 괴로움이나 번뇌가 없는 길이 있다. 그 길을 가기 위해서 그 수행하는 방법을 가르친 것이다.

• 십이인연법十二因緣法 (화성유품 제7 참조)

• 육바라밀六波羅蜜

생사의 고해를 건너 열반의 피안으로 건너가는 여섯 가지 방편.

①보시布施 바라밀: 자비로 널리 사랑하는 행위. 보시에는 재물로 남을 돕는 재시財施, 부처님 가르침을 널리 전하는 법시法施, 남의 두려움과 걱정을 없애 주는 무외시無畏施가 있다.

②지계持戒 바라밀: 부처님이 정한 계율을 잘 지킴.

③인욕忍辱 바라밀: 참는다.

④정진精進 바라밀: 항상 수양에 힘쓰고 게으르지 않음.

⑤선정禪定 바라밀: 마음을 산란하지 않게 함.

⑥지혜知慧 바라밀: 삿된 지혜를 버리고 참 지혜를 얻는 것.

- 아뇩다라삼먁삼보리阿耨多羅三藐三菩提

  부처님의 지혜.

  더 이상의 깨달을 것이 없는 최고의 깨달음.

  무상정등정각無上正等正覺, 무상정등각無上正等覺을 말한다.

  - 아뇩다라: 무상無上

  - 삼먁삼보리: 정변지正遍知

- 일체종지一切種智

  모든 것의 성질을 모두 구명究明해 아는 것.

  모든 사물의 진정한 성질을 잘 알아서 어떠한 사람에게도 어떠한

  경우라도 어떠한 일에 부딪쳐도 각각 적당한 대응을 할 수 있는

  지혜.

- 파라타頗羅墮

  파라타의 뜻은 첩질捷疾. '빨리 성취한다'는 말인데, 근기가 훌륭하여

  사유함이 남보다 빠르다는 의미이다.

- 이근利根

  감각이 예민함. 현명한 성질.

- 유의有意

  사물의 다른 점을 자세히 살펴서 깨달음의 길로 들어가고자 하는

  마음.

  - 유有: 차별. 선과 악, 밝음과 추움, 더움과 밝음, 어두움과 더움,

어두움과 추움.

• 선의善意

사물의 완전한 것을 구하는 마음.

- 선善: 완전한 것, 최상의 것.

  ◉ 무엇이든지 잘하려고 하는 모습. 자기가 살아야 옆 사람까지 살게 된다.

• 무량의無量意

헤아릴 수 없을 만큼 많은 것.

중도에 그치지 않고 끝까지 착한 마음을 내는 것.

  ◉ 앞으로 다가올 일을 헤아리지 못하고 산다. 지금까지 자신의 뜻대로
  되는 일은 하나도 없다. 모두 부처님의 뜻대로 살았고 일월등명 뜻대로
  산 것이다. 자신의 뜻대로 살려고 하니 고생하는 것이지 순종하면서
  살면 고통이 없다.

• 보의寶意

가장 뛰어난 덕을 갖추고자 하는 마음.

  ◉ 자신이 가지고 있는 재능. 자기가 얻은 것은 다 보배이다.
  자기에게 있는 것은 다 보배이지 보배 아닌 것이 없다. 무량의가 되면
  보의로 바뀌게 된다. 잘못된 마음이 바르게 바뀌게 된다. 공자, 맹자,
  석가, 예수 등이 노력해서 만든 자리.

• 증의增意

자식도 낳아서 늘리고 일도 늘려 나간다. 하나 가지면 두 개 갖고
싶어 하는 마음.

◉ 현재보다 발전하려는, 항상하려는 마음.

• 제의除疑意
끝까지 구명究明하여 의심을 내지 않는 마음.
　　◉ 고생한 것은 지나가면 다 잊는다. 지난날을 잊고 현재를 위주로 살게
　　　된다.

• 향의響意
　　◉ 가르치는 사람과 가르침을 받는 사람의 마음이 서로 상응하는 것.
자신은 상대방에게 지지 않으려고 한다. 참음이 생기게 된다. 말이라
도 남에게 베풀려고 한다.

• 법의法意
　　◉ 법을 구하고자 하는 마음.
세상 가는 모양은 잘한 것은 잘한 대로, 못한 것은 못한 대로 그
모습 그대로 가지고 간다.

• 무량의경無量義經
법화삼부경法華三部經 중의 하나로 법화경의 서설이라고 할 수 있는
경이다.
부처님께서는 법화경을 설하기 전에 무량의경을 설하셨다. 마음의
근본을 확고하게 해 두면 여러 가지 상황이 닥쳐도 적당한 길을
찾을 수 있고 적당한 행동을 할 수 있다는 것을 가르치셨다. 자기중심
적인 생각을 버리고 크고 넓은 마음을 가져야 한다는 가르침이다.

- 인因 묘광보살妙光菩薩 설대승경說大乘經

"묘광보살로 인하여 세상을 보고 그 내용을 알게 해 주는 가르침을
펴시다."

묘광보살을 상대로 하여 대승경을 설하시지만 그곳에 모인 여러
사람에게도 설하신다. 설법은 설법을 듣는 주 상대방이 있지만 함께
듣는 사람이 모두 이해하도록 한다.

- 덕장보살德藏菩薩

남모르게 덕德을 쌓는다.

◉ 자기가 필요해서, 자기를 보호하기 위하여 열심히 사는 것이 결국은
남을 편하게 하고 보호하는 일이 된다.

매일 개울을 건너야 하는 사람이 자기가 편키 위해 다리를 놓았는데
여러 사람에게 편리를 제공했다. 여러 사람이 다리를 건너갈 때 다리를
놓은 사람에게 감사하는 마음을 내지 않는다. 다리를 놓은 사람은 자기
를 보호하기 위하여 올바른 일을 한 것뿐인데 여러 사람에게 공덕을
베푼 게 된 것이다.

이 세상에는 남을 위하여 내가 희생한다는 것은 없다.

나는 옷을 입고 있는데 헐벗은 사람이 열 사람이 있다면 내가 옷을 벗어서
그들에게 줘서 나도 얼어 죽고 그들도 얼어 죽게 하는 것이 아니라,
나는 빨리 옷을 구해다 그들에게 주어야 한다.

- 덕장德藏 일월등명불日月燈明佛 즉수기기卽授其記

"일월등명불이 덕장보살에게 수기를 주셨다."

• 정신淨身 다타아가도多陀阿伽度 아라하阿羅訶 삼먁삼불타三藐三佛陀

덕장보살이 미래세에 성불했을 때의 이름.

- **다타아가도**: 여래如來. 부처님의 10호 중 하나. 진리에서 온 자. 진리에 머무른 자. 곧 부처.

- **아라하**: 응공應供. 부처님의 10호 중의 하나. 온갖 번뇌를 끊어서 인간과 천상의 모든 중생으로부터 마땅히 공양을 받을 만한 사람.

- **삼먁삼불타**: 정변지正遍知. 바르고 원만한 깨달음.

묘광보살은 문수보살이 일월등명불 문하에 있을 때 불리던 이름. 구명보살은 묘광보살의 팔백 제자 중의 한 사람으로 미래 부처님이신 미륵보살이다.

• **명묘법연화名妙法蓮華**

"경의 이름은 묘법연화이다."

◉ 경을 덮으면 잠자고 있는데, 경을 읽으면 힘이 나와 살아 움직여서 빛이 비치게 된다. 경은 죽은 것 같은데 살아있다.

경을 읽으면 영가도 화신이 된다.

경에는 빛과 소리가 함께 겸해서 들어 있다. 경을 여는 데서 빛이 움직여지고, 읽을 때 소리가 움직이면서 힘이 생기게 된다.

• **불소호념佛所護念**

"부처님이 호념하시는 바이다."

우리가 열심히 살려고 하면 모든 생각이 보호되어 성공하게 된다.

◉ 살아서 움직이는 힘. 우리가 필요할 때마다 움직여 주는 힘. 불소호념이 되면 일이 나를 기다린다. 부자가 될 수 있다.

- 이만 불 일월등명불이 계속해서 출현하시어 언제나 똑같은 가르침을 설하시었다.

진리는 하나이고 그것을 깨닫는 사람이 설하여 가르치는 것도 근본적으로 똑같다.

 - 이만 불: 시간과 공간을 초월한다는 뜻.

   ◉ 석가모니세존께서 무량의 경을 설하시고 무량의처 삼매에서 나오셔서 법화경을 설하시기 전에 여러 가지 기이한 현상들이 나타나고, 부처님의 미간백호상의 광명이 동방으로 1만 8천 세계를 비춰서 아래로는 아비지옥과 위로는 아가니타천까지 이르러서 그 안에 있는 모든 세계를 보게 되었다. 미륵보살은 이런 부처님의 광명과 신통한 모양을 문수사리보살에게 물어 본다.

   왜 미륵보살은 문수사리에게 물어 보는가?

   모든 불교 경전에는 지혜가 뛰어난 제자로서는 사리불을 대표자로서 등장시키고, 보살로는 문수사리보살을 등장시킨다. 법화경이 시작하는 「서품 제1」에는 지혜를 상징하는 문수사리보살이 등장하고, 맨 나중 끝나는 「보현보살권발품 제28」에는 行을 대표하는 보현보살이 등장하는데, 이는 법화경의 짜임새는 처음에는 부처님의 지혜를 알고 나서, 그다음에는 수행을 해야 한다는 것을 알려 주는 것이라 할 수 있다. 그러면 사리불의 지혜와 문수사리보살의 지혜에는 어떤 차이가 있는가? 사리불의 지혜는 인간으로서의 지혜가 뛰어난 것이고, 문수사리의 지혜는 자연의 지혜, 즉 우주 및 자연의 이치를 아는 지혜를 말한다. 문수사리보살은 여래의 스승이다. 부처님이 증득한 지혜가 문수사리이다. 따라서 서품에 나타나는 여러 가지 상서로운 현상과 신통한 모양은 자연의 이치를 잘 아는 문수사리보살에게 물어 봐야 한다.

「방편품 제2」에서는 세존께서 삼매로부터 조용히 일어나셔서 부처님의 지혜는 매우 깊고 한량이 없고 그 지혜의 문은 이해하기도 어렵고 들어가기도 어렵다고 하시면서 사리불에게 그 내용을 설명하신다. 다른 제자보다 사리불이 지혜가 뛰어났기 때문에 지혜제일인 사리불에게 말씀하신다.

방편품方便品 제2

1. 대의

부처님께서 무량의처無量義處 삼매에서 일어나셔서 사리불에게 부처님
이 체험한 깨달음의 경지와 불교 궁극의 진리를 설하신다.

　모든 경전은 비유와 방편으로 되어 있다. 부처님께서 설하신 8만
4천 법문이 모두 방편으로 되어 있다. 방편을 통해서 진실상을 깨닫게
하는 데 그 목적이 있다.

　방편이란 뜻은 '그때그때의 경우에 따라 편하고 쉽게 이용하는 수단과
방법'이라고 설명된다. 그러나 세존께서 사용하신 방편의 의미는 "이
세상이 창조되어 있는 방법은 누구든지 편리하게 살아가게끔 구성되어
있다."라는 뜻이 강하다.

　이 세상 모든 존재는 자기 나름대로의 방편을 사용하여 살아 나간다.
이 우주는 모든 존재가 방편을 써서 살아 나가도록 충분한 것들이
준비되어 있다.

누구에게나 살아 나가는 방법은 겉으로는 보이지만 그 깊은 속은 모른다.
그래서 삼매三昧 속으로 들어가야 한다. 삼매에 들어가면 그 길이 보인
다. 그래서 「방편품」 첫머리에 "세존께서 삼매로부터 조용히 일어나셨

다."라고 썼다. ⇨ 세존世尊 종삼매안상이기從三昧安詳而起

　삼매로부터 일어나신 세존께서 첫 말씀은 "모든 부처님의 지혜는 매우 깊고 한량이 없고 그 지혜의 문은 이해하기도 어렵고 들어가기도 어려워서 모든 성문이나 벽지불들이 알 수가 없다."고 하신다. 왜 이런 말씀부터 시작하느냐 하면 그때까지 사제법을 깨달은 성문이나 십이인연법을 깨달은 벽지불은 "이제 나는 다 깨달아서 더 얻을 것이 없다." 하고 더 노력하지 않았다. 이에 세존께서 "여래는 다만 일불승一佛乘으로써 중생에게 법을 말하고 이승二乘이나 삼승三乘의 법은 없다."라고 선언하신다. 즉 사제법을 깨달아서 생로병사의 고통에서 벗어난 성문이나 세상이 움직이는 인과를 잘 알아서 십이인연법을 깨달은 벽지불(연각)을 향해 너희들이 깨달은 법은 아직 미완성이다. 부처가 되는 일불승의 길로 들어가야 한다고 가르치신다.

　이 「방편품」에서는 부처님께서 사리불에게 십여시十如是를 설하시는데, 십여시는 부처님이 깨달음을 얻은 내용이며 제법실상諸法實相의 진리이다. 제법실상이란 모든 사물의 진정한 모습을 꿰뚫어보는 능력을 말한다.

　십여시란 이 세상 모든 존재와 온갖 현상은 본래부터 가지고 있고 영원히 변하지 않는 조건으로서 이른바 저마다 가지고 있는 모습[相]이 있고, 저마다 가지고 있는 성질[性]이 있고, 저마다 가지고 있는 바탕[體]이 있고, 저마다 가지고 있는 힘(능력[力])이 있고, 저마다 가지고 있는 작용[作](에너지 작용)이 있고, 저마다 가지고 있는 원인[因]이 있고, 저마다 가지고 있는 조건[緣]에 의해서 생긴 각기 다른 결과[果]과 있으며, 그것에 의해 생기는 영향, 보답(報)이 있다는 것이다. 즉 우주의 모든 존재가 갖는 열 가지 존재형식을 말한다.

사리불은 대중과 사부대중 모두가 방편에 대한 부처님의 설법을 더 듣기를 원하여 질문하지만 부처님은 "그것을 설명하면 도리어 더 의혹에 빠질 것이니 그만두자."라고 하시지만 사리불이 계속하여 간청한다. ⇨ 삼지삼청三止三請: 세 번 거절하고 세 번 청하다.

세존께서 설법을 시작하려는 순간 5천 명의 대중이 자리를 뜬다. 이들은 모두 얻지 못하고 얻었다고 하는 증상만이다. 또한 우리 마음속 깊게 자리 잡고 있는 탐貪(탐욕)·진瞋(성냄)·치痴(어리석음)·번뇌煩惱·망상妄想을 이른다. 이 다섯 가지를 내려놔야 부처님의 설법을 들을 수 있다.

또 이렇게 설하신다.

"부처님은 오직 커다란 한 인연〔一大事因緣〕으로 세상에 출연하신다. 부처님은 중생들로 하여금 부처의 지견〔佛知見〕을 열어서〔開〕 청정케 하기 위하여 세상에 나타나고, 중생에게 불지견을 보여 주기〔示〕 위하여 세상에 나타나며, 중생으로 하여금 불지견을 깨닫게〔悟〕 하기 위하여 세상에 나타나며, 중생으로 하여금 부처의 지견의 길에 들어가게〔入〕 하기 위하여 세상에 나타난다."라고 하시면서 부처가 세상에 오신 이유를 설명하신다.

세존께서 깨달음을 얻으시고 나서 설법하시는 과정에서 초기에는 사람들이 고통에서 벗어나기 위한 방법을 설법을 하셨고 나중에는 부처가 되는 길을 설하셨는데, 법화경에 와서 부처가 되는 일불승을 설하시면서 지금까지 설한 이승(성문, 연각)이나 삼승(성문, 연각, 보살)

의 법은 모두 일승을 설하시기 위한 방편이었다고 말씀하셨다. 즉 부처님의 설법은 우리가 살아가는 데 필연적으로 닥치는 생로병사의 고통을 비롯한 갖가지의 고통에서 벗어나기 위한 설법을 하시다가 나중에는 궁극적으로 부처가 되기 위한 방법을 설하시었다. 세존께서 사용하신 이런 가르침을 회삼귀일會三歸一이라고 하는데, 이 뜻은 삼승 三乘을 모아서 일승一乘으로 돌아가게 하는 가르침이다. 성문, 연각, 보살은 삼승이고 일승은 부처의 경지이다. 그동안 성문, 연각, 보살에 대한 많은 가르침을 이야기 했는데 그것은 일불승으로 돌아가기 위한 방편이었다. 그래서 그동안의 가르침은 지엽이고 법화경의 가르침이야 말로 충실한 열매이다. ― 무비스님, 『법화경법문』

2. 법화경의 구성

법화경 전체 28품을 크게 2개 부분으로 나눌 수 있는데 첫째 부분은 적문迹門이요, 둘째 부분은 본문本門이다.

 1) 적문: 석가모니불이 나타나기 이전 아득히 먼 과거에 성불한 본래의 부처님인 본불本佛(우주를 운영하는 에너지의 본체)이 중생을 구제하기 위하여 인간의 모습을 한 석가모니불로 그 모습(자취)을 드러낸 부분.
   적불迹佛의 가르침은 「서품 제1」부터 「안락행품 제14」까지이다.
   – 허공에 떠 있는 달이 땅 위에 있는 강, 바다, 연못마다 비치듯이 본래 부처님은 하나인데 그 부처님이 여러 가지 모습으로 화化하여 중생을 구제한다.

- 인간의 몸으로 현세에 나타나셨다가 열반에 드시는 부처님.

적문의 골자는 「방편품」이다.

   ◉ 방편품에는 다음과 같은 힘이 있다.

     ① 자기 잘못을 참회하면 죄를 사赦하고 살 수 있는 힘이 생긴다.

     ② 도道를 이룰 수 있는 길이 있다.

     ③ 수명 연장이 가능하다.

     ④ 제도가 가능하다.

2) 본문: 석가모니불이 나타나기 이전 아득히 먼 과거에 성불한 본불을 드러낸 부분.

본불의 가르침은 「종지용출품 제15」부터 「보현보살권발품 제28」까지이다.

  - 허공에 떠 있는 달과 같은 존재로서 영원한 생명을 가지고 있어서 불생불멸不生不滅, 즉 언제 난 일도 없고 언제 죽을 일도 없는 영원한 존재.

  - 이 우주에 단 한 분밖에 안 계신 부처님

본문의 골자는 「여래수량품如來壽量品 제16」이다.

• 방편이란?

진실의 도道에 도달하기 위한 방법이다.

"세상 살아가는 방법은 모두 편리하게 되어 있다."라는 뜻이다.

방편을 알아야 법화경 전 품을 이해할 수 있다.

   ◉ 남을 용서하면 내 마음 한구석이 편하다. 세상을 용서하면 세상을 다 얻는다. 세상이 둥글어진다.

◉ 지붕에 올라가려면 사다리가 필요하듯 자연의 섭리를 이용하여 우리의
작은 힘을 강하게 만드는 것.

- 일승一乘: 진실.
- 삼승三乘: 방편(성문승, 연각승, 보살승).
- 성문聲聞: 불교의 교설敎說을 듣고 스스로의 해탈을 위하여 정진하는
출가 수행자.
- 연각緣覺: 벽지불. 남의 가르침을 받지 않고 스스로 깨달음을 얻고자
하는 사람. 스스로 연기緣起의 법칙을 깨달은 사람.
- 보살菩薩: 대승불교에서 현실의 이상적 인간. 보살은 육바라밀의
수행을 통해서 상구보리上求菩提의 자기완성에 매진하며, 하화중생
下化衆生의 구제활동에 힘쓴다. 그리하여 자신과 타인을 함께 완성
할 수 있도록 이끌어 궁극적으로는 자타가 모두 완성된 이상사회로
서의 정토淨土를 건설해 간다. ⇨ 자타일시성불도自他一時成佛道

3. 본문 해설

爾時世尊이 從三昧 安詳而起하사 告舍利弗하사대 諸佛智慧는 甚深無
量이시고 其智慧門은 難解難入이라 一切聲聞辟支佛의 所不能知니라.
所以者何오 佛曾親近 百千萬億 無數諸佛하사 盡行諸佛無量道法하야
勇猛精進하야 名稱이 普聞하며 成就甚深 未曾有法이신 隨宜所說은 意
趣難解니라. 舍利弗아 吾從成佛已來로 種種因緣과 種種譬喩로 廣演言
敎無數方便하야 引導衆生하야 令離諸著하노니 所以者何오 如來方便知
見波羅蜜을 皆已具足이니라. 舍利弗아 如來知見은 廣大深遠하사 無量

無礙와 力無所畏와 禪定解脫三昧에 深入無際하사 成就一切 未曾有法하시나니라. 舍利弗아 如來 能種種分別하사 巧說諸法하시니 言辭柔軟하야 悅可衆心이니라. 舍利弗아 取要言之컨대 無量無邊 未曾有法을 佛悉成就니라. 止하라 舍利弗아 不須復說이니 所以者何오 佛所成就 第一希有 難解之法은 唯佛與佛이라사 乃能究盡 諸法實相하나니라. 所謂諸法에 如是相이며 如是性이며 如是體며 如是力이며 如是作이며 如是因이며 如是緣이며 如是果며 如是報며 如是本末究竟等이니라.

그때 세존께서 삼매로부터 조용히 일어나서 사리불에게 말씀하셨다. "모든 부처님의 지혜는 매우 깊고 한량이 없으며 그 지혜의 문은 이해하기도 어렵고 들어가기도 어려워서 모든 성문들이나 벽지불들이 알 수가 없느니라. 무슨 까닭인가 하면 부처님은 한량없는 백천만억의 부처님을 친근하게 모시면서 모든 부처님의 한량없는 법을 모두 수행하고 용맹하게 정진하였으므로 명성이 널리 퍼졌으며, 미증유한 깊은 법을 성취하고서 마땅한 대로 말씀한 것이므로 그 뜻을 알기 어려우니라. 사리불이여, 내가 성불한 후로 갖가지 인연과 갖가지 비유로써 여러 가지 교법을 많이 말하며, 수없는 방편으로 중생들을 인도하여 집착을 여의게 하였으니 무슨 까닭이냐. 여래의 방편 바라밀다와 지견 바라밀다를 모두 구족한 연고이니라. 사리불이여, 여래의 지견은 넓고 크고 깊고 멀어서 한량없는 마음과 걸림 없는 변재와 힘과 두려움 없음과 선정과 해탈과 삼매의 끝없는 데까지 깊이 들어가 온갖 미증유한 법을 성취하였느니라. 사리불이여, 여래는 가지가지로 분별하여 모든 법을 공교롭게 말하는 것이므로 말이 부드러워 대중의 마음을 기쁘게 하느니라. 사리불이여, 주요한 것을 들어 말하면 한량없고 그지없는 미증유한 법을 부처님이 모두 성취하였느니라. 그만두어라, 사리불이여, 다시 말할 것 없느니라. 왜냐하면 부처님께서 성취한 제일이고 희유하고 알기 어려운 법은 부처님과 부처님만이 모든 법의 참 모양을 연구하여 다하였나니 이른바 모든 법의 이러한 모양, 이러한 성품, 이러한 본체, 이러한 힘, 이러한 작용, 이러한 원인, 이러한 연, 이러한 결과, 이러한 갚음, 이러한 근본과 끝과 필경 등이니라."

- 종삼매從三昧 안상이기安詳而起

"삼매로부터 조용히 일어나다."

◉ 세상 만물은 조용한 가운데 살아서 움직여서 제 살길을 찾아간다. 하늘, 사람, 땅의 속은 어두우니까 조용히 그 속의 변화를 기다린다. 그러면 하늘, 공간, 땅의 칠보七寶가 움직여서 자기 살길을 찾아간다.

◉ 무슨 일을 하게 되면 세 가지 장애가 오게 된다(從三昧). 장애가 오면 조용히 때를 기다려서 그것이 물러갈 때까지 기다려야 한다. 그래야 사리불이 작용하여 지혜가 움직인다. 지혜는 선善과 악惡(갈까-말까? 할까-말까?)이 싸워서 변화되어 나오는 것이다. 고통을 극복하고 나와야 중생을 구제할 수 있다. ⇨ 안상이기安詳而起

- 고告 사리불舍利弗

"사리불에게 말씀하셨다."

◉ 삼매에서 일어나면 지혜가 작동하여 일을 처리하고, 부탁을 받으면 곧 사리불이 움직여서 그 일을 하는 지혜가 움직인다. 그러나 하기 싫은데 억지로 하면 사리불이 움직이지 않는다.

사리불은 부처님의 10대 제자 중 지혜가 가장 뛰어나다. 경經에 나오는 사리불은 지혜가 뛰어난 인간으로 볼 수도 있고, 인간의 지혜를 인격화하였다고 볼 수 있다.

◉ 만물이 햇빛을 받아서 변화시키는 힘은 각자가 다르다.

내 마음대로 잘 안 되어 항상 부족함을 느끼고 산다. 넘치는 법은 없다.
사람은 자기의 부족함을 메우기 위해 노력한다.

우리가 답답할 때 "어떻게 하면 되지?" 하고 물어 본다. 어디다 물어
봤느냐? 우리는 사리불에게 물어 보는 것이다. 사리불에게서 응답이
온다. 사리불은 우주에 가득 찼다.

• 제불지혜諸佛智慧

"모든 부처님이 중생의 교화를 위해 쓰시는 방편의 지혜."

부처님의 2지二智인 권지權智(부처님이 중생의 교화를 위해 쓰시는 방편의
지혜)와 실지實智(진리를 달관하는 진실한 지혜), 즉 일승一乘의 깊은
지혜를 말한다. 삼라만상이 살아서 움직이는 지혜이다.

눈에 보이든 안 보이든 살아 움직이는[佛] 모든 존재가 가지고 있는
지혜. 아이의 지혜, 어른의 지혜, 남자의 지혜, 여자의 지혜, 초목의
지혜, 날씨, 하늘, 모든 것에 관한 지혜. 어떤 물건을 만들면 잘
팔리고 누가 이 물건을 사 갈 것인가를 아는 지혜. 어떻게 하면
공부를 더 잘할 수 있을까, 장사를 잘할 수 있을까, 곡식이 잘 자랄
수 있을까를 아는 지혜.

• 일체성문벽지불一切聲聞辟支佛 소불능지所不能知

"모든 성문이나 벽지불들은 알 수가 없다."

◉ 부처님의 지혜, 실상의 지혜는 배우고 듣고 연구해서는 알지 못한다.
오직 깨달아야 한다. 성문과 벽지불은 들어서 알고 세상 이치를 터득했지
만 변화시키는 힘은 없다. 부처님의 지혜를 얻어야 남을 변화시키고

세상을 변화시키는 힘이 있다.

• 심심무량甚深無量

"매우 깊고 한량이 없다."

◉ 깊고 깊어 알 수가 없다.

◉ 노력과 고생은 지혜를 움직인다.

◉ 이 세상일을 한 꺼풀 알고 나면 그 속에 또 알아야 할 것이 있고, 그것을 알고 나면 그 속에 또 알아야 할 것이 있고 끝이 없다. 20대, 30대가 지나고 40대, 50대, 60대, 70대가 지나도 또 새로운 것이 나타나고 끝이 없다.

◉ 우리는 현몽을 해도 속을 몰라 대처하는 방법을 모른다. 변화하는 모습을 알 수 없다. 깊이 들어가야(심심무량) 그 변화를 알 수 있다.

◉ 세상 이치는 다 익으면 가게 되어 있다. 다 익어서 끝이 날 때는 육신은 버리고 가게 되어 있다. 때가 되어 다 익어서 열매를 맺으면 씨(후생)에게 자리를 내줘야 한다. 아무리 돈이 많고 권력이 강해도 때가 다 되면 버리고 간다. 영가 천도할 때 영가가 자기를 억울하게 한 사람을 용서할 때 천도가 되고, 용서하지 못하면 영가 천도가 안 된다. ⇨ 심심무량 모든 것을 깊이 알 때(심심무량) 처방이 나오는 법이다. 만약 천리天理를 어기거나 남에게 원수를 졌을 때는 처방이 나오지 않는다. 영가도 영가의 소원을 풀어 주고 해결해야 한다.

• 난해난입難解難入

이해하기도 어렵고 들어가기도 어렵다.

◉ 공중을 자유롭게 나는 새는 자기 마음대로 자유롭게 살 수 있으나 둥지를 틀고 새끼를 길러야 하기 때문에 묶여 산다. ⇨ 난해難解

◉ 고생 안 하고 호강하려고 시집을 열두 번 간 여자가 나중에 하는 말이

"인생이 살아가는 데 고생은 근본이구나! 고생을 면하는 방법은 없다. 그냥 참고 살자!" 죽고 싶어도 죽지 못하고 살고 싶어도 살지 못하는 고통을 참고 기다리면 반드시 변화가 온다. ⇨ 난입難入

◉ 우주 속의 힘은 알 수 없다.

◉ 풀리지도 않고 들어갈 수도 없다. 이용해서 방편으로 쓰는 것뿐이다.

• 불증친근佛曾親近

"부처님을 친근하게 모시다."

◉ 자연의 섭리는 인간의 지혜로는 아무것도 모른다. 그래서 불증친근해야 한다.

• 무수제불無數諸佛

"헤아릴 수 없는 부처님."

◉ 다 살아서 움직인다.

◉ 선악善惡이 스승이다.

선善은 힘들게 만들었지만 편리하게 쓴다. ⇨ 전기電氣

악惡은 힘들고 땀을 흘리게 만들고 나쁘게 쓰인다. ⇨ 핵무기

• 진행제불무량도법盡行諸佛無量道法

"모든 부처님의 한량없는 법을 모두 수행하다."

모든 부처님의 한량없는 법을 모두 수행하면 혜안慧眼이 된다. 볼 수 있고 용서할 수 있는 힘이 있고 불쌍히 여길 수 있는 힘이 내 마음에서 솟아올라 와서 중생을 구제하는 데 부족함이 없다.

◉ 사람마다 이 세상에 다 맞게 써먹게 되어 있다.

◉ 누구나 이 세상에 올 때 각자 책임을 지고 할 일을 가지고 왔다. 그

책임을 다하지 못할 때 고통이 따른다.

• 명칭보문名稱普聞

"명성이 널리 퍼지다."

　◉ 만물 속에 하나하나 다 들어가서 듣고 알았다.

　◉ 그 사람 한 일이 많은 사람에게 퍼져 나간다.

　◉ 용맹정진한 힘이 우주에 다 들리게 된다.

• 성취심심成就甚深

"깊은 법을 성취하다."

　◉ 자기도 모르게 갈 자리를 가게 되어서 자연적으로 그 속에 살게 되니 힘이 움직여진다.

　◉ 하늘에서 내려온 힘을 받고 굽이치면서 사는 것이다. 자기 본분을 찾아서 일할 수 있는 것이다.

• 미증유법未曾有法

"지금까지 없던 것. 지금까지 있지 않았던 일."

　◉ 다른 사람이 감히 담당할 수 없는 법.

　◉ 남들이 알 수 없는 것을 아는 것.

　◉ 생각하지 않았는데 이루어지는 법.

　◉ 자연의 섭리로 일어나는 재해는 자연의 섭리로 막아야지 인간의 지혜로는 막을 수 없다(이상기후, 큰 전염병).

• 수의소설隨宜所說

"마땅한 대로 말하다."

때와 장소와 상대에 따라 적절하게 말한다.

• 의취난해意趣難解

뜻을 헤아릴 수 없다.

◉ 잘하고 잘못하고 판단하지 마라.

◉ 그 사람으로서는 생각할 수 없는 말과 행동이 나오는 것.

• 오종성불이래吾從成佛以來

"내가 성불한 후로."

◉ 불佛은 살아있다.

◉ 내가 살아서 사람의 행동을 한 다음부터는.

◉ 우리가 살아난 다음. 본심이 살아난 다음.

• 종종인연種種因緣

가지가지 인연. 자식, 아내, 남편, 사업의 인연.

◉ 인연과 인연이 이루어지게 하기가 무척 어렵다.

◉ 세상 살아가는 데 인연 없인 못 산다.

◉ 자기 모습대로 살 때 인연은 스스로 찾아온다.

• 종종비유種種譬喩

"가지가지 비유로."

◉ 이것저것 다 선택해 보는 것.

◉ 가지가지 선택.

◉ 예를 들어 비유할 때 선택하는 힘이 나온다.

• 광연언교廣演言教 무수방편無數方便

"여러 가지 교법으로 말하고 수없는 방편으로."

　◉ 여러 사람 말을 듣고 방편으로 가르친다.

　◉ 미리 계획을 세우지 말라. 부처님 믿고 그때그때 상황에 맞게 할 때,
　　오종성불이래 될 때 광연언교 무수방편이 된다.

• 영리제착令離諸著

"모든 집착에서 떠난다."

　◉ 큰 고통에서 물러가게 한다.

　◉ 모든 집착에서 떠나서 자기가 살 수 있는 길을 찾게 해 준다.

• 여래如來

부처의 10가지 이름 가운데 여실如實히 오는 자, 또는 진여眞如에서
오는 자.

－ 진여眞如: 우주 만유의 평등하고 차별이 없는 있는 그대로의 모습을
　보는 참되고 한결같은 마음.

대승불교의 이상 개념. 우주 만유에 보변普遍한 상주 불변하는 본체.
이것은 우리의 사상개념으로 미칠 수 없는 진실한 경계. 오직 성품을
증득한 사람만이 알 수 있는 자리.

• 방편지견바라밀方便知見波羅蜜

방편바라밀다와 지견바라밀다.

방편바라밀다는 상대방의 지혜를 움직이게 해 준다.

지견바라밀다는 모든 사물을 판단할 수 있는 힘을 길러 준다.

⇨ 닦아서 부처가 되는 것이 아니라 우리에겐 부처의 종자가 이미 있기 때문에 방편지견바라밀다를 얻으면 된다.

　◉ 깜냥대로 살 수 있게 만들어 놓고 모든 것이 살 수 있게 하였다.

　◉ 이 세상은 무슨 일이든지 열심히 하면 더 하고 싶어서 일을 하게 되고 집안을 보호하는 즐거움이 생긴다.

－ 지견知見: 모든 사물의 참된 성질을 구명해 아는 것. 모든 사물을 올바르게 보아야 한다.

• 여래지견광대심원如來知見廣大深遠

"여래의 지견은 넓고 크고 깊고 멀다."

　◉ 태고 때부터 지금까지 쭉 내려온 세상이치를 알아보기란 너무 넓고 크고 멀구나.

　◉ 여래지견은 넓고 깊어서 무량무애無量無礙, 한량이 없어서 걸림이 없다. 우주의 변화를 알아야 네가 힘이 생긴다.

－ 불지견佛知見: 부처님의 지견.

①일체지一切智: 만물은 평등하다

②도종지道種智: 만물은 각기 다르다. 차별적으로 보고 실체를 아는 것.

③일체종지一切種智: 차별이나 평등에 사로잡히지 않고 이 두 가지를 동시에 살려서 보는 것. 이 일체종지에 의하여 중도실상中道實相의 이치를 보는 것이 불지견이다.

• 무량무애無量無礙

"한량없는 마음과 걸림 없는 변재."

◉ 모든 존재는 한량없이 실상에 가득 찬 것이지만 어느 것 하나 걸림이 없다. 작은 나무는 작은 나무대로, 큰 나무는 큰 나무대로 다 쓰임이 있다.

- **무량**無量: 자비희사慈悲喜捨 사무량심四無量心.
- **무애**無礙: 사무애四無礙.

부처님은 교教를 설하실 때 막힌 곳이 없는 4무애를 갖추고 계신다.

①법무애法無礙: 온갖 교법에 통달한 것.

부처님의 법은 이 세상 만물 어떤 존재에게도 거리낌이 없다. 그 가르침은 완전무결하여 누구에게나 모두 타당하다. 또한 절대진리이기 때문에 노인이건 아이이건, 부자이건 가난한 사람이건 다 이로움을 얻는다. 그래서 부처님의 가르침은 장애가 없고 거리낌이 없다.

②의무애義無礙: 온갖 교법의 뜻을 잘 안다.

부처님의 가르침의 방법이 아주 완전하다. 사물의 이치를 잘 설명해서 누구나 다 이해할 수 있다.

③사무애辭無礙: 여러 가지 말을 알아 통달치 못함이 없다.

부처님은 적당한 말을 구사하여 다 이해시킨다.

④요설무애樂說無礙: 온갖 교법을 알아 모든 중생이 듣기 좋아하는 것을 말하는 데 막힘이 없이 자재하다.

여기서 요樂는 '기꺼이 ~을 하다'라는 뜻으로 쓰였다.

부처님은 시기가 있고 박해가 있어도 언제나 기쁜 마음으로 교를 설한다.

• 역무소외力無所畏

"두려움이 없다."

무량무변한 속을 걸림 없이 알아야 힘이 생긴다. 힘이 생겨야 역무소
외가 된다. 잘 모르면 두려움이 있지만 잘 알면 두려움이 없다.

◉ 겉으로 보기에는 아무것도 없는 것처럼 보이나 그 속에는 두려울 정도의
힘이 있다. 이 세상 모든 존재는 다 각자의 힘이 있다. 가볍게 봐서는
안 된다

• 심입무제深入無際

"끝없는 데까지 깊이 들어간다."

◉ 한도 끝도 없다.

◉ 천만년 내려가도 끝없이 변화되는 것.

◉ 너의 실력으로는 알지 못한다.

• 능종종분별能種種分別

"능히 가지가지로 분별하여."

◉ 실제로 해 봐야 분별할 수 있다.

실천해 봐야 가지가지 분별이 나온다. 실천이 강하게 움직일 때
분별할 수 있는 힘이 나온다.

능히 모든 것이 각각 살아서 움직인다. 많은 것이 가득 차 있으나
하나하나 다 분별되어 있고 한데 엉켜 붙지 않는다.

• 아이방편我以方便

"내가 방편을 사용하여."

◉ 이 세상은 모두 방편으로 되어 있다. 만물이 모두 편리하게 쓸 수 있도록
되어 있다.

부처님의 자연실상의 힘이 살아 움직여서 각자 마음에 깨달음을
준다. 부처님은 지금도 살아서 우리에게 가르침을 주신다.
살아있는 힘 속에 들어가야 살아있는 방편이 나와서 써먹을 수 있는
힘이 나온다. 부처님의 말씀이 죽었다면 써먹을 수가 없다.

• 교설제법巧說諸法
"법을 공교롭게 말하다."

◉ 실상의 힘은 한꺼번에 움직인다. 그러나 자기 깜냥대로 받아들인다.
◉ 세상 살아가는 데 교묘하게 험한 세상을 지나간다.
사리불이 움직이면 그 사람에게 꼭 맞는 말이 나온다. 사리불이 움직이
면 종종분별하고 교설제법한다. 살아가는 데 교묘하게 위험도 비껴가고
잘살게 된다. 이 세상은 만중원적(세상에 적이 가득 찼다)인데 위험을
교묘하게 피해 간다.

• 언사유연言辭柔軟
"말이 부드럽다."

◉ 고통을 많이 겪은 사람은 언사가 부드럽다. 언사가 유연해야 적이 없고
마魔가 붙지 않는다. 고생하지 않는다.

• 열가중심悅可衆心
사람들의 마음을 기쁘게 해 준다.

◉ 다른 사람뿐만 아니라 자신의 번뇌도 물러간다.
"사리불아, 여래는 능히 가지가지로 분별하여 모든 법을 공교롭게

말하는 것이므로 말이 부드러워 대중의 마음을 기쁘게 한다."

◉ 사리불아, 자기가 실제로 실천해 봐야 분별할 수 있는 힘이 나오고, 실천에는 인욕이 따른다. 인욕에서 교설제법이 나온다. 실천하려면 반드시 인욕이 따르게 되어 있고, 그 인욕에서 분별할 수 있는 힘이 나오고 교설제법하고 언사가 유연해진다.

실천하려면 참아야 하는데, 그러면 분별할 수 있는 힘이 나오고 교설제법하게 되고 언사가 유연하다.

인욕이 없으면 말이 부드럽지 않아 상대방을 기쁘게 하지 못한다. 우리가 분별하지 못하고 교설제법하지 못하고 언사유연하지 못한 것은 참지 못해서 인욕의 힘을 얻지 못했기 때문이다.

• 불실성취佛悉成就

부처님이 모두 성취하였다.

◉ 부처님을 알 때 성취할 수 있다.

◉ 도를 이룬 사람만이 안다.

◉ 깨달아야 알게 된다.

◉ 사람으로 이 세상에 와서 직접 경험하고 고통받고 난행고행한 것만이 무량무변 미증유법을 알 수 있다. 그러므로 인간의 몸을 수없이 타고 나와 갖가지 경험한 것만이 미증유법을 알 수 있다.

◉ 경 해석을 할 때 먼저 듣는 사람의 지혜를 움직이게 해서 부처님 말씀이 귀에 들어가게 하고 나서 경을 해석하라.

• 지止

"그만두어라. 멈춰라."

◉ 이 생각 저 생각 분별하는 것을 그만두어라. 연구, 궁리해서는 깨달음에

이를 수 없다. 생각을 일으켜서 해결하는 것은 어렵다. 그러나 생각을
비워서 해결하는 것은 쉽다.

생각을 비운다는 것은 생각하는 것을 멈추는 것.

'나무아미타불', '나무관세음보살', '나무묘법연화경' 등을 부르면서
생각하는 것을 멈춘다.

그러면 생각이 잠잠해지고 고요해진다. 고요해지고 나면 밝아진다.

⇨ 적적성성寂寂星星: 고요하고 고요해지면 밝아진다.

계속 기도하면 생각이 그치고 밝아진다.

보고 듣고 가고 오고 하는 것이 문제가 아니라 그것(사물)에 물들지
않아야 한다. 사물에 응하되 사물에 물들지 않아야 한다.

어느 것을 보고 들어도 그것에 집착하지 말아야 한다.

『금강경』의 "응무소주應無所住 이생기심而生其心"도 무슨 일을 하되
그것에 얽매이지 말라는 말씀이다. 집착하지 말라는 말씀이다.

• 유희삼매遊戲三昧

부처의 경지에서 노닐며 어떤 것에도 사로잡히지 않는다.

어린아이가 놀이에 전념하듯 하는 일에 전심전력하라.

그러나 그것에 매이지 말라.

• 유불여불唯佛與佛

"부처님과 부처님만이."

　◉ 실천해 보고 경험해 봐야 한다.

　◉ 내가 실상 속에 들어갈 때. 자신이 실제로 들어가서 행해 보지 않고는

모른다.

◉ 언제 유불여불이 되는가? 내가 부처님 말씀을 이해하게 될 때. 어제까지는 부처님 말씀의 깊은 뜻을 몰랐는데, 오늘 알게 되면 나는 오늘 유불여불이 된 것이다.

• 제법실상諸法實相

모든 사물의 진정한 모습을 꿰뚫어보는 능력, 힘.

◉ 모든 법은 서로 실상이 될 때 통한다.

◉ 모든 사람의 마음이 가는 곳에 열매가 열린다.

◉ 실상일 때: 자연 그대로일 때.

◉ 자기 맡은 일을 열심히 할 때 도량에서는 힘이 나오고 제법실상이 된다.

• 십여시十如是

부처님이 깨달으신 제법실상의 내용. 모든 존재는 10가지 내용을 가지고 있는데. 이것은 언제까지나 영원히 변치 않는다.

상相, 성性, 체體, 력力, 작作, 인因, 연緣, 과果, 보報, 본말구경本末究竟의 10여시는 형상이 있는 것이나 없는 것이나 일체 만물에 있는 것으로서, 이 법칙에 의거하지 않고 존재하는 것은 하나도 없다.

- 여如: 언제나 같다, 변하지 않는다.

◉ 우주 안에서 시방十方으로 움직이는 힘.

「방편품」으로 업보를 소멸할 수 있고 영가를 제도할 수 있다.

- 상相:

◉ 상相은 겉에 나타난 모양. 각각의 성질에 의해 모양이 다르다.

지구 전체는 상으로 되어 있다.

서로 끌어당기고 서로서로 연결되게 구성되어 있다.

상은 각자 다 다르다.

모든 법에서 상이 나온다. 상만 알아도 살기 편하다

움직이는 데서 상이 나온다.

- 성性: 가지가지 상相에 변화되어서 우리 눈에 띄지 않는 성품.

상相이 움직이면 성性이 나온다.

스스로 성품을 만든다.

- 체體: 본체本體. 사물의 정체. 현상의 근본에 있는 실체實體.

각각의 모양에 따라 체가 다르다.

각각의 기능이 다 다르다.

 ◉ 모든 사람에게 주장할 수 있는 모습.

 ◉ 고생하며 나온 모습

- 역力: 체體에서 나온 힘.

모든 것은 체體에 따라 힘이 있다. 사람은 사람, 새는 새, 물고기는
물고기, 각자 자기 몸에 맞게 힘이 나온다.

- 작作: 모는 존재는 힘이 있고 그 힘이 겉으로 작용하게 된다.

힘은 속에 있고 그것이 겉으로 나타나게 된다.

 ◉ 마음먹기에 달렸다.

 ◉ 힘에 의해서 만들어 놓는다.

 ◉ 소목, 대목이 있는데 소목이 자라서 대목이 되는 것이 아니라 처음부터
   소목, 대목이 결정된다.

- 인因: 원인. 직접적인 조건.

우리는 이 세상에 와서 인因을 만들어 놓고 간다.

 ◉ 인因이 있으므로 연緣이 나오는 것이다. 아무도 모르게 이웃에게 잘했을
   때, 모두의 마음속에 묻어 두었을 때 필요하면 찾아 쓰게 된다.

◉ 이 세상에서 필요한 일을 하고 갔을 때 사람으로 다시 오게 된다.

- 연緣: 간접적인 원인. 주위 환경, 사정.

    ◉ 상대와 호흡이 통하면 궁합이 맞고 좋은 인연을 맺는다.

    ◉ 자기가 해 놓은 자리와 인연을 맺고 사는 자리

* 불종종연기佛種從緣起: 인간은 다 부처가 될 수 있는 성품(자성, 불성)을 가지고 있지만 연緣이 나쁘면 부처가 될 수 없다. 마치 성냥불을 물속에서는 켤 수 없는 것과 같다. 인因은 자기가 가지고 있는 것이고, 연緣은 남이 주는 것이다.

- 과果: 결과

인因과 연緣에서 결정되어 나온다.

'과'는 여물게 되어서 기도나 다른 방법으로 정리할 수 없다.

- 보報: 응답.

    ◉ 되돌려 준다.

    ◉ 다시 나고 다시 돌아가는 것

- 본말구경등本末究竟等

    처음의 상相에서 마지막 보報까지 조건은 필경에는 모두 평등하다.

    어느 곳이나 어느 물건이나 다 같이 갖추고 있다.

    형체가 있는 것이나 형체가 없는 것이나 어디에나 고루 갖추어져 있다.

    원인이 결과가 되고 결과가 원인이 된다. 마치 씨앗이 열매가 되고 그 열매가 씨앗이 되는 것과 같다. 이런 이치가 끊임없이 되풀이된다.

*등等: 같다. 평등하다.

- 근본이 있고 끝이 있다
- 다시 씨앗으로 되서 돌아가는 자리

❀

若我遇衆生하야 盡教以佛道언만은 無智者錯亂하야 迷惑不受教니라.
我知此衆生의 未曾修善本일새 堅著於五欲하야 癡愛故生惱하며 以諸
欲因緣으로 墜墮三惡道하며 輪廻六趣中하야 備受諸苦毒하며 受胎之微
形으로 世世常增長하야 薄德少福人이라 衆苦所逼迫하며 入邪見稠林
若有若無等일새 依止此諸見하야 具足六十二하며 深著虛妄法하야 堅受
不可捨하며 我慢自矜高하야 諂曲心不實하며 於千萬億劫에 不聞佛名
字하고 亦不聞正法하나니 如是人難度니라. 是故舍利弗아 我爲設方便
하야 說諸盡苦道하야 示之以涅槃호니 我雖說涅槃이나 是亦非眞滅이어
니와 諸法從本來로 常自寂滅相이 佛子行道已하면 來世得作佛이니라.
我有方便力하야 開示三乘法호니 一切諸世尊이 皆說一乘道니라. 今此
諸大衆은 皆應除疑惑이니 諸佛語無異라 唯一無二乘이니라.

"내가 중생을 만나는 대로 모두 부처의 도로 가르치건만 지혜 없는
이 잘못 알고 미혹하여 교화를 받지 않네. 나는 아노라. 이런 중생들
일찍이 착한 근본 심지 못하고 다섯 가지 욕망에 집착하며 어리석은
탐욕으로 번민하여서 모든 애욕의 인연으로 세 나쁜 길에 떨어지고 여섯
갈래로 헤매면서 온갖 고통을 받나니, 태중에 들어 미미한 형상 날 적마다
항상 자라며 박덕하고 복이 없어서 모든 괴로움에 시달리고, 나쁜 소견의
숲 속에 들어 있다 없다 분별하는 이런 사상에 의지하여 62소견을 구족하

88

며, 허망한 법에 집착하여 굳게 믿고 버리지 못하며, 교만하고 잘난 체하여 아첨하는 마음 참되지 못해 천만억겁 지내도록 부처님 이름 듣지 못하고 바른 법도 못 들었으매, 이런 이들은 건질 수 없느니라. 사리불아, 그래서 내가 편리하고 알맞은 방법으로 괴로움이 없어짐을 말하여 열반의 길을 보였나니, 내 비록 열반이라 말했으나 참된 열반은 아니니 모든 법이 본래부터 언제나 고요한 모양이라. 불자들이 이런 도 행하면 오는 세상에 부처 되리라. 내가 비록 방편으로써 삼승법을 말하였으나 모든 세존은 일승법만을 말하느니라. 이제 이 대중들 모든 의혹을 풀라. 부처님의 말씀 다르지 않아 일승뿐이고 이승은 없네."

• 선본善本
"착한 뿌리."
바른 판단력으로 마음을 바로 세우는 것.

• 오욕五慾
5관의 욕망. 눈, 귀, 코, 혀, 몸의 다섯 가지 감각기관, 즉 5근根이 각각 색色(물질), 성聲(소리), 향香(냄새), 미味(맛), 촉觸(촉감)의 다섯 가지 감각대상, 즉 5경계境界에 집착하여 야기되는 5종의 욕망. 또는 재욕財慾, 성욕性慾, 식욕食慾, 명예욕名譽慾, 수면욕睡眠慾의 다섯 가지를 말하기도 한다.

• 삼악도三惡道
지옥도, 아귀도, 축생도를 말함이니 여기에 떨어지면 부처님의 법문을 듣지 못한다. 우리 마음이 이 삼도에 떨어지게 되면 부처님의 정법이 귀에 들어오지 않고 삿된 견해에 매달리게 된다.

• 입사견조림入邪見稠林

삿되고 바르지 못한 생각이 숲처럼 빽빽하다, 가득 찼다.

사물의 이치는 잘 알지만 정법正法에 대한 믿음이 없으면 사견에
빠진다.

• 약유약무등若有若無等

혹은 있다는 집착이 있는 자, 혹은 없다는 집착이 없는 자.

• 구족육십이具足六十二

모든 외도를 비롯한 범부가 일으키는 삿된 견해의 종류가 62가지가
된다. 여기에 빠지면 그릇된 생각에 의지하여 지배를 받게 된다.

• 어천만억겁於千萬億劫 불문불명자不聞佛名字 역불문정법亦不聞正法 여시
인난도如是人難度

"천만억겁에도 부처님의 이름조차 듣지 못하며 또한 바른 법을 듣지
못함이니 이런 사람은 제도하기 어렵다."

업장이 두텁고 오탁악세에 빠져 있는 사람이라 부처님과 인연이
없어서 제도하기 어렵다.

부처님은 오탁악세五濁惡世의 중생들을 제도하기 위하여 이 세상에
오셨다. 왜 악세인가? 5가지가 탁해서 악세이다. 오탁악세란 시대가
탁하고 어지러울 때 중생들에게 나타나는 말기 현상을 말한다.

①겁탁劫濁: 세월이 혼탁하다. 시대가 혼탁하다. 이런 시대에는 천재

90

지변, 전쟁, 질병, 중생계의 모든 고통이 끊이지 않는다.

②번뇌탁煩惱濁: 인간의 마음이 탐, 진, 치, 번뇌, 망상으로 가득 차서 분노와 어리석음으로 시비가 잦고 질투하고 남을 중상모략 하는 등 감정의 갈등 속에 고뇌한다.

③중생탁衆生濁: 중생은 진리에 대하여 어두운 사람이다. 인간들의 마음에 자비심이 사라지고 끝없는 욕망이 일어나고 제 분수를 지키지 못해 온갖 고통이 초래된다.

④견탁見濁: 사악한 사상과 견해가 무성하게 일어나 더러움이 가득하 다. 아상我相이 높아 남의 의견을 무시하고, 사견邪見이 정견正見인 양 득세하고, 삿된 종교관이나 잘못된 이념으로 기존질서를 부정하 고 스스로 혼란에 빠지고 세상을 혼란스럽게 만든다.

⑤명탁命濁: 수명이 짧아지는 것. 본래 가지고 나온 수명을 다 채우지 못함.

위 5가지 혼탁 중 세상을 가장 어지럽히는 것이 견탁이다.

• 제법종본래諸法從本來 상자적멸상常自寂滅相 불자행도이佛子行道已 내세 득작불來世得作佛

"모든 법이 본래부터 언제나 고요한 모양이니, 불자들이 이런 도道를 행하면 오는 세상에 부처 되리라."

중생은 본래 생사가 없는 적멸상인데 번뇌에 싸여 생사의 고뇌를 받는다. 깨달으면 적멸상이요, 깨닫지 못하면 삼계화택三界火宅 속에 서 산다.

이 게송을 『법화경』 제1 사구게四句偈라고 하는데, 세존께서 깨달으 신 내용이 함축적으로 설명되고 있다.

이 사구게의 의미는 누구든지 적멸상을 깨달으면 부처가 된다는 말씀이다.

부처가 이 세상에 출현하신 뜻은 여래의 지견을 열고〔開〕, 보여 주고〔示〕, 깨닫게 하고〔悟〕, 그 길에 들게〔入〕 하게 위해서라고 말씀하신다. 적멸상이란 무엇일까?

적멸이란 죽음, 입적, 열반과 같은 뜻이다. 또한 적멸이란 생멸生滅이 함께 없어져 무위적정無爲寂靜하게 되는 것, 번뇌 망상을 떠난 열반의 경지를 말한다.

그런데 적멸을 말로 설명할 수가 없고 가르쳐 줄 수도 없고 배울 수도 없다. 오직 몸소 깨달아야 한다. 오직 방편으로만 인도할 수 있다.

적멸상은 선악도 없고, 희비喜悲도 없고, 고저高低도 없고 잘나고 못난 것도 없다.

적멸상을 깨달으려면 행도行道를 해야 한다. 행도는 미혹에서 벗어나는 것이다. 어리석음에서 탈출하는 것이다. 행도는 적멸로 들어가는 방편이다.

일체법 그대로가 적멸이다. 일체법이란 세간법, 출세간법 모두를 말하고, 생사열반生死涅槃이 모두 일체법(生死涅槃相共和: 법성게)이고, 탐진치와 계정혜戒定慧(불도에 들어가는 세 가지 요체인 계율, 선정, 지혜)도 모두 일체법이다.

여래의 지견을 개시오입開示悟入한다는 말은 적멸을 열어서, 보여 주고, 적멸을 깨달아서, 들어가게 한다는 말이다.

자기 생각을 깨끗이 하면 적멸상을 아는 능력이 생기는데 이것이 지혜이다.

적멸상은 지혜로 알지 생각으로는 알 수가 없다.

— 종범스님 법문, 「모든 법이 본래부터 항상 적멸한 상이다」

- 제법적멸상諸法寂滅相 불가이언선不可以言宣

"모든 법이 적멸한 모양인 것은 말로 설명할 수가 없다."

중생은 무생無生이다. 연생緣生이기 때문에. 인연에 의해 생겨났으므로 무생이다. 인연에 따라 사라지는 것이 무멸無滅이고, 인연에 의해 나고 인연에 의해 사라지는 것이 인연법因緣法이다.

비유품譬喩品 제3

1. 대의

앞의 「방편품」에서 부처님의 제법실상諸法實相의 묘법을 듣고 있던 사리불이 자기도 부처가 될 수 있다는 설법을 듣고 환희하자, 부처님께서는 지혜제일 사리불에게 미래세에 성불하여 이름은 화광여래華光如來, 나라 이름은 이구離垢, 겁의 이름은 대보장엄大寶莊嚴이라고 하신다. 부처님께서 10대 제자 가운데 사리불에게 맨 처음 부처가 될 것이라는 수기를 주시는 것은 부처가 되는 길은 지혜를 증득하는 것이 제일 중요하다고 하는 것을 보여 주신 것이다.

이어 중근기의 사대성문四大聲聞 제자인 수보리, 마하가전연, 마하가섭, 마하목건련에 대한 설법으로 양, 사슴, 소가 이끄는 수레에 비유한 삼계화택의 비유를 설하고 있다. 우리는 삼계三界(욕계·색계·무색계) 속에서 살고 있다. 이는 번뇌가 가득한 불타는 집에서 살고 있는 것과 같다. 여기에서 구원 받는 길은 오직 부처님의 가르침을 받아 내 스스로 불타는 집에서 나와야 한다.

이 「비유품」에서도 삼승의 가르침은 일불승으로 가기 위한 방편이었다는 것을 말씀하신다.

삼계화택(또는 삼거화택三車火宅)이란 '불타는 집의 세 수레'라는 뜻이다. 어느 나라에 늙은 장자가 살고 있었는데 재물이 많고 집은 매우 크고 넓었으나 낡았고 담과 벽은 퇴락하고 기둥은 썩고 대들보는 기울었는데, 문은 하나밖에 없었다. 그 집 안에는 뱀과 독충과 악귀들이 우글거리고 더러운 것들이 가득하였다. 어느 날 장자의 집에 불이 났는데, 장자는 집 밖으로 나왔지만 장자의 아이들은 불이 난 줄도 모르고 장난감을 가지고 노는 데 정신이 팔려 나올 생각을 하지 않았다.

장자는 불타는 집에서 자기 아이들을 처음에는 상자에 담아 구출하려고 했으나, 곧 생각을 바꾸어서 아이들이 평소에 좋아하는 수레를 주겠다고 하였다.

"저 문밖에 너희들이 좋아하는 양 메운 수레, 사슴 메운 수레, 소 메운 수레가 있으니 빨리 나와서 수레를 가져라!"

장자가 외치니 아이들은 불타는 집에서 나왔다. 장자는 밖으로 나온 아이들에게 아름답게 장식되고 힘이 센 흰 소를 메운 수레〔大白牛車〕를 주었다.

비유譬喩란 어떤 현상이나 사물을 말할 때 직접 서술하지 않고 그와 비슷한 다른 현상이나 사물을 빗대어서 표현하는 효과적인 문학적 서술방식을 말한다. 비유는 부처님께서 중생에게 깨달으신 진리를 쉽고 설명하기 위해 가장 널리 사용하신 언어적 표현 방법이다.

◉ 누구나 일생을 살아가면서 어쩔 수 없이 계속되는 선택의 과정을 겪는다.

우리는 전생에 지어 놓은 업業에 의해서 현세를 사는데, 매일매일 선택하면서 산다. 우리는 무엇보다 장난감(재물, 권세, 명예, 인기 등)을 중요하게 여기기 때문에 불타는 집에서 나오지 못하고 하루하루를 살고 있다.

 ● 「서품」은 보이지 않는 우주 실상의 모습을 글로 표현하고, 그 속에 우리에게 필요한 것들이 골고루 갖추어져 있는 것을 보여 주고 있다.
   「방편품」은 우주의 실상 세계에 마련되어 있는 것을 찾아서 쓰는 방법이 편리하게 되어 있다는 것을 가르쳐 준다.
   「비유품」에서는
   ① 보이지 않는 우주의 움직임을 우리로 하여금 직접 쓰게 한 것이다.
   ② 우리 마음에 비유가 생기게 해서 사리불이 움직여서 모든 사람이 나갈 길을 찾게 해 줄 수 있게 한다.
   ③ 비유를 하는데, 우주 실상의 이치를 동물이나 세상에서 일어나는 일을 통해서 알려 주는 것이다. 경經은 글자로 보면 가치가 없고 내용을 알면 살아가는 데 도움이 된다.

이 비유품에서 중요한 것은 성문聲門 제자도 부처가 될 수 있다고 수기를 주신 것이며, 법화경의 일곱 가지 비유[法華七喻] 중 제일 먼저 삼계화택 또는 삼거화택의 비유를 말씀하신 것이다.

 ● 공자나 맹자는 사람이 사람답게 사는 방법을 가르치셨고, 부처님은 우리의 마음을 움직이게 해서 깨닫게 하셨다. 선禪을 하는 이유는 우리가 실상 세계에 들어가서 모든 사람이 필요한 것을 찾아 쓰게끔 하기 위한 것이다.

사리불이 뛸 듯이 기뻐한 원인은 자기가 할 일을 찾지 못했을 때 부처님의 힘이 강하게 움직여서 자기가 할 일을 찾게 되기 때문이다.
부처님은 성문 제자들을 대상으로 제자들의 근기를 감안하여 세 가지 방법으로 설하시는데, 이를 삼주설법三周說法이라 한다.

삼주설법은 중생제도 관점에서 법설, 비유설, 인연설로 일체중생을 빠짐없이 다 제도하시는 방법론이다. 이러한 부처님의 설법은 피교육자의 눈높이에 맞게 가르치는 현대적인 교육방법이다.

①법설法說:「방편품 제2」에서 보여 주신 것처럼 부처님이 지혜가 뛰어난 상근기 제자인 사리불에게 논리적이고 이치적으로 설하신다. 부처님은 사리불에게 제법諸法의 실상實相 십여시十如是를 통해 중생이 본래부터 가지고 있는 불성佛性을 드러내셨다.

②비유설譬喩說:「비유품 제3」,「신해품 제4」,「약초유품 제5」,「수기품 제6」에서 볼 수 있듯이 중근기 제자인 수보리, 마하가전연, 마하가섭, 마하목건련 등에게 비유를 들어 가르치신다.

③인연설因緣說:「화성유품 제7」,「오백 제자 수기품 제8」,「수학무학인기품 제9」에서 볼 수 있듯이 하근기 제자인 비구들이나 부루나, 아난, 라홀라 등에게는 부처님과의 인연, 관계성을 밝히는 인연으로 설하신다.

— 네이버 블로그,「불교와 인연」에서

위 법설, 비유설, 인연설은 삼승三乘의 가르침, 즉 방편이고 이는 일불승一佛乘, 즉 진실의 가르침, 부처가 되기 위한 가르침이다.

- 양거羊車, 녹거鹿車, 우거牛車: 삼승 ⇨ 방편
- 대백우거大白牛車: 일불승 ⇨ 진실

   ◉ 옛날에 김 정승에게 딸이 하나 있는데 정승감이다. 그런데 여자라 정승이 될 수 없는 것. 김 정승은 정승감 사위를 구하려고 마음먹는다. 매일 이른 새벽 김 정승 집 앞을 지나가는 숯장사가 정승감이다. 김 정승은 딸을 구박해서 내일 아침 우리 집 앞을 처음 지나가는 사람을 무조건

따라가라고 명을 내린다. 아침이 되자 어김없이 숯장사가 지나간다. 딸은 숯장사를 무조건 좇아간다. 숯장사는 극구 만류하지만 김 정승 딸은 막무가내로 숯장사 집으로 따라간다. 집에 가 보니 홀어머니를 모시고 산다. 간단히 예를 올리고 부부가 된다. 김 정승 딸은 숯장사를 공부시켜서 정승을 만든다. 이 이야기에서

① 숯장사는 매일 정해진 시간에 어김없이 숯을 팔러 나간다.
② 김 정승 딸은 아버지 명령대로 숯장사를 따라간다.

이 둘은 자기 임무를 다한다. 임무를 다했을 때 실상實相은 다음으로 가는 길을 보여 준다. 길을 열어 준다. 이것이 사리불이다.

임금님 팔자를 타고났어도 자기 임무를 다하지 못하면 사리불이 그 환경에 맞게 바뀌어서 임금 하기가 어렵다. 조선 시대 사리불은 조선 시대에 맞게 방편이 나오고, 현대에는 현대에 맞게 사리불이 작동하여 현대에 맞는 방편이 나온다. 자기 임무를 다하면 사리불이 작동해서 그때그때 적절하게 지혜가 생겨서 일을 처리하게 된다. 이 사리불이 자꾸자꾸 변화해서 나중에는 아뇩다라삼먁삼보리를 얻게 되는 것이다.

2. 본문 해설

爾時에 舍利弗이 踊躍歡喜하야 即起合掌하고 瞻仰尊顔하와 而白佛言하사대 今從世尊하와 聞此法音하고 心懷踊躍하야 得 未曾有호이다. 所以者何오 我昔從佛하야 聞如是法호니 見諸菩薩은 授記作佛이러니라. 而我等은 不豫斯事라 하야 甚自感傷하야 失於如來 無量知見이라호이다. 世尊은 我常獨處 山林樹下하야 若坐若行에 每作是念호대 我等도 同入法性이어늘 云何如來 以小乘法으로 而見濟度어뇨 是我等咎라 非世尊也이로소이다. 所以者何오 若我等이 待說所因하야 成就阿耨多羅三藐三菩提者인댄 必以大乘으로 而得度脫이어늘 然이나 我等은 不解方便과 隨宜所

說하고 初聞佛法코는 遇便信受하야 思惟取證호이다. 世尊하 我從昔來로
終日竟夜토록 每自剋責이더니 而今에 從佛하사 聞所未聞 未曾有法하
사옵고 斷諸疑悔코는 身意泰然하야 快得安隱호니 今日에사 乃知 眞是佛
子하 從佛口生하며 從法化生하야 得佛法分호이다.

이때 사라불이 뛸 듯이 기뻐하며 일어나 합장하고 부처님 존안을 우러
러보면서 부처님께 사뢰었다.

"이제 세존의 이러한 법문을 듣사옵고 뛸 듯이 기뻐하며 전에 없던
일을 얻었나이다. 그 까닭을 말씀드리면, 제가 예전에 이런 법문을 들었
사온데 보살들은 수기를 받아 성불하리라 하였으나, 저희는 그 일에
참여하지 못하여 매우 슬퍼하면서 여래의 한량없는 지견을 잃었다 하였
나이다. 세존이시여, 저는 항상 산림에나 나무 밑에 홀로 있어 앉기도
하고 거닐기도 하면서 생각하기를 '우리들도 법의 성품에 함께 들어갔는
데 어찌하여 여래께서는 소승법으로 제도하시는가. 이것은 우리의 허물
이요 세존 탓이 아니라.' 하였나이다. 그 까닭을 말씀드리면 우리도 원인
까지 말씀하기를 기다려서 아뇩다라삼먁삼보리를 성취하였더라면 반
드시 대승으로써 제도하였을 것인데, 저희들이 방편으로 마땅하게 말씀
하심인 줄을 알지 못하고 부처님의 법문을 처음 듣고는 곧 그대로 믿고
과보를 증득하려 하였나이다. 세존이시여, 제가 예전부터 지금까지 밤낮
으로 스스로 책망하였더니, 이제 부처님으로부터 듣지 못하던 미증유의
법문을 듣고 모든 의혹과 뉘우침을 끊고 몸과 마음이 태연하여 편안함을
얻었사오니 오늘에야 참으로 부처님의 아들인지라, 부처님의 입으로
났으며, 법으로부터 화생하여 불법의 일부분을 얻은 줄을 알았나이다."

• 비유譬喩

어떤 현상이나 사물을 직접 설명하지 아니하고 다른 비슷한 현상이나
사물에 빗대어서 설명하는 일. 비유를 들어 설명하는 것은 상대방을
깨우치고 가르치기 위해서이다.

– 비譬: 비유할 비. 깨우치다. 깨닫게 하다. 알아차리다.

– 유喩: 깨우칠 유. 깨우치다. 고하다. 이르다.

「비유품」에서는 삼계화택 또는 삼거화택의 비교적 이해하기 쉬운
것을 빌려서 일불승 의 깊은 도道에 들어가게 한다.

• 용약환희踊躍歡喜

불법佛法을 듣고 믿음을 얻어 느끼는 희열이 커서 기뻐하며 뛰다.

◉ 사리불이 제일 먼저 수기를 받는다. 인간도 제일 먼저 수기를 받는 것은
   사리불을 통해서 받게 된다. 사리불이 없이는 수기를 받을 수 없다.

◉ 내 뜻과 우주의 뜻이 맞을 때 이루어진다. 여러 사람의 뜻에 맞을 때
   내 뜻이 맞는 것이다.

◉ 법사가 자기 마음에 맞는 대로만 법문을 하면 자기 상相이 나타나고,
   여러 사람의 모습을 보고 여러 사람의 고통을 같이 지고 가면 여러 사람들
   이 그 말에 같이 호응하게 된다.

• 즉기합장卽起合掌

"즉시 일어나서 합장하고."

◉ 자기 마음이 움직이는 데서 여러 사람의 마음이 같이 움직여지는 원리.

◉ 즉기卽起 – 용약환희하니까, 여러 사람이 자기를 따라 주니까 즐겁다.
   즐거운 다음에는 즉기卽起가 된다. 자기가 일어나 움직이는 대로 여러
   사람의 마음이 같이 움직여진다.

- 합장合掌: 내 마음과 부처님의 마음이 하나가 된다.

• 첨앙존안瞻仰尊顔

"부처님 존안을 우러러보다."

　　◉ 모든 사람을 거룩하게 볼 때 부처님의 가피가 움지인다. 남을 미워하고
　　　원망할 때 고통이 온다.

• 심회용약心懷踊躍

"마음이 뛸 듯이 기뻐 환희하다."

　　◉ 내가 해 놓은 것이 완성될 때 즐거움을 갖는다. 나의 자격의 완성. 자기의
　　　모든 것이 완성한 다음에 오는 것이 심회용약.

　　◉ 마음에 깨우친 자리

　　◉ 모든 사람의 마음을 움직여 준다.

• 득미증유得未曾有

"전에 없던 일을 얻다."

　　◉ 자기가 생각하지 않던 일이 이루어진다.

　　◉ 맛보지 못한 일을 맛보게 된다.

• 아석종불我昔從佛

"내가 예전에 부처님을 따라."

　　◉ 옛날로부터 이 세상을 살면서.

　　◉ 일은 한 번도 끊어지지 않고 계속 연결되어 새로운 일이 생기는 것이다.
　　　3·7일이 지나면 새로운 모습으로 변화한다. 3·7일 기도하면 새로운
　　　일이 생긴다. 인생은 21일에 새로 난다. 21일은 옛날이 되고 새로 시작

하는 것이다.

- **불예사사不預斯事**

"그 일에 참여하지 못하다."

◉ 모든 것을 미리 생각하지 않고 옳지 않다고 하였다.

- **아상독처我常獨處 산림수하山林樹下 약좌약행若座若行**

"저는 항상 홀로 산림이나 나무 밑에 앉기도 하고 거닐기도 하면서."

◉ 벽지불, 연각의 깨달음. 홀로 자연의 이치를 깨달아 깨달음을 얻었으나
보살행을 하지 않아 중생과 인연이 없고 따라서 제도할 중생이 없다.
그래서 소승에 머문다.

성문, 벽지불은 자리自利는 구했으되 이타행利他行이 없어서, 즉 보살
행이 없어서 부처가 될 수 없다. 부처가 되기 위해서는 보살행을
반드시 해야 한다.

- 보시布施의 종류

① 법보시法布施

부처님의 가르침을 알려 주는 것을 이른다. 보시 중에 제일이다.

② 재보시財布施

어려운 이웃을 위해 재물을 베푸는 것.

③ 무외보시無畏布施

부처나 보살이 중생을 보호하여 두려운 마음을 없애 주는 것을
말한다. 무외시無畏施라고도 하며, 무외심無畏心을 베푸는 자를
시무외자施無畏者라 한다. 관세음보살을 '시무외보살'이라고도
하는 것은 관세음보살이 33가지로 변신하여 나타나서 일체중생

을 교화하며 모든 중생을 두려움 없이 편안하게 살게 하는 데에
있다.

④ 무재칠시無財七施

『잡보장경』에서 말씀하신 재물 없이 하는 보시다.

화안시和顔施: 항상 밝은 얼굴로 남을 대하는 것.

언시言施: 칭찬, 용기와 희망, 위로 등 말로 베푸는 것.

심시心施: 마음의 문을 열고 온화함을 주는 것.

안시眼施: 호의를 담은 온화한 눈빛으로 보는 것.

신시身施: 몸으로 베푸는 봉사.

좌시座施: 여건에 맞추어 자리를 양보하는 것.

찰시察施: 남의 마음을 헤아려 돕는 것.

찰시를 방사시房舍施라고도 하는데, 잘 곳이 없는 사람을 방에
재워 주는 것을 말한다.

- 아상독처我常獨處: 나는 항상 홀로 있다.

  ◉ 사람은 가치가 높아질수록 고독하다. 나이가 많아질수록 고독하다.
    인간은 항상 외롭게 산다.

  ◉ 나는 내가 가장 옳다고 생각하면서 살았다. 지금 대승법을 듣고 나니
    우주 만물은 나 홀로 있지 못하고 모두 서로서로 연관을 지어서 존재한다
    는 인연법을 알게 되었다.

- 산림수하山林樹下: 산림에나 나무 밑에.

  ◉ 내 주위만을 보고 더 높은 곳이나 깊은 곳은 못 본다.

- 약좌약행若座若行: 앉기도 하고 거닐기도 한다.

  ◉ 약좌 - 자기가 할 일을 바로 찾을 때.

  ◉ 약행 - 자신의 생각은 옳은데 상대의 마음에 맞지 않을 때 맞추게 될 때.

• 아등我等 동입법성同入法性

"우리도 법의 성품에 함께 들어가다."

　　◉ 우리는 하늘의 명을 받아 내 재주껏 살고 있다. 남들도 최선의 노력을 다하고 있다.

• 이소승법以小乘法 이견제도而見濟度

"소승법으로 제도하다."

　　◉ 누구나 자기 그릇의 크기는 알지 못하고 큰 것만을 욕심낸다. 그래서 처음부터 대승으로 제도하지 않는다. 큰일을 도모하기 위해서는 소승의 길을 거쳐야 한다.

• 대설소인待說所因

"원인까지 말씀하시기를 기다린다."

인연이 닿을 때까지 기다린다.

세상이 말하는 것을 기다린다.

－ 소인所因: 부처님이 될 근본, 즉 보살도를 일컫는다.

• 불해방편不解方便

"방편을 이해하지 못하다."

　　◉ 방편을 알지 못하므로 권지의 해석이 없고, 권지의 해석이 없으니 실상에 들어가지 못한다.

－ 권지權智: 실지實智의 상대적인 말.

부처님이 중생의 근기에 맞는 차별상을 통달하는 지혜. 중생 교화의 묘한 작용은 이 권지에 있다.

사리불은 부처님께서 낮은 교를 설하셨을 때 그것은 더 높은 데로 이끌기 위한 방편인 것을 알지 못하였다. 부처님의 가르침은 처음에는 낮은 교를 가르치시고, 그것을 이해하면 더 높은 교를 가르치시고, 이런 방법을 사용하여 결국에는 부처님의 경지에까지 이르게 하신다. 부처님은 진실의 도를 보여 주시기 위해 방편으로 각각 상대의 능력에 따라 수행하게 한다.

• 수의소설隨宜所說

"부처님이 말씀하시는 대로 따르다."

◉ 세상 만물이 살아가는 모습을 말하다.

• 매자극책每自剋責

"매일 스스로 책망하다."

• 이금종불而今從佛

"이제 부처님을 따른다."

◉ 지금 나는 실상 세계에 들어왔다. 살아있는 실상 세계에 들어왔다. 어제 까지는 충성된 말을 들어도 들리지 않고 옳은 말을 들어도 듣지 못했으나, 오늘 나는 살아있는 실상에 들어왔다.

• 진시불자眞是佛子

"참으로 진실한 부처님의 아들이다."

◉ 우주와 같이 마음이 유불여불唯佛與佛이 되었다. 내가 부처님이고 부처님이 나다.

- 종불구생從佛口生

'입으로 났다〔口生〕'는 말은 부처님의 가르침을 듣고 새로운 사람이 되었다는 뜻. 우주에 살아있는 힘이 나를 따르게 될 때.

　◉ 우주에 살아있는 힘이 우리들 마음속에 들어가게 된다.

- 종법화생從法化生

"법으로부터 화생하다."

'법으로 났다'고 하는 것은 법을 듣고 깨달았다는 말.

　◉ 법(진리)을 통해서 내가 변한다. 다시 태어나다.

- 득불법분得佛法分

"불법의 일부분을 얻다."

법의 분수. 불법의 분分을 얻는다.

- 분分: 그 사람의 위치, 경지, 지위, 환경 등 일체를 말한다.

　◉ 살다 보면, 모이면 흩어지고 흩어지면 모이게 된다. 세월이 가면서 법력을 얻어 그 법을 다 나누어 주게 되어도 그 법력은 그대로 있게 되고, 나누어 받는 사람은 법을 받아서 그대로 움직일 수가 있다. 공부한 것은 아무리 사용하여도 그대로 있게 된다. 샘물은 아무리 퍼 써도 줄어들지 않고 그대로 있다.

✿

舍利弗아 若國邑聚落에 有大長者하니 其年은 衰邁호대 財富無量하고 多有田宅과 及諸僮僕하며 其家廣大호대 唯有一門하고 多諸人衆호대 一百二百으로 乃至五百人이 止住其中이러니 堂閣이 朽故하고 牆壁이 隤落하며 柱根이 腐敗하고 梁棟이 傾危라 周匝俱時에 欻然火起하야 焚燒舍宅

커늘 長者의 諸子도 若十二十으로 或至三十히 在此宅中허더니 長者見是
大火 從四面起하고 卽大驚怖하야 而作是念호대 我雖能於此所燒之門
에 安隱得出이나 而諸子等이 於火宅內에 樂著嬉戲하야 不覺不知하고
不驚不怖하며 火來逼身하야 苦痛切已하고 心不厭患하고 無求出意로다.
舍利弗아 是長者 作是思惟호대 我는 身手有力이라 當以衣裓이러니 若以
机案으로 從舍出之호리라. 復更思惟호대 是舍에 唯有一門하고 而復狹
小어늘 諸子幼稚하야 未有所識하고 戀著戲處타가 或當墮落하야 爲火所
燒러니 我當爲說 怖畏之事호대 此舍已燒러니 宜時疾出하야 無令爲火
之所燒害라 하야 作是念已코는 如所思惟하야 具告諸子호대 汝等은 速出
하라. 父雖憐愍하야 善言誘喩하나 而諸子等은 樂著嬉戲하야 不肯信受
하며 不驚不畏하야 了無出心하며 亦復不知 何者是火며 何者爲舍며 云
何爲失하고 但東西走戲하야 視父而已러라. 爾時長者 卽作是念호대 此
舍已爲 大火所燒하니 我及諸子 若不時出이면 必爲所焚하리니 我今에
當設方便하야 令諸子等으로 得免斯害호리라. 父知諸子 先心에 各有所
好인 種種珍玩 奇異之物하고 情必樂著이라 하야 而告之言호대 汝等의
所可玩好는 希有難得이라 汝若不取하면 後必憂悔하리라. 如此種種 羊
車鹿車牛車 今在門外하니 可以遊戲라. 汝等이 於此火宅에 宜速出來니
隨汝所欲하야 皆當與汝호리라. 爾時에 諸子聞父所說 珍玩之物이 適其
願故로 心各勇銳하야 互相推排하며 競共馳走하야 爭出火宅하니라. 是
時長者 見諸子等이 安隱得出하야 皆於四衢道中에 露地而坐하야 無復
障礙하고 其心이 泰然하야 歡喜踊躍이러라. 時에 諸子等이 各白父言호대
父先所許 玩好之具인 羊車鹿車牛車를 願時賜與하소서. 舍利弗아 爾時
에 長子 各賜諸子에 等一大車하니 其車高廣하야 衆寶莊校하며 周匝欄
楯에 四面懸鈴하고 又於其上에 張設幰蓋호대 亦以珍奇雜寶로 而嚴飾

之하며 寶繩으로 絞絡하고 垂諸華瓔하며 重敷婉筵하고 安置丹枕하며 駕以白牛하니 膚色이 充潔하며 形體姝好하고 有大筋力하며 行步平正하고 其疾이 如風하며 又多僕從하야 而侍衛之러라.

사리불이여, 어떤 나라의 한 마을에 큰 장자가 있었는데, 나이 늙었으나 재물이 한량없고 전답과 가옥과 시중들이 많았느니라. 그 집이 매우 크건마는 문은 하나뿐이고, 식구가 많아서 일백 이백으로 내지 오백 인이 그 안에 살고 있었으며, 집과 누각은 낡았고 담과 벽은 퇴락하고 기둥은 썩고 대들보는 기울어졌는데 사면에서 한꺼번에 불이 일어나 방사들이 한창 타고 있었으며, 장자의 자제들은 열 스물 내지 삼십 인이 그 집 안에 있었다. 장자는 불이 사면에서 타오르는 것을 보고 깜짝 놀라면서 이렇게 생각하였다.

'나는 비록 이 불붙은 집에서 무사히 나왔으나 아들들은 불붙은 집에서 장난만 좋아하며 알지도 못하고 놀라지도 않고 두려워하지도 않으면서 불길이 몸에 닿아서 고통이 심하지마는, 싫어하거나 걱정할 줄도 모르고 나오려는 생각도 하지 않는구나.'

사리불이여, 장자는 또

'내 몸에 힘이 있으니 옷 담는 함이나 등상을 앉혀서 들고 나오리라.'

하다가 다시 생각하기를,

'이 집에 문이 하나뿐이고 또 좁은데 저 아이들이 철모르고 장난에만 정신이 팔렸으니 만일 떨어지면 불에 탈 것이 아닌가. 내가 이제 무서운 일을 말하되, 이 집이 한창 불에 타는 터이니 이때에 빨리 나와서 불에 타지 않게 하라.'

하리라 하고 생각한 대로 여러 아들들에게,

"너희들 빨리 나오너라."

고 말하였다. 아버지가 딱한 생각으로 아무리 타일러도 아들들은 장난만 좋아하고 믿으려 하지도 않으며 놀라지도 않고 두려운 마음도 없어 나오려는 생각조차 없었다. 더구나 불이 무엇인지 집이 무엇인지 어떤 것이 타는 것인지도 모르고 동서로 왔다 갔다 하면서 아버지를 쳐다볼 뿐이었다. 이때 장자는 또 이런 생각을 하였다.

'이 집은 벌써 불이 훨훨 타는데 나와 아들들이 이 시각에 나오지 아니하면 반드시 타 버릴 것이니, 내가 방법을 내어 여러 아들로 하여금 피해를 입지 않게 하리라.'

아버지는 그 아들들이 미리부터 장난감으로 생긴 여러 가지 기이한 물건을 좋아하였으니 그런 것을 보면 반드시 좋아할 것이라 하였다.

"너희가 좋아하고 갖고 싶어 하던 희유한 장난감이 여기 있는데, 네가 지금 와서 가지지 아니하면 뒤에는 반드시 후회하리라. 저렇게 좋은 양을 메운 수레, 사슴을 메운 수레, 소를 메운 수레들이 지금 대문 밖에 있으니 타고 놀기 좋으리라. 너희는 불타는 집에서 빨리 나오너라. 달라는 대로 너희에게 주리라."

이때 여러 아이들은 아버지의 장난감이 마음에 들었으므로 매우 기뻐하면서 서로 밀치고 앞을 다투어 불타는 집에서 뛰쳐나왔다. 이때 장자는 여러 아들이 무사히 나와 네 길거리에서 한곳에 앉아 있어 다시 거리낄 것이 없음을 보고 마음이 흐뭇하여 뛸 듯이 기뻤다. 이때 여러 아이들은 아버지에게 말하였다.

"아버지시여, 먼저 주시마 하던 양 메운 수레, 사슴 메운 수레, 소 메운 수레의 장난감을 지금 주십시오."

사리불이여, 그때 장자는 아들들에게 다 같이 큰 수레를 나누어 주었으니, 그 수레는 높고 크고 여러 가지 보배로 꾸미었으며 주위에 난간을 두르고 사면에 풍경을 달았으며 또 그 위에는 일산을 받고 휘장을 쳤는데 모두 귀중한 보배로 장식하였으며 보배 줄을 얽어 늘어뜨리고 꽃과 영락을 드리웠으며 포근한 자리를 겹겹이 깔고 단침을 놓고 흰 소를 메웠는데 빛깔이 깨끗하고 살쪘으며 몸이 충실하고 기운이 세어 걸음이 평탄하고 바람같이 빠르며 또 여러 시중들이 시위하였다.

여기서 장자는 부처님을 의미하고, 화택火宅은 탐진치와 번뇌 속에 살아가는 사바세계를 뜻하고, 양 메운 수레, 사슴 메운 수레, 소 메운 수레는 각기 성문, 연각, 보살을 뜻하며, 큰 흰 소 메운 수레를 준 것은 부처가 되기 위한 가르침인 일승으로 인도하는 것을 의미한다.

부처님은 우리 중생들을 미혹과 번뇌의 세계로부터 벗어나게 하시려고 중생들의 근기에 맞춰 방편으로 먼저 삼승을 설하여 고통으로부터 벗어나게 가르치셨고, 나중에는 흰 소 메운 수레를 주어, 즉 일불승으로 모든 중생들을 부처가 되는 길로 인도하셨다.

• 기가광대其家廣大 유유일문唯有一門
"그 집은 크고 넓지만 문은 하나뿐이다."
중생이 구원 받는 길은 오직 일불승뿐이다.
부처의 경지에 들어가기가 그만큼 어렵다는 것을 비유한 것.
　◉ 인생은 하나의 문, 생로병사로 산다.

• 다제인중多諸人衆 일백이백一白二百 내지乃至 오백인五百人
일백: 욕계 속에서 살고 있다.

이백: 색계 속에서 살고 있다.

- 삼백: 무색계 속에서 살고 있다.

오백인은 오탁악세五濁惡世. 말세의 사바세계를 묘사했음.

번뇌가 많아서 오탁악세에 살고 있다는 뜻.

- 오탁악세: 5가지 더러움이 가득 차 있는 세상.

  ① 겁탁劫濁: 세월의 혼탁함.

  ② 견탁見濁: 견해가 사악함.

  ③ 번뇌탁煩惱濁: 탐·진·치에 의해 마음이 오염됨.

  ④ 중생탁衆生濁: 함께 사는 이들의 몸과 마음이 더러움.

  ⑤ 명탁命濁: 생명에 집착함. 본래 생멸이 없건만 물거품 같은 현상
     계에서 오래 살기를 염원함.

- 삼계三界: 불교의 세계관으로 중생들이 살고 있는 세계인 욕계, 색계,
  무색계를 말한다.

  ① 욕계欲界: 음욕, 식욕, 재물욕과 같은 탐욕이 많아 정신이 흐리고
     물질에 속박되어 가장 어리석은 중생들이 사는 세계.

  ② 색계色界: 음욕이나 식욕과 같은 탐욕은 여의었으나 아직까지
     물질적 욕망을 버리지 못한 중생들이 사는 세계.

  ③ 무색계無色界: 물질의 속박으로부터 완전히 벗어나서 순수한 정
     신적 영역의 세계.

• 화택火宅

"불타는 집."

욕망으로 살아가는 사바세계.

우리의 육신과 마음을 의미한다.

우리 마음에는 항상 욕망의 불이 타고 있다.

장자가 불타는 집에서 아들들을 구할 때 처음에는 옷 담는 함이나 등상을 앉혀서 들고 나오려고 하다가, 세 가지 수레를 준다고 해서 아들들을 불타는 집에서 나오게 한다.

고통에서 중생을 구원하는 방법에는 두 가지가 있는데 하나는 위대한 힘을 갖고 일체를 주관하는 절대자가 우리를 구원해 줄 것이라는 믿음을 갖고 그 절대자의 가르침을 따르는 방법이 있고, 두 번째는 내 자신이 우주의 주인이고 중심이므로 나를 구원하는 것은 남의 힘이 아니라 내 자신인데 현재는 미혹과 번뇌에 싸여 그 길을 찾을 수 없지만 먼저 깨달은 사람의 가르침을 충실히 따르면 내 자신이 구원의 길을 찾을 수 있다고 믿는 방법이다.

위대한 절대자를 믿고 따르는 종교는 신神에 의지하는 타력他力에 의해 구원을 받는 종교인 데 반해서, 부처님의 가르침은 우리가 우주의 중심이고 주인이므로 내 속에는 나를 구원할 수 있는 힘이 있는데 현실에 매달려서 모르고 살고 있으니 내가 중생들을 깨우쳐서 그들 스스로 고통에서 나오게 하시겠다는 자력自力의 종교이다.

불교는 부처님의 가르침을 통하여 자기 자신을 구원하는 자력과 불보살과 불법을 수호하는 신중神衆들의 힘을 빌려 자기를 구원하려는 타력의 두 가지가 모두 구비되어 있다.

• 아수능어차소소지문我雖能於此所燒之門 안은득출安隱得出
"나는 비록 불타는 집에서 무사히 나왔으나."
나는 삼계에서 벗어났다는 뜻.

• 양거羊車

"양 메운 수레."

성문승聲聞乘을 의미한다.

　◉ 겉으로는 얌전하지만 실속이 없다.

• 녹거鹿車

"사슴 메운 수레."

연각승緣覺乘을 의미한다.

　◉ 자기 재주만 재주고 남의 재주는 무시한다.

• 우거牛車

"소 메운 수레."

보살승菩薩乘을 의미한다.

　◉ 권위의식을 가지고 산다.

삼계화택의 비유는 아버지가 아들들의 마음을 잘 알아서 방편을 써서 삼계의 불타는 집에서 아들들을 구해 내는 것이다. 그 방편은 성문·연각·보살이라는 삼승의 가르침인 삼승교三乘敎인데, 진실은 일승의 가르침인 일승교一乘敎이다.

일승이란 부처님이 되는 도道. 즉 모든 중생이 다 부처가 된다는 말씀이고, 그 부처에 도달하는 방편으로서 삼승, 즉 성문·연각·보살의 교를 설한다. 이것을 3거三車에 비유하여 설한다.

삼승은 방편이고 일승은 진실이다. 아버지가 아들들을 불타는 집에서 나오게 할 때 세 가지 수레(양거·녹거·우거)를 준다고 약속했지만 세 수레 대신 흰 소 메운 수레〔大白牛車〕를 주는 것은 중생구제의

방법으로써 먼저 삼승으로 중생들을 미혹에서 벗어나게 한 후 방편을
써서 일승으로 부처가 되는 길로 인도하시는 것이다.

• 백우거白牛車
"흰 소 메운 수레."
흰 소는 청정하고 지혜로움, 일불승을 의미한다.
일체의 미혹을 없이한 상태.

신해품信解品 제4

1. 대의

석가모니부처님이 설하신 모든 경전은 방편과 비유를 사용하여 중생을 깨닫게 하신다. 법화경에서도 「방편품」과 「비유품」을 먼저 설하시고 나서 방편과 비유가 다 들어 있는 「신해품」을 설하셨다.

「신해품」에는 방편과 비유가 다 들어 있다.

*비유 - 장자궁자長者窮子의 비유.

*방편 - 사람을 시켜서 용렬한 아들에게 처음에는 험한 일자리를 주어 안심시키고 나서 차츰차츰 중요한 일을 시키다가 나중에는 전 재산을 맡긴다. 처음에는 삼승으로 가르치시다가 나중에는 일승으로 들어오게 한다.

신해信解란 믿음으로써 모든 것이 해결된다는 뜻이다. 믿으니 풀리고 이루어진다. 믿지 않고는 해결이 안 된다. 내일이 있다고 믿기 때문에 오늘 농사를 짓고 저축을 한다.

우주는 제멋대로 움직이지 않고 일정한 법칙대로 움직여서 우리에게 믿음을 줘서 우리가 안심하고 일을 하게 한다.

신信이 있고 해解가 없으면 무명無明을 키우고, 해解가 있고 신信이 없으면 사견邪見이 커진다.

사물의 이치를 모르는 무조건적인 맹신은 참다운 믿음이 아니라 번뇌의 근본인 무명을 키우고, 사물의 이치는 잘 아는데 믿음이 없으면 그릇된 생각이 커진다. 그러므로 믿음과 더불어 사물의 이치를 잘 알아야 한다. — 네이버 블로그, 경전방, 화엄도량 정각사

부처님께서 「방편품」과 「비유품」의 설법에 이어 사리불에게 "누구나 불성을 갖고 있으며 누구나 부처가 될 수 있다."고 하시는 말씀을 듣고 혜명수보리, 마하가전연, 마하가섭, 마하목견련 네 제자들이 희유한 마음으로 기뻐하였다. 또 인간은 누구나 평등하게 불성을 갖고 있으며 누구나 부처가 될 수 있고, 부처님은 갖가지 방편으로 중생을 가르치시어 부처의 길로 인도하신다는 말씀을 믿고 이해하였다.

그동안 자기들은 소승 자리에 만족하여 '이미 열반을 얻었으며 더할 일이 없다.' 하고 아뇩다라삼먁삼보리를 구하려는 데는 열심이지 않았다고 말씀드렸다. 그리고 장자궁자의 비유를 들어 어리석은 중생이 부처의 길에 들어서는 과정을 얘기한다.

즉 어렸을 때 아버지 집에서 나와서 여기저기 떠돌면서 가난하게 살던 사람이 우연히 부자인 아버지 집에 당도하게 되지만, 그 웅장한 집과 많은 재물에 눌려 도망간다. 하지만 그 사람의 아버지는 그 사람이 자기 아들인지 알고 붙들려고 한다. 그러나 용렬한 아들은 자기를 해치려는 줄로 착각하고 기절해 버린 것을, 그 아버지는 그가 도망하게 내버려 두었다가 나중에 하인을 시켜 그 아들을 다시 오게 하여 거름 치는 일부터 시키다가 나중에는 전 재산을 맡기게 된다.

이 '장자궁자의 비유'에서는 인간의 몸을 가지고 이 세상에 출현하신 석가모니부처님과 우리 중생은 평등하게 불성을 갖고 있으나, 우리 중생은 용렬한 마음 때문에 소승에 만족하고 부처되는 길은 너무나 멀고 어려워서 포기하였다. 세존께서는 방편을 쓰셔서 우리로 하여금 아뇩다라삼먁삼보리를 얻게 하는 길에 들어서게 하신다.

즉 모든 사람은 부처님과 같은 경지에 도달할 수 있다는 메시지를 우리에게 주신다.

◉ 이 비유에서 진리는 어렵고 오묘해서 잘 알기 어렵기 때문에 부처님을 찾지 않고 여기저기 떠돌아다니는 사람을 궁자窮子라 비유했고, 그 후 집 나간 아들은 자기가 온 자리가 있기 때문에 다시 부처님의 가르침을 찾게 된다. 그러나 그 진리의 말씀은 이해하기 어렵기 때문에 다시 집을 떠나려 하지만 여러 사람이 타일러서 부처님에게로 다시 돌아오게 한다.

진리는 깊고 멀고 오묘해서 한 번에 다가서기가 어려우므로 차츰차츰 닦게 하여 끝내는 부처님의 진리에 들어오게 한다.

「신해품」은 본래 내가 갖고 있는 불성을 찾지 못해서 고통 속에 살고 있는 것을 부처님이 불성을 찾게 해 주는 과정을 보여 준다.

◉ 이 「신해품」은 혜명수보리를 비롯한 네 사람이 자기를 한 단계 낮춰서 보는 자리이다. 평소 우리 생각에는 아무 쓸모없는 것이 부처님에게는 모두 귀중한 것이라는 것을 이제야 알았다. 나는 나 잘난 맛에 살고 있는데 내가 업신여기는 사람들이 모두 훌륭하구나! 농사꾼을 업신여겼는데 그분 아니면 내가 어떻게 밥을 먹을 수 있단 말인가!

2. 본문 해설

爾時에 慧命須菩提와 摩訶迦旃延과 摩訶迦葉과 摩訶目犍連이 從佛所
聞 未曾有法과 世尊이 授舍利弗의 阿耨多羅三藐三菩提記하시옵고 發
希有心하야 歡喜踊躍하며 卽從座起하야 整衣服하며 偏袒右肩하고 右膝
著地하며 一心合掌하고 曲躬恭敬하며 瞻仰尊顔하야 而白佛言하오대 我
等이 居僧之首하야 年竝朽邁하며 自謂已得涅槃이라 하야 無所堪任하고
不復進求 阿耨多羅三藐三菩提리이다. 世尊이 往昔에 說法旣久일세 我
時在座호대 身體疲懈하야 但 念空 無相 無作하고 於菩薩法인 遊戱神通
과 淨佛國土와 成就衆生에는 心不喜樂호이다. 所以者何오 世尊이 令我
等으로 出於三界하사 得涅槃證이라 하며 又今我等이 年已朽邁일새 於佛
敎化菩薩이신 阿耨多羅三藐三菩提에는 不生一念好樂之心호이다. 我
等이 今於佛前에 聞授聲聞 阿耨多羅三藐三菩提記하사옵고 心甚歡喜
하야 得未曾有호이다. 不謂於今에 忽然得聞希有之法하옵고 深自慶幸하
야 獲大善利하며 無量珍寶를 不求自得호이다.

　　이때에 장로 수보리와 마하가전연과 마하가섭과 마하목건련이 부처
님께 이제까지 있어 본 적이 없는 법을 들었으며, 또 세존께서 사리불에게
아뇩다라삼먁삼보리 수기를 주심을 보고 희유한 마음으로 뛸 듯이 기뻐
하며 자리에서 일어나 옷을 바로 하고 오른쪽 어깨를 드러내고 오른쪽
무릎을 땅에 대고 일심으로 합장하고 허리를 굽혀 공경하고 존안을 우러
러보며 부처님께 사뢰었다.

　　"저희들이 대중의 우두머리로서 나이 늙었사오매 스스로 생각하기를
'이미 열반을 얻었으며 더 할 일이 없다.' 하고 다시 아뇩다라삼먁삼보리

를 구하려 하지 않았나이다. 세존께서 지난 적에 법을 말씀하시기 오래되오매, 그때 저희들이 자리에 있었으나 몸이 피로하여 공, 모양 없음, 지을 것 없음만 생각하고 보살의 법과 신통에서 유희함과 부처의 세계를 깨끗이 함과 중생을 성취하는 일은 마음에 즐거워하지 않았나이다. 그 까닭을 말씀드리면 세존께서 저희들로 하여금 삼계에서 벗어나 열반을 얻게 되었사오며 또 나이 늙었으므로 부처님이 보살을 교화하시는 아뇩다라삼먁삼보리에 대하여는 조금도 좋아하는 마음을 내지 아니하였더니, 오늘 부처님 앞에서 성문들에게 아뇩다라삼먁삼보리의 수기 주심을 듣잡고 마음이 환희하여 전에 없던 기쁨을 얻었나이다. 이제 홀연히 희유한 법을 듣사오니 한량없는 보배를 구하지 않아도 저절로 얻은 듯하나이다."

- 혜명수보리慧命須菩提
부처님 십대제자 중 해공제일解空第一. 공空을 아는 데 있어 제일이다.
지혜로써 명命을 삼는다. ⇨ 혜명慧命

  ◉ 경험을 많이 한 사람. 마을의 우두머리로서 지혜가 많아 마을을 이끌어
  가는 사람. 마을에 훌륭한 사람이 많아도 한 사람이 이끌어 간다. 100호
  마을이나 1,000호 마을에도 한 사람이 이끌고 간다. 큰 나라도 한 사람
  이 이끌고 나간다.

- 마하가전연摩訶迦㫌延
부처님의 십대제자 중 논의제일論議第一. 사물을 아주 자세하게 설명
하는 데 능하다.
논의란 사물을 자세하게 나누어 설명함으로써 모든 사람이 알기

쉽게 하는 것을 말한다.

◉ 대代를 이끌어 가는 사람.

• 마하가섭摩訶迦葉

부처님의 십대제자 중 두타제일頭陀第一. 세속적인 욕망을 떨쳐 버리는 데 제일이다.

세속적인 욕망을 버려야 부처님의 가르침을 실행할 수 있다.

◉ 앞날을 예측하여 묻어 두는 사람. 흉년이 들 것을 예측하여 미리 쌀을 비축해 놓는다.

• 마하목건련摩訶目犍連

부처님의 십대제자 중 신통제일神通第一. 신통 부리는 일에 제일이다.

불문佛門에 있어서 신통력이란 불가사의한 일을 하는 게 아니라 미혹을 없이 하여 자유로워지는 것이다. 사리불과 가까운 사람으로서 바라문교의 학자였으나 많은 제자들을 이끌고 불문에 귀의하였다.

◉ 일을 직접 시행하는 사람.

◉ 이 네 제자 혜명수보리, 마하가전연, 마하가섭, 마하목건련은 사부대중을 짜는 원리이다. 기도를 이끌거나 큰 불사를 할 때 사부대중을 짜서 이끄는 게 좋다. 사부대중을 짤 때는 서로 성격이 다른 사람끼리 짠다. 기도하는 동안 성질이 각각 달라서 공연히 싸움도 일어나게 되는데, 이를 중심 잡아서 이끌어 주는 스승이 있어야 한다. 「신해품」에선 석가모니부처님이 그 역할을 하시고 사찰에서는 법력이 높은 스님이나 법사가 그 역할을 한다. 「신해품」은 사부대중을 짜는 원리를 말해 준다.

- 종불소문從佛所聞

" 부처님의 법을 듣다."

◉ 자기가 세상을 살아 보니 세상의 이치가 들리게 된다. 장애가 들어오니
  명령을 하여 따르게 된다. 마음이 통할 때 장애가 없다. 살아가면서
  장애가 들어오는 것을 보고 깨닫는다.

◉ 세상이 살아 움직이는 소리를 듣고 알았다. 혜명 자리에 있을 때는 남의
  얘기를 듣고 알았는데, 깨우치고 보니[從佛] 우주는 살아있어서 만물을
  살게 하는 힘이 있는 것을 알았다.

- 미증유법未曾有法

"지금까지 세상에 없던 법."

◉ 세상일은 사람의 힘만으로 되지 않는다. 노력의 대가는 우주를 통해서
  들어오게 된다.

- 세존世尊 수사리불授舍利弗 아뇩다라삼먁삼보리기阿耨多羅三藐三菩提記

"세존께서 사리불에게 아뇩다라삼먁삼보리 수기를 준다."

◉ 우주는 사리불에게 살아가는 지혜를 줘서 사람은 사람대로 살아가게
  하고, 짐승은 짐승대로 살아가게 하고, 나무는 나무대로 살아가게 한다.
  즉 실상 세계는 모든 것들에게 살아가게 하는 지혜를 준다. 만물이 살아
  가는 것은 자기에게서 자연적으로 솟아나오는 사리불의 지혜를 가져야
  한다. 그렇지 않고 남에게 들어서 알면(혜명 자리) 써먹지 못한다.

- 즉종좌기卽從座起

"자리에서 일어나다."

◉ 바른 마음이 일어나는 것. 선과 악이 같이 움직여서 살다가 악은 물러가고

선만 남아서 움직이는 자리.

• 편단우견偏袒右肩

"오른쪽 어깨를 드러내다."

나는 진실을 말한다, 나는 진리를 말한다는 표현. ⇨ 귀의歸依의
표현.

「여래신력품 제21」에서 '여러 부처님들도 다 그와 같이 넓고 긴 혀를
내밀고 한량없는 광명을 놓았다[諸佛 亦復如是 出廣長舌 放無量光]'도
부처님께서 넓고 긴 혀를 내민 것은 진실을 말한다는 뜻이다. 이때의
혀[舌]도 진리를 말한다.

• 무소감임無所堪任

"더 할 일이 없다."

'내 책임은 생각하지 않고'라는 뜻이다.

• 공空 무상無相 무작無作

소승의 3해탈문解脫門이다.

세상의 고통을 당하지 않게 되기 위한 세 가지 조건.

① 공空: 우주 만물은 다 인연에 의하여 일시적으로 생겨나서 곧 없어지
고 마는 것이므로 영원하고 고정된 실체가 없다.

② 무상無相: 일체의 만물은 끊임없이 생멸변화生滅變化하여 한순간도
동일한 상태에 머물러 있지 않다. 그러니 집착할 필요가 없다.
무상은 공空사상을 기본으로 한다. 제법諸法은 공空이며 자성自性이
없다. 그러므로 무상이며, 무상이기 때문에 청정하다. 청정하다는

122

것은 어디에도 집착이 없는 것.

③무작無作: 인연에 의하여 생기는 것이 아니라 생멸변화를 초월하
는 것.

• **무량진보無量珍寶 불구자득不求自得**

"한량없는 보물을 구하지 않아도 저절로 얻은 듯하다."

수보리를 비롯한 네 제자는 소승의 경지에 머무는 것으로 만족했었으
나, 수행을 쌓으면 부처님도 될 수 있다는 것을 알고부터는 구하려고
생각조차 못했던 보물(부처)을 저절로 얻은 것 같다.

• **장자궁자長者窮子의 비유**

세존이시여, 저희가 이제 비유를 들어서 이 뜻을 밝히겠나이다.

어떤 사람이 어린 시절에 아버지를 버리고 도망쳐 다른 지방에
가서 오래 살았습니다. 십 년, 이십 년, 오십 년을 살다 보니 나이는
들었으나 곤궁하기 막심하여 사방으로 옷과 밥을 구하며 떠돌아다니
다가 우연히 고향을 향하게 되었습니다.

그의 아버지는 아들을 잃고 찾아다니다가 만나지 못하고 중도에서
어느 도시에 머물러 살았습니다. 그 아버지는 부자여서 재물이 한량없
었습니다. 금 은 유리 산호 호박 파려 진주들이 창고마다 가득 찼으며,
노비와 상노 청지기 문객들이 많았고, 코끼리, 말, 수레, 소와 양이
수없이 많았으며, 전곡을 빌려 주고 받아들이는 일이 다른 지방에까지
퍼져서 장사치와 거간꾼들이 매우 많았습니다.

그때 빈궁한 아들이 이 마을 저 마을로 두루 다니고 이 지방 저
지방을 지나다가 마침내 아버지가 살고 있는 도시에 이르렀습니다.

아버지는 매일 아들을 생각하고 있었지만 아들과 이별한 지 벌써 오십 년이 지난 것을 다른 이에게는 한 번도 말하지 않았습니다. 오직 마음속에 품고 한탄하면서 스스로 생각하기를,

'나는 이렇게 늙었는데 재산은 많아서 금은진보가 창고에 가득하건만, 자식이 없으니 만일 죽게 되면 맡길 데도 없고 재물은 흩어져 잃어버리겠구나.'

그래서 아들을 은근히 기다리며 또 생각하되,

'내가 만일 아들을 만나서 재산을 전해 준다면 아무 걱정 없이 평온하고 다시는 근심이 없으리라.'

하였습니다.

세존이시여, 이때에 궁한 아들은 품을 팔면서 이리저리 다니다가 우연히 아버지가 사는 집의 대문 앞에 이르렀나이다. 아들이 대문 안을 들여다보니 그 장자가 사자좌에 앉아서 보배로 만든 궤로 발을 받들었고, 바라문과 찰제리刹帝利와 거사들이 공경하여 둘러 모셨으며, 값이 천만 냥이나 되는 진주와 영락瓔珞으로 몸을 장식하였고, 시종과 하인들이 흰 불자를 들고 좌우에 서서 시위하며, 보배 휘장을 치고 아름다운 기를 드리웠으며, 향수를 땅에 뿌리고 훌륭한 꽃을 흩었으며, 보물들을 벌여 놓고 내주고 받아들이는 여러 가지 호화로운 일들이 있어 위엄이 높고 공덕이 훌륭해 보였습니다.

궁한 아들이 그 아버지가 큰 세력을 가진 것을 보고는 곧 두려운 생각을 품고 여기 온 것을 후회하면서 이렇게 생각하였습니다.

'저이는 아마 왕이거나 혹은 왕족일 터이니 내가 품을 팔고 삯을 받을 곳이 아니다. 다른 가난한 마을을 찾아가서 마음대로 품을 팔아 의식을 구함이 좋으리라. 만일 여기 오래 있으면 나를 붙들어다

가 강제로 일을 시킬지도 모르는 일이다.'

이렇게 생각하고 빨리 그곳을 떠났습니다.

그때 장자는 사자좌에서 아들인 줄을 알아보고 매우 기뻐서 이렇게 생각하였습니다.

'내 창고에 가득한 재산을 이제 전해 줄 데가 있구나. 내가 이 아들을 항상 생각하면서도 만날 수가 없더니 이제 스스로 왔으니 나의 소원이 만족하다. 내가 비록 나이 늙었으나 재산을 아끼는 마음은 변함이 없다.'

하고는 곧 사람을 보내어 데려오게 하였습니다. 그때 그 사람이 빨리 따라가서 붙잡으니 궁한 아들은 놀라서 원통하다 하면서 크게 부르짖었습니다.

"나는 아무 잘못이 없는데 왜 붙드느냐?"

그 사람은 더욱 단단히 붙잡고 강제로 데려가려고 하였습니다. 그때 아들은 생각하기를, 죄 없이 붙잡혀가게 되니 반드시 죽게 되리라 하고 더욱 놀라서 땅에 넘어져 기절하고 말았습니다. 아버지가 멀리서 이 광경을 보고 심부름꾼에게 말하였습니다.

"그 사람은 필요 없으니 억지로 데려오지 말고 얼굴에 냉수를 뿜어서 다시 소생케 하고 더불어 말하지 말라."

그 까닭을 말하면, 아버지는 아들의 마음이 소심한 줄을 알았고 자기의 부귀가 아들에게 두려움이 되는 줄 알았기 때문입니다. 자기의 아들임을 분명히 알지마는 일종의 방편으로써 자기의 아들이란 말을 아무에게도 말하지 않고 그 사람을 시켜 말하기를,

"이제 너를 놓아줄 터이니 마음대로 가거라."

하였습니다. 궁한 아들은 좋아라고 기뻐하면서 일어나서 가난한

마을을 찾아가서 밥벌이를 하고 있었습니다.

그때 장자는 그 아들을 유인하여 데려오려고 한 방법을 생각하고 모양이 초라하고 보잘것없는 두 사람을 가만히 보내면서 이렇게 일렀습니다.

"너희는 거기 가서 그 사람에게 넌지시 말하기를, 저기 품 팔 곳이 있는데 삯은 곱을 준다고 하라. 그래서 그가 듣고 가자고 하면 데리고 오며, 무슨 일을 할 것이냐고 묻거든 거름을 치는 일인데 우리도 함께 일하겠노라고 하라."

그때 두 사람은 궁한 아들을 찾아가서 그렇게 말하였습니다. 그 후부터 궁한 아들은 장자의 집에 가서 삯부터 먼저 받고 거름을 치고 있었습니다. 아버지는 아들이 하는 일을 보고 가엾이 여기고 안타깝게 생각하였습니다.

하루는 장자가 방 안에서 창틈으로 바라보니 아들의 몸은 야위어 초췌하고 먼지와 거름이 몸에 잔뜩 묻어 더럽기 짝이 없었습니다. 그래서 곧 영락과 화사한 의복과 노리개 장식품을 벗어 버리고 때 묻은 허름한 옷으로 갈아입고 흙과 먼지를 몸에 묻힌 다음 오른손에 거름을 치는 기구를 들고 조심조심 일꾼들 있는 곳으로 가서,

"그대들은 부지런히 일하고 게으름 피우지 말라."

하면서 그러한 방편으로 아들에게 가까이하고 또 말하였습니다.

"가엾다, 이 사람아. 그대는 여기서만 일하고 다른 곳으로는 가지 말라. 품삯도 차츰 올려 줄 터이고, 지내기에 필요한 그릇, 쌀, 밀가루, 소금, 장 따위도 걱정하지 말라. 늙은 일꾼에게 달라는 대로 주라고 이를 것이니 안심하라. 나는 너의 아버지와 같으니 염려하지 말라. 왜냐 하면 나는 늙은이요 너는 아직 젊었으며, 너는 일할 적에 게으르

거나 속이거나 성내거나 원망하는 말이 없어서 다른 사람처럼 나쁘지 아니하더구나. 이제부터는 내가 낳은 친아들과 같이 생각하겠노라." 하면서 장자는 그에게 이름을 다시 지어 주고 아들이라고 불렀습니다. 그때 궁한 아들은 이런 대우를 받는 것이 기뻤으나 여전히 머슴살이하는 아들이라 자처하였습니다. 그러므로 이십 년 동안을 항상 거름만 치고 있었으며, 그 뒤부터는 점점 마음을 믿고 뜻이 통하여 허물없이 드나들면서도 거처하기는 역시 본래 있던 곳에서 하고 있었습니다.

세존이시여, 한번은 장자가 병이 났습니다. 죽을 때가 멀지 않은 줄을 알고 궁한 아들에게 말하기를,

"나에게는 금은보배가 많아서 창고마다 가득하니 그 속에 있는 재산이 얼마인지 네가 알고 받고, 줄 것도 모두 네가 맡아서 처리하여라. 나의 마음이 이러하니 너는 내 뜻을 받들어라. 왜냐하면 이제는 나와 네가 다를 것 없으니 더욱 조심해서 소홀하거나 실수하지 말라." 고 하였습니다. 이때 궁한 아들은 그 명령을 받고 여러 가지 금은보배와 창고를 맡았으나 밥 한 때인들 그냥 먹을 생각도 없었고 거처하는 데는 본래 있었던 곳이었으며 자신이 천하다는 마음은 아직도 버리지 아니하였습니다.

또 얼마 후에 아버지는 아들의 마음이 점점 나아져서 큰 뜻을 가지게 되어 예전에 못났던 생각을 스스로 뉘우침을 알았습니다. 그러다가 죽을 때가 다다라 아들을 시켜 친척과 국왕과 대신과 찰제리와 거사들을 모이게 하고 이렇게 선언하였습니다.

"여러분, 이 아이는 내 아들이오. 내가 낳아서 길렀는데 아무 해에 고향에서 나를 버리고 도망하여 여러 곳으로 유리하기 오십여 년이었소. 이 아이의 본명은 아무개이고 내 이름은 아무요. 그때 고향에서

근심이 되어 찾느라고 애를 쓰던 터인데 뜻밖에 여기서 만났소. 이 아이는 참으로 내 아들이고 나는 이 애의 아버지요. 이제는 내가 가졌던 모든 재산이 모두 이 애의 소유이며 예전부터 출납하던 것도 이 애가 알아서 할 것이오."

세존이시여, 이때에 궁한 아들은 아버지의 뜻밖의 말을 듣고 크게 환희하면서 생각하였나이다.

'나는 본래 이 재산에 대해서는 아무것도 바라는 바가 없었는데 이제 이 엄청난 보배창고가 저절로 왔구나.'

이 장자궁자의 비유는 법화경 7가지 비유 중 두 번째 비유이다. 이 비유는 「비유품 제3」에서 사리불이 부처님으로부터 화광여래라는 수기를 받는 것을 보고 장로 수보리, 마하가전연, 마하가섭과 마하목건련이 우리도 장차 수기를 받을 수 있겠구나 하면서 환희심이 나서 대승의 가르침으로 이끌어 주신 부처님께 이 비유를 말씀드린다.

여기서 말하는 장자란 물론 부처님을 뜻하고, 집을 나가서 여기저기 품팔이 다니면서 그날그날을 살아가는 아들은 우리 중생을 말한다.

그러나 우리 중생도 부처님과 마찬가지로 부처가 될 수 있는 불성을 갖고 있으므로 나중에는 부처가 되는 길로 들어서게 된다.

따라서 이 비유는 소승의 가르침, 즉 삼승에 매달려 있는 우리 중생들로 하여금 대승의 가르침인 부처가 되는 길, 즉 일불승으로의 길을 가르쳐 준다.

* 어떤 사람이 어린 시절에 아버지를 버리고 도망치다.
  - 어떤 사람: 우리 중생

- 어린 시절: 어리석은 마음이 깃들 때. 무명에 싸여 있을 때.
- 아버지를 버리다: 본심을 잃어버리다. 자기가 온 자리를 잊어버리다.

* 나이는 들었으나 곤궁하기 막심하여 사방으로 옷과 밥을 구하며 떠돌아다니다가

　본심(본성, 불성)을 잃어버렸으므로 마음의 중심을 잃고 여기저기 헤매 다닌다.

* 우연히 고향을 향하게 되었습니다.

　우리는 본래 불성 자리에서 왔으므로 한동안 여기저기 헤맸지만 결국은 우리가 온 자리인 불성의 자리로 다시 온다.

* 아버지는 아들을 잃고 찾아 헤매다.

　부처님은 집을 나간 아들을 끊임없이 찾아 나선다. 즉 미혹에 빠져 집을 나간 중생이지만 부처님은 중생을 버리지 않고 찾아 나선다. 부처님은 집을 나간 아들이 돌아오기를 기다리는 것이 아니라 직접 찾으러 나가신다. 아주 적극적인 방법으로 중생을 구제하신다.

* 아버지는 아들을 잃고 찾아다니다가 만나지 못하다.

　아직 연緣이 닿지 않다. 연緣이 이루어지지 않다.

* 아버지는 점점 부유해져서 재물이 한량없고 금, 은, 유리, 산호, 호박, 파려, 진주들이 창고에 가득 찼다.

　부처님의 지혜와 공덕은 한량이 없다는 뜻.

부처님은 누구에게나 줄 수 있는 보물 칠보七寶를 한량없이 많이 갖고 계신다. 이 우주에는 하늘의 칠보, 땅의 칠보, 사람의 칠보, 즉 삼칠보가 가득 찼는데 부처님의 가르침을 잘 따르는 사람은 이 칠보를 얻을 수 있다. 부처님께서는 방편을 이용하여 보물을 꺼내 가지도록 하신다.

* 노비 상노 청지기 문객들이 많다.

부처님이 하시는 중생구제를 도와주는 보살이나 신중들이 많다.

* 전곡을 빌려 주고 받아들이는 일이 다른 지방에까지 퍼지다.

부처님의 지혜와 공덕(전곡)으로 중생을 이익 되게 하는 일이 인간세계뿐만 아니라 지옥세계, 아귀세계, 축생세계, 아수라세계, 천세계 중생에게까지 미치다.

* 빈궁한 아들이 이 마을 저 마을로 두루 다니고 이 지방 저 지방을 지나다가 마침내 아버지가 살고 있는 도시에 이르렀습니다.

미혹에 빠져서 본심을 잃어버리고 방황하는 우리 중생은 본래 자기가 온 자리가 불성 자리이므로 마침내는 불성 자리로 돌아온다.

* 궁한 아들은 품을 팔면서 이리저리 다니다가 우연히 아버지가 사는 집에 이르러 대문 밖에 머물다.

우리 중생은 본래 자기가 부처라는 것을 모르고 이 고통 저 고통에 시달리다가 우연히 부처님의 말씀을 들으니 귀에는 들리지만 마음까지 닿지는 않는다.

* 저이는 아마 왕이거나 혹은 왕족일 터이니 내가 품을 팔고 삯을 받을 곳이
  아니다. 다른 가난한 마을을 찾아가서 마음대로 품을 팔아 의식을 구함이
  좋으리라.

  부처님의 가르침은 너무 높고 훌륭해서 나는 가까이 갈 수가 없다.
  나는 내 수준에 알맞은 낮은 수준의 가르침인 소승이나 외도外道를
  따르겠다는 뜻.

  아직 불법에 들어오는 연緣이 이루어지지 않은 것을 말한다.

* 장자는 사자좌에서 아들인 줄을 알아보고 매우 기뻐서 이렇게 생각하였습니
  다. '내 창고에 가득한 재산을 이제 전해 줄 데가 있구나. 내가 이 아들을
  항상 생각하면서도 만날 수가 없더니 이제 스스로 왔으니 나의 소원이 만족
  하다. 내가 비록 나이 늙었으나 재산을 아끼는 마음은 변함이 없다.' 하고
  곧 사람을 보내어 데려오게 하였습니다.

  부처님의 지혜와 공덕은 누구든지 부처님과 인연이 맺어지면 부처님
  은 전 재산을 다 주신다. 사람을 보내 데려오려 하는 것은, 누구나
  처음 불법에 들어오는 계기는 이미 부처님의 가르침을 받은 사람에
  의하거나 불교 서적이거나 매스컴이나 인터넷에 의한다. 즉 불법과
  인연이 있어야 부처님을 만날 수 있다.

* 장자는 그 아들을 유인하여 데려오려고 한 방법을 생각하고 모양이 초라하고
  보잘것없는 두 사람을 가만히 보냈다.

  부처님은 낮은 법에 머물러 있는 중생을 불법에 들어오게 하기 위하여
  처음에는 상대의 눈높이에 맞는 수준에서 시작해서 서서히 수준을
  높이다가 결국에는 부처의 길로 인도하신다.

* 나는 아무 잘못도 없는데 왜 붙드느냐?

우리는 뜻하지 않은 고통을 당할 때 '나는 아무 잘못도 없는데 운이 나빠 이 고생을 한다.'고 세상을 원망한다. 그러나 이때 남을 원망하지 말고 세상을 탓하지 말고 부처님의 인연법을 잘 알고 수행하면 고통이 기회가 된다. "번뇌煩惱 즉 보리菩提", 번뇌가 곧 보리이다. 마음이 미혹하면 번뇌요, 번뇌를 해탈하면 보리, 즉 깨달음이므로 번뇌와 보리는 따로 있는 게 아니다.

* 그 사람은 더욱 단단히 붙들고 강제로 데려가려 하였다.

고통을 당할 때 인연법을 잘 알고 참회하면 고통이 기회가 되나 남 탓만 하면 더욱 큰 시련이 닥쳐온다.

* 궁한 아들은 장자의 집에 가서 삯부터 먼저 받고 거름을 치고 있었습니다.

거름을 치는 일을 한다는 것은 중생들의 마음에 자리 잡고 있는 탐, 진, 치, 번뇌, 망상을 없애는 수행을 시켰다는 의미이다. 불법을 얻기 위해서는 먼저 어리석음에 싸여 있는 내 마음부터 청소해야 한다.

부처님이 중생을 교화하실 때 반특槃特이라는 사람이 부처님 교단에 들어왔는데, 너무나 어리석어서 하나를 배우면 다른 하나를 잊어버리는 사람이었다.

교단에서 쫓겨날 운명에 처했을 때 부처님께서 반특에게 빗자루를 주시면서 '티끌을 깨끗이 쓸어버리자'를 외우면서 청소를 하게 하시었다. 얼마 후 반특은 그 말이 '내 마음에 쌓여 있는 티끌인 번뇌를 쓸어버리자'는 진정한 의미를 깨닫게 되었고, 나중에는 아라한과를 얻게 되었다.

* 장자가 방 안에서 창틈으로 바라보니 아들의 몸은 야위어 초췌하고 먼지와
거름이 몸에 잔뜩 묻어 더럽기 짝이 없었습니다. 그래서 곧 영락과 화사한
의복과 노리개 장식품을 벗어 버리고 때 묻은 허름한 옷으로 갈아입고 흙과
먼지를 몸에 묻힌 다음 오른손에 거름 치는 기구를 들고 조심조심 일꾼들
있는 곳으로 가서.

부처님께서 생로병사의 고통에서 헤매고 있는 우리 중생의 불쌍한
모습을 보시고 부처님도 우리와 똑같은 모습으로 우리 앞에 나타나신
다. 우리의 마음속에는 우리를 구원해 주실 분은 위대한 힘을 가지신
거룩한 절대자의 모습을 하고 나타나실 것이라고 생각한다. 그러나
부처님이 우리 곁에 오실 때는 우리 중생과 같은 모습으로 나타나신
다. 관세음보살은 중생이 처해 있는 처지에 맞는 33가지의 모습으로
나타나시고, 묘음보살님은 34가지의 모습으로 나타나셔서 우리를
구원해 주신다.

부처님은 중생들을 교화하여 불법으로 인도하실 때는 우리의 눈높이
에 맞춰 나타나신다. 어떤 때는 부자의 모습으로, 어떤 때는 거지의
모습으로, 어떤 때는 친구의 모습으로, 또 어떤 때는 원수의 모습으로
도 나타나신다. 따라서 내가 남을 분별하고 차별하면 관세음보살이나
묘음보살을 만날 수 없다.

* 20년 동안을 항상 거름만 치고 있었다.
2승(성문승, 연각승)에 머물다. 아직 소승에 머물다.

* 거처하는 데는 본래 있던 곳이다.

아직까지 소승에 머물고 대승으로 들어오지 못하다. 아들은 아직까지
세간世間(세상 일반)에 머물고 출세간出世間(세속의 번뇌를 초월한 깨달
음의 경지)으로 나오지 못하다.

* "여러분 이 아이는 내 아들이오. 내가 낳아서 길렀는데 아무 해에 고향에서
나를 버리고 도망하여 여러 곳으로 유리하기 오십여 년이었소. 이 아이의
본명은 아무개이고 내 이름은 아무요. 그때 고향에서 근심이 되어 찾느라고
애를 쓰던 터인데 뜻밖에 여기서 만났소. 이 아이는 참으로 내 아들이고 나는
이 애의 아버지요. 이제는 내가 가졌던 모든 재산이 모두 이 애의 소유이며
예전부터 출납하던 것도 이 애가 알아서 할 것이오." 세존이시여, 이때에
궁한 아들은 아버지의 뜻밖의 말을 듣고 크게 환희하면서 생각하였나이다.
'나는 본래 이 재산에 대해서는 아무것도 바라는 바가 없었는데 이제 이 엄청
난 보배창고가 저절로 왔구나.'

궁자가 고향을 떠나 50년 동안을 타향에서 떠돌았다는 것은 중생이
본심을 잃어버리고 오욕락五慾樂에 휩싸여 지냈다는 의미이다.

아버지가 전 재산을 궁자에게 맡긴다는 것은 거름 치는 일부터 시작해
서, 즉 삼승의 수행을 쌓은 후에 일승인 부처의 길로 들어서는 과정을
설명한다. 즉 부처님과 내가 하나가 되는 경지를 말한다.

약초유품藥草喩品 제5

1. 대의

전 품인 「신해품」에서 마하가섭은 자기도 부처가 될 수 있다는 말을 듣고 환희심이 나서 여래의 공덕에 대하여 말씀드린다. 이 말을 들은 세존께서는 「약초유품」을 여시면서 마하가섭을 칭찬하시고 한량없고 그지없는 여래의 무량한 공덕에 대하여 삼초이목三草二木(세 종류의 약초와 두 종류의 나무)의 비유를 들어 부처님의 가르침을 받아들이는 중생들의 모습에 대하여 말씀하신다.

한 번 내린 비는 한 모양 한 맛(일상일미一相一味)이지만 숲 속의 다양한 약초와 초목은 그들의 종류와 성질에 따라 비를 받고 성장하고 꽃을 피우고 열매를 맺는다. 그렇듯이 부처님도 법을 설하실 때는 중생들의 근기에 맞게 법을 설하시어서 중생들을 평등하게 성불시키신다.

약초에는 대중소의 차별이 있으나 비가 내리면 함께 번성하여 병을 치료하는 약초가 되는 것과 같이, 중생에게도 성문·연각·보살의 구별이 있으나 여래의 법비를 맞으면 평등하게 각각 성장한다.

그러나 사람이 타고난 재질과 성품은 제각기 다르다. 사람이 갖고 있는 불성은 완전히 평등한 것인데 진리의 법비를 받아들이는 것은 제각기 다르다〔차별상差別相〕. 그러나 각각 다르더라도 법비를 맞아 성장하는 것은 제 나름대로 모두 같다.〔평등상平等相〕

부처님의 가르침은 먼저 차별상을 말씀하시고 나중에는 평등상을 가르치신다.

여래 설법은 한 모양〔一相〕, 한 작용〔一味〕을 하는 것으로 상相에서 해탈하고, 상에서 떠나고, 상을 멸滅함으로써 궁극적으로 적멸寂滅하여 공空에 귀착하는 모습을 설하신다.

삼초이목의 비유는 사람의 근기에 대하여 말씀하시는 것으로,
- 소약초小藥草: 하근기의 사람
- 중약초中藥草: 중근기의 사람
- 대약초大藥草: 상근기의 사람
- 소수小樹: 작은 나무는 그늘이 좁으니 적은 사람을 시원하게 하는 소승이고
- 대수大樹: 큰 나무는 그늘이 넓으니 많은 사람을 시원하게 하는 대승 이다.

여기에서 우리가 주의해야 할 것은 약초의 대·중·소의 차별이나 사람의 근기의 상·중·하의 차별은 어느 것은 어느 것보다 월등하다든가 아니면 열등하다는 것의 차별이 아니라는 것이다.

자연 실상에는 크다든가 아니면 작다든가 하는 차별이나 높다든가 또는 낮다든가 하는 차별이 있는 것이 아니라, 큰 것은 큰 것대로 작은 것은 작은 것대로 각자 완전한 것이며 자기의 역할이 있는 것이다.

이것이 평등상이다. 큰 나무는 대들보로 쓰이는 것이고 작은 나무는 서까래로 쓰여서 집을 완성하는 데 각자 제 역할을 하는 것이나 마찬가지다.

2. 이 품의 가르침

- ◉ 「약초유품」은 사람이 세상을 살아가는 데 필요한 길〔道〕을 찾기 위한 법문이다.
- ◉ 세상을 살아가는 데 이길 수 있는 힘을 달라.
- ◉ 약초는 아무 데나 나지만 자기의 모습, 기능을 갖고 있기 때문에 약초이다.
- ◉ 자기가 할 일을 하고 가는 평등의 원리.
- ◉ 여럿이 화합하는 데서 중생을 구제할 수 있다.

'약藥'은 여러 가지가 합하여 약효를 내서 건강을 도와주는 역할을 한다. 건강도 지켜 주고 사람을 즐겁게〔樂〕 해 주는 힘이 움직인다.

"초草"는 풀이 없으면 약을 기르지 못한다. 일반 대중은 한 사람을 도와서 일할 수 있도록 해 주고 자기도 같이 사는 원리이다. ⇨ 평등의 원리

약초에는 상·중·하의 종류가 있어서 각자 자기 분수에 맞게 비를 맞고 성장하듯이, 사람도 각자 저마다의 소질과 능력이 있어서 부처님의 법비(부처님의 가르침)를 받게 되면 언젠가는 모두 깨달음을 얻어 세상을 구하는 사람이 된다.

사람은 살아가면서 마음에 쌓이는 것이 많아진다. 빚이 쌓이고, 억울

함이 쌓이고, 열등감이 쌓이고, 스트레스가 쌓이고……. 이런 나 자신을 누르고 있는 것을 털어버릴 때 약초처럼 여러 사람이 찾는 사람이 된다. 음식을 잘해도, 김을 잘 매도, 청소를 잘해도 여러 사람이 찾는다.

약초는 잘나고 못나고 잘살고 못살고에 상관없이 똑같이 효과를 본다.

3. 본문 해설

爾時에 世尊이 告摩訶迦葉과 及諸大弟子하사대 善哉善哉라 迦葉아 善說如來眞實功德하나니 誠如所言이니라. 如來復有 無量無邊 阿僧祗功德하나니 汝等은 若於無量億劫에 說不能盡이니라. 迦葉아 當知하라 如來는 是諸法之王이니 若有所說은 皆不虛也라 於一切法에 以智方便으로 而演說之어든 其所說法이 皆悉到於一切智地니라. 如來觀知 一切諸法之所歸趣하며 亦知一切衆生의 深心所行하야 通達無礙하며 又於諸法에 究盡明了하야 示諸衆生一切智慧니라. 迦葉아 譬如 三千大千世界의 山川谿谷에 土地所生인 卉木叢林과 及諸藥草의 種類若干이며 名色이 各異어든 密雲이 彌布하야 遍覆三千大千世界하야 一時等澍에 其澤이 普洽커든 卉木叢林과 及諸藥草의 小根小莖에 小枝小葉이며 中根中莖에 中枝中葉이며 大根大莖에 大枝大葉이며 諸樹大小 隨上中下하야 各有所受어든 一雲所雨에 稱其種性하야 而得生長하며 華菓敷實하나니 雖一地所生이며 一雨所潤이나 而諸草木이 各有差別하나니라.

그때 세존께서 마하가섭과 여러 큰 제자들에게 말씀하셨다.

"착하고 착하다 가섭이여! 여래의 진실한 공덕을 잘 말하였으니 진실로 네 말과 같거니와, 여래는 또 한량없고 그지없는 아승지덕이 있나니 너희가 한량없는 억만 겁 동안에도 다 말할 수 없느니라. 가섭이여, 여래는 모든 법의 왕이시므로 말씀하시는 것이 다 허망하지 아니하니라. 모든 법에 대하여 지혜와 방편으로 말씀하나니, 그 말씀하는 법은 모두 온갖 지혜의 경지에 이르느니라. 여래는 모든 법의 나아갈 바를 관찰하여 알며, 모든 중생의 깊은 마음으로 행할 것을 알아서 통달하여 걸림이 없으며, 또 모든 법을 끝까지 잘 알아서 모든 중생에게 온갖 지혜를 보여 주느니라. 가섭이여, 비유하면 삼천대천세계의 산과 내와 계곡과 평지에 나서 자라는 초목과 숲과 약초들의 종류도 많고 이름과 모양도 각각 다르니라. 빽빽한 구름이 가득히 퍼져 삼천대천세계를 고루 덮고 일시에 큰 비가 고루고루 흡족하게 내리면 모든 초목과 숲과 약초들의 작은 뿌리 작은 줄기 작은 가지 작은 잎새와 중간 뿌리 중간 줄기 중간 가지 중간 잎새와 큰 뿌리 큰 줄기 큰 가지 큰 잎새와 크고 작은 나무들이 상중하를 따라서 제각기 비를 받는데, 한 구름에서 내리는 비이지만 그 초목의 종류와 성질에 맞추어서 자라고 꽃이 피고 열매를 맺느니라. 비록 한 땅에서 나고 한 비로 축이어 주는 것이지만 여러 가지 초목이 각각 차별이 있느니라."

- 고告

부처님께서 이르시다, 말씀하시다.

◉ 하늘이 땅에 명령하면 따르게 되는 이치. 땅은 반드시 응답해서 움직이게
   되어 있다. 기도를 하면 응답이 온다. 기도가 이루어질 때 분쟁이 생긴다.
   이 분쟁을 덕德으로 덮어 주면 크게 이루어지는데 그렇지 못하면 치어
   넘어진다. 기도하면 힘이 길러지고 땅의 힘이 나에게 전달되어 문제가
   해결된다. ⇨ 기도의 원리

● 법화경 전체가 우주원리를 설명해서 우리가 하고자 하는 바를 다 성취할 수 있다. 그런데 왜 안 되는가? 아상我相과 집착이 있기 때문이다. 재주가 있는 사람이 귀인을 만나지 못해 재주를 써먹지 못한다. 참고 인내하면 향기가 나오는데 그때 귀인이 향기를 맡고 나타난다. 그때 나는 향기는 자기 그릇(소근, 중근, 대근)에 맞게 나온다. 자기 힘에 맞게 나온다. 관세음보살이나 신중도 향기를 맡아야 찾아오지 향기가 없으면 오지 않는다. 결국 우리 문제를 해결해 주는 것은 관세음보살이나 신중이 아니라 자기가 참회하고 노력한 결과이다.

관세음보살보문품에 '급난지중急難之中'에라도 관세음보살을 염하면 관세음보살이 찾아온다는 말은 관세음보살이 급할 때 나는 향기를 맡고 찾아오기 때문이다.

그러나 기도만 있고 경經 공부가 없으면 사도邪道에 빠지기 쉽다. 경 공부를 하는 데서 법력法力이 길러진다.

진리를 믿으면 신비로운 힘이 생긴다. 이 힘은 우리가 곤란한 경우를 당해도 능히 그것을 이길 수 있는 힘이 생기고 우리를 자유롭게 한다.

믿음이 강하면 실상實相과 연결될 수 있다. 이 우주에는 무한한 에너지가 있어서 만물을 생하게 하고 멸하게 한다. 이 우주를 운영하는 에너지가 부처요 하나님이다. 우리는 기도나 경經을 통해서 그 에너지를 끌어쓸 수 있다.

실상의 무한한 에너지를 받기 위해선 그것을 받을 수 있는 분지(그릇)가 있어야 한다. 우리가 저세상에서 이 세상으로 올 때 각자 분지 하나씩을 가지고 오는데 이 분지에는 일생 살아나가게 될 모든 정보가 들어 있다. 몇 살까지 살 것인지, 어떤 일을 하면서 살 것인지, 무슨 병에 걸릴 것인지 등 모든 정보가 들어 있다.

실상의 무한한 에너지를 받기 위해서는 우리 마음이 자재해야 한다. 어디에 묶여 있지 말아야 한다.

그렇게 하기 위해서는 난행고행難行苦行과 낙습고행樂習苦行을 해야 한다. 현대의학으로도 고칠 수 없는 불치병에 걸린 사람이 부처님이 자기를 구해 줄 것이라 굳게 믿고 열심히 기도하면 병이 낫는 것은 실상의 에너지를 끌어다 병 고치는 데 쓰기 때문이다.

• 마하가섭摩訶迦葉
석가모니 부처님의 십대제자 중 두타頭陀제일.
모든 법을 관찰하여 번뇌를 끊고 무상無相을 체득하였다.

◉ 콩에 비유 - 콩 하나가 땅에 떨어지면 많은 열매가 생긴다. 씨앗을 흙으로 덮어 준다. 모든 것을 덮어 주는 데서 수확을 바랄 수 있다. 우리가 경經을 공부해야 하는 이유는 바로 이 '모든 것을 덮어 주는 데서 수확을 바랄 수 있게' 하기 위해서이다.

• 급제대제자及諸大弟子
"여러 큰 제자들."
훌륭한 스승이 어디 계시다고 소문이 나면 많은 사람들이 자연 모이게 된다.

◉ 제자가 스승을 찾아가는 원리.

• 선재선재善哉善哉
착하고 착하다, 훌륭하고 훌륭하다.

◉ 이 세상은 참으로 잘 구성되어 있다. 잘 만들어졌다. 잘하면 잘할수록

잘하게 하는 부처님의 가피의 원리. 잘하게 되면 점점 잘할 수 있게 된다.

- **선설여래善說如來**

여래에 대해 잘 말했다. 부처님에 대해 잘 얘기했다.

 ◉ 우주의 말은 들리지 않아도 만물은 우주의 힘에 의해 자라게 된다. 말을 함부로 하지 않고 조용히 행동으로 보이는 모습.
 그럴듯하게 말한다. 내 마음은 속이 상해도 말은 착하게 한다. 남에게 고맙다는 말을 듣게 한다. 그래야 진실공덕이 된다.

- **진실공덕眞實功德**

"여래의 진실한 공덕."

자연 실상이 우리에게 베푸는 공덕을 말한다.

 ◉ 이 세상 만물은 진실해서 공덕이 이루어진다. 나무는 자라서 열매를 맺어 여러 생명체를 먹이고, 벌은 벌대로 꽃을 수정시켜서 후대를 잇게 하고 만물은 서로서로 의지하며 살아가게 되어 있다.
 상대에게 가치 있는 말을 할 때 그 말이 여물어서 상대에게 들어가고 상대가 옳다고 할 때 싹이 튼다.

- **여래부유如來復有 무량무변無量無邊 아승지공덕阿僧祇功德 여등汝等 약어 무량억겁約於無量億劫 설불능진設不能盡**

"여래는 또 한량없고 그지없는 아승지덕이 있나니 너희는 한량없는 억만 겁 동안에도 다 말할 수 없느니라."

 ◉ 너희들은 몇 겁이 지나도 말로 다할 수 없다. 현 시대는 자주 변해서 말로 설명할 수 없는 시대이다. 예전에는 말로 설명해서 받아들였지만

지금은 세상이 하도 빨리 변해서 말로는 설명할 수가 없다. 그러니 그때
그때 상황에 맞게 노력하고 공덕을 쌓아야 한다. 말법시대에는 노력밖에
다른 도리가 없다.

- 공덕功德: 무엇을 연구해서 만들어 놓으면 여러 사람이 편리하게
  사용한다. 호미를 만들어 놓으면 여러 사람이 편리하게 농사를 할
  수 있다. 다리를 놓으면 여러 사람이 편리하게 강을 건넌다.

- 설불능진說不能盡: 말로 다 할 수 없다.

  ◉ 세상 만물이 다 달라서 말로 표현이 안 된다. 사람마다 다 다르고 물도
    같아 보이지만 다 다르다. 말로 이루어지지 않는다. 말로 이루어지는
    것은 하나도 없다. 노력해야 이루어진다. 고생해서 깨달아야 하는데
    말로 알려 주면 업보가 된다.

• 약유소설若有所說

"말씀하시는 것은."

  ◉ 한마디 했는데 열 사람 백 사람이 모두 자기에게 한 말처럼 들린다.
    내가 말을 하면 듣는 사람은 자기 깜냥에 맞게 들린다. 그러나 기도하지
    않으면 그렇게 들리지 않는다. 기도나 난행고행하지 않고 한 말은 자기
    상相이 있어서 남이 공감하지 않는다. 자기를 비워야 말에 힘이 있다.

• 개불허야皆不虛也

"다 허망하지 않다."

  ◉ 그때그때 얘기한 것은 모두 거짓이 없다.

  ◉ 우주는 헛된 것이 하나도 없다. 여래는 방편과 진실에 다 헛됨이 없으시
    다. 우주 실상은 하나도 헛되지 않는다.

  ◉ 기도해서 권지와 실지가 움직이면 하나도 헛되지 않는다. 헛되지 않으면
    마나 귀신이 범하지 못하고 병에도 걸리지 않는다.

◉ 기도를 하면 부처님이나 하나님의 힘이 나와 같이하여서 내가 귀신이나 마魔에 빠지지 않게 되는 것이 아니라 내 마음이 부처님, 하나님으로 가득 차니까 귀신이나 마가 침범하지 못한다.

• 어일체법於一切法
"모든 법에 대하여."

◉ 이 세상이 흘러가는 법, 세상을 살아가는 모든 법.
이 세상이 우리를 가르치지 인간이 가르치는 것은 아니다. 각자에게 맞춰서 쓰게끔 되어 있다. 자기 쓰고 싶은 대로 쓴다. 바지를 해 입고 싶으면 바지를, 치마를 해 입고 싶으면 치마를 해 입는다. 이 세상 원리는 자기 깜냥대로 쓰게 되어 있다.

• 이지방편以智方便 이연설지而演說之
"지혜와 방편으로 말씀하신다."

◉ 이지방편 – 모든 사람이 자기 분수대로 편리하게 살고 있다.
이연설지 – 자기 모습대로 이야기한다.

◉ 어디든지 통하게 되면 우리들을 도와주면서 살게 되어 있다. 개미가 이사를 하면 홍수가 나는 것을 알게 되고, 쥐가 배에서 떠나면 배가 침몰한다. 이런 것을 잘 알아서 미리 대비한다.

◉ 우주 실상은 지혜와 방편으로 움직인다. 비가 오면 우산을 쓰게 되어 있고, 바람이 불면 포장 치게 되어 있다. 자연의 지혜와 방편으로 해결되는 것이지 인간의 머리로 해결하는 것은 아니다. 자식을 남보다 훌륭하게 키우고 싶어도 부모 마음대로 안 된다. 부처님의 지혜와 방편으로 그 아이가 맡아 가지고 온 길로 인도해야지 부모의 욕심으로는 안 된다. 지혜와 방편은 남이 주는 것이 아니라 자기 스스로 나와야 한다. 지혜와 방편으로 모든 사람이 살 수 있는 힘이 나와야 한다.

• 기소설법其所說法 개실도어일체지지皆悉到於一切智地

"그 말씀하는 법은 모두 온갖 지혜의 경지에 이르느니라."

부처님의 가르침은 각기 다른 사람에게 그 사람에게 맞는 각기 다른 방편으로 가르치시지만 결국에는 모든 사람이 일체지一切智의 경지에 이르게 한다.

일체지지란 실상實相을 말한다. 땅에 심는 대로 거둔다. 콩 심은 데 콩 나고 팥 심은 데 팥 난다. 땅은 노력의 대가에 응답이 있다.

- 일체지혜: 모든 지혜, 온갖 지혜.

  ◉ 어떤 경우라도 그 경우에 알맞게 대처하는 지혜

  ① 끊을 것은 끊고 이을 것은 이을 때(도박, 주식)

  ② 때를 맞춰서 움직일 때(농사, 공부)

  ③ 알기는 알아도 분별이 없어서 일을 못할 때 장엄하여 바로 쓸 수 있게 해 주는 것(신기술 개발)

- 불지佛智: 인간의 지혜와 근기를 알아보시고 각자에 알맞은 구원을 주시는 작용

- 불혜佛慧: 만고를 통하여 변하지 않는 절대 진리. 영원한 도道를 확고하게 잡는 힘.

• 여래관지如來觀知 일체제법지소귀취一切諸法之所歸趣

"여래는 모든 법이 나아갈 바를 관찰하여 안다."

  ◉ 때가 되면 자기도 모르게 스스로 움직여진다. 어릴 땐 젖 먹고 자라선 밥을 먹게 된다.

- 일체의 모든 법: 세상에서 일어나는 일체의 일이 결국 어떠한 곳에 귀착하는가, 그 귀착하는 곳을 부처님께서는 환히 내다보고 계신다.

◉ 내가 나를 내려놔야 귀착하는 곳을 안다. 공空에 머물러야 한다.

• 비여삼천대천세계譬如三千大千世界　산천계곡토지소생山川溪谷土地所生
휘목총림卉木叢林 급제약초及諸藥草 종류약간種類若干 명색각이名色各異
"비유하면 삼천대천세계의 산과 내와 계곡과 평지에 나서 자라는
초목과 숲과 약초들의 종류도 많고 이름과 모양도 각각 다르다."
이 세상 만물은 각기 다른 모습과 성질로 구성되어서 서로 조화를
이루고 살아가게 되어 있다. 삼계에는 여러 가지 차별이 있으나
부처님의 설법은 누구에게나 평등하다. 모두 대승으로 인도하기
위한 방편이다.

　　◉ 약초 - 말없이 열심히 일하면 도와주고 싶은 마음이 든다. 공양간에서
　　　열심히 일하면 반찬거리라도 사 들고 오지만, 싸움을 하면 들여다볼
　　　생각이 나지 않는다. 마당을 열심히 쓸고 있으면 따라 하고 싶은 생각이
　　　난다. 이것이 법력法力이고, 이것이 약초藥草다. 법력이 없으면 많은
　　　사람이 따르지 않는다. 많은 사람의 마음을 사는 약초.

- 삼천대천세계: 하나의 해와 달이 이 천하를 돌면서 그 광명이 비추는
　곳을 하나의 세계라고 한다. 이러한 세계가 1천 개 있는 곳을 소천세
　계, 소천세계가 1천 개 있는 곳을 중천세계, 중천세계가 1천 개 있는
　곳을 대천세계라 한다.
대천세계는 부처님이 교화하시는 경계, 그 범위를 말한다. 즉 중생의
세계.

- 명색각이名色各異: 중생의 성품과 근기가 각각 다르다.
중생이 온 자리가 각각 다르다.

* 밀운미포密雲彌布

"빽빽한 구름이 가득히 퍼져서."

구름이 때가 되면 비를 내리듯 참고 기다려라. 자연의 이치대로 살자. 구름이 합해지면서 하나가 되어 서로 힘이 생겨서 비가 된다. 우리가 곤경을 당해서 상기가 되고 화가 날 때 참회함으로써 지혜로 힘이 뭉쳐진다.

항상 구부리고 겸손할 때 힘이 나가는 것이다.

• 일시등주一時等澍

"일시에 단비가 내린다."

◉ 비는 모든 중생이 애타게 바랄 때 내린다. 비가 내리라고 마음이 합할 때 내린다. 법비는 원하고 갈망할 때 내린다. 마음이 한데 모일 때 비가 내린다. 중생을 구제하려는 마음이 가득할 때, 모든 걸 참회하고 기도할 때 법비가 내린다. 겸손할 때 법비가 내린다.

이것이 장엄의 원리. 겸손할 때 힘이 나간다.

• 소근소경小根小莖

"작은 뿌리에 작은 줄기."

◉ 불교와 다른 종교와의 구별을 깊이 생각하지 않는다. 사람이면 사람다워야 한다거나, 나쁜 일은 하지 말아야 한다는 경지에 있는 사람. 소근소경으로 태어난 사람은 직장이나 한 동네에서 오래 있지 못하고 자꾸 옮기게 되고 상대에게 이익을 주지 못한다.

여러 가지를 배우려고 해도 결실이 없다. 소근에서 온 스님은 신도도 적다. 소근에서 온 사람은 장사를 해도 올해는 이것 팔고 내년에는 저것 팔아서 성공하지 못한다.

• 중근중경中根中莖

"중간 뿌리에 중간 줄기."

◉ 중근중경에서 온 사람은 여러 가르침 중에서 가장 훌륭한 가르침을 택하고 싶다는 마음이 일어난다.

부모덕으로 고생 없이 살아서 배우고 들어서 알지만 실지는 모르는 자리. 그 속은 모른다.

위로 올라가려니 힘이 부족하고 아래를 보니 창피하고 보잘것없어 보이는 자리.

누진 영가에서 많이 고생하게 된다. 중근 자리가 가장 힘들다. 자식을 고생시켜야 중근의 힘을 받아 대근으로 간다.

• 대근대경大根大莖

"큰 뿌리에 큰 줄기."

◉ 대근대경에서 온 사람은 부처님과 같은 마음을 가져서 부처님과 같은 사람이 되고 싶어 한다.

뿌리가 내려 힘을 받게 될 때. 가난한 집에 태어나서 많은 고생을 하며 자라서 남을 돕는 힘이 생긴다.

하늘의 뜻을 알고 사람들의 뜻을 알고 가족을 보살피고 내가 노력할 때 큰 뿌리, 대근이 되면 많은 사람들로부터 존경을 받는다.

여기서 뿌리는 믿음을 말하고, 줄기는 부처님의 계행을 지키려는 마음이며, 가지는 마음이 정해져서 미혹으로 인해 동요됨이 없는 상태이며, 잎은 제법실상을 알아서 모든 사물의 진정한 성질(공空)을 아는 것을 말한다. ➪ 계정혜戒定慧

◉ 믿음에서 계를 지킬 마음이 생기고, 계戒를 지킴으로써 마음이 확고하여 움직이지 않게 되고, 마음이 움직이지 않음으로써 참된 지혜가 이루어진다. 지혜가 성취되므로 제법실상을 알아서 모든 사물의 진정한 성품을

알게 된다.

• 일운소우—雲所雨 칭기종성稱其種性

"한 구름에서 내리는 비이지만 그 초목의 종류와 성질에 맞춰서."

하나의 구름은 여래의 지혜와 공덕이요, 여래의 설법(법비)은 중생의 성품과 근기에 따라서 받아들이게 된다.

만물은 자기의 모습을 자기가 스스로 얘기한다.

• 화과부실華果敷實

"꽃이 피고 열매가 맺는다."

◉ 이생에 와서 자기 모습대로 살다가 간다. 자기 난 모습대로 살다가 간다. 화과부실은 절대불변.

• 일지소생—地所生

"한 땅에서 난다."

- 일지: 한 땅.

◉ 땅은 한계가 있다. 자랄 만큼 자란다. 살 만큼 산다. 땅에서 나온 모든 것은 살 만큼 살다가 가면 후생이 뒤를 잇는다.

- 소생: 나는 것.

◉ 다 다르다. 생각도 모양도 다 다르다. 쌍둥이도 다 다르다.

• 일우소윤—雨所潤 이제초목而諸草木 각유차별各有差別

"한 비로 축여 주지만 여러 초목이 각각 차별하는 것이다."

- 일우소윤—雨所潤: 하나의 빗방울에 윤택해진다. 부처님 설법은 하나

인데 받아들이는 사람이 자기 깜냥대로 받아들인다.

- **차별**差別: 부처님의 말씀은 한 말씀인데 받아들이는 사람이 제대로 듣고 따르면 그 사람의 근기와 재질에 맞게 이 세상을 무난하게 살게 해 준다.

✿

迦葉아 當知하라 如來도 亦復如是하야 出現於世는 如大雲起요 以大音聲으로 普遍世界의 天人阿修羅는 如彼大雲이 遍覆三千大千國土하나니라. 於大衆中에 而唱是言호대 我是如來 應供 正遍知 明行足 善逝 世間解 無上士 調御丈夫 天人師 佛世尊이라. 未度者로 令度하고 未解者로 令解하며 未安者로 令安하며 未涅槃者로 令得涅槃하며 今世後世를 如實知之로니 我是一切知者며 一切見者며 知道者며 開道者며 說道者라 汝等天人阿修羅衆은 皆應到此니 爲聽法故니라. 爾時에 無數千萬億種衆生이 來至佛所하야 而聽法하나니라. 如來于時에 觀是衆生의 諸根利鈍과 精進懈怠하사 隨其所堪하야 而爲說法 種種無量하야 皆令歡喜하야 快得善利어든 是諸衆生이 聞是法已에 現世安隱하고 後生善處하며 以道受樂하고 亦得聞法하며 旣聞法已에 離諸障礙하고 於諸法中에 任力所能하야 漸得入道는 如彼大雲이 雨於一切 卉木叢林과 及諸藥草어든 如其種性하야 具足蒙潤하야 各得生長하나니라. 如來說法은 一相一味니 所謂解脫相이며 離相滅相이라 究竟至於 一切種智하나니 其有衆生이 聞如來法하고 若持讀誦커나 如說修行하면 所得功德은 不自覺知니라. 所以者何오 唯有如來 知此衆生의 種相體性호대 念何事와 思何事와 修何事며 云何念과 云何思와 云何修며 以何法念과 以何法思와 以何法修며 以何法得何法이니라. 衆生이 住於種種之地를 唯有如來 如實見

之하야 明了無礙호대 如彼卉木叢林과 諸藥草等이 而不自知上中下性
이니라.

　"가섭이여, 여래도 그와 같아서 세상에 나시는 것은 큰 구름이 일어나
는 것과 같고, 큰 음성으로 온 세계의 하늘과 사람과 아수라에게 두루
외치는 것은 저 큰 구름이 삼천대천세계를 두루 덮는 것과 같으니라.
대중 가운데서 말씀하시기를 나는 여래 응공 정변지 명행족 선서 세간해
조어장부 천인사 불세존이니, 제도되지 못한 이를 제도케 하고, 이해하
지 못한 이를 이해케 하고, 편안하지 못한 이를 편안케 하고, 열반하지
못한 이를 열반케 하며, 지금 세상과 오는 세상을 사실대로 아노니, 나는
모든 것을 아는 이이며, 모든 것을 보는 이이며, 도를 아는 이이며, 도를
열어 보이는 이이며, 도를 말하는 이이니라. 너희 하늘과 사람과 아수라
가 모두 여기 와야 하나니 법을 듣기 위함이니라. 이때 무수한 천만억
종류의 중생들이 부처님 계신 곳에 와서 법을 듣고 있었다. 여래께서
이때에 중생들의 근성이 영리하고 아둔함과 정진하고 게으름을 살피시
고 그들의 감당할 만한 대로 법을 말씀하여 한량없는 이들을 모두 환희케
하며 좋은 이익을 얻게 하였느니라. 이 중생들이 법을 듣고는 이생에는
편안하고 내생에는 좋은 곳에 태어나서 도의 쾌락을 받고 법을 들으며,
법을 듣고는 모든 장애를 여의고 모든 법에서 그의 능력을 따라서 점점
도에 들어가게 되나니, 마치 저 큰 구름이 모든 초목과 숲과 약초에 비를
내리면 그 종류와 성질에 맞추어 축임을 받아 각각 생장함과 같으니라.
여래의 말씀하는 법은 한 모양 한 맛이니 이른바 해탈하는 모양, 여의는
모양, 멸하는 모양으로서 필경에는 각가지 지혜에 이르는 것이니라.
어떤 중생이나 여래의 법을 듣고 지니고 읽고 외우거나 말한 대로 수행하

면 그 얻는 공덕을 스스로 깨닫지 못하나니, 왜냐하면 오직 여래께서 이 중생들의 종류와 모양과 자체의 성품을 아시는데 무슨 일을 억념하고, 무슨 일을 생각하고, 무슨 일을 닦으며, 어떻게 억념하고, 어떻게 생각하고, 어떻게 닦으며, 무슨 법으로 억념하고, 무슨 법으로 생각하고, 무슨 법으로 닦으며, 무슨 법으로 어떤 법을 얻는지, 중생이 가지가지 처지에 머물러 있는 것을 오직 여래께서 실제로 보시고 분명히 알아 걸림이 없나니, 마치 저 초목과 숲과 약초들이 스스로는 상중하의 성품을 알지 못함과 같으니라."

- 천인天人
  하늘과 사람을 아울러 이르는 말.

- 아수라阿修羅
  불법을 수호하는 팔부신중의 하나.
  아수라는 원래 싸우기를 좋아하는 신이었으나 불교의 수호신으로 변신.
    ◉ 서로 경쟁하고 투쟁하는 사이에 발전이 이루어진다.
    ◉ 남을 이기려고 새로운 것을 만들어 내는 것이 모두 아수라의 기능이다. 강자가 약자를 누르고 잡아먹고 하는 것이 아수라 속에 있는 것이다.
    ◉ 이 세상은 모두 아수라 세상이다. 누구든지 여기서 벗어나서 살 수 없다.

- 여래십호如來十號
  "부처님의 열 가지 칭호."
    ◉ 각 품마다 나오는데 여래 십호는 그 품의 가르침에 맞게 해석해야 한다.

왜냐하면 법화경 28품 각 품은 그 움직이는 힘이 각각 다르기 때문에 여래 십호를 한 가지로만 해석하는 것은 옳지 않다. 봄이면 밭갈 때 필요한 해석을 해야 하고, 가을이면 추수할 때의 해석을 해야 한다.

여래 십호의 일반적인 해석은 다음과 같다.

① 여래如來: 진리의 체현자體現者. 열반에 다다른 자.

　진여眞如로부터 온 사람. 옛날로부터 지금까지 변하지 않고 내려오는 진리·실상·불법.

② 응공應供: 마땅히 공양과 존경을 받을 자격이 있는 사람.

　◉ 남을 돕고 살았다. 약초는 우주의 움직이는 모습 그대로 살았기 때문에 응답을 하게 된다.

③ 정변지正遍知: 정각자正覺者, 정등각正等覺라고도 함.

　올바른 깨달음을 얻은 자. 지혜가 올바르게 넓게 퍼져 있는 사람.

　◉ 인간이 배워서 완전히 알게 되고 어느 경지에 도달하게 되면 사람들이 스스로 찾아오게 된다.

④ 명행족明行足: 지식과 행동이 완전히 갖추어져 있는 사람.

　◉ 하나하나를 보고 즐거워하는 것. 화초 하나를 보고 즐거워하고, 농부는 곡식이 자라는 것을 보고 즐거워하고, 자식을 기르는 사람은 자식을 보고 즐거워하고, 혼자 살 때 취미를 붙여 즐거워한다.

⑤ 선서善逝: 훌륭하게 완성된 자. 여러 가지 사물에 얽매어 있지 않는 사람.

　◉ 나의 모습을 주장하지 말라. 여러 사람이 옳다 할 때 옳은 것이다.

　◉ 모든 것을 받아들여서 묻어 두어라. 힘이 움직여 변화가 오게 되어 장애가 없다.

⑥ 세간해世間解: 세상을 완전히 이해한 자. 어떤 사람의 경우라도

이해할 수 있는 사람.

◎ 사람은 죽을 것 같은 고통이 있어도 살길이 있다. 노력할 때 필요에
의해서 풀어 쓰게 된다.

⑦ 무상사無上士: 위가 없는 최고의 사람.

◎ 아래 위 가릴 것 없이 필요에 의해 모두 역할이 있다.

◎ 잘한 사람도 못한 사람도 없다. 부처님 말씀 듣고 바로 살 때 잘하는
사람이다.

⑧ 조어장부調御丈夫: 사람을 다루는 데 훌륭한 능력을 가진 자.

◎ 자꾸 하니까 되더라. 두드리면 열리게 되어 있다. 노력하는 데서 세상을
이길 수 있다. 해결할 수 있다.

◎ 인간의 마음을 지배함에 그릇됨이 없는 사람.

⑨ 천인사天人師: 하늘과 사람의 스승. 하늘과 사람의 대도사大導師.
천상세계, 인간세계 사람. 온갖 생명이 있는 것을 인도하는 사람.
지나간 세월이 스승이 된다. 먼저 해 놓고 간 사람이 스승.

◎ 항상 구부리고 감사하게 주고받을 때도 고맙게 받을 때.

⑩ 세존世尊: 세상에서 가장 존귀한 사람.

◎ 이 세상이 끝날 때까지 세상의 존경을 받는다.

• 미도자未度者 영도令度

"제도되지 않은 자를 제도한다."

◎ 열매를 맺지 않을 때 열매를 맺게 하겠다. 그 사람의 능력에 따라서
이루어지게 할 것이다.

– 미도자未度者: 아직 익지 않은 사람을 말한다. 속은 익지 않고 겉만
어른인 사람.

– 제도濟度: 미혹한 세계에서 생사만을 되풀이하는 중생을 건져 내어

생사 없는 열반의 언덕에 이르게 하는 것. 범부에서 성인의 경지로 건너가는 것.

◉ 제도濟度는 남의 마음을 알고 도울 수 있을 때 제도가 된다. 나를 위해서 살 때는 미도未度다. 남을 위해서 살 때 제도가 되는 것이다. 부처님은 남을 구할 수 있는 힘을 길러 준다. 나를 희생해서 남을 도와줄 수 있는 힘을 길러 준다.

• 미해자未解者 영해令解
"해결하지 못한 것을 해결한다."

• 미안자未安者 영안令安
"편안하지 못한 자를 편안케 한다."
앞을 보지 못해서 불안한 것이므로 앞을 보게 해 주겠다는 뜻.

• 미열반자未涅槃者 영득열반令得涅槃
"열반에 들지 못한 자를 열반에 들게 한다."

◉ 자기의 모든 고품를 해탈하지 못한 것을 해탈하게 한다.
◉ 착着을 버리지 못한 것을 버리게 한다. 착 때문에 꼼짝 못한 것(권세, 돈, 명예 등)을 버리게 한다.

• 금세후세今世後世 여실지지如實知之
"지금 세상과 오는 세상을 사실대로 아노니."

◉ 금세후세 - 어제나 오늘이나 내일이나 다 같다.
◉ 여실지지 - 나이가 들어 열매가 열리는 것을 봐야 한다. 세월이 지나가서 열매가 열려 봐야 안다.

- 일체지자一切知者

"모든 것을 아는 자."

◉ 모든 사람의 뜻에 맞게 움직일 때 내가 맞는 것이다.

- 일체견자一切見者

"모든 것을 보는 자."

◉ 하나를 알게 되면 전체를 알게 된다.

- 지도자知道者

"도를 아는 자. 길을 아는 자."

◉ 마음을 잘 이용하여 잘 이끌어 가는 자리.

◉ 분별을 잘해야 한다. 중생이 분별할 수 있는 힘을 갖게 한다.

- 개도자開道者

"도道를 열어 보이는 자."

◉ 세상의 이치를 알게 된다. 예언할 수 있는 자리.

◉ 자기가 스스로 하고 싶어서 열심히 하면 미래에 어떻게 될 것이라는 것이 보인다. 10년 후엔 어떤 것이 나오고 100년 후엔 어떤 것이 나오는 가를 안다.

- 설도자說道者

"도道를 말하는 자."

◉ 말로써 이루어진 자리. 소망을 해서 이루어지면 무엇을 해야겠다고 구상하는 자리. 이름에 따라 그 실체가 무엇인지 안다. 설명해 준다. ○○광산 … 석탄이나 금이 나오겠구나.

온양溫陽 … 온천물이 나오겠구나.

- **지도知道**: 마음〔意〕으로써 길〔道〕을 알고

- **개도開道**: 몸〔身〕으로써 길을 열고

- **설도說道**: 입〔口〕으로써 길을 말한다.

신구의身口意. 삼업三業으로써 길을 찾는다.

　◉ 우리가 부처님을 찾고 기도하는 이유는 앞이 캄캄해서 내 길을 모르고
　　있는 것을 알려 달라고 기도하는 것이다. 빛으로 알려 준다. 말(소리)로
　　움직인다.

살다가 시련이 닥치면 중요한 것은 시련 자체의 냉혹함이 아니라
시련을 대하는 나의 자세이다. 내가 그 시련을 힘들게 받아들이면
그 시련은 힘이 들고, 내가 의연하게 받아들이면 그 시련은 별것
아닌 것이 된다.

　◉ 운運은 서쪽으로부터 들어온다. 운이 틔는 사람은 자신도 모르게 서쪽으
　　로 앉는다. 남쪽에 앉는 사람은 속이 끓고 상처가 난다.

• **여등천인아수라중汝等天人阿修羅衆 개응도차皆應到此 위청법고爲廳法故**
"너희 천상, 인간, 아수라들이 이곳에 온 것은 법문을 듣기 위함이다."
육취중생六趣衆生(천, 인, 아수라, 축생, 아귀, 지옥) 중에서 부처님의
법문을 들을 수 있는 자격을 가진 것은 천, 인, 아수라들이다.
지옥 아귀 축생, 즉 삼악도三惡道 중생은 부처님 법문을 들을 자격이
없다. 즉 우리의 마음자리가 삼악도에 떨어지면 법문이 귀에 들어오지
않는다.

- **개응도차皆應到此**: 모두 마땅히 여기로 와야 한다.

누구나 그 속에서 산다. 예외가 없다. 그 속에서 벗어날 수가 없다.

세상 만물은 우주 실상이 움직이는 법칙대로 살아야 한다.

◉ 자기도 모르게 그냥 사는 법대로 살아왔다. 옛날 사람들이 살던 대로 살아왔다. 자기도 모르게 사람답게 살려고 했다.

– 위청법고爲請法故: 부처님의 법을 듣기 위함이다.

스스로 자기에게 들리고 자기도 모르게 스스로 한 것이다.

가슴으로 느껴지는 자리 ⇨ 정법正法

◉ 죽을 고통을 받아야 가슴으로 느끼며, 그래야 자비慈悲가 움직인다.

• 여래우시如來于時 관시중생觀是衆生 제근이둔諸根利鈍 정진해태精進懈怠 수기소감隨其所堪 이위설법而爲說法 종종무량種種無量 개령환희皆令歡喜 쾌득선리快得善利

"여래께서 이때에 중생의 근성이 영리하고 아둔함과 정진하고 게으름을 살피시고 그들이 감당할 만한 대로 법을 말씀하여 한량없는 이들을 모두 환희케 하며 좋은 이익을 얻게 하였다."

부처님은 중생의 근기와 성품에 따라 각각 그들이 감당할 만한 수준의 법을 설하신다. 근기가 아주 낮은 사람에겐 악을 멀리하고 선을 가까이하라는 십선법十善法을 설하시고, 들어서 이해하는 수준의 사람에겐 사제법四諦法과 십이인연법十二因緣法을 설하시고, 근기가 아주 높은 사람에겐 육바라밀六婆羅密을 설하신다.

또 정진하는 사람과 게으른 사람에게는 그들이 감당할 만큼의 법을 설하시는데, 듣는 사람의 근기와 성품이 가지가지로 달라도 그들을 이롭게 하고 기쁘게 하신다.

- 현세안은現世安隱

"현세에 편안하게 산다."

순리대로 사니까 편안하다.

열심히 일할 때, 우리가 지금 눈으로 보고 찾아서 일할 때 편안히 일할 수 있다.

◉ 전생에 물장수를 했던 업을 가지고 온 여자는 이생에 와서도 남편에게 냉수 한 컵을 줘도 대가를 바란다. 이때 현명한 남편은 아내에게 돈을 주거나 선물을 주면 부부금슬이 아주 좋아진다.

- 후생선처後生善處

"내생에는 좋은 곳에 난다."

현세에 안온해야 후생에 좋은 곳에 난다. 내세는 현세의 연장이다. 현세에 지은 업이 내생을 결정한다.

◉ 참고 용서하고 어렵게 고생하고 나니〔後〕 좋은 일이 기다린다. 오늘 일이 잘되니 내일 일도 잘된다.

- 이도수락以道受樂

"도道의 쾌락을 받는다."

◉ 자기 길을 가니 하는 것마다 즐겁다. 매사에 감사할 줄 아니 업보를 짓지 않는다.

- 이제장애離諸障碍

"장애를 멀리한다."

◉ 남을 무시하는 데서 자기 길이 막히게 된다.

- 어제법중於諸法中

  "모든 법 가운데서"

  무슨 일을 하든지 간에. 어떤 경우가 닥치더라도.

- 임력소능任力所能

  "그의 능력에 따라서."

  자기가 하는 만큼 결과가 있다.

  ◉ 자기가 가는 길이 자기 길이면 힘이 절로 나서 잘하게 된다. 그때그때
     해결할 수 있는 힘이 생긴다.

- 점득입도漸得入道

  "점점 도에 들어가게 된다."

  차츰차츰 익숙해져서 전문가가 된다.

- 여래설법如來說法 일상일미一相一味 소위해탈상所謂解脫相 이상멸상離相
  滅相 구경지어일체종지究竟至於一切種智

  "여래가 말씀하시는 법은 한 모양 한 맛이니 이른바 해탈하는 모양,
  여의는 모양, 멸하는 모양으로서 필경에는 갖가지 지혜에 이른다."

  차별이 없고 평등이다.

  옛날 사람이나 지금 사람이나 다 같다.

  온갖 만물은 천차만별인 것 같지만 실제로는 다 같다.

  – 일상일미一相一味: 한 가지 모양과 한 가지 맛.

  세상 만물은 한량없는 각기 다른 모양을 하고 있지만 상相을 떠나면
  불성 자리는 하나다. 만물의 에너지의 본체는 하나다. 그러므로 결국

세상 모든 존재는 부처 아닌 게 없다. 모두 다 부처다.

보살은 주관, 객관을 따로 구별하지 않는다. 나와 너를 구별하지 않는다. 삶과 죽음을 하나로 본다. 중생은 삶과 죽음을 따로 본다. 주관과 객관을 구별한다.

- **해탈상**解脫相: 생사를 떠나는 모양. 번뇌의 속박을 벗어나 자유로운 경계에 이르는 것을 말한다. 모든 결박, 장애로부터 벗어남. 자유로워짐.

나고 죽는 생사만이 아니라 인생의 모든 변화로서 그것을 벗어나는 것이 해탈이다. 어떠한 경지에 있어도 괴로움을 느끼지 않고, 어떤 것에도 미혹되지 않는 것을 말한다.

- **이상**離相: 일체의 상相을 다 떠난 자리. 평등하며 차별이 없다.
- **멸상**滅相: 자타自他의 구별을 완전히 없앰.

해탈상을 지나 나와 남을 차별하지 않는 마음〔自他一體〕이다. 부처님의 마음. 나와 남이 하나가 될 때 성불할 수 있다.

부처님 가르침의 첫 단계는 생사의 번뇌에서 벗어나고(해탈상), 둘째 단계는 세상을 떠나 혼자 깨달았노라 하는 상태에서 벗어나서 세상을 구원하려는 마음을 내게 되고(이상), 세 번째 단계는 나와 남이 하나가 되어 만물 일체를 구원하게 된다(멸상).

그리하여 필경에는 갖가지 지혜에 이르게〔究竟至於一切種智〕 된다.

우리의 육신은 언젠가 인연이 다할 때가 있다.

육신이 '나'라고 생각하면 고통이 오고, 육신이 '법신法身'이라고 생각하면 불생불멸不生不滅이 된다.

'나'란 고정된 실체가 없다. 분별하지 않으면 불생불멸, 불구부정不垢不淨, 부증불감不增不減을 본다. 그러므로 육신의 인연이 다하면 법신으로 돌아간다. 법신이란 지혜로 깨달아 아는 것을 말한다.

우리는 난 바도 없으니(不生) 멸하지도 않는다(不滅)는 것을 아는 것.

육신은 인연 따라 순간순간 변하므로 집착할 필요가 없다. 집착할 필요가 없다는 것을 깨달아 아는 것이 반야지혜, 실상의 지혜이다.

우리가 죽으면 이 육신이 법신으로 돌아간다고 믿는 사람과 죽으면 끝이라고 믿는 사람과는 삶에 있어서 큰 차이가 있다.

죽으면 법신으로 돌아간다고 믿는 사람은 허공에 구름 가듯 여유롭고 편안한 생활을 하고, 죽으면 끝이라고 생각하는 사람은 항상 불안하다.

실상의 지혜를 알면 인생이 여유로워진다. 실상이란 삼라만상 모든 것의 본래 근본 성품이니 곧 법신불法身佛의 자리이다.

- 일체종지一切種智: 모든 종류의 지혜.

모든 사물의 평등상平等相 ⇨ '공空'을 보는 지혜와 모든 사물의 차별상差別相 ⇨ '유有'를 분별하는 지혜를 갖춘 것.

우주 만물의 개개의 특징과 차별상을 정확히 아는 지혜를 말한다.

일체 만물은 다양한 모습과 다양한 수준으로 존재하고 무수한 종류의 수준을 이해하여 그들의 수준과 능력에 맞게 깨달음으로 인도한다.

• 소득공덕所得功德 부자각지不自覺知

"얻는 공덕을 스스로 깨닫지 못한다."

본인은 몰라도 옆에서 보고 알게 된다.

부처님 법을 수지독송受持讀誦하고 여설수행如說修行함으로써 얻는 공덕을 스스로 깨닫지 못하고 알지 못하는 것은 부처님이 중생을

교화하되 참되고 은밀히 교화하는 것이 천지가 온갖 아름다움을
생산하는 것과 같고, 비와 이슬이 온갖 나무를 키우는 것과 같다.
스스로 행하고 스스로 나아감이니 누가 알 수 있겠는가!

• **종상체성**種相體性:
"종류와 모양과 본체와 성품."
오직 여래만이 모든 중생의 종자와 모양과 본체와 성품을 안다.
만물이 살아가는 모양은 우주가 운영되는 법칙대로 나와서 자기
모습을 다하고 살다 가는 모습이다.
- 종種: 그 사람의 불종佛種(부처가 될 종자)
- 상相: 그 사람의 겉으로 나타난 모양
- 체體: 그 사람의 본체
- 성性: 그 사람이 갖추고 있는 성품

• **염하사**念何事 **사하사**思何事 **수하사**修何事 **운하념**云何念 **운하사**云何思 **운하**
수云何修 **이하법념**以何法念 **이하법사**以何法思 **이하법수**以何法修 **이하법득**
하법以何法得何法
염하사念何事: 무슨 일을 염원念願하며
사하사思何事: 무슨 일을 사유思惟하며
수하사修何事: 무슨 일을 수행修行하며
운하념云何念: 어떻게 염원하며
운하사云何思: 어떻게 사유하며
운하수云何修: 어떻게 수행하며
이하법념以何法念: 무슨 법으로 염원하며

이하법사以何法思: 무슨 법으로 사유하며

이하법수以何法修: 무슨 법으로 수행하며

이하법득하법以何法得何法: 무슨 법으로 어떤 법을 얻어서 어떤 경지에 다다랐는지를 부처님은 다 아신다.

여래는 중생들의 성품이 가지가지로 다르므로 사색하고 생각하고 닦아 수행하는 것 또한 각각 같지 않음을 아신다. 능히 여래만이 알고 교화할 수 있다.

사제법四諦法을 닦아 성문聲聞을 이루고, 십이인연법을 닦아 연각緣覺을 이루고, 육바라밀을 닦아 보살을 이루는 것이 중생마다 다르다. 그 이유는 중생들의 근기가 가지가지여서 사색하고 생각하고 수행하는 것이 각기 다르기 때문이다.

• 명료무애明了無礙

"분명히 알아 걸림이 없다."

확실히 알아서 어긋남이 없다.

✿

如來知是 一相一昧之法하나니 所謂 解脫相이며 離相滅相이며 究竟涅槃인 常寂滅相이라 終歸於空하나니 佛知是已하시고 觀 衆生心欲하사 而將護之일새. 是故로 不卽爲說一切種智어늘 汝等迦葉이 甚爲希有하사 能知如來 隨宜說法하야 能信能受하나니 所以者何오 諸佛世尊의 隨宜說法은 難解難知니라.

"여래가 이 한 모양 한 맛인 법을 아시나니 이른바 해탈하는 모양,

여의는 모양, 멸하는 모양으로서 필경에 열반하는 항상 적멸한 모양이니 마침내 공으로 돌아가는 것이니라. 부처님이 이것을 알고 중생의 마음과 욕망을 관찰하여 보호함으로써 갖가지 지혜를 말씀하시지 아니하였거늘, 너희 가섭이 매우 희유하여 여래께서 근기에 알맞게 말씀하심을 알고 능히 믿고 능히 지니느니라. 무슨 까닭이냐 하면 세존이 근기에 알맞게 말씀하는 법은 이해하기 어렵고 알기 어려운 연고이니라."

● 일상일미지법一相一味之法
"한 모양과 한 맛의 법."
하나의 상에 일체의 상이 다 들어 있고, 하나의 맛에 일체의 맛이 다 들어 있다.
한 컵의 바닷물에 동해 바닷물의 상이 다 들어 있고, 한 컵의 바닷물에 동해 바다의 맛이 다 들어 있다.

● 상적멸상常寂滅相
"항상 적멸寂滅하는 모양."
– 열반涅槃: 진리를 체득하여 미혹과 집착을 끊고 일체의 속박에서 벗어나서 대자유를 얻는 최고의 경지. 적멸.
– 적정寂靜: 탐, 진, 치, 번뇌, 망상이 소멸된 열반의 상태. 몸과 마음이 아주 고요한 상태.
– 상相: 고정관념. 상에 집착하면 진리를 구할 수 없다.
자식을 임신하고 심하게 입덧을 해도, 또 자식이 어릴 때에는 며칠씩 밤을 새워 간호를 해도 내가 자식을 위해 희생했다는 생각이 들지 않는다. 왜일까? 내가 자식을 위해 희생했다는 상相이 없기 때문이다.

그러나 자식이 커 가면서 자식과 나 사이에 금이 생긴다. 왜? 저 자식이 크면 내가 희생한 것을 알아줬으면 하는 상相이 생기기 때문이다.

◉ 약초가 된다는 것은 남이 나를 찾는 사람이 된다는 뜻이다. 음식을 잘하면 남이 도움을 청한다. 김을 잘 매면 나를 부른다.

사람은 살면서 여러 가지가 쌓인다. 빚, 원한, 미움, 억울함, 질투, 자식 교육 등 여러 가지 오물이 쌓인 것이 우리 마음을 짓누른다. 자기 스스로 쌓아 놓은 오물을 버릴 때 약초가 된다. 남이 찾는 사람이 된다. 쌓여 있는 오물을 털어버리지 못하면 마나 귀신에 시달리고 고통이 따른다. 오물을 털어버리면 나에게서 빛, 향기가 난다. 그래서 멀리 있더라도 사람들이 나를 찾아온다. 자기 신세를 원망하면 약효가 없어진다.

◉ 부처님을 믿으면 장애가 없어지는 사람이 있고, 반대로 장애가 생기는 사람이 있다. 장애가 없어지는 사람은 전생에 부처님과 같이 있다가 재미에 빠져 다른 곳에 갔다 다시 부처님에게 오는 사람이고, 손해 보는 사람은 마魔의 영향을 받다가 부처님에게 오지만 뭔가 석연치 않다. 다시 마의 세계로 가고 싶지만 뭔가 편치 않다. 이런 사람은 부처님과 3년 이상 있으면 부처님의 세계로 들어온다. 부처님과 같이 있는 방법은 경을 많이 읽는 것이다.

• 시고是故 부즉위설일체종지不卽爲說一切種智

"그래서 부처님이 이것을 알고 중생의 마음과 욕망을 관찰하여 보호함으로써 갖가지 지혜를 말하지 않았다."

부처님이 처음부터 부처되는 일승법을 설하지 않고 삼승법을 설한 것은, 부처님이 중생들의 근기를 잘 알기 때문에 처음부터 아뇩다라삼 막삼보리법을 설하면 부처 되는 길이 멀고도 험해서 다 포기하므로 중생의 근기에 맞춰 삼승법부터 설하신 것이다.

이 내용은 「화성유품 제7」에 잘 묘사되어 있다.

수기품授記品 제6

1. 대의

법화경을 일명 수기경授記經이라고도 하는데, 이는 부처님께서 많은
제자들에게 미래세에 부처가 될 것이라는 수기를 주셨기 때문이다.
그리고 누구나 부처가 될 수 있다는 인불사상人佛思想이 강한 경전이다.
즉 모든 사람은 부처가 될 성품을 갖고 있어서 언제든지 부처의 경지에
이를 수 있다는 말씀이 각 품에 실려 있다.

「비유품」에서는 성문聲門으로서는 처음으로 사리불이 화광여래華光
如來라는 수기를 받고, 「신해품」에서는 사리불이 세존으로부터 수기를
받는 것을 보고 혜명수보리, 마하가전연, 마하가섭, 마하목건련이 환희
용약하며 우리도 수기를 받으면 얼마나 좋을까 생각한다.

「약초유품」에서 부처님은 삼초이목三草二木의 비유를 들어 삼천대천
세계에 비가 내리면 작은 약초 중간 약초 큰 약초들이 각자 자기 능력대로
비를 맞고 생장하듯이, 사람도 상근기 중근기 하근기의 사람이 있지만
각자 자기 근기대로 부처님의 설법을 듣고 아뇩다라삼먁삼보리를 얻게
된다고 설하신다.

수기란 부처님께서 보살행을 닦은 제자들에게 "그대들은 기필코 아뇩다라삼막삼보리를 깨달아 부처님의 경지에 도달하게 될 것"이라는 보증 또는 예언을 해 주시는 것을 말하는데, 「수기품」에 와서 마하가섭은 광명여래, 대목건련은 다마라발전단향여래, 수보리는 명상여래, 마하가전연은 염부나제금강여래가 된다고 수기를 주신다.

부처님께서 부처님의 십대제자뿐만 아니라 부처님의 가르침을 받은 사람에게 모두 수기를 주시는 이유는 모든 중생이 다 불성을 가지고 있는 원래부터 부처이기 때문이다.

⇨ 일체중생一切衆生 실유불성悉有佛性(일체의 중생들은 모두 불성을 가지고 있다)

우리는 본래 부처자리에서 왔기 때문에 닦아서 수기를 받으면 부처가 된다. 우리와 석가모니는 동등한 자리에 있게 된다.

만약 우리가 부처가 될 수 없다고 한다면 아무리 닦아도 중생으로 남을 수밖에 없다. 석가모니부처님은 자기가 실제로 해 보고 나서 이루어지니까 우리에게 자기처럼 해 보라고 권하신다.

이것이 불교와 다른 종교의 차이다. 타 종교는 인간이 아무리 노력해도 그 종교의 교주처럼 되지 못한다. 그런 의미에서 불교는 굉장히 인간적인 종교다.

2. 이 품의 가르침

수기授記란 부처님이 내세에 성불하리라는 예언을 하는 것이다.

　● 수기란 모든 것이 갖추어져 있는 우주 실상이 우리에게 무엇을 주면

우리가 그것을 마음속에 기록했다가 필요할 때 꺼내 써먹는 것이다. 우주 실상이 우리에게 무엇을 주면〔授〕, 우리는 그것을 받아 기록〔記〕한다는 뜻이다. 우주에서 준 것을 받아서 기록했다가 두고두고 필요할 때 꺼내 쓴다. 엄마가 아이에게 젖을 주려고 마음을 먹으면〔授〕, 그러면 아이는 이제 젖을 먹겠구나 하고 기록한다〔記〕.

또 산에 있는 나무(우주에서 우리에게 준 것)〔授〕를 보면 우리는 그 나무를 어디에 써야겠다고 생각한다〔記〕. 그러므로 우리 인간은 우주 실상으로부터 받은 것(물건·재능·일 등)〔授〕을 잘 간직〔記〕하고 일해야 한다. 우주로부터 받은 대로 열심히 일을 해야 한다. 우리가 일하는 것이 우리가 정한 것 같지만 실제는 우주에서 주는 임무를 다할 뿐이다. 석가모니부처님도 처음에 부처가 되려고 목표를 세우고 성불하려고 노력한 것이 아니라 삼백만억三百萬億을 닦다 보니 부처가 된 것이다.(이때의 삼백만억이란 삼계의 중생들을 다 부처로 보고 공양했다는 의미)

3. 본문 해설

爾時에 世尊이 說是偈已하시고 告諸大衆하사 唱如是言하사대 我此弟子의 摩訶迦葉은 於未來世에 當得奉覲 三百萬億 諸佛世尊하사 供養恭敬하고 尊重讚歎하며 廣宣諸佛의 無量大法하고 於最後身에 得成爲佛하리니 名曰 光明如來 應供 正遍知 明行足 善逝 世間解 無上士 調御丈夫 天人師 佛世尊이라. 國名은 光德이요 劫名은 大莊嚴이며 佛壽는 十二小劫이며 正法住世는 二十小劫이며 像法도 亦住 二十小劫이라. 國界嚴飾하야 無諸穢惡인 瓦礫荊棘과 便利不淨하며 其土平正하야 無有高下인 坑坎堆阜하며 琉璃爲地하고 寶樹行列하며 黃金爲繩하야 以界道側하고 散諸寶華하야 周遍淸淨하며 其國菩薩은 無量千億이며 諸聲聞衆도 亦復無數하고 無有魔事하며 雖有魔及魔民이라도 皆護佛法이니라.

이때 세존께서 이 게송을 말씀하시고 여러 대중에게 이렇게 선언하셨다.

"나의 제자인 마하가섭은 오는 세상에서 3백만억 부처님 세존을 받들어 뵈옵고 공양하며 존중하며 찬탄하면서 여러 부처님의 한량없는 큰 법을 널리 펴다가 최후의 몸으로 성불하리니, 이름은 광명여래 응공 정변지 명행족 선서 무상사 조어장부 천인사 불세존이시며, 나라 이름은 광덕이요, 겁의 이름은 대장엄이라 하리라. 그 부처님 수명은 12소겁이요 정법은 20소겁이며 상법도 20소겁 동안 세상에 머물게 되리라. 그 나라는 장엄하게 장식되어 모든 더러운 것과 기와조각 가시덤불 똥오줌 따위가 없고, 땅이 반듯하여 높은 데 낮은 데 구렁 둔덕이 없으며, 유리로 땅이 되고 보배 나무들이 줄을 지었으며 황금으로 줄을 꼬아 길의 경계를 삼고 보배 꽃을 흩어서 두루 가득하고 깨끗하리라. 그 나라의 보살들은 한량없는 천만억이고 성문들도 수가 없으며, 마의 장난이 없고 마왕과 마의 백성이 있어도 모두 불법을 옹호하느니라."

• 고제대중告諸大衆
"대중에게 말씀하시다."

　◉ 스스로 사람의 마음을 움직이게 하는 것.
　　고告는 알리다, 가르쳐 주다, 안부를 묻다, 깨우치다의 뜻이 있다. 그러나 경전에서 쓰이는 고告란 실상實相의 세계가 나에게 무엇인가를 전하려 한다는 의미를 갖고 있다. 즉 실상 세계를 운영하는 부처님이 나에게 무엇을 전하고 있다는 의미를 갖고 있다.

• 당득봉근當得奉覲
"마땅히 받들어 뵙다."

170

◉ 마땅히 바른 줄 알게 되어 이 세상을 이길 수 있는 힘을 길러 주는 것. 항마의 원리.

◉ 남의 잘못을 용서하고 덮어 주는 사람이 성불한다. 남을 흉보고 비난하는 사람은 자기 잘못이 많은 사람이다. 남의 잘못을 덮어 주는 사람은 남의 잘못을 얘기하지 않는다. 자기 잘못이 많은 사람이 남의 허물을 얘기한다. 그래서 각박해지고 메말라서 남의 마음을 담을 수 없다. 남들의 마음을 내친다. 업보가 쌓인다.

• 삼백만억 제불三百萬億 諸佛

"삼백만억의 여러 부처님."

삼계 속의 모든 중생을 부처로 본 것이다.

삼계의 미혹에 빠져 있는 모든 중생들을 공양 공경하고 존중하고 찬탄해야 한다. 탐진치가 소멸돼야 이런 일을 할 수 있다.

• 광선제불廣宣諸佛

여러 부처님의 법을 널리 편다.

◉ 자기의 도道가 높아지면 자연히 법法이 퍼지게 된다.

◉ 말이든 일이든 해 놓으면 여러 사람이 쓸모 있게 사용한다.

• 무량대법無量大法

"한량없는 큰 법. 대승법."

◉ 내가 만든 것을 나 혼자 쓰는 것이 아니라 다른 사람도 쓰게끔 돌린다.

◉ 내가 알고 있는 것을 다른 사람에게도 알려 준다. 머물게 하지 말고 돌려서 회전시킨다.

• 득성위불得成爲佛

"성불成佛한다."

내가 부처님의 가르침대로 닦아서 내 속에 있는 불성이 발현되어 깨달음을 얻게 되는 게 성불이고, 내가 베풀고 난 다음에 그 사람들이 나를 믿고 들어와서 내 말을 따를 때 득성위불이 된다.

　◉ 성불成佛: 춘하추동의 변화와 같이 자연의 이치와 똑같이 움직이는 것. 실상에서 힘을 가지고 와야 남을 도와주는 힘이 생긴다.

• 최후신最後身

"최후의 몸."

새롭게 다시 태어나다.

• 광명여래光明如來

"마하가섭의 미래 부처님 이름."

모든 사물의 이치를 올바르게 판단할 수 있는 힘과 지혜를 말한다. 앞이 환히 보이며, 보고 알게 된다는 뜻.

마하가섭은 진실공덕으로 광명여래가 되어, 광명여래가 되니 횃불을 밝혀서 남의 앞길을 비춰 준다.

내가 말을 하면 상대의 마음이 밝아진다. 부처님의 가르침을 들으면 내 마음이 밝아지기 때문에 그 말씀이 귀에 들어온다.

－ 공덕功德: 좋은 일을 행한 덕으로 훌륭한 결과를 가져오게 하는 능력. 종교적으로 순수한 것을 진실공덕眞實功德, 세속적인 것을 부실공덕 不實功德이라고 한다.

• 광덕光德

"밝은 덕德."

득성得成이 된 다음에 광덕光德이 된다.

그 사람이 한 일은 남에게 도움을 준다. 농사를 지으면 자기 먹고 남아서 남을 도와주게 되고, 말 한마디를 해도 남에게 도움을 주는 말을 하게 된다.

• 대장엄大莊嚴

"큰 장엄."

장엄이란 좋고 아름다운 것으로 국토를 꾸미고, 훌륭한 공덕을 쌓아 몸을 장식하고, 향이나 꽃 따위를 부처에게 올려 장식하는 일이다.

　　◉ 우리는 감초와 같은 역할을 해야 한다. 감초는 각종 약초를 화합시키고 혈血을 돌리는 역할을 한다.

☞ 장엄은 누구나 할 수 있다. 아주 기초적인 장엄은 아침에 학교에 늦은 아이가 아침밥도 못 먹고 허둥지둥 뛰어나갈 때 엄마가 "길 건널 때 차 조심해!" 하고 소리치면 이 엄마 말이 아이에게 장엄되어 아이는 서두르는 가운데서도 무의식적으로 주의를 하게 된다. 법화경 공부가 깊어지면 법화경에 장엄되어 있는 실상의 힘을 끌어다 쓸 수 있다.

법화경을 그냥 석가모니의 가르침을 적어 놓은 글이라고 생각하면 이 속에는 아무 힘도 없으나, 법화경 속에는 여래의 비밀신통지력이 들어 있으니 내가 꺼내 써야겠다는 마음으로 열심히 공부하면 난치병도 고칠 수 있고 수명 연장도 가능하다. 제 스승님께서는 신도가 큰 수술을 앞두고 있을 때 스님 법사를 모아 놓고 법화경 특강을 하셨는데 여기서 나오는 힘으로 환자의 수술이 아주 잘된 경우가 많았다. 장엄은 평소에 자기가 믿고 따르는 사람이 해야 효과가 있지 믿음이 없으면 장엄이 잘 안 된다.

• 불수佛壽 십이소겁十二小劫
"부처님의 수명은 12소겁."
이 우주는 12인연법으로 움직인다.
살아 움직이는 수명이 12소겁小劫이라는 말이다. 언제든지 남을 이해하고 잘못을 덮어주고 참고 견디면 그 사람의 말은 전달하는 대로 한없이 내려간다.

• 정법주세正法住世 이십소겁二十小劫
"정법이 세상에 머무는 기간은 20소겁."
　◉ 정법은 부처님의 법이 변질되지 않고 정상적으로 움직이는 것.
　　씨앗을 광에 두고 언제든지 필요할 때 쓰듯이 하던 일을 마치지 않고 가도 나중에 언제든지 그 일을 다시 할 수 있다. 후세에 쭉 연결돼서 내려가는 것.

• 상법像法 역주亦住 이십소겁二十小劫
"상법像法이 세상에 머무는 기간도 역시 20소겁이다."
상법이란 부처님 법이 변질되어 부처님 말씀보다 형식적인 데에 매달리는 것을 이른다. 탑을 세우고 절 짓는 일에 열중한다.
　◉ 우리가 쓰고 싶을 때 언제든지 꺼내 쓰는 것. 큰스님도 상법으로 와서 모든 것을 여러분이 필요한 대로 꺼내 주는 것은 상법으로 움직여지는 것이다.

◉ 상법이 머무는 기간이 20소겁이라는 것은 언제든지 우리가 꺼내 쓸 수 있다는 말이다. 경經도 정법正法으로 묶어 놓은 것이 아니라 상법으로 묶어 놓은 것이다. 그래서 누구든지 경經을 보면 언제든지 여기서 찾아서 쓸 수 있는 것이다.

◉ 우주에 있는 씨앗을 가져와서 상대방에게 줄 때, 상대방은 그 씨앗을 받아서 거기서 싹이 터져 나와서 지혜가 움식이도록 만든다.

법문은 경經을 배우고 그것을 써먹어야 할 때 힘이 생긴다.

분별심 내지 말고, 이것이 좋은가 저것이 좋은가 분별하지 말라. 참고 기다리면 약초가 되고 법력이 생기고 많은 사람이 따르고 도와주게 된다. 그래야 광명여래가 된다. 그러면 마장魔障을 물리친다.

• 국계엄식國界嚴飾 무제예악無諸穢惡 와력형극瓦礫荊棘 변리부정便利不淨 기토평정其土平正 무유고하無有高下 갱감퇴부坑坎堆埠 유리위지琉璃爲地 보수항렬寶樹行列 황금위승黃金爲繩 이계도측以界道側 산제보화散諸寶華 주변청정周邊淸淨

"그 나라는 장엄하게 장식되어 모든 더러운 것과 기와조각 가시덤불 똥오줌 따위가 없고, 땅이 반듯하여 높은 데 낮은 데 구렁 둔덕이 없으며, 유리로 땅이 되고 보배 나무들이 줄을 지었으며, 황금 줄을 길 경계에 늘이고 보배 꽃을 흩어서 두루 가득하고 깨끗하리라."

모든 부처님은 잡되고 더럽고 곡해하는 마음이 없는 고로 국계가 엄식하며 모든 악함과 더러움이 없으며, 오로지 청정하고 묘한 행을 닦으신 고로 그 국토는 청정하여 평정하며 주변에 온갖 보배가 가득하다.

◉ 수기를 받으면 불법을 보호하기 위하여 누구도 범할 수 없다. 수기를 받으면 인생길에 가시밭길이 없다. 길이 평탄하여 마음 놓고 다닐 수 있다. 아침마다 "나무묘법연화경"을 염하면 하루 종일 호법신장이 보호

한다.

- **국계엄식**國界嚴飾: 나라는 장엄하게 장식되었다.

모든 경계는 아름답게 꾸며져 있다.

내 마음에 티끌이 없고 아름다우니 그 경계도 아름답다.

생각은 엉키지 않고 말을 해도 하나하나 바로 나오게 된다.

- **무제예악**無諸穢惡: 모든 더럽고 흉악한 것이 없다. ⇨ 더러움이 없는 깨끗한 마음.

- **와력형극**瓦礫荊棘: 기와, 돌, 가시덤불 ⇨ 번뇌, 망상.

- **변리부정**便利不淨: 똥 오줌, 부정한 오물 ⇨ 미혹으로 가득 찼다.

- **갱감퇴부**坑坎堆阜: 구렁, 둔덕 ⇨ 번뇌. 망상.

- **유리위지**瑠璃爲地: 유리로 땅이 된다. ⇨ 서로 마음을 들여다보고 산다. 투명하다.

- **황금위승**黃金爲繩: 황금으로 줄을 꼬다.

금金은 금광석에 소량이 섞여 있어서 제련을 하면 소량의 금을 얻을 수 있는데, 이는 우리는 많은 번뇌가 있지마는 마음 한구석에는 부처님과 같은 지혜와 덕이 갖추어져 있음을 의미한다. 이것이 본성·불성이다. 그래서 부처님의 가르침을 받으면, 자기 마음에 자리 잡고 있는 미혹을 제거해 나가면 순금과 같은 지혜와 덕이 갖추어진다는 뜻을 가진다.

✿

爾時에 大目犍連과 須菩提와 摩訶迦旃延等이 皆悉悚慄하야 一心合掌하고 瞻仰尊顔하와 目不暫捨하며 卽共同聲으로 而說偈言호대 大雄猛世尊은 諸釋之法王이시라 哀愍我等故로 而賜佛音聲이샷다. 若知我深心

하야 見爲授記者면 如以甘露灑하야 除熱得淸涼이니라. 如從饑國來하야 忽遇大王饍하야도 心猶懷疑懼하야 未敢卽便食인닷호니 若復得王敎라사 然後乃敢食이니다. 我等亦如是하야 每惟小乘過하고 不知當云何라사 得佛無上慧어뇨호이다. 雖聞佛音聲으로 言我等作佛하사오나 心尙懷憂懼하야 如未敢便食이리 若蒙佛授記면 爾乃快安樂이니다. 大雄猛世尊이 常欲安世間하시니 願賜我等記하시면 如飢須敎食이니다.

이때 대목건련과 수보리와 마하가전연이 모두 송구스러워하면서 일심으로 합장하고 존안을 우러러보고 눈을 깜박이지 아니하며 소리를 함께하며 게송을 말하였다.

"크게 웅장하고 용맹하시며 법왕이신 석가세존께서 저희들을 어여삐 여기어 말씀을 일러 주시나이다. 우리의 마음 살피시고 만일 수기를 주신다면 감로수를 뿌려 열을 식히고 서늘케 하심과 같으련만, 흉년 든 나라에서 온 사람 임금이 주는 음식 받고도 송구하고 의심스러워 감히 먹지 못하다가 먹으라는 명령을 받고서야 비로소 음식을 먹듯이, 저희도 그와 같아서 소승의 과오만 생각하고 어떻게 하면 위없는 부처 지혜 얻을는지 모르겠더니 비록 부처님 말씀 듣사와 우리도 성불하리라 하나 마음에 오히려 송구하와 감히 먹지 못함 같사오니, 만일 부처님께서 수기 주시면 비로소 쾌락하겠나이다. 웅장하고 용맹하신 세존께서 세간 중생 안락케 하시니 저희에게 수기 주시면 먹으라 하심과 같으리라."

• 대목건련大目犍連
부처님의 십대제자 중 신통제일. 마하목건련이라고도 한다.
미혹 제거.

다마라발전단향여래의 수기를 받는다.

겁명은 희만喜滿, 국명은 음락意樂.

• **수보리須菩提**

부처님의 십대제자 중 해공제일.

공空의 이치를 잘 앎. 평등의 이치를 터득.

명상여래의 수기를 받는다.

겁명은 유보有寶, 국명은 보생寶生.

• **마하가전연연摩訶迦旃延**

부처님의 십대제자 중 논의 제일.

염부나제금강여래 수기를 받는다.

마하가전연이 가난한 노파를 우물에서 만난다. 노파의 가난을 면해 주려면 보시를 받아야 하는데 노파는 재물이 없어 마하가전연에게 물을 보시한다.

목마른 사람에게 물을 보시하면 천상에 난다는 말은, 남이 절박한 곤경에 빠졌을 때 그 사람을 도와주면 그 공덕은 실상實相에 기록된다는 뜻이다.

◉ 보시는 가난할 때 더욱 해야 한다.

보시하면서 "○○을 주십시오." 하지 말고, ○○에 잘 쓰십시오." 해야 부자가 될 수 있다. 보시는 give and take(거래)가 아니라 주는 것이다. 우리가 매일 하는 말이나 행동은 그냥 없어지는 게 아니라 우주 어느 공간에 비디오 필름처럼 기록되어 있다. 만약 내가 남을 못살게 굴고 욕을 하면 그대로 실상 세계에 기록으로 남는다. 그러니 말과 행동을 조심해야 한다.

"흉년 든 나라에서 온 사람이 임금이 주는 음식을 받고도 송구하고 의심스러워 감히 먹지 못하다가 먹으라는 명령을 받고서야 비로소 음식을 먹듯이, 저희도 그와 같아서 소승의 과오만 생각하고 어떻게 하면 위없는 부처지혜 얻을는지 모르겠더니 비록 부처님 말씀 듣사와 우리도 성불하리라 하나 마음에 오히려 송구하와 감히 먹지 못함 같사오니, 만일 부처님께서 수기 주시면 비로소 쾌락하겠나이다."

위의 비유는 어떤 사람이 기근이 든 나라에서 와서 왕이 잘 차려 준 음식상을 받지만 두렵고 의심이 나서 먹지 못하다가 왕이 재차 먹으라고 하면 비로소 안심하고 먹듯이, 우리도 일승의 가르침을 받지만 두려운 마음이 나서 감히 믿지 못하다가 부처님께서 수기를 주심을 보고 비로소 안심이 되어 일승의 가르침에 들어서게 되었다는 이야기이다.

그러나 아직까지 소승 자리에 머무르고 있는 저희로서는 선뜻 대승 자리로 가는 것이 두렵고 망설여진다. 그러니 부처님께서 저희에게 수기를 주신다면 안심하고 부처님 대승법에 들어오겠다. 그것은 마치 기근이 든 나라에서 온 사람이 왕이 밥상을 차려 놓고 먹으라고 하면 안심하고 먹듯이, 저희도 부처님께서 너희는 장차 부처가 될 수 있다는 말씀이 있으면 안심하고 일승 자리에 들어오겠다는 뜻이다.

화성유품化城喻品 제7

1. 대의

제 스승이신 설송雪松 종조님께서 말씀하시기를, 법화경은 수기경授記經이고 그중에 화성유품은 천도품遷度品이므로 이 「화성유품」을 읽고 쓰고 기도하면 집안 대대로 내려오는 누진累塵을 제도할 수 있고 영가 천도가 된다고 하셨다.

누진이란 오래전에 돌아가신 조상님들이 아직까지 천도되지 않고 후손들 주위에 서성거리다가 감 놔라 배 놔라 하면서 후손들을 귀찮게 하는 존재들로서, 자기는 후손들을 도와준다고 하는 것이 오히려 후손들을 괴롭게 만드는 보이지 않는 티끌 먼지 같은 것이 집안에 쌓여 있는 것을 말한다고 하셨다.

그래서 「화성유품」을 읽고 쓰고 기도하면 집안을 대청소하듯 조상님을 천도시켜서 후손들이 안정을 찾아 편안하게 된다고 하셨다.

사람은 죽어서 영가靈駕가 된다. 누구나 죽을 때 산 사람에게 염원을 두고 간다. 누구를 원망했던가? 누구를 더 보살펴 주고 싶었던가? 누구를 불쌍히 생각했던가? 하는 염원들이 산 사람의 육신과 연결된다.

우리는 육신 때문에 죄를 짓고 산다. 양심대로 살면 죄를 짓지 않는다. 양심대로 살면 남에게 미움 받을 일도 없고 배척당할 일도 없다.

그러나 악惡이 성행하면 양심이 진다. 그러니 고통이 따르게 된다. 나의 양심이 약할 때 착한 영가가 도와준다. 착한 영가의 마음이 나를 도와주니까 악한 마음이 물러간다.

「화성유품」에서는 부처님과 부처님 제자들 사이에 있는 금생의 인연뿐 아니라 과거세에 있었던 인연을 밝히고 있다.

부처님께서는 중생의 근기根機(불법을 이해하는 능력)가 똑같지 않다는 것을 아시고 중생의 근기를 상, 중, 하로 나누고 그 근기에 적합한 방편을 사용하여 중생을 교화하셨다.

부처님이 중생을 교화하시는 방법에는 세 가지가 있다.(법설, 비유설, 인연설. 비유품 제3 참조)

부루나 등의 하근기 제자들은 일승의 개념을 깨닫지 못하므로 부처님은 「화성유품 제7」에서 세존과 우리 중생과는 상상도 할 수 없는 삼천진점겁三千塵点劫 전의 과거세 대통지승여래大通智勝如來 시절로부터 마치 스승과 제자 같은 인연이 있었음을 설하셨다. ⇨ 인연성불因緣成佛

「화성유품」은 크게 두 부분으로 나뉘어져 있다.

먼저 전반부에서는 대통지승여래 시절로부터 비롯된 석가모니부처님과 중생과의 인연을 밝혔고, 후반부에서는 화성보처의 비유를 들어 먼저 삼승의 가르침을 설하여 중생을 생로병사의 고통에서 구원하시고, 나중에는 일불승의 가르침으로 깨달음의 길로 인도하셨다.

우리로서는 상상도 할 수 없는 아득한 옛날에 대통지승이라는 부처님이 계셨다. 그 부처님은 출가하기 전 어느 나라 왕자였는데 열여섯 명의 아들이 있었다. 이 열여섯 명의 아들은 자기 아버지가 오랫동안 수행을 해서 깨달음을 얻고 부처가 되어 중생을 구제하였다는 말을 듣고 자기들도 출가하였다. 열여섯 명의 아들은 대통지승불을 찾아가서 법을 설해 줄 것을 간청하니, 대통지승불께서는 이 열여섯 사미는 오래전부터 수많은 부처님을 공양하면서 묘법연화경을 설해서 많은 중생을 교화하였다고 설하신다. 그리고 열여섯 보살사미는 나중에 16방위에서 각각 성불하였는데 석가모니는 사바세계에서 성불하여 중생을 교화한다고 하였다.

여기서 상상도 할 수 없는 아득한 옛날에 대통지승불이 계셨다는 것은, 부처는 어떤 인연에 의해서 부처가 되는 게 아니라 본래부터 존재한다는 뜻이다. 따라서 우리의 불성도 어느 계기에 의하여 생기는 것이 아니라 본래부터 있는 것이다. 그러므로 부처는 열심히 공부해서 어느 점수가 되면 합격하는 대학입학시험처럼 열심히 수행해서 부처가 되는 게 아니라 내 안에 있는 불성을 찾기만 하면 부처가 되는 것이다. 그러므로 부처를 밖에서 찾지 말고 내 안에서 찾아야 한다는 것이다.

화성보처의 비유는 다음과 같다. 많은 사람이 보물을 찾으려고 500유순이나 되는 험난하고 무서운 길을 가고 있었다. 사람들은 피곤하고 지쳐서 중도에서 돌아가려고 하자 길의 사정을 잘 아는 길라잡이가 이렇게 외쳤다.

"여러분 지금 돌아가지 마십시오. 조금만 더 가면 300유순 되는 곳에 아주 훌륭한 도성이 있는데, 그곳에 가서 쉬었다가 보물이 있는 곳으로 갑시다."

사람들이 도성에서 잘 쉬고 나니 길라잡이는 조화로 만든 도성을 없애고 사람들을 인도하여 보물이 있는 곳으로 떠난다.

화성보처의 비유 내용을 원문으로 살펴보면 다음과 같다.

✿

比丘야 當知하라 如來方便으로 深入衆生之性하사 知其志樂小法하야 深著五欲일세 爲是等故로 說於涅槃하나니 是人이 若聞이면 則便信受니라. 譬如五百由旬 險難惡道의 曠絶無人 怖畏之處에 若有多衆이 欲過此道하야 至珍寶處할세 有一導師호대 聰慧明達하야 善知險道 通塞之相하고 將導衆人하야 欲過此難커든 所將人衆이 中路懈退할새 白導師言호대 我等이 疲極하고 而復怖畏하야 不能復進하고 前路猶遠하야 今欲退還하노라. 導師는 多諸方便이라 而作是念호대 此等이 可愍이로다. 云何捨大珍寶하고 而欲退還가 作是念已에 以方便力으로 於險道中에 過三百由旬하야 化作一城하고 告衆人言호대 汝等은 勿怖하고 莫得退還하라. 今此大城에 可於中止하야 隨意所作이니 若入是城이면 快得安隱이요 若能前至寶所라도 亦可得去리라. 是時에 疲極之衆이 心大歡喜하야 歎未曾有호대 我等이 今者에 免斯惡道하고 快得安隱이로다. 於是衆人이 前入化城하야 生已度想하며 生安隱想커늘 爾時 導師 知此人衆이 旣得止息하야 無復疲惓코는 卽滅化城하고 語衆人言호대 汝等은 去來어다 寶處在近호라 向者大城은 我所化作이니 爲止息耳라 하니라.

비구들이여, 마땅히 알라. 여래는 방편으로써 중생의 성품에 깊이 들어가 그들이 소승법을 좋아하며 다섯 가지 욕망에 매우 탐착함을 알고 그들을 위하여 열반에 대해 말씀하시니, 이것을 들은 사람은 그대로 믿고 받아 지니느니라. 마치 오백 유순이나 되는 험난하고 길이 나쁘고 인적마저 끊어진 무서운 곳이 있는데, 많은 사람들이 이곳을 지나가서 보물이 많은 곳으로 가고자 하였다. 이때 총명하고 지혜가 많은 한 길라잡이가 있어 이 험한 길의 통하고 막힌 형편을 잘 알아서 여러 사람들을 데리고 이 험난한 길을 통과하고 있었다. 데리고 가는 사람들이 중도에서 물러갈 마음이 생겨 길라잡이에게 말하였다.

"우리는 극도로 피로하고 또 무서워서 다시 더 나아갈 수 없고, 앞길은 이제도 아주 머니 이제 그만 가고 되돌아설까 하노라."

길라잡이는 방편이 많아서 이렇게 생각하였다.

'이 사람들은 참으로 딱하구나. 어찌하여 큰 보물을 구하지 않고 물러가려 하는가.'

이렇게 생각하고는 방편으로써 험난한 길에서 삼백 유순을 지나서 한 도성을 변화하여 만들어 놓고 여러 사람에게 말하였다.

"그대들은 무서워하지 말고 되돌아가지도 말라. 저기 큰 도성이 있으니 그 안에서 마음대로 즐길 수 있느니라. 저 도성에 들어가면 편안히 살 수도 있고 앞으로 가면 보물이 있는 곳에도 갈 수가 있느니라."

이때에 피로해 있던 무리들은 매우 기뻐하면서 처음 보는 일이라고 찬탄하였다.

"우리가 이제는 험한 길을 벗어나서 편안히 쾌락을 얻었노라."

이리하여 여러 사람들은 변화하여 만든 도성에 들어가서 '이미 지내왔다'는 생각을 내고 '편안하다'는 생각을 내었다. 이때 길라잡이는 이 사람들이 잘 쉬어서 다시 피로하지 않은 줄을 알고는 변화하여 만든 도성을 없애고 여러 사람에게 말하였다.

"그대들은 앞으로 나아가자. 보물이 있는 곳이 멀지 않으니라. 아까 있던 도성은 내가 조화로 만든 것으로, 임시 쉬어 가기 위한 것이었느니라."

이 비유에서 '보배가 있는 곳'은 대승의 일승—乘을 비유한 것이고, 도중에 만든 도성은 방편, 즉 소승의 깨달음을 비유한 것이다. 이 깨달음은 완전하지 못한 것이고 최종 목적지가 아닌 것이다. 그러므로 이 소승의 깨달음은 중생들을 생로병사의 고통에서 건져 내기 위한 방편인 것이다. 삼승의 가르침은 용렬하고 근기가 낮은 사람들이 잠시 머물다 가는 휴게소 같은 역할을 할 뿐이고, 아뇩다라삼먁삼보리를 이룰 수 있는 일불승은 그로부터 200유순을 더 간 곳에 있다는 것이다.

이와 같이 부처님의 설법은 중생의 마음이 약하고 못난 것을 아시고 알기 쉬운 소승의 가르침을 펴시고 나서, 중생들의 근기가 성숙되면 부처를 이루는 길을 말씀하신다.

「화성유품」은 성문들이 '부처란 너무나 위대하고 독특한 존재이므로 우리는 부처가 될 수 없고 부처와 동등해질 수도 없다.'고 하는 생각에서 벗어나라는 가르침이다.

2. 이 품의 가르침

● 화성化城이란 사람이 살면서 하나하나 경험에 의해 쌓아 놓은 지혜인데 이 지혜가 어디서 어떻게 움직이는 것은 모른다. 이것은 인간의 지혜로 쌓아 놓은 것이기 때문이다. 이 성城을 툭 떨쳐 버리고 나갈 때 아뇩다라 삼먁삼보리를 얻게 된다.

화성이란 인간의 지혜가 자연 실상의 지혜로 바뀌는 자리를 말한다.

세상을 살다가 장애에 부딪칠 때 자기를 변화시켜서(이것이 화성) 장애를 극복하는 자리이다.

지금의 고통은 집착에서 생긴 것이다. 지금 자기가 집착하고 있는 마음자리에 변화를 주어 새로운 마음자리를 만들면 평소 밉던 사람을 용서하는 마음이 생기게 되고 보기 싫은 사람을 웃는 낯으로 만나게 된다.

지혜란 나의 부족한 부분을 우주 실상에서 끌어다 쓰는 것이다. 바위를 옮기려고 할 때 지렛대를 이용할 줄 아는 것 등이다.

열심히 노력하고 기도, 참선, 독경한다고 해서 지혜가 생기는 것은 아니다. 자慈와 비悲가 움직여져야 지혜가 생긴다. 자와 비가 움직여져야 자기도 모르는 힘이 솟구친다. 이것이 부처님의 가피이다.

우주 만물은 살아가기 위해 그 나름대로 지혜를 가지고 있다.

대통지승大通智勝의 대통大通은 우주의 도道, 원리, 법칙을 말한다. 대통은 우주공간 어디에나 꽉 차 있으며 어디에나 다 통한다.

자연에 춘하추동이 있듯이 사람에게도 춘하추동이 있다. 사람은 누구나 죽는다. 지금까지 모두 다 죽었다. 한 사람도 예외가 없다. 욕심을 버리면 내가 우주의 원리이자 법칙인 대통이 된다. 생각을 멈추면 내가 자연의 일부가 된다.

◉ 신중神衆에게 무조건 빌지 마라.

스승께서 말씀하시기를, 우주가 움직이는 이치를 모르고 신중에게 무조건 빌고 문제를 해결하면 내가 공양을 바치고 신세를 졌으므로 나도 신중의 부탁을 들어주어야 한다고 하셨다.

신에게 이렇게 말하라고 하셨다.

"나는 천지이치天地理致대로 행하고 있다. 법화경 이치대로 행하고 있고 중생을 위해서 일하고 있는 것이니 네가 나를 도와야 한다."

이것이 정도正道라고 하셨다.

◉ 누진漏盡, 영가靈駕

사람은 죽을 때 산 사람에게 염원을 두고 간다. 누구를 원망했던가, 누구를 더 보살펴 주고 싶었던가, 누구를 불쌍히 생각했던가 하는 염원들이 산 사람의 육신과 연결된다. 우리는 육신 때문에 죄를 짓고 산다. 양심대로 살면 죄를 짓지 않는다. 양심대로 살면 남에게 미움 살 일도 없고 배척당할 일도 없다. 그러나 악이 성행하면 양심이 지게 되고 고통이 따른다. 양심이 약할 때 영가가 우리를 도와준다. 착한 영가의 마음이 나를 도와주므로 악한 마음이 물러간다.

◉ 탑돌이는 누가 시켜서 하는 게 아니라 자기가 좋아서 해야 하는 것이다. 탑은 여래의 전신이므로 탑돌이는 내가 가지고 있는 칠보七寶가 녹슬지 않았는지를 점검받는 기회이다. 탑돌이를 열심히 하면 간혹 냄새를 맡는 경우가 있는데, 내 칠보가 건강하고 좋은 일이 생길 운運이면 국화 향기와 같은 좋은 냄새가 나고, 내 칠보가 병들고 앞으로 안 좋은 일이 기다리고 있으면 약이 타는 듯한 고약한 냄새가 난다고 한다. 만약 나쁜 냄새를 맡는다면 밤 12시(자정)에 『화성유품』을 읽고 4시까지 기도하면 액운이 닥치지 않는다고 한다.

3. 본문 해설

佛告諸比丘하사대 乃往過去 無量無邊 不可思議 阿僧祇劫에 爾時有佛하시니 名大通智勝如來 應供 正遍知 明行足 善逝 世間解 無上士 調御

丈夫 天人師 佛世尊이라. 其國名은 好城이요 劫名은 大相이라 諸比丘야 彼佛滅度已來 甚大久遠이니 譬如三千大千世界의 所有地種을 假使有人이 磨以爲墨하야 過於東方千國土하야 乃下一點을 大如微塵하며 又過千國土하야 復下一點하대 如是展轉히 盡地種墨이면 於汝等意云何오 是諸國土를 若算師어나 若算師弟子가 能得邊際하야 知其數不아?

부처님이 여러 비구들에게 말씀하셨다.

"지나간 옛적 한량없고 그지없고 불가사의한 아승지겁 전에 그때 부처님이 계셨으니 이름이 대통지승여래 응공 정변지 명행족 선서 세간해 무상사 조어장부 천인사 불세존이시며, 나라 이름은 호성이요, 겁의 이름은 대상이었느니라. 비구들아, 그 부처님이 열반하신 지가 매우 오래였으니, 비유하면 어떤 사람이 삼천대천세계에 있는 모든 형상 있는 것들을 갈아서 먹물을 만들어 가지고 동방으로 일천 국토를 지나가서 티끌만 한 한 점을 찍고, 다시 일천 국토를 지나가서 또 한 점을 찍고 이렇게 하여 그 먹이 다하도록 갔다면 너희는 어떻게 생각하느냐? 이 모든 국토를 어떤 셈 잘하는 사람이나 그의 제자들이 그 수효를 끝까지 알 수 있겠느냐?"

부처님은 하근기 제자들을 위하여 나와 너희는 아주 오랜 먼 옛날부터 인연이 있었다고 하면서, 아주 먼 옛날의 대통지승여래라는 부처님 애기를 하신다. 대통지승여래는 어떤 인연에 의하여 생겨나는 것이 아니라 본래부터 존재한다는 것을 말씀하고 있다.

아주 오래전의 세월을 삼천진점겁三千塵點劫이라는 말로 표현했는데, 삼천진점겁이란 삼천대천세계의 땅을 다 갈아서 가루를 만들어

동쪽으로 가면서 천 나라를 지나 가루 하나씩을 떨어뜨려 그 가루가 다하도록 한 다음, 그 지나오는 동안 가루를 떨어뜨린 나라 또는 가루를 떨어뜨리지 아니한 나라 그 모두의 땅을 다시 갈아서 만들어진 무량한 가루 하나를 1겁으로 헤아리는, 말이나 생각으로 형용하기 어려운 아주 긴 시간(세월)을 말하는 것이다.

한 겁이란 사방 40리 되는 커다란 바위를 잠자리 날개옷을 입은 천사가 일 년에 한 번씩 그 커다란 바위를 슬쩍 옷깃으로 스치고 지나가서 그 바위가 다 닳아서 없어지는 기간을 말한다.

이렇게 불경에서는 어마어마하게 많다거나 어마어마하게 크다거나 또는 아주 오래되었다고 할 때 그 數수와 양量을 숫자로 나타내지 않고 비유로써 표현한다. 만약 크다거나 많다는 것을 숫자로 표현하면 한정될 수밖에 없기 때문이다.

부처님의 법, 우주의 진리는 시간적으로나 공간적으로 한정할 수 없기 때문이다. 석가모니부처님께서 깨달으신 진리는 절대적이고 영원하며 언제까지나 변하지 않는 것이다.

• 내왕과거乃往過去

"지나간 옛적."

지금까지 오고 간 세월을 말한다.

• 무량무변無量無邊

"한량없고 그지없다."

한도 없고 끝도 없다. 생각으로는 안 되는 것이 없고 한계가 없는 세상.

• 불가사의不可思議

"사람의 생각으로는 미루어 헤아릴 수 없이 이상하고 야릇하다."

내 생각으로는 안 된다.

　◉ 열심히 노력하면 부처님은 생각 밖의 일을 성사시켜 주신다.

• 아승지겁阿僧祇劫

"아주아주 오래전에."

　◉ 살면서 어떻게 사는지 모르고 사는 것.

　◉ 모든 것은 보이지 않는 데 묻혀 있다가 노력과 기도를 통해서 알 수
　　있다.

• 이시유불爾時有佛

"그때 부처님이 계셨다."

불佛은 살아서 움직이는 힘을 말한다. 자연의 섭리에 맞게 움직이는 힘을 가지고 있으니 그분이 바로 대통지승여래이다.

대통지승여래는 삼천진점겁 전에 성불하신 분으로, 16명의 왕자를 두었는데 미륵불, 석가모니불도 그분의 아들이었다.

• 피불멸도이래彼佛滅度已來

"그 부처님이 열반하신 지가."

　◉ 우주의 모든 힘이 멸도하여 사람에게 들어왔다 나갔다 할 때.

　◉ 대통지승의 원리가 힘이 되어 다른 힘으로 변화한다. 밀 씨는 땅에 떨어져
　　없어지지만 많은 밀이 나온다.

　– 피불被佛: 대통지승불의 힘.

- 멸도滅度: 힘이 들어가서. 싹이 터서 열매가 나온다.

• 소유지종所有地種

"땅에서 나오는 모든 종자."

  ◉ 심대구원에 묻어 둔 것이 땅에서 솟아 나와서 이루어지는 것.

  ◉ 곳곳마다 보이지 않는 그림자같이 전생에 묻어 둔 것이 쏟아져 나오는 것.

  ◉ 땅에 씨앗을 뿌리는 것과 같다. 밀 씨 뿌리는 곳에 밀이 나고 보리 씨 뿌리는 곳에 보리 나듯 자손들도 그대로 나오는데, 멸滅(씨앗이 썩을 때, 또는 사람이 곤경에 처할 때)하거나 불에 타지 않으면 많은 열매로 바뀌게 된다.

• 마이위묵磨以爲墨

"갈아서 먹을 만들다."

자기의 마음을 전부 갈아서.

  ◉ 음식을 먹고 소화하는 것. 화가 난 것을 참고 견디고 하는 자연으로 되는 원리.

  ◉ 속이 상하고 화가 나더라도 참고 참아라. 그래야 지혜가 나온다. 〔대통지 승여래〕

• 과어동방천국토過於東方千國土

"동쪽으로 일천 국토를 지나가서."

  ◉ 해가 동방에서 떠서 어두움이나 막힌 것을 뚫고 나가게 되는 것.

  ◉ 세월이 지나다 보면 동쪽에서 해가 뜨듯이 자기 마음에 맞는 일이 생기게 된다.

不也니다 世尊하. 諸比丘야 是人所經國土의 若點不點을 盡末爲塵하야 一塵一劫이어든 彼佛滅度已來는 復過是數하대 無量無邊 百千萬億 阿僧祇劫이니 我以如來知見力故로 觀彼久遠하대 猶若今日호라.

"못하나이다, 세존이시여."

"비구들아, 이 사람이 지나간 국토에서 점이 떨어진 것이나 떨어지지 않는 것을 모두 모아서 부수어 티끌을 만들어서 그 티끌 하나로 한 겁씩을 수놓아서 티끌이 다하였다 하더라도 그 부처님이 열반하신 지는 이보다도 더 오래여서 한량없고 그지없는 백천만억 아승지겁이니 내가 여래의 지견으로써 그렇게 오래된 일을 오늘의 일처럼 보느니라."

천 국토를 지나가서 점 한 개를 떨어뜨리고, 또 천 국토를 지나가서 점 한 개를 떨어뜨리고 이렇게 해서 그 점이 떨어진 국토나 떨어지지 않은 국토를 한데 모아서 다시 티끌로 만들어서 그 한 티끌을 1겁이라 한다면 얼마나 오랜 세월이 되겠는가.

그러나 부처님은 대통지승불이 멸도하신 지는 이보다도 더 오래되었다고 한다. 그러니 대통지승불의 수명은 말이나 글자로 나타낼 수 없다. 대통지승불이란 이 우주를 운영하는 힘이니, 이 힘, 즉 우주의 섭리는 아주 오래전부터 있어 왔다는 것을 비유로써 설명하고 있다. 어느 때 생긴 것이 아니라 본래부터 존재했다는 표현이다.

그런데 부처님은 그렇게 오래전의 일을 오늘의 일처럼 본다〔유약금일 猶若今日〕는 것이다.

아주 옛날의 일을 오늘의 일처럼 보는 것은 부처님께 신통력이 있어서 그러하다고 하면 그것은 기복祈福이다.

부처님이 하셨다면 우리도 할 수 있어야 한다. 왜냐하면 우리도 각자 불성을 가지고 있는 부처이기 때문이다.

석가모니부처님은 깨달음을 얻으셨기 때문에 옛날의 일을 오늘의 일처럼 보는 것이고, 우리는 아직 깨달음을 얻지 못해 그럴 수 없는 것이다. 옛날 사람들이 하던 일을 똑같이 하면 우리도 할 수 있다는 가르침이다.

• 약점부점若點不點

"점이 떨어진 곳이나 안 떨어진 곳이나."

　◉ 인생을 살아오면서 가슴에 맺혀서 자국이 생겼거나 안 생겼거나.

• 진말위진盡末爲塵

"다 갈아서 티끌을 만들어서."

• 일진일겁一塵一劫

티끌 하나가 1겁의 긴 세월처럼 느껴진다.

• 관피구원觀彼久遠 유약금일猶若今日

"그렇게 오래된 일을 오늘의 일처럼 본다."

　◉ 보이지 않는 속을 본다. 내일을 볼 수 없어 답답한데 내일을 볼 수 있는 힘이 생긴다.

　◉ 부처님에게 신통력이 있어서 옛날 일을 오늘 일처럼 본다가 아니라 옛날에 하던 일들을 나도 그와 같이 해 보니까 오늘에도 알 수가 있다.

선에 깊이 들어가면 옛날에 하던 일들이 모두 보이게 된다.

◉ 옛날 사람들이 하던 일을 열심히 하다 보니 나도 옛날 사람이 했던 일과 같이 된다.

◉ 대통지승불을 통해서 볼 수 있는 힘이 생겼다.

◉ 꿈을 꿀 때 노인은 노인 꿈을 안 꾸고 어릴 때, 젊을 때 꿈을 꾼다. 꿈에 보이는 자기 나이가 자기 영靈의 나이다. 꿈속에서 신神들이 가르쳐 준 것은 곧 잊어버리지만 실상實相에서 가르쳐 준 것은 잊지 않는다.

삼천진점겁 전의 오래된 일을 오늘의 일처럼 본다는 것은 시간은 생각이나 관념상으로 존재할 뿐 일정하게 정해져 있는 것이 아니라는 것이다.

1시간이 어느 사람에겐 하루처럼 길게 느껴지기도 하고, 또 어느 사람에겐 10분도 안 되는 것처럼 짧게 느껴지기도 한다.

그러므로 과거 현재 미래가 각각 따로따로 존재하는 것이 아니라 한 선상에 있는 것이다. 이렇듯 진리는 시간과 공간의 제약을 받지 않는다는 것이다.

❀

佛告諸比丘하사대 大通智勝佛壽는 五百四十萬億那由他劫이라 其佛이 本坐道場하사 破魔軍已에 垂得阿耨多羅三藐三菩提호대 而諸佛法이 不現在前이라 如是一小劫으로 乃至十小劫을 結跏趺坐하고 身心不動호대 而諸佛法이 猶不在前이라 爾時에 忉利諸天이 先爲彼佛하사 於菩提樹下에 敷師子座호대 高一由旬이라 佛於此座하사 當得阿耨多羅三藐三菩提하시니라. 適坐此座러니 時諸梵天王이 雨衆天華하야 面百由

旬에 香風時來하야 吹去萎華하고 更雨新者하야 如是不絶을 滿十小劫토
록 供養於佛호대 乃至滅度히 常雨此華하며 四王諸天은 爲供養佛하야
常擊天鼓하고 其餘諸天은 作天伎樂하야 滿十小劫하며 至于滅度히 亦
復如是하니라. 諸比丘야 大通智勝佛이 過十小劫하야사 諸佛之法이 乃
現在前하야 成阿耨多羅三藐三菩提하시니라.

부처님께서 여러 비구에게 말씀하셨다.

"대통지승불의 수명은 오백사십만 억 나유타 겁이니, 그 부처님이
본래 도량에 앉아서 마군을 깨뜨리고 아뇩다라삼먁삼보리를 얻으려 하
나 모든 부처님의 법이 앞에 나타나지 아니하므로 1소겁으로부터 10소겁
이 되도록 결가부좌하고 몸과 마음을 동하지 않았지마는, 역시 부처님의
법이 아직 나타나지 않았느니라. 그때 도리천인들이 먼저 그 부처님을
위하여 보리수 아래 사자좌를 놓았으니 높이가 한 유순이라. 부처님이
여기 앉아서 아뇩다라삼먁삼보리를 얻으리라. 이 사자좌에 앉으신 때에
여러 범천왕들이 모든 하늘 꽃을 내리니 넓이가 일백 유순이며, 향기로운
바람이 때때로 불어와서 시든 꽃은 날려 버리고 다시 새 꽃을 내려서
10소겁 동안을 쉬지 않고 부처님께 공양하였으며, 열반하실 때까지 이렇
게 꽃을 내렸고, 여러 사천왕들은 부처님께 공양하기 위하여 항상 하늘
북을 치고 다른 하늘 사람들은 하늘 풍류를 잡혀서 10소겁이 차도록
하였으며 열반하실 때에 이르기까지 이렇게 하였느니라. 여러 비구들이
여, 대통지승불께서는 10소겁을 지내고야 부처님의 법이 그 앞에 나타나
게 되어 아뇩다라삼먁삼보리를 이루었느니라."

• 대통지승大通智勝 불수佛壽 오백사십만억五百四十萬億 나유타겁那由他劫

"대통지승불의 수명은 540만억 나유타 겁이다."

◉ 우주를 경영하는 대통지승불의 힘은 동·서·남·북·중앙(오백)과 생로병사(사십)가 이루어지는 원리에서 나온다.

• 본좌도량本坐道場

"본래 도량에 앉아서."

◉ 자기 마음의 중심을 잡아서. 자기 자리를 잡는다.

자기 터가 있다. 자기 업보대로 자기 자리를 찾아간다.

누구나 저세상에서 이 세상으로 올 때 분지(그릇)를 하나씩 가지고 온다. 그 분지에는 나는 얼마나 살는지, 무엇을 하며 살는지, 무슨 병에 걸리는지, 자식은 얼마나 두게 될는지 등 갖가지 정보가 들어 있다. 그런데 실상에서 가지고 온 대로 살면 아무 고통 없이 살다 가는데, 욕심에 의해 농사를 할 사람이 의사를 한다거나 공업을 할 사람이 법관을 한다면 그 일이 잘 안 되고 고통이 따르게 된다. 그럴 때 우리는 나의 본래자리로 돌아가야 한다. 내 본래자리로 돌아가면 일이 잘 이루어지고 많은 사람이 나를 도와주게 된다.

• 이제불법而諸佛法 불현재전不現在前

"모든 부처님의 법이 앞에 나타나지 않다."

◉ 아무리 노력해도 그 모습이 그 모습이다. 열심히 노력했는데도 다 잘사는 것 같지 않다. 살 수 있는 힘이 생기지 않는다. 우주의 힘을 받아들일 때 살 수 있는 힘이 생긴다. 자기만의 마음으로, 자기만의 힘으로 노력했고 우주 실상에서 도와주지 못해서 모든 힘이 움직이지 않았다.

• 내지십소겁乃至十小劫

"10소겁이 되도록."

꽉 찼다. 처음부터 끝까지.

　◉ 내 마음이 사방에 가득 차서 염원할 때.

• 도리제천忉利諸天 선위피불先爲彼佛

"도리천인이 먼저 그 부처님을 위하여."

　◉ 움직일 수 있는 자리를 만들어 준다.

　◉ 다른 사람이 와서 도와준다. 발전할 수 있는 기회가 찾아온다.

－ 도리천忉利天: 욕계 제6천의 제2천. 공空의 자리.

　◉ 힘들고 어려운 자리. 일을 하기 전에 근심부터 하는 자리.

　◉ 생활이 넉넉해지면 예전의 고생은 잊어버리고 어려운 사람을 무시하게
　　되고 상相이 생긴다. 그러면 도리천에서 변화를 주어 사업을 망하게
　　하든지 몸을 아프게 하든지 고통을 주는 자리.

－ 선위피불先爲彼佛: 먼저 그 부처님을 위하여.

　◉ 곤란을 당할 때, 석가모니, 예수 등에게 살려 달라고 빌 때 그분들의
　　보이지 않는 힘을 믿고 빌게 되는데, 그 믿고 의지하는 자리.

　◉ 먼저 사람들이 열심히 노력한 그 힘 속에 들어가는 것. 먼저 사람들이
　　가지가지 일들을 능숙하게 하려고 많은 애를 쓰고 땀 흘리고 노력했던
　　자리에 들어간다.

　◉ 스님이 열심히 공부하고 닦아서 모르는 것이 없이 선위피불 자리에
　　있다가 그것을 두고 갔다. 두고 가는 것은 진아眞我와 타아他我인데 그
　　속에 들어간다. 그 속에 들어가면 나는 해 보지 않았어도 모든 것을
　　다 알게 된다.

• 이제불법而諸佛法 유부재전猶不在前

"불법이 앞에 나타나지 아니하다."

ⓔ 자기 능력에 따라 염원하는 것이지 능력 밖의 것은 염원하지 못한다. 자기에게 지금 부딪치는 것만 염원하지 닥치지 않는 것은 염원하지 못한다. 도지사가 염원하는 것은 도지사에게 맞게 염원하는 것이지 대통령이 하는 일을 염원하지는 못한다. 법사들이 법문하는 것은 자기가 아는 범위 내에서 하는 것이지 그 밖의 것은 법문하지 못한다.

– 불법이 나타나지 않았다

ⓔ 부처님의 지혜가 열리지 않았다.
장애가 많아서 뜻대로 되는 일이 하나도 없다.
마음과 몸이 같이 움직여지지 않았다.

돈에 가치를 두면 나보다 돈 많은 사람에게는 비굴하게 되고, 나보다 돈이 적은 사람에게는 교만해지고 오만해진다. 각각 존재하는 모든 것은 존재하는 것대로 완전하다. 어느 것과도 비교해서는 안 된다.

미래사회는 학벌이나 스펙보다는 실력이 중요한 사회가 된다. 어떤 일에 얼마만큼의 전문성이 있느냐, 창의성이 있느냐가 중요하다.

창의력은 의심을 갖는 통찰력이며, 연구 집중하면 전체를 알아 버리는 통찰력이 생기고 지혜가 생긴다.

• 사자좌師子座
　　ⓔ 자식을 가르치는 자리를 마련하는 것.
　　ⓔ 스승자리. 어딜 가든지 남을 가르칠 수 있는 자리에 있다.

• 고일유순高一由旬
　　"높이가 일 유순."
　　ⓔ 모든 것은 하나에서부터 시작한다.

무슨 일을 하든 처음에는 한 걸음부터 시작하라. 처음에는 내가 자신 있는 일부터 시작하라. 내 힘으로 성공할 수 있는 일을 하라. 100리 길도 한 걸음부터. 공부도 한 걸음부터. 부자가 되는 것도 한 걸음부터. 그러면 인생의 지혜, 삶의 지혜를 얻어서 성공한다.

◉ 누구나 말하는 것은 똑같다. 그러나 도리제천에 의하여 쓰게 들리기도 하고 달게 늘리기도 한다.

크게 통하는 운〔대통大通〕을 만나려면
① 마군(탐. 진. 치. 번뇌. 망상)을 깨트리고
② 아뇩다라삼먁삼보리를 얻고
③ 불법을 얻어야 한다.
즉 원리를 깨치고 나서 그것을 변화시키는 힘이 있어야 한다.

• 불어차좌佛於此坐 당득當得 아뇩다라삼먁삼보리阿耨多羅三藐三菩提
"부처님이 여기 앉아서 마땅히 아뇩다라삼먁삼보리를 얻으리라."

◉ 부모가 가르치고 빌고 하는 자리에 앉아서 모든 지혜를 얻게 될 것이다.

• 적좌차좌適坐此座
"사자좌에 앉으신 때에."

◉ 원래 그 사람의 자리. 실상에서 가지고 온 자리.

◉ 때를 맞춰야 한다. 봄, 여름, 가을, 겨울, 아침, 점심, 저녁, 때를 잘 맞춰야 범천왕이 움직인다.

◉ 부모가 자식을 위해 비는 마음이 떠나지 않고 늘 떠나지 않는 마음속에 자식이 자리를 잡는 것. 이럴 때 범천왕이 움직인다. 범천왕이 때를 맞춰 일을 하게 한다.

- 범천왕梵天王 우중천화雨衆天華

"범천왕이 모든 하늘 꽃을 내리니."

 ◉ 우리는 결정을 못하고 있는데 우리를 돌봐주는 아버지 같은 범천들이 하나하나 보여 주어 마음의 결정을 하게 한다.

 ◉ 천화天華는 마음의 기쁨. 모든 사람의 속 타는 마음에 비를 내려 주고 또 마음의 기쁨을 주는 것.
 꽃이 피면 花. 華는 꽃이 피기 전 모습. 마음의 꽃은 보이지 않지만 다만 즐겁다.

- 면백유순面百由旬

"넓이가 일백 유순."

 ◉ 우중천화가 되어서 남들이 즐거워하고 또 모든 사람들에게 법비를 내리게 해도 내 마음은 백 유순이다.
 내 마음에는 앞으로 풀어 나갈 것이 태산 같다. 일이 잘 풀리면 좋은데, 답답하고 하나도 풀릴 가능성이 없는 것이 백 유순.

- 향풍시래香風時來

"향기로운 바람이 때때로 불어와서."

 ◉ 향기로운 바람이 불면 내게 필요한 자리를 보게 되고 찾아가게 되어서 거기서 정리가 되어서 안정하게 되는 것. 나는 기술은 있는데 갈 데가 없다. 그런데 그 기술이 필요한 데가 있으면 이 우주는 방편으로 되어 있기 때문에 그때 향풍이 불어와서 그 사람에게 찾아가거나 그 사람이 와서 일을 같이 해서 풀리게 된다.

향기로운 바람이 불면 그 향기가 어디서 왔는지 찾게 된다.

나는 과거 생각에 사로잡혀 앞을 보지 못하고 있는데, 향기로운 바람이 불어와서 내 생각을 변화시켜서 낡은 생각은 물러가고 새로운 생각이 일어난다.

• **취거위화吹去萎華**

"시든 꽃을 날려 버리다."

고정관념을 버리다. 전세부터 가지고 온 업식과 현세에 만들어진
업식을 버리다.

• **공양어불供養於佛**

"부처님께 공양하다."

부처님께 공양하면 살아있는 것을 잘 자라게 도와준다. 자식을 잘
기르게 하고, 농사를 잘 짓게 해 준다.

　　◉ 기도란 자기 마음을 닦는 훈련이다. 우리는 자기 마음을 자기 마음대로 움직이
　　지 못하는데, 마음의 훈련이 부족하기 때문이다. 자기 마음이 이르는 곳에
　　만사가 다 이루어지는데 자기 마음을 간수하지 못하여 방황한다.

• **사왕제천四王諸天**

"여러 사천왕들."

사천왕을 우주로 보면 동서남북이고, 인간으로 보면 두 손 두 발이다.
우리는 두 손과 두 발을 움직여서 무엇이든지 새로운 것을 만들어
내며, 이때 동서남북의 힘이 하나가 되어 같이 움직인다.

• **상격천고常擊天鼓**

"하늘 북을 울리다."

실상의 소리가 마음속에 자꾸 들린다는 뜻으로, 마음이 움직여서

그 세상에 들어오게 하는 원리를 말한다.

남편이 아내를 잘 보살피고 아내가 남편을 잘 따르니, 자식이 부모를 잘 따른다.

　　◉ 잘하고 못하는 것을 일부러 알리지 않아도 모든 사람의 귀에 들어간다. 덕이 높은 분이 계시면 누가 얘기하지 않아도 많은 사람이 찾아간다.

• 만십소겁滿十小劫 지우멸도至于滅度 역부여시亦復如是

"10소겁이 차도록, 열반에 이를 때까지 역시 이렇게 하였다."

－ 만십소겁: 죽을 때까지. 다할 때까지.

－ 지우멸도: 숨이 끊어질 때까지. 모든 마음이 없어질 때까지. 자기의 마음이 되살아나지 않을 때까지.

• 과십소겁過十小劫

"10소겁을 지내고야."

10소겁이 지난 후에야. 무엇을 하려고 준비를 다한 다음에야.

• 제불지법諸佛之法 내현재전乃現在前

"모든 부처님 법이 앞에 나타나서."

우주를 운영하는 힘이 나에게 나타나게 되었음을 말한다.

• 성아뇩다라삼먁삼보리成阿耨多羅三藐三菩提

"아뇩다라삼먁삼보리를 이루었다."

부처님의 지혜를 얻게 되었다는 뜻.

爾時에 大通智勝如來 受十方諸梵天王 及十六王子請하시고 卽時에 三
轉十二行法輪하시니 若沙門婆羅門과 若天魔梵과 及餘世間의 所不能
轉이니 謂是苦며 是苦集이며 是苦滅이며 是苦滅道며 及廣說十二因緣
法하시니 無明緣行하고 行緣識하며 識緣名色하고 名色緣六入하며 六入
緣觸하고 觸緣受하며 受緣愛하고 愛緣取하며 取緣有하고 有緣生하며 生
緣老死憂悲苦惱하나니라. 無明滅則行滅하고 行滅則識滅하며 識滅則
名色滅하고 名色滅則六入滅하며 六入滅則觸滅하고 觸滅則受滅하며 受
滅則愛滅하며 愛滅則取滅하고 取滅則有滅하며 有滅則生滅하고 生滅則
老死憂悲苦惱滅하나니라.

"이때 대통지승여래께서 시방세계의 범천왕들과 16명 왕자의 청을
받아들여 곧 삼전십이행을 굴리시니, 사문이나 바라문이나 하늘 마왕
범천이나 다른 세간들로는 굴릴 수 없는 것으로 이른바 이것은 괴로움이
요, 이것은 괴로움의 쌓임이요, 이것은 괴로움의 사라짐이요, 이것은
괴로움이 사라지는 길이니라. 또 십이인연의 법을 널리 말하였으니 무명
은 행에 반연되고, 행은 식에 반연되고, 식은 명색에 반연되고, 명색은
육입에 반연되고, 육입은 촉에 반연되고, 촉은 수에 반연되고, 수는 애에
반연되고, 애는 취에 반연되고, 취는 유에 반연되고, 유는 생에 반연되고,
생은 노사우비고뇌에 반연되느니라. 무명이 사라지면 행이 사라지고,
행이 사라지면 식이 사라지고, 식이 사라지면 명색이 사라지고, 명색이
사라지면 육입이 사라지고, 육입이 사라지면 촉이 사라지고, 촉이 사라
지면 수가 사라지고, 수가 사라지면 애가 사라지고, 애가 사라지면 취가
사라지고, 취가 사라지면 유가 사라지고, 유가 사라지면 생이 사라지고,

생이 사라지면 노사우비고뇌가 사라지느니라."

• 대통지승여래大通智勝如來 수시방제범천왕受十方諸梵天王 급십육왕자청
及十六王子請 즉시卽時 삼전십이행법륜三轉十二行法輪

"대통지승여래는 시방 제범천왕과 16명 왕자의 청을 받고 삼전십이행
의 법륜을 굴렸다."

왜 꼭 청을 받고서야 법륜을 굴리는가?

청을 받지 않고도 법륜을 굴리면 안 되는가?

대통지승불은 우리를 도우려고 계시는데 꼭 청을 받아야 법륜을 굴리는
가? 그냥 굴리면 안 되는가?

◉ 부처님은 불공을 드려야 소원을 들어주시고 예수님은 교회에 나가야
소원을 들어 주시는 이유는?

범천왕은 자기가 아끼던 궁전을 바쳤기 때문에 법륜을 굴려 달라고
할 자격이 있고, 16명 왕자도 자기들이 좋아하는 장난감을 버렸기 때문
에 법륜을 굴려 달랄 자격이 있다. 내가 애지중지하는 것을 버렸기 때문
에 법륜을 굴려 달랄 자격이 있는 것이다. 우리도 내가 중요하다고 여기
는 재물, 명예, 권력, 사랑, 인기 등을 버려야 부처님께 '내 소원을 들어주
십시오'라고 청할 수 있는 자격이 있는 것이다. 그렇게 해야 소원이
이루어진다. 권력이나 재물 등을 버려야 한다는 것이 아니라, 권력이
있어도 겸손하고 재물이 많아도 검소하고 인기가 높아도 고개를 숙여야
한다는 의미이다.

• 삼전십이행三轉十二行

"세 번에 걸쳐 12행 법문을 굴리다."

고집멸도苦集滅道의 사성제四聖諦 네 가지 진리를 세 번 말씀하신

것을 이른다.

부처님께서는 성불하신 후 녹야원에서 아야교진여 등 다섯 비구들에게 초천 법륜을 굴리셨는데, 이때 처음으로 사성제 네 가지 진리를 설하셨다. 이를 초전법륜이라고 하는데 이는 중생들에게 괴로움〔苦〕의 정체가 무엇이며, 이를 극복할 수 있는 방법을 방편으로 설하셨다. 사성제는 근기가 낮은 성문聲聞(배워서 아는 자)을 위하여 설하신 것으로 불교의 가장 기초적인 가르침이다.

• 사성제四聖諦

"영원히 변하지 않는 네 가지 성스러운 진리."

십이인연과 연관하여 고·집·멸·도로 구성된 불교교리. 사제四諦라고도 함.

①고제苦諦: 고제는 불완전하고 더러움과 고통으로 가득 차 있는 현실을 바르게 보는 것이다. 이 고苦는 구체적으로 생로병사의 4고苦와 원증회고怨憎會苦(미워하고 싫은 사람과 만나야 하고 같이 살아야 하는 괴로움)·애별리고愛別離苦(사랑하는 사람과 부득이 헤어져야 하는 괴로움)·구부득고求不得苦(구하는 것을 얻지 못하는 괴로움)·오온성고五蘊盛苦(우리 몸에 집착하는 데서 오는 괴로움)의 4가지를 합한 8고八苦로 하고 있다.

②집제集諦: 집集이란 사물이 모여 일어나기 위한 원인이므로 고苦의 원인이나 이유라는 뜻이 된다. 고의 원인으로서 모든 것으로부터 즐거움과 쾌락을 추구하는 그치지 않는 갈애渴愛를 뜻하는데, 12연기설에서는 무명無明과 갈애를 고뇌의 원인으로 함께 보고 있다. 갈애는 무명에 의해서 생기는 것이므로 그 속에 무명도 포함되어

있는 것으로 볼 수 있으며, 갈애는 모든 번뇌를 대표하는 것이다.

③멸제滅諦: 멸제는 깨달음의 목표, 곧 이상향인 열반涅槃의 세계를 가리킨다. 즉 모든 번뇌를 대표하는 갈애를 남김없이 멸함으로써 청정무구淸淨無垢한 해탈을 얻음을 말한다.

④도제道諦: 도道는 이상향인 열반에 도달하는 원인으로서의 수행방법이며, 구체적으로 팔정도八正道라는 여덟 가지 수행법을 제시하고 있다.

팔정도는 바르게 보고〔正見〕, 바르게 생각하고〔正思惟〕, 바르게 말하고〔正語〕, 바르게 행동하고〔正業〕, 바른 수단으로 목숨을 유지하고〔正命〕, 바르게 노력하고〔正精進〕, 바른 신념을 가지며〔正念〕, 바르게 마음을 안정시키는〔正定〕 수행법이다.

- 교敎를 펴는 세 가지 방법

①시전示轉: 고집멸도의 네 가지 진리는 이런 것이라고 우리에게 보여 주는 것. 부처님이 깨달으신 바를 그대로 말씀하셔서 모든 사람에게 가르쳐 주는 것.

②권전勸轉: 근기가 높은 사람에겐 보여 주는 것〔示〕만으로도 되지만 근기가 낮은 사람에겐 수행할 것을 권하고 가르치는 것. 고집멸도의 진리를 잘 알아서 그대로 수행할 것을 권한다.

③증전證轉: 부처님께서 권하시니까 수행은 하지만 곧 나태해지기 때문에 부처님께서 깨닫고 실행하신 것을 사실을 들어 말씀하시는 것.

• 십이연기十二緣起

우리가 살아가는 과정이 12가지 연결고리로 되어 있는데 이 열두 가지 항목은 서로 연결되어 있어서 그 의존관계를 더듬어 미혹된 삶의 근원을 밝히고, 나아가 깨달음의 세계를 열어 가는 가르침이다.

① 무명無明

십이연기의 첫 단계는 무명에서 시작한다. 무명이란 어두움. 근본 무지, 어리석음을 말한다. 이때의 어리석음이란 법에 대하여, 진리에 대하여, 이치에 대하여 어둡다는 뜻이다. 모든 행行은 처음 모르는 데서부터 출발한다.

무명은 실제가 아닌 것을, 또는 실제성이 없는 것을 실제로 착각하거나 집착하는 것을 말하고, 또한 진리에 대한 무지를 말한다. 이 어두운 무명으로 인하여 나고 죽는 윤회의 수레바퀴를 되풀이하여 굴리고 있다. 무명은 모든 괴로움의 원인이고, 살아가면서 죄도 짓고 애욕에 싸여 사는 업장을 만든다. 무명업無明業에 의하여 노사우비老死憂悲 고뇌苦惱가 생긴다.

② 행行

무명에 연緣하여 행行이 있게 된다. 탐내는 작용, 의지 작용, 욕구, ~하고 싶다, ~하기 싫다 등등.

전생으로부터 지은 업에 의하여 탐진치 번뇌 망상에 휩싸이고, 신구의 身口意 3업으로 죄를 범하고자 하는 생각이 행이다. 잔잔한 바다에 바람이 불면 물결이 이는 것이다. 무명에 의하여 미혹된 생각이 일어나면 마음 내면에 망령된 생각이나 망상이 일어난다.

③ 식識

행에 연하여 식識이 발생한다. 이는 식별한다는 뜻으로 무엇인가를 분별하는 인식작용을 말한다.

식은 생활에 의하여 결정되는데, 소년과 노인은 그 생활이 다르다. 소년과 노인의 식의 내용이 다르기 때문이다. 예를 들어, 눈이 오면 소년은 좋아하고 노인은 귀찮아하거나 걱정이 앞선다.

④ 명색名色

식識에 연하여 명색名色이 일어난다. 명색이란 이름과 물질을 일컫는 것으로 이 세상의 모든 것은 이름과 물질로 존재한다.

명名은 비물질적인 것을 말하고, 색色은 물질적인 것을 말한다. 예를 들어 장작이나 목재는 이름[名]이고, 나무는 물질[色]이다. 엄마나 아내나 딸은 모두 이름이고, 여자는 물질이다.

⑤ 육입六入

명색에 연하여 육입이 일어난다.

육입은 육처六處라고도 하는데 이는 십이처설十二處說의 여섯 감관, 즉 안이비설신의眼耳鼻舌身意 육근六根과 일치하는 개념이다. 이 육근에 의하여 모든 외부의 정보를 받아들인다.

⑥ 촉觸

육입으로 연하여 촉觸이 일어나게 되는데 촉은 외부세계와 접촉하는 것을 말한다. 눈으로 꽃을 보고, 귀로 음악을 듣고. 육근六根과 육경六境이 맞닿는다.

⑦ 수受

촉觸으로 연하여 수受가 발생하는데, 이는 대상과 접촉해서 생기는 느낌이나 감각 등의 감수작용을 말한다. 좋다 나쁘다 분별하며, ~하고 싶다, ~하기 싫다 전에 쾌快·불쾌不快가 있다.

수受에서 느끼기만 하고 거기에서 그치면, 멈추면 생사윤회가 없다.

그러나 범부는 느끼고 나서 좋으면 좇아가고 매달리게 된다. 착착着이 생긴다. 이것이 갈애渴愛다. 이 갈애가 없으면 생사는 여기에서 끝난다. 느끼기만 하고 멈추면 다시 안 태어난다. 갈애와 집착으로 내세에 태어나는 업이 생긴다. 이것이 유有다. 우리는 생활하면서 내세에 태어나는 업을 만들고 있다.

⑧ 애愛

수受를 연하여 애愛가 발생한다. 애愛는 애착심을 느끼는 것이며, 고통을 피하고 즐거움을 구한다. 애愛에 의하여 욕망이나 혐오가 발생한다. 애愛는 계속적으로 지속하고 싶은 갈애의 성질을 갖고 있다.

무명은 지혜를 가로막는 장애가 되고, 갈애는 마음을 오염시키는 번뇌를 낳는다.

12연기설 중에서 애愛가 가장 중요하다. 왜냐하면 현재의 원인을 제공하기 때문이다.

하고 싶어도 나쁜 결과가 오면 하지 말아야 하고, 하기 싫어도 좋은 결과가 오면 해야 한다. 하기 싫어도 해야 하고, 하기 좋아도 하지 말아야 하는 판단이 곧 지혜이다.

⑨ 취取

애愛로 연하여 취取가 발생한다. 취는 집착을 의미하며, 이는 애愛에 의하여 하고 싶은 것을 행하고 갖고 싶은 것을 갖는 작용을 말한다. 인간에게는 기본적인 오욕락五慾樂(재물욕, 색욕, 식욕, 명예욕, 수면욕)을 누리려는 마음이 있다.

⑩ 유有

취取를 연하여 유有가 발생한다. 유有는 한번 취한 것은 자기 것으로 하려는 소유욕을 말한다. 유有는 애愛와 취取를 바탕으로 해서 거기서 여러 가지 업을 만들어 가는 과정이 된다.

유有는 하고 싶은 것을 행하고 나오는 결과물이자 열매이다. 그 결과물이 다음 행위의 씨앗이 된다. 그러므로 유有는 열매인 동시에 씨앗이 된다. 씨앗은 반드시 새로운 싹이 튼다. 유有는 새로운 것의 시작이 된다.

⑪ 생生

유有에 연하여 생生이 발생하는데, 생은 새로운 시작으로 생겨난다, 태어난다는 뜻이다. 유有가 새로운 것을 일어나게 하는 원인이다.

⑫ 노사老死

생生이 있으므로 노사우비고뇌老死憂悲苦惱가 발생한다. 살아가다가 늙고 병들어 죽음에 이르는 과정을 말한다. 이 과정은 육체적인 것만이 아니라 정신적인 것도 포함한다.

생生을 받으면 반드시 죽어야 하는 근심, 고통, 고뇌를 말하는데 이것이 바로 중생고衆生苦이다.

무명無明을 지니면 십이인연법十二因緣法 하에 윤회하여 생로병사의 고통을 계속 받으며, 무명을 없애면 십이인연법도 없고 윤회도 없고, 생로병사의 고통도 없다.

무명을 벗어나지 못하고 죽으면 윤회의 굴레에서 벗어나지 못한다. 지혜로운 사람은 제행무상諸行無常을 깨달으면 대상에 집착하지 않고, 이름·모양[名色]에 집착하지 않고 '나', '내 것'이라는 생각이 일어나지 않는다. 따라서 오욕五慾, 탐심이 생겨나지 않고 탐심이 없으니 악업惡業을 짓지 않는다. 악업을 짓지 않으니 육도윤회六道輪廻에 떨어지지 않고 극락세계가 펼쳐진다. 그러므로 지혜만이 무명을 없애 준다.

　- 육도六道: 중생이 업식業識에 따라 윤회하는 길을 여섯 가지 길로
　　나눈 것.

　　지옥도地獄道, 아귀도餓鬼道, 축생도畜生道, 아수라도阿修羅道, 인
　　간도人間道, 천상도天上道를 아울러 이르는 말이다.

• 급여세간及餘世間 소불능전所不能轉

　"다른 세간들은 굴릴 수 없는 것으로."

　　◉ 「화성유품」 속의 변화를 알 수 없어서 법륜을 굴릴 수 없다. 오직 깨달은
　　　사람만이 법륜을 굴릴 수 있다.

　이 때문에 법화경에서는 보살이 되기 위해서 수행을 강조한 것이다.
　기도만 열심히 하고 경經 공부를 소홀히 하면 사도邪道에 빠지기
　쉽다. 바른 견해를 세워야 하는데, 바른 견해는 아는 것만으로는
　안 되고 실천수행이 있어야 하기 때문이다.
　부처의 지혜를 얻기 위해서는 기도, 법문, 경 공부가 병행되어야
　한다. 대승기신론大乘起信論의 중심사상이 수행이다.

• 삼세인과三世因果

　과거의 인因이 현재의 과果로 나타나고, 현재의 인因이 미래의 과果로
　나타나는 것을 말한다. 과거·현재·미래의 삼세를 걸쳐서 인과응보因
　果應報의 이치가 무한히 계속되는 이치를 설명한 것이다.
　이는 12연기를 태생학적으로 해석한 것으로, 열두 가지 가운데 무명無
　明·행行이 과거세의 2인因이 되어 식識·명색名色·육입六入·촉觸·수受
　라는 현재세의 5과果를 초래하고, 다시 애愛·취取·유有가 현재세의

3인因이 되어 생生·노사老死라는 미래세의 2과果를 초래하여 괴로운 생존을 되풀이한다는 견해이다. 이는 삼세에 걸쳐 인과가 겹치므로 삼세양중인과三世兩重因果라고도 한다.

✿

諸比丘야 我今語汝호리다 彼佛弟子 十六沙彌는 今皆得 阿耨多羅三藐三菩提하사 於十方國土에 現在說法하사대 有無量百千萬億 菩薩聲聞이 以爲眷屬이라 其二沙彌는 東方作佛하시니 一名은 阿閦이라 在歡喜國하고 二名은 須彌頂이니라. 東南方二佛은 一名은 師子音이요 二名은 師子相이며 南方二佛은 一名은 虛空住요 二名은 常滅이며 西南方二佛은 一名은 帝相이요 二名은 梵相이며 西方二佛은 一名은 阿彌陀요 二名은 度一切世間苦惱요 西北方二佛은 一名은 多摩羅跋栴檀香神通이고 二名은 須彌相이며 北方二佛은 一名은 雲自在요 二名은 雲自在王이며 東北方佛名은 壞一切世間怖畏며 第十六은 我釋迦牟尼佛이 於娑婆國土에서 成阿耨多羅三藐三菩提니라.

"여러 비구들이여, 내가 이제 너희에게 말하노라. 저 부처님의 제자 16사미들이 지금 아뇩다라삼먁삼보리를 얻고 현재 시방국토에서 법을 말하면서 한량없는 백천만억 보살과 성문으로 권속을 삼았느니라. 그 두 사미는 동방에서 부처가 되었는데, 하나는 아축불이니 환희국에 있고, 하나는 수미정불이니라. 동남방의 두 부처는 하나는 사자음이요, 하나는 사자상이니라. 남방의 두 부처는 하나는 허공주불이요, 하나는 상멸불이니라. 서남방의 두 부처는 하나는 제상불이요, 하나는 범상불이니라. 서방의 두 부처는 하나는 아미타불이요, 하나는 도일체세간고뇌불이니라. 서북방의 두 부처는 하나는 다마라발전단향신통불이요, 하나는 수미상불이니라. 북방의 두 부처는 하나는 운자재불이요, 하나는 운자재왕불이니라. 동북방의 부처는 괴일체세간포외불이고, 열여섯 번째는 나 석가모니불이니 사바국토에서 아뇩다라삼먁삼보리를 이루었느니라."

• **동방작불東方作佛 일명아축一名阿閦 환희재국在歡喜國 이명수미정二名須彌頂**
"동방에서 부처가 되시니 한 부처님 이름은 아축으로 환희국에 머무시고, 두 번째 부처님 이름은 수미정이니라."

— 지광, 『법화경공부』, 네이버카페

– 아축阿閦: 미혹이 없어 흔들리지 않는다는 뜻. 무동無動을 말한다. 깨달으면 동動하지 않는다. 아阿는 부정否定, 축閦은 동動이니 움직임이 없다는 뜻이 된다.
인간은 미혹에 빠져 있어서 마음이 쉽게 흔들린다. 그러나 깨닫게 되면 마음이 움직이지 않는다.
움직이지 않아야 한다. 움직이지 않는 마음이면 경계에 휩쓸리지 않고, 부동심不動心이 되면 환희국(기쁜 마음)에 있게 된다.
– 수미정須彌頂: 모든 것의 중앙. 가장 높고 훌륭하다. 또한 수미산의 정상을 말하기도 한다. 수미산이 우주의 중심이듯 모든 것의 중앙이며, 가장 높고 훌륭하다.
모든 것은 한계가 있다. 한계를 벗어나면 안 된다.

• 동남방東南方 이불二佛 일명一名 사자음師子音 이명二名 사자상師子相

"동남방의 두 부처님 중 한 분의 이름은 사자음이요, 또 한 분의 이름은 사자상이니라."

– 사자음獅子音: 사자가 동물의 왕이듯 부처님의 말씀은 가장 뛰어나고, 아무리 작은 일에도 전력을 다한다. 설법하는 데 두려움이 없다.

  ◉ 모든 소리를 내는 것은 동남방에서 움직여진다. 목소리를 알아듣게 하는 자리가 동남방이다. 노인, 청년의 목소리를 알게 하는 자리.

– 사자상獅子相: 최고이면서도 자비로운 모습. 보이는 데 두려움이 없다.

• 남방南方 이불二佛 일명一名 허공주虛空住 이명二名 상멸常滅

"남방의 두 부처님 중 한 분 이름은 허공주요, 또 한 분의 이름은 상멸이니라."

– 허공주虛空住: 모든 유有를 떠나 법의 성품인 공空에 머물러 있다. 평등. 절대 자비.

허공은 평등平等, 평등의 자비로써 모든 것을 구원해 준다.

평등한 자세.

– 상멸常滅: 어지럽게 동하지 않고 항상 적멸에 머무름.

멸滅은 없어진다는 뜻이 아니라 차별差別을 떠난다는 뜻.

일체의 주위 환경에 흔들리지 않음. 어떠한 경우라도 차별을 없이 해서 모든 중생을 다 구원해 준다는 뜻.

• 서남방西南方 이불二佛 일명一名 제상帝相 이명二名 범상梵相

"서남방의 두 부처님 중 한 분 이름은 제상이요, 또 한 분의 이름은 범상이니라."

- 제상帝相: 위덕이 존엄하여 하늘같음을 나타낸 것. 모든 것을 다

　포용하고, 모든 것을 다 구원하는 상相을 갖추고 계신다.

리더, 그룹의 장長을 뜻한다.

- 범상梵相: 범梵은 맑다는 뜻으로 일체 번뇌 죄과를 벗어난 상태.

적절하게 이루어진다. 벼가 익기도 전에 타작하면 안 된다. 모든

일엔 때가 있는 법이다. 〔시절인연〕

• 서방西方 이불二佛 일명一名 아미타阿彌陀 이명二名 도일체세간고뇌度一切

世間苦惱

"서방의 두 부처님 중 한 분의 이름은 아미타요, 또 한 분의 이름은

도일체세간고뇌니라."

- 아미타阿彌陀: 무량수無量壽(영원한 생명), 무량광無量光(영원한 빛),

　감로甘露, 자비에 젖어 모든 사람이 기쁨을 느낀다.

영원한 생명, 영원한 빛이 되면 도일체세간고뇌度一切世間苦惱(일체

세간의 고통에서 벗어난다)가 된다.

열심히 일하면 고단하고 피곤하나 내일이면 다시 새로운 기운이

난다. 보기 싫다가도 시간이 지나면 다시 좋아진다. 그래서 같이

살게 된다.

- 도일체세간고뇌度一切世間苦惱: 대자비. 일체 세간의 고액을 제도하신

　다. 세상의 모든 괴로움과 모든 번뇌를 없애 주는 힘을 갖추신 부처님

　이다.

• 서북방西北方 이불二佛 일명一名 다마라발전단향신통多摩羅跋栴檀香神通
이명二名 수미상須彌相

"서북방의 두 부처님 중 한 분의 이름은 다마라발전단향신통이고,
또 한 분의 이름은 수미상이니라."

- 다마라발전단향신통多摩羅跋栴檀香神通

  ◉ 다마라발전단향신통의 공덕은 묘한 향기가 법계에 충만하여 향기가
  널리 퍼지는 것과 같이 부처님의 감화를 받아서 마음이 저절로 맑고
  밝아지고 주위의 사람을 감화시키는 힘이 생긴다. 음식을 해도 다마라발
  전단향이 움직이면 모두에게 맛있다. 김을 매도 다마라발전단향이 움직
  이면 잡초가 다시 나지 않는다. 공부가 싫은 것은 다마라발전단향이
  움직이지 않아서 그런 것이다. 기도를 통해서 다마라발전단향이 움직이
  게 해야 한다.

- 수미상須彌相: 수미산이 우주의 중심인 것같이 모든 사람이 우러러본
  다. 세상에서 가장 높고 우러르는 모습을 갖추신 부처님.

• 북방北方 이불二佛 일명一名 운자재雲自在 이명二名 운자재왕雲自在王

"북방의 두 부처님 중 한 분의 이름은 운자재이고, 또 한 분의 이름은
운자재왕이니라."

  ◉ 고통의 자리. 자라기 위하여, 성숙하기 위하여.

- 운자재雲自在

  ◉ 구름이 하늘을 덮는 것처럼 부처님의 덕이 하늘을 덮는다. 3·7일 기도하
  면 운자재가 움직여서 액운을 막아 준다.
  누구를 모시고 일을 하면 충성을 다해 일하게 되고 일이 이루어지지만
  자기가 우두머리가 되어 일하면 이루어지지 않는다.

- 운자재왕雲自在王: 구름처럼 오고 감에 걸림이 없고 최정각을 이루시

어 법 가운데 왕이 되다. 왕王은 왕성하다는 뜻. 일체의 인간을 구원하는 힘이 가장 왕성하다.

• 동북방東北方 불명佛名 괴일체세간포외壞一切世間怖畏

"동북방 부처님의 이름은 괴일체세간포외니라."

– 괴일체세간포외壞一切世間怖畏

◉ 세상의 모든 두려움을 타파하는 힘을 가졌다. 동북방은 만물이 처음 이루어지고 끝이 되는 곳. 인간으로는 생사가 된다. 부처님은 생사의 두려움을 없애고 중생을 깨닫게 하여 시작도 없고 끝도 없는 것을 통달하게 하여 나지도 않고 죽지도 않는 데 들어가 세간의 두려움을 없앤다.

• 제십육第十六 아석가모니불我釋迦牟尼佛 어사바국토於娑婆國土 성아뇩다라삼먁삼보리成阿耨多羅三藐三菩提

"열여섯 번째는 나 석가모니불이니 사바국토에서 아뇩다라삼먁삼보리를 이루었느니라."

석가모니불은 16번째로 사바세계에서 아뇩다라삼먁삼보리를 이루는데 괴일체세간포외불과 같이 이루었다. 석가모니불을 믿으면 일체의 두려움이 없어진다.

– 석가: 능인能仁. 모든 인간을 구원할 수 있는 힘을 가지고 계시다.

– 모니: 적묵寂默. 적寂은 변하지 않는 것, 묵默은 주위의 영향을 받지 않는 것.

오백제자수기품五百第子授記品 제8

1. 대의

부처님께서 성문 제자들을 대상으로 법을 설하실 때 그 근기根機에 따라 같은 내용을 세 번 반복하여 다르게 설하셨다. 이것을 삼주설법三周 說法이라고 한다. 「화성유품」에서 설명하였지만 다시 간단히 언급하면 다음과 같다.

① 법설法說

사리불과 같은 지혜가 뛰어난 상근기의 제자들에겐 제법실상諸法實相의 이치를 직접 말씀하시고,

② 비유설譬喩說

마하가섭을 위시한 중근기 제자들에겐 비유를 들어 설명하시고,

③ 인연설因緣說

부루나와 같은 하근기의 제자들에겐 부처님과의 인연, 관계성을 밝히는 인연설을 하셨다.

이 「오백제자수기품」은 부처님 제자 중 설법제일인 부루나를 위시한 많은 제자들에게 "너희도 부처의 경지에 도달할 수 있다."라는 것을 말씀하시고 모두에게 수기를 주신다. 즉 부처님의 법을 듣고 깨달음을

얻고자 일심으로 노력하는 사람은 언젠가는 깨달음을 얻어 보명여래普明如來가 된다고 하신다. 또 일천이백 아라한들에게도 "그대들은 모두 보명여래라고 하는 부처님이 될 것이다."라는 예언을 하시고, 또 "남은 모든 성문중聲聞衆도 마찬가지로 부처님이 될 것(여제성문중 역당부여시 餘諸聲聞衆 亦當復如是)"이라는 예언을 하신다.

이 품에서는 법화경 일곱 가지 비유 중 '의리계주衣裏繫珠의 비유'를 말씀하신다. 즉 '옷 속의 보물'의 비유로서, 부자인 친구가 가난한 친구를 위해 옷 속에 보물을 넣어 두고 먼 길을 떠났는데 가난한 친구는 자기 옷 속에 값비싼 보물이 있다는 것을 모르고 항상 빈곤하게 살다가 세월이 흘러 부자인 친구를 다시 만나 자기 옷 속에 보물이 있다는 것을 알게 되어 기뻐한다는 비유이다.

우리 인간은 날 때부터 불성佛性이라는 보물을 지니고 있다. 그러나 우리는 탐貪(욕심), 진瞋(성냄), 치痴(어리석음)에 싸여 이 사실을 알지 못하고 잊고 산다. 이는 우리 옷 속에 보물이 들어 있는데도 알지 못하고 어렵게 사는 우리들에 비유하여 중생의 어리석음을 깨닫게 하려는 가르침이다.

더욱이 이 품에선 부처님이 가섭에게 "이 자리에 있지 아니한 제자들에게 네가 마땅히 이 말을 전하라." 즉 이 자리에 있지 않은 사람도 한번 부처님과 연緣을 맺으면 한때 퇴전하는 일이 있더라도 그 연이 다시 살아나서 언젠가는 불도佛道에 돌아와서 부처님의 깨달음을 얻게 되리라는 뜻이다. 마하가섭은 석가모니부처님의 법을 이어 받은 제자이니 부처님이 열반하신 후 불법에 들어온 모든 사람도 이미 불법에 들어온 사람과 똑같이 대우하라는 말씀이다.

법화경의 한결같이 주된 가르침은 소승의 작은 열반에 만족하고 있는 제자들에게 너희는 작은 열반(소승)에 만족하지 말고 큰 열반(대승) 아뇩다라삼먁삼보리를 얻고 일체지一切智를 얻어서 부처가 되어야 한다는 것을 강조하고 계시는데, 이 「오백제자수기품」에서도 또 한 번 강조하신다.

◉ 「화성유품 제7」에서 누진을 제도하고, 화성化城이 되면 「오백제자수기품 제8」에서 변화가 있어야 한다. 꽃에서 향기가 나면 벌 나비만 오는 게 아니라, 파리나 모기 등 여러 가지 귀찮은 것도 따라온다. 그 귀찮은 존재도 이겨야 한다.

2. 본문 해설

爾時에 富樓那彌多羅尼子 從佛聞是 智慧方便 隨宜說法하며 又聞授諸 大弟子의 阿耨多羅三藐三菩提記하며 復聞宿世因緣之事하며 復聞諸 佛이 有大自在神通之力하고 得未曾有하며 心淨踊躍하야 卽從座起하야 到於佛前하야 頭面禮足하고 却住一面하야 瞻仰尊顏하와 目不暫捨러니 而作是念호대 世尊이 甚奇特하사 所爲希有라 隨順世間 若干種性하사 以方便知見으로 而爲說法하야 拔出衆生의 處處貪著하시니 我等이 於佛 功德에 言不能宣이라 唯佛世尊이 能知我等의 深心本願이시리다 하더니 爾時에 佛告諸比丘하사대 汝等이 見是富樓那彌多羅尼子不아. 我常稱 其 於說法人中에 最爲第一이며 亦常歎其 種種功德호대 精勤護持하야 助宣我法하며 能於四衆에 示敎利喜하며 具足解釋佛之正法하야 而大 饒益 同梵行者라호니 自捨如來로 無能盡其言論之辯이니라. 汝等은 勿 謂 富樓那 但能護持 助宣我法이니 亦於過去 九十億諸佛所에 護持助

宣 佛之正法호대 於彼說法人中에 亦最第一이며 又於諸佛 所說空法에
明了通達하며 得四無礙智하야 常能審諦하며 淸淨說法호대 無有疑惑하
며 具足菩薩 神通之力하며 隨其壽命하야 常修梵行일새 彼佛世人이 咸
皆謂之 實是聲聞이라 하나니 而富樓那 以斯方便으로 饒益無量 百千衆
生하며 又化無量 阿僧祇人하야 令立阿耨多羅三藐三菩提언마는 爲淨
佛土故로 常作佛事하야 敎化衆生하나니라.

　이때에 부루나미다라니자가 부처님께서 지혜의 방편으로 마땅하게
법을 말씀함을 듣고, 또 여러 큰 제자들에게 아뇩다라삼먁삼보리를 얻으
리라 수기하심을 들었으며, 또 지난 세상의 인연을 말씀함을 들었고,
또 여러 부처님이 크게 자재하신 신통한 힘을 가졌음을 들었다. 그래서
미증유함을 얻고 마음이 깨끗하여져서 뛸 듯이 좋아하며 자리에서 일어
나 부처님 앞에 나아가서 머리를 조아려 발에 예배하고 물러가 한쪽에
앉아서 존안을 우러러보고 한눈팔지 아니하면서 이렇게 생각하였다.
　'세존이 매우 기특하시고 하시는 일이 희유하며, 세간의 여러 가지
성품에 따라 방편과 지견으로써 법을 말씀하여 가시는 곳마다 탐하고
집착함에서 빼내어 주시나니, 우리는 부처님의 공덕을 이루 다 말할
수 없거니와 오직 부처님 세존만이 우리가 마음속 깊이 본래 원하는
바를 아시리라.'
　이때 부처님께서 여러 비구에게 말씀하였다.
　"너희는 이 부루나미다라니자를 보느냐? 나는 항상 그를 칭찬하여
법을 말하는 사람 중에 가장 제일이라 하였으며, 또 그의 여러 가지 공덕을
찬탄하되 정진하고 수호하여 나의 법을 도와 선전하며 사부대중에게
보여 주고 가르쳐서 이롭고 기쁘게 하며, 부처님의 바른 법을 구족하게

해석하여 함께 범행을 닦는 이들을 크게 이롭게 하므로 여래를 제외하고
는 그 언론의 변재를 따를 이가 없다고 하느니라. 너희들은 부루나가
나의 법만을 수호하여 도와 선전한다고 말하지 말라. 지난 세상에 구십억
부처님 처소에서도 그 부처님들의 바른 법을 수호하여 도와 선전하였으
며, 그 부처님에게서도 법을 말하는 사람들 중에 가장 제일이 되었고,
또 여러 부처님이 말씀하신 공한 법을 분명히 통달하여 네 가지 걸림
없는 지혜를 얻었으며, 항상 자세히 생각하고 청정하게 법을 말하여
의혹이 없으며, 보살의 신통한 힘을 갖추고 그의 목숨이 다하도록 항상
범행을 닦았으므로 그 부처님 당시의 사람들이 모두 말하기를 '참다운
성문'이라 하였느니라. 부루나는 이런 방편으로 한량없는 백천 중생을
이롭게 하였고 또 한량없는 아승지 사람들을 교화하여 아뇩다라삼먁삼
보리에 이르게 하였으니, 부처님의 국토를 청정케 하기 위하여 항상
불사를 지어 중생을 교화하였느니라."

• 오백제자수기五百弟子授記

"5백 명의 제자에게 수기를 준다."

여기서 5백을 숫자로만 해석하면 이 품의 깊은 의미를 모르게 된다.
5욕五慾(재욕財慾, 색욕色慾, 수면욕睡眠慾, 식욕食慾, 명예욕名譽慾)을 조복
받으면 수기를 받을 수 있다.

　　◉ 누구에게나 탐·진·치·번뇌·망상의 5가지의 장애가 있는데, 이 5가지
　　　장애가 내 제자로 있다. 수기를 줘서 그 장애를 변화시킨다.

－ 제자弟子

　　◉ 내가 배워 놓으면 아우도 배우고 아들도 배워서 써먹는 것이다.

－ 수기授記: 부처가 그 제자에게 내생에 성불成佛하리라는 예언기豫言

記를 주는 것.

◉ 먼저 사람이 한 일을 후세 사람의 마음에 기록해 놓아서 후세 사람이
보고 배우게 하는 자리.

◉ 우리 마음이 살았기 때문에 세상 이치가 보이지 않고 앞이 보이지 않는다.
또 남의 어려움이 보이지 않는다. 마음이 썩으면 세상 이치를 알게 된다.

◉ 수기란 바뀌게 하는 힘을 가졌다. 악惡이 선善으로 바뀐다.

◉ 수기를 주어서 탐·진·치·번뇌·망상을 썩혀서 바뀌게 한다.

◉ 부처님이 성불하시기 전에는 5백 제자(탐·진·치·번뇌·망상)로 인해 많은
고통을 받았다. 육신이 하자는 대로 끌려 다녀서 마음을 조복 받지 못했
다. 육신이 끄는 대로 마음이 끌려갔다. 그래서 많은 사람으로부터 조롱
을 받았다. 그러나 이 다섯 가지를 조복 받으니까 실상과 내가 하나가
되었다.

• 부루나富樓那

부처님의 십대제자 중 설법제일이다.

탐·진·치·번뇌·망상을 썩히니까 남이 듣기 편하고 듣기 좋아하는
설법을 했다.

– 미다라니: 부루나의 어머니의 이름.

– 부루나미다라니자: 부루나는 미다라니의 아들이다.

• 종불문시從佛聞是

"부처님의 설법을 듣고 따른다."

◉ 내가 닦으면, 열심히 일하면 남이 스스로 나를 따른다. 나를 거울삼아
나를 따른다.

◉ 종불문시하니 우주의 지혜와 방편이 내 것이 되어 하는 일마다 순조롭다.

- 지혜방편智慧方便 수의설법隨宜說法

"지혜와 방편으로써 그때그때 적절하게 법을 설하다."

◉ 수의설법: 하고 싶은 대로 해도 순조롭게 잘된다.

◉ 부처님이 비유와 방편을 쓴 이유는 보이지 않는 세계를 설명하기 위하여.

- 아뇩다라삼먁삼보리阿耨多羅三藐三菩提

"위없는 최고의 바르고 원만한 깨달음."

무상정등각無上正等覺, 무상정변지無上正遍智라고도 한다.

◉ 부처님 말씀은 모두 씨앗 아닌 게 없다. 모두 씨앗인데 이 씨앗이 자기에게 떨어지면 자기는 무슨 씨앗인지 모르고 있다가 스스로 꽃이 피고 열매를 맺게 된다. 꽃이 피고 열매를 맺는 것이 자기 스스로 하는 것이지 남의 도움으로 되는 것이 아니다.

지혜는 스스로 자라게 된다. 사과나무와 비슷하다. 사과나무는 가지, 잎, 꽃이 필 때까지 모르고 있다가 나중에 사과가 열리면 사과나무인 것을 알게 된다. 사과 열매가 열렸을 때는 석가모니 사과나 내 사과나 같다. 부처님의 말씀이 모두 씨앗인데 누구는 믿고 누구는 믿지 못한다. 씨앗이 떨어지면 누구나 살 수 있는 힘이 들어 있다. 남이 열매를 따 먹고 즐거워할 때까지는 자기가 아뇩다라삼먁삼보리를 얻은 줄 모르고 있다. 부처님의 말씀이 떨어져서 지혜가 자라게 된다.

- 숙세인연宿世因緣

"지난 세상에서의 인연."

◉ 부처님은 항상 인연을 주시는데 우리는 모르고 지나가 버린다.

지난(어저께) 인연이 있어야 오늘 열매를 거둘 수 있다.

어제 열심히 공부[일]한 인연이 있어야 오늘 좋은 점수를 받을 수 있다.

　● 지난 세상에서 해 놓은 것이 거름이 돼서 현세에 열매를 맺는다.

• 대자재大自在 신통지력神通之力

"크게 자재하신 신통한 힘."

　● 각자 다 자기 능력대로 살아가는 모습.

　● 살아있는 자연의 힘을 이용하면 무슨 일이든지 잘할 수 있다.

• 득미증유得未曾有 심정용약心淨踊躍

"지금까지 없었던 미증유한 법을 듣고 나니 마음이 깨끗해져서 뛸 듯이 기쁘다."

　● 심정용약이 될 때 병(우울증)도 낫는다. 다 줄 수 있는 마음이 되고 여러 사람과 같이 하나가 될 때 두려움이 없어진다.

　● 마음을 깨끗이 청소하니 마음이 편해져서 걱정 근심이 없다. 죄를 짓고 도망 다닐 때는 걱정과 공포 두려움이 많았으나 붙잡히고 나니까 오히려 마음이 편해지는 것과 같다. 나를 내려놓으니까 마음이 편해졌다.

세 가지 이야기를 듣고 미증유를 얻어서 심정용약이 되었다.

①부처님이 지혜의 방편으로 법을 설하는 것을 듣고서.

②부처님이 여러 큰 제자들에게 수기를 주심을 듣고서.

③지난 세상의 인연과 여러 부처님의 대자재 신통력을 듣고서.

• 두면예족頭面禮足

"머리를 조아려 발에 예배하다."

발에 예배하는 것은 아상我相을 버렸다는 의미이다.

• 각주일면却住一面

"물러나 한쪽에 앉아서."

오직 일심一心으로.

• 발출중생처처탐착拔出衆生處處貪著

"중생이 탐하고 집착하는 곳곳에서 빼내어 주신다."

사람은 각자 탐하는 것이 있다. 돈에 탐착하는 사람, 명예에 탐착하는 사람, 지위에 탐착하는 사람 등 각자 그것에 탐하고 집착하는데, 부처님께선 그것을 다 아시고 그 탐하고 집착하는 정도에 따라 설법을 해서 그것으로부터 탈출하게 해서 자유로워지게 하신다.

• 능어사중能於四衆 시교리희示敎利喜 구족해석불지정법具足解釋佛之正法 이대요익동범행자而大饒益同梵行者

"능히 사부대중에게 보여 주고 가르쳐서 이롭고 기쁘게 하며, 부처님의 바른 법을 구족하게 해석하여 함께 범행을 닦는 이들을 크게 이롭게 한다."

사부대중(비구, 비구니, 우바새, 우바이)에게 부처님 법을 보여 주고 가르쳐서 이익이 되게 하고, 부처님의 정법을 충실하게 해석해서 이들을 크게 풍요롭고 이익이 되게 하였다.

• 사무애지四無礙智

"4가지 걸림 없는 지혜"

사무애四無礙는 다음과 같다.

① 법무애法無礙: 온갖 교법에 통달한 것.

226

②의무애義無礙: 온갖 교법의 뜻, 요의要義를 아는 것.

③사무애辭無礙: 여러 가지 말을 알아 막힘없이 구사하는 것.

④요설무애樂說無礙: 온갖 교법을 알아 상대가 듣기 좋아하는 것을 말하는 데 자재한 것.

✿

世尊하 譬如有人이 至親友家하야 醉酒而臥러니 是時親友는 官事當行일새 以無價寶珠로 繫其衣裏하고 與之而去러니 其人은 醉臥하야 都不覺知하고 起已遊行하야 到於他國하야 爲衣食故로 勤力求索에 甚大艱難이라 若少有所得이면 便以爲足이러라. 於後親友 會遇見之하고 而作是言호대 咄哉丈夫여 何爲衣食하야 乃至如是오 我昔欲令汝得安樂하야 五欲自恣일새 於某年日月에 以無價寶珠로 繫汝衣裏라 今故現在어늘 而汝不知하고 勤苦憂惱하야 以求自活하니 甚爲癡也로다. 汝今可以此寶로 貿易所須하면 常可如意하야 無所乏短이라 하니라. 佛亦如是하야 爲菩薩時에 敎化我等하야 令發一切智心커늘 而尋廢忘하고 不知不覺하며 旣得阿羅漢道라 하야 自謂滅度나 資生이 艱難하야 得少爲足하나 一切智願은 猶在不失이니라. 今者世尊이 覺悟我等하사 作如是言하사대 諸比丘야 汝等所得은 非究竟滅이라 我久令汝等으로 種佛善根일새 以方便故로 示涅槃相이어늘 而汝는 謂爲實得滅度라 호이다. 世尊하 我今에 乃知 實是菩薩로 得受阿耨多羅三藐三菩提記하고 以是因緣으로 甚大歡喜하야 得未曾有호이다.

"세존이시여, 비유컨대 어떤 사람이 친구의 집에 갔다가 술에 취하여 누웠는데, 주인 친구는 관청 일로 집을 나가면서 값을 칠 수 없는 보배를 그의 옷 속에 매어 주고 갔으나 그 사람은 취해서 알지 못하였고, 깨어난 뒤에는 길을 떠나 다른 지방으로 두루 다니면서 의식을 위하여 부지런히 애써 돈을 버느라고 갖은 고생을 하면서 조금이라도 소득이 있으면 만족하게 생각하였습니다. 그 후 얼마 뒤에 친구를 다시 만났더니 이렇게 말하였습니다. '아, 이 사람아! 어찌하여 의식을 위하여 이 지경이 되었는가. 내가 전에 그대로 하여금 마음대로 5욕락을 누리면서 편안히 살게 하려고 어느 해 어느 달 어느 날 나를 찾아왔을 때 값을 칠 수 없는 보배를 그대의 옷 속에 매어 주지 않았던가. 지금도 그대로 있는데 그대가 알지 못하고 이렇게 고생을 하면서 군색한 생활을 하고 있으니 매우 가련한 일이로다. 이제라도 이 보배를 팔아서 필요한 물품을 바꾼다면 만사가 여의하여 부족함이 없으리라.' 하였습니다. 부처님도 그와 같아서 보살이시던 때에 저희들을 교화하여 온갖 지혜를 구하는 마음을 내게 하였사오나, 곧 잊어버리고 알지도 깨닫지도 못하였으며, 아라한의 도를 얻고는 이미 열반이라고 생각하였으므로 살림이 근근하지마는 적은 것을 얻고 만족하다 여기었으나 온갖 지혜를 얻으려는 염원은 아직 잃지 않았나이다. 이제 세존께서 저희를 깨닫게 하시려고 이렇게 말씀하시나이다. '여러 비구들이여, 그대들이 지금 얻은 것은 구경열반이 아니니라. 내가 오래전부터 그대들로 하여금 부처님의 선근을 심게 하였지마는 방편으로 부처님의 열반을 보였더니 그대들이 참으로 열반을 얻었노라 하는구나.' 세존이시여, 저희는 이제야 참으로 보살로서 아뇩다라삼막삼보리 수기를 받았나이다. 이러한 인연으로 매우 환희하여 전에 없던 일을 얻었다 하나이다."

이 말씀이 법화경의 일곱 가지 비유 중 '의리계주衣裏繫珠의 비유',

즉 '옷 속의 보물'의 비유이다.

어느 부자 친구가 자기를 찾아온 가난한 친구를 대접해 같이 술을 먹다가 가난한 친구는 술에 취해 잠을 자고, 부자 친구는 관청 일로 길을 떠나기 전에 가난한 친구 옷 속에 값을 칠 수 없는 값진 보배를 매달아 주었다. 잠을 깬 가난한 친구는 자기 옷 속에 값진 보물이 있는 줄도 모르고 의식을 구하기 위해 여전히 고생을 하면서 살고 있었다. 얼마 후 부자 친구가 가난한 친구를 다시 만났는데 여전히 고생하고 있는 것을 보고, 예전에 자기가 친구 옷 속에 값진 보물을 매달아 주었는데 그 보물을 팔아서 생활하면 안락하게 잘살 수 있었는데 하고 안타까워한다는 내용이다.

이 비유에서 부자 친구는 부처님을 말하고, 술은 오욕五慾(재욕, 색욕, 식욕, 명예욕, 수면욕)을 말하고, 술에 취한다는 것은 미혹에 싸여 있는 어리석은 중생을 의미하고, 옷 속의 보배는 불성佛性을 말한다.

우리 마음속에는 값을 칠 수 없는 값진 보물, 즉 불성이 있는데 이를 깨닫지 못하고 고생하면서 살고 있다. 중생은 부처님의 가르침으로 성문이나 아라한의 소승의 열반과 같은 작은 열반에 만족하고 있는데, 불성을 찾으면 부처님과 같은 대승의 열반을 누리게 된다. 법화경 28품 전체는 우리가 내 안에 있는 불성을 찾아서 부처님과 같은 대승의 열반을 누리게 하는 가르침이다.

수학무학인기품授學無學人記品 제9

1. 대의

앞의 「오백제자수기품 제8」에서 부처님께서는 십대제자 중 설법 제일인 부루나를 비롯한 5백 명의 아라한들에게 수기를 주신 데 이어 여기서는 부처님의 사촌이면서 다문제일多聞第一(부처님의 설법을 제일 많이 들어 외움)인 아난에게 미래에 산해혜자재통왕여래山海慧自在通王如來가 될 것이라고 수기하시고, 또 부처님의 아들이면서 십대제자 중 밀행제일密行第一인 라홀라에게도 미래에 도칠보화여래踏七寶華如來가 될 것이라고 수기하신다. 또 학무학學無學의 2천 명에게 보상여래寶相如來가 되리라고 수기하신다.

수학인授學人이란 아직 배울 것이 많이 있는 수행자를 가리키고, 무학인無學人이란 더 배울 것이 없는 수행자를 말한다. 이 두 부류의 수행자 모두에게 수기를 내리는 뜻은 모든 사람은 평등하게 불성을 가지고 있으며, 이것을 자각한다면 모두 부처가 될 수 있다는 것을 알려 주기 위함이다.

이 「수학무학인기품」에서는 지금까지 법설이나 비유설로써도 이해하지 못한 하근기 제자들을 위해 전생으로부터의 얽힌 인연을 들어 설하신다. 부루나, 아난, 라훌라, 교진여 등이 여기에 해당된다.

아난과 라훌라와 유학·무학의 제자들에게 수기를 준 후 자기는 성불할 수 없다고 생각하는 소극적인 모든 사람에게 성불의 가능성을 제시하고 있다. 이 「수학무학인기품」에 이르러 학인이나 무학인이나 모두 일승으로 성불할 수 있다는 확신을 주신다.

2. 이 품의 가르침

보이지 않는 세상의 힘을 빌려서 현세를 장엄한다.

◉ 이 세상은 먼저 보이지 않는 세상에서 결정을 하고 나서 보이는 세상에 나타난다. ⇨ 꿈, 예견.

꿈이나 예견이 실상으로 움직여지면 현몽이 되나 마魔가 움직여지면 실상 세계를 흐리게 하고 고통이 온다. 마가 작불作佛하지 않게 하기 위하여 수학授學·무학無學으로 장엄한다.

– 수학授學: 아직 배울 것이 많은 사람. 유학有學이라고도 한다.

소승 4과果 중 수다원과須陀洹果, 사다함과斯陀含果, 아나함과阿那含果가 수학 단계이다.

배워서 아는 자리.

말을 듣고 실상을 관찰해 보고 기도를 통해서 가지는 것.

무학에서 알아서 깨닫게 하는 자리 ⇒ 아난, 성문聲聞.

– 무학無學: 아라한과를 얻어 더 이상 배울 것이 없는 사람.

배우지 않아도 아는 자리.

배워서 아는 게 아니라 스스로 깨달은 자리.

자기도 모르게 솟아 나와서 이루어진다. ⇒ 라훌라, 벽지불.

기도하는 이유는 인간이 배울 수 없는 것을 알기 위하여 기도한다. 여자가 아기를 낳는 것은 아는데 아기가 생겨나는 모습은 알 수 없다.

◉ 수학授學과·무학無學 이 두 자리는 똑같다. 그래서 수기를 준다.

◉ 이 세상은 수학과 무학으로 되어 있다. 받아 가지고 온 사람이나 못 받아 가지고 온 사람이나 모두 살길은 마련되어 있다. 재산이 많은 사람 이나 없는 사람이나 각자에 맞게 살아간다.

◉ 우주 이치를 잘 알아야 내 자신이 제도가 되고 다른 사람도 제도시킬 수 있다. 우주 이치는 수학·무학을 분별하지 않고 평등하게 하여 세상이 보존된다. 이 우주는 한쪽에 치우치지 않는다.

◉ 법화경을 읽는 공덕으로 자기도 모르게 경經 속에 있는 뜻이 알아져서 지혜가 솟고 세상 이치를 알게 된다. 나도 모르게 지혜가 움직여서 깨달 음에 이르는 것이다. 내 속에서 변화되어 나오는 것은 나도 모르게 이루 어지는데, 기도하고 나서 나도 모르게 이루어지는 자리가 무학이다.

경經을 읽으면 첫 단계에서는 신력神力이 생겨서 도움을 받는다. 그러나 곧 잃는다.

그러나 꾸준히 경을 읽어서 첫째 단계를 넘어가면 둘째 단계에서는 자기에게 힘이 생겨서 남을 도와주게 된다.

3. 본문 해설

爾時에 阿難 羅睺羅而作是念호대 我等 每自思惟를 設得受記면 不亦快 乎아. 卽從座起하야 到於佛前하야 頭面禮足하고 俱白佛言하오대 世尊하 我等이 於此에 亦應有分이라호니 唯有如來는 我等所歸요 又我等이 爲一 切世間 天人阿修羅의 所見知識이며 阿難은 常爲侍者하야 護持法藏하

고 羅睺羅는 是佛之子라. 若佛이 見授阿耨多羅三藐三菩提記者인댄 我願이 旣滿하고 衆望도 亦足이니다. 爾時에 學無學聲聞弟子 二千人이 皆從座起하야 偏袒右肩하고 到於佛前하야 一心合掌하고 瞻仰世尊호대 如阿難羅睺羅의 所願이라 하고 住立一面이러니 爾時에 佛告阿難하사대 汝於來世에 當得作佛호대 號는 山海慧自在通王如來 應供 正遍知 明行足 善逝 世間解 無上士 調御丈夫 天人師 佛世尊이라. 當供養 六十二億 諸佛하야 護持法藏然後에 得阿耨多羅三藐三菩提하고 敎化二十千萬億 恒河沙 諸菩薩等하야 令成阿耨多羅三藐三菩提하리라. 國名은 常立勝幡이요 其土淸淨하야 琉璃爲地하며 劫名은 妙音遍滿이라. 其佛壽命은 無量千萬億阿僧祇劫이라 若人이 於千萬億 無量阿僧祇劫中에 算數校計로 不能得知며 正法住世는 倍於壽命하고 像法住世는 復倍正法이니라. 阿難아 是山海慧自在通王佛이 爲十方無量千萬億 恒河沙等諸佛如來의 所共讚歎이며 稱其功德이니라.

이때에 아난과 라훌라가 이렇게 생각하였다.

'우리가 매양 생각하기를 우리도 가령 수기를 받았으면 통쾌하지 않겠는가.'

곧 자리에서 일어나 부처님 앞에 나아가 머리를 조아려 발에 예배하고 함께 부처님께 사뢰었다.

"세존이시여, 저희도 이 일에 역시 분수가 있을까 하나이다. 오직 여래께만 저희가 귀의할 바이오며, 또 저희는 모든 세간의 하늘 사람 아수라들이 보고 아는 바이오니 아난은 항상 시자가 되어 법장을 수호하여 가지었고, 라훌라는 부처님의 아들이옵니다. 만일 부처님께서 아뇩다라삼막삼보리 수기를 주시면 저희 소원이 원만하겠사옵고 여러 사람의 소망도 만족할까 하나이다."

그때 학·무학 성문 제자 2천 인이 모두 자리에서 일어나 오른쪽 어깨를 드러내고 부처님 앞에 나아가 일심으로 합장하고 세존을 우러러보면서 아난과 라훌라의 소원과 같다 하고 한 곁에 머물러 있었다.

이때 부처님이 아난에게 말씀하셨다.

"너는 오는 세상에 부처를 이루어 이름을 산해혜자재통왕여래 응공 정변지 명행족 선서 세간해 무상사 조어장부 천인사 불세존이라 하려니 와, 마땅히 육십이억 모든 부처님께 공양하며 법장을 수호한 연후에 아뇩다라삼먁삼보리를 얻을 것이요, 이십천만억 항하사 보살들을 교화 하여 아뇩다라삼먁삼보리를 이루게 하리라. 나라의 이름은 상립승번이 며 그 국토는 청정하여 유리로 땅이 되었고, 겁의 이름은 묘음변만이며, 그 부처님의 수명은 한량없는 천만억 아승지겁이니 만일 사람이 천만억 무량 아승지겁 동안에 산수로 계산하여도 알지 못할 것이며, 정법이 세상에 머물기는 수명의 곱절이요 상법은 정법이 곱절이 되느니라. 아난 아, 이 산해혜자재통왕불은 시방의 한량없는 천만억 항하사 부처님 여래 들이 함께 찬탄하며 공덕을 칭찬하느니라."

• 역응유분亦應有分
"역시 분수가 있다."
내게 응분이 있다. 내가 할 일이 있고 하지 않을 일이 있다.
모든 만물은 자기에게 맞는 길이 있다.

• 천인아수라天人阿修羅 소견지식所見知識
"하늘, 사람, 아수라들이 보고 안다."

◉ 우리가 하는 일은 모두 천인 아수라를 통하여 알게 된다.

- 천인: 상相을 세워 내가 제일 잘났다고 하면 천인天人이 먼저 안다. 속에서 보살행이 나오면 모두가 즐겁게 존경하고 따르는데 자기가 상相을 세우고 잘난 체하면 싫어한다.

- 아수라: 남을 깔보고 낮춰보면 남이 가까이하지 않는다. 자기가 진 업에 의하여 자기 갈 길이 정해진다.

• 아난阿難 상위시자常爲侍者 호지법장護持法藏 라홀라羅睺羅 시불지자是佛之子 약불若佛 견수아뇩다라삼먁삼보리기자見授阿耨多羅三藐三菩提記者 아등기만我願旣滿 중망역족衆望亦足

"아난은 항상 시자가 되어 법장을 수호하여 지니었고, 라홀라는 부처님의 아들이옵니다. 만약 부처님께서 아뇩다라삼먁삼보리의 수기를 주시면 저희의 소원이 원만하겠사옵고 여러 사람의 소원도 만족할까 하나이다."

◉ 가지고 온 자리는 가지고 온 자리대로, 못 가지고 온 자리는 못 가지고 온 자리대로 알맞게 써 달라. 큰 그릇은 큰 그릇대로 작은 그릇은 작은 그릇대로 써 달라. 부처님 뜻대로, 실상의 뜻대로 써 달라는 뜻.

- 시불지자是佛之者: '부처님의 아들'이지만 부처님을 모시는 사람으로 본다. 자식을 낳는 것도 자연의 섭리에 의해서 자식이 나오고 대를 잇는 것이다.

- 호지법장護持法藏: 부처님의 일체 법장을 수호한다.

◉ 아난[侍者]과 라홀라[是佛之者]를 한데 붙여 놓은 이유는?
시자侍者: 내가 내 몸을 분명히 지킬 때(분수를 지킬 때) 지혜가 나와서 살아있는 힘이 움직인다. 고졸자가 열심히 일해서 대졸자보다 더 높이 된다.

시불지자是佛之者: 제가 알고 모든 것을 행할 수 있는 자리. 내가 알고 써먹을 수 있는 힘이 나온다.

◉ 자기 분수를 알려면 지나온 자리를 보면 알 수 있다. 지나온 자리가 험하면 분수를 지키지 못한 것이다.

• 이천인二千人

상대적인 것도 차별하지 않고 똑같이 평등으로 수기를 준다.

배울 것이 없는 사람이나 배울 것이 있는 사람이나, 노인이나 젊은이나, 부자나 가난한 사람이나, 남자나 여자나, 선한 사람이나 악한 사람이나 똑같이 수기를 준다. 이 세상 이치는 선한 사람이나 악한 사람이나 똑같이 햇빛을 비춰 주고 비를 내려 준다.

이 세상을 움직이는 힘.

①실상세계 – 자연세계. 해가 뜨고 바람 불고, 눈에 보이지는 않아도 실상의 힘으로 세상이 움직인다.

②신중세계 – 병이 나면 약을 써야 하고 가물면 논에 물을 대야 한다. 약간 도와준다.

③노력세계 – 일해야 산다. 노력해서 얻는 것은 모두 내 것이 된다. 누가 뺏어 가지 못한다.

• 당득작불當得作佛

"마땅히 부처를 이루다."

하는 일이 살아 움직여서 다른 사람을 즐겁게 한다. 기쁘게 한다.

내 공功이 이루어진다.

• 호號 산해혜자재통왕여래山海慧自在通王如來

"호는 산해혜자재통왕여래이다."

호를 주는 이유는 '지금부터는 부처님 법으로 살아라.' 하는 의미가

있고 또 '호가 담고 있는 뜻처럼 살아라.' 하는 뜻이 있다.

산같이 높고 바다같이 깊은 지혜가 스스로 통한다. 배워서 통하는

것이 아니라 스스로 생각나서 하게 되어 있다. 쓰고 싶을 때 쓴다.

　－ 산山: 산은 바라보기에는 쉽게 올라갈 것 같으나 실제로는 어렵다.

　　세상살이도 산을 오르는 것과 같다. 너는 너무 쉽게 생각했다. 쉽게

　　생각하지 말라.

　－ 해海: 마음을 바다처럼 넓게 써라.

산과 바다와 같이 되어야 지혜가 생기고, 지혜가 움직이면 자재통왕여

래가 되어 모든 것을 관리할 수 있다.

• 당공양當供養 육십이억제불六十二億諸佛

"마땅히 62억 모든 부처님을 공양하다."

62억 부처님 말씀을 믿고 따른다는 뜻.

• 상립승번常立勝幡

번幡이란 깃발이니 높고 수승한 덕을 나타냄.

아난은 다문제일이라 항상 모든 것에 수승하여 머무른 국토가 상립승

번이다.

　◉ 실상의 원리. 진리의 깃발을 꽂아 놓아 모두가 깃발을 좇아가야 한다.

깃발을 좇아가지 않고는 살 길이 없다.

◉ 우주 법칙, 진리대로 살아야지 다른 방법이 없다.

• 묘음변만妙音徧滿

"부처님의 묘한 음성이 경계까지 가득 찼다."

부처님의 말씀이 널리 퍼지고 부처님의 교화가 온 세상에 가득해서
모든 사람이 부처님께 귀의할 것이다.

✿

爾時에 世尊이 知諸菩薩의 心之所念하시고 而告之曰 諸善男子야 我與
阿難等으로 於空王佛所에 同時 發阿耨多羅三藐三菩提心이언만은 阿
難은 常樂多聞하고 我는 常勤精進일세 是故로 我已得成 阿耨多羅三藐
三菩提호니 而阿難이 護持我法하고 亦護將來 諸佛法藏하야 敎化成就
諸菩薩衆하니라. 其本願이 如是일세 故獲斯記니라. 阿難이 面於佛前에
自聞授記와 及國土莊嚴하고 所願이 具足하며 心大歡喜하야 得未曾有라
卽時에 憶念過去 無量千萬億 諸佛法藏하야 通達無礙호대 如今所聞하
며 亦識本願이라.

그때 세존이 여러 보살의 생각을 아시고 말씀하셨다.

"선남자들아, 내가 아난과 함께 공왕부처님 계신 데서 동시에 아뇩다
라삼먁삼보리심을 내었느니라. 아난은 항상 많이 듣고 외기를 좋아하였
으나 나는 부지런히 정진하여 아뇩다라삼먁삼보리를 이루었나니, 아난
은 나의 법장을 수호하고 장차 오는 세상의 여러 부처님들의 법장도
수호하면서 많은 보살들을 교화하여 성취케 하리라. 그의 본래의 서원이

238

그러하므로 이런 수기를 받느니라."

아난이 부처님 앞에서 자기의 수기와 그 국토의 장엄함을 친히 듣고, 소원이 만족하고 마음이 환희하여 미증유함을 얻고 즉시 과거세의 한량 없는 천만억 부처님의 법장을 기억하여 막힘없이 통달하니, 지금 듣는 듯하고 또 본래 서원도 알았다.

• 공왕空王
부처님의 또 다른 이름. 부처님을 높여 부르는 말.

신행의 기본자세는 듣기만 하여서는 안 된다. 우선 듣고, 생각하고, 실행을 해야 한다[삼혜三慧]. 부처님과 아난은 동시에 아뇩다라삼먁삼 보리를 이루리라 발심하였지만 아난은 법문을 외워 지니는 것을 좋아했고, 부처님은 부지런히 정진하셨기 때문에 먼저 무상정등각을 이루신 것이다.

위의 부처님의 말씀이 우리에게 전해 주시는 메시지는 신행信行의 기본자세는 부처님의 말씀을 듣기만 해서는 안 된다는 것이다. 듣고 [聞], 생각하고[思], 실행[修]해야 한다는 것이다.

– 삼혜三慧: 부처님의 가르침을 깨달아 아는 ① 문혜聞慧 ② 사혜思慧 ③ 수혜修慧의 세 가지 지혜.

"아난이 부처님 앞에서 자기의 수기와 그 국토의 장엄함을 친히 듣고 소원이 만족하고 마음이 환희하여 미증유함을 얻고 즉시 과거세의 한량없는 천만억 부처님의 법장을 기억하여 막힘없이 통달하니 지금 듣는 듯하고 또 본래 서원 도 알았다."

아난이 깨닫고 보니 모든 부처님의 법은 다 같다.

아뇩다라삼먁삼보리는 무상정등각無上正等覺, 무상정변지無上正遍智라고도 한다. 즉 위가 없는 최고의 깨달음이다.

이때의 등等은,

①평등하다. 있는 사람이나 없는 사람이나 다 같다. 배운 사람이나 못 배운 사람이나 다 같다.

②깨달으면 다 같다는 의미를 갖는다.

우리도 아뇩다라삼먁삼보리를 얻으면 석가모니부처님이 깨달은 것이나 우리가 깨달은 것이나 다 같다. 진리는 절대 하나다.

✿

爾時에 佛告羅睺羅하사대 汝於來世에 當得作佛하리니 號는 蹈七寶華如來 應供 正遍知 明行足 善逝 世間解 無上士 調御丈夫 天人師 佛世尊이라. 當供養十世界微塵等數 諸佛如來하며 常爲諸佛의 而作長子호대 猶如今也리라. 是蹈七寶華佛의 國土莊嚴과 壽命劫數와 所化弟子와 正法像法은 亦如山海慧自在通王如來無異며 亦爲此佛의 而作長子라 過是已後에 當得阿耨多羅三藐三菩提니라.

그때 부처님이 라홀라에게 말씀하셨다.

"너는 오는 세상에 부처가 되어 이름을 도칠보화여래 응공 정변지 명행족 선서 세간해 무상사 조어장부 천인사 불세존이라 하려니와, 마땅히 열 세계의 티끌 수만큼의 부처님 여래께 공양하면서 여러 부처님의 장자가 되리니 지금과 같으리라. 이 도칠보화부처님의 국토의 장엄하기와 수명 겁수와 교화하는 제자와 정법과 상법이 산해혜자재통왕여래와 같아서 다르지 않을 것이요, 그 부처님의 장자가 될 것이며, 그런 뒤에 아뇩다라삼먁삼보리를 얻으리라."

• 도칠보화踏七寶華

인행忍行 때에 7가지 공덕을 넓게 닦은 과果의 결과로 얻은 도칠보연화.

도踏는 밟다, 걷다의 뜻이니 석가모니부처님께서 태어나자마자 일곱 걸음을 걸으셨다는 것과 연결된다. 라홀라는 밀행제일이니 참고 수행하는 데 있어 제일이므로 이런 호를 얻은 듯하다.

  – 밀행密行: 마음에 생각하는 바를 겉으로 나타내지 않고 행하는 것. 현명한 지혜를 마음속에 가지고 있으면서도 겉으로는 변변찮고 어리석은 체하며 중생을 교화한다.

• 보상여래寶相如來

"보배와 같은 모양을 한 여래."

누구나 간직하고 싶고 아끼고 싶은 마음이 생겨난다.

  ◉ 지혜를 말할 때는 자연의 지혜와 인간의 지혜가 있다. 자연의 지혜는 실상 속에 있는데, 부처가 되면 이 지혜를 마음대로 쓸 수 있다. 석가모니 부처님이 깨달은 지혜가 자연의 지혜이다. 석가모니부처님이 깨달은 자리가 바로 문수사리이다. 인간의 지혜는 사람이 살아가면서 어떠한 경우라도 그 경우에 맞게 적절하게 대처할 수 있는 능력을 말한다. 근기가 아주 높은 사람들이 갖고 있는데 사리불이 그 대표자이다. 그러나 이 지혜는 완전하지 못하여 욕심이 움직이면 손해를 보게 된다.

  – 사리불: 인간의 지혜, 지혜의 화신.

  – 문수사리: 영혼의 지혜, 세상의 이치, 지혜의 전달자. 실상의 지혜를

인간에게 전달함. 무수한 과거 부처의 지혜를 계속 내려오게 하는
전달자.
- **지적보살**: 땅의 지혜를 말함. 땅에서 나서 자라는 것은 오랜 세월
동안 땅이 간직한 지혜의 힘을 얻어 자란다. 어머니는 여러 자식을
키웠던 경험이 축적되어 자식을 기르는 지혜를 갖게 된다.

법사품法師品 제10

1. 대의

법사法師란 출가해서 승려가 되어 법문을 하는 사람이나 또는 재가
불자로서 경전 지식이 풍부하여 부처님 말씀을 전하는 사람만을 일컫는
것이 아니라, 남을 위하여 부처님의 가르침을 설하는 사람 모두를
가리킨다.

이 품은 그러한 법사의 마음가짐, 특히 말세에 살고 있는 우리가
어떠한 마음가짐으로 법을 설해야 하는지, 또 바르게 법을 설하는
사람에게는 어떠한 공덕이 있는가에 대해 설명하셨다.

「법사품」 전 품까지는 성문 제자를 위해 설법하셨고, 「법사품」부터는
보살을 위해 설법하신다. 앞의 「수학무학인기품 제9」까지는 성문 제자
들에게 미래에 성불할 것이라는 수기를 주신 것이고, 여기 「법사품」부터
는 미래세에 법화경을 듣고 환희하는 보살들에게 모두 성불할 것이라는
수기를 약속하신다.

모든 글은 서론, 본론, 결론으로 구성되듯이 불경佛經도 서분序分,
정종분正宗分, 유통분流通分의 세 부분으로 나눠져 있다.

유통분이란 경經의 결론 부분으로서 그 경의 뛰어난 공덕을 나타냄으

로써 이 경을 세상에 널리 유통시키기를 당부하는 것을 말한다.

성문을 구하는 사람, 벽지불을 구하는 사람, 부처 되기를 구하는 사람이 법화경을 듣고 기뻐한 사람이나 여래가 열반한 후에 법화경의 한 게송 한 구절만이라도 듣고 기뻐한 사람도 아뇩다라삼먁삼보리를 얻는다고 하였다. 또 법화경을 수지受持, 독송讀誦, 해설解說, 서사書寫하거나 법화경을 부처님처럼 공경하고 여러 가지 향이나 보석이나 풍악으로 공양한 사람도 아뇩다라삼먁삼보리를 얻을 것이다. 그러므로 부처님의 설법을 듣는 모든 사람은 성문, 연각, 보살의 구별이 없이 모두 성불할 것을 밝히고 있다.

따라서 부처님께서 법화경을 설하시는 목적은 모든 중생은 불성을 가지고 있으므로 법화경을 듣고 기뻐한 사람은 누구나 성불할 수 있다는 것을 약속하신 것이다.

이 「법사품」에서는 법사가 부처의 심부름꾼임을 밝히셨고, 법사가 법화경을 설할 때 갖추어야 할 마음가짐에 대하여 말씀하셨다. 즉 법화경을 설하는 법사는,

①여래의 방에 들어가서, ⇨ 여래실如來室

②여래의 옷을 입고, ⇨ 여래의如來衣

③여래의 자리에 앉아서 설해야 한다. ⇨ 여래좌如來座
라고 하셨다.

여래의 방이란 중생에게 기쁨을 나눠 주는 부처님의 자비심, 여래의 옷이란 인욕의 마음이며, 여래의 자리란 제법諸法이 공空한 것임을 깨달아 집착에서 벗어나는 것을 말한다.

또한 이 품에서는 불도를 구하는 중생이 법화경을 듣고 믿고 이해하고

받아 지닌다면 이 사람은 아뇩다라삼먁삼보리에 가까워진다는 것을 '고원천착高原穿鑿'의 비유로써 설명하셨다. 즉 높은 언덕 위에다 우물을 판다는 비유로써 고원高原은 중생들이 사는 고통의 세계를 의미하고, 우물을 판다는 것은 고통에서 벗어나려는 노력을 의미하며, 물을 구한다는 것은 불과佛果를 증득하는 것에 비유한다.

2. 본문 해설

爾時에 世尊이 因藥王菩薩하사 告八萬大士하사대 藥王아 汝見是大衆中에 無量諸天 龍王과 夜叉 乾闥婆와 阿修羅 迦樓羅와 緊那羅 摩睺羅伽와 人與非人과 及比丘比丘尼와 優婆塞優婆夷의 求聲聞者와 求辟支佛者와 求佛道者와 如是等類 咸於佛前에 聞妙法華經의 一偈一句하고 乃至一念隨喜者는 我皆與授記호대 當得阿耨多羅三藐三菩提니라. 佛告藥王하사대 又如來滅度之後에 若有人이 聞妙法華經을 乃至一偈一句하야 一念隨喜者라도 我亦與授 阿耨多羅三藐三菩提記니라. 若復有人이 受持讀誦하며 解說書寫 妙法華經호대 乃至一偈하며 於此經卷에 敬視如佛하고 種種供養 華香瓔珞이며 末香塗香燒香이며 繒蓋幢幡이며 衣服伎樂하고 乃至合掌恭敬하면 藥王아 當知하라 是諸人等은 已曾供養 十萬億佛하고 於諸佛所에 成就大願호대 愍衆生故로 生此人間이니다. 藥王아 若有人이 問何等衆生이 於未來世에 當得作佛고 하면 應示是諸人等이 於未來世에 必得作佛이니라. 何以故요 若善男子善女人이 於法華經에 乃至一句를 受持讀誦하고 解說書寫하며 種種供養經卷을 華香瓔珞과 末香塗香燒香과 繒蓋幢幡과 衣服伎樂하고 合掌恭敬하면 是人은 一切世間의 所應瞻奉이라 應以如來供養으로 而供養之니 當知此

人은 是大菩薩이라. 成就阿耨多羅三藐三菩提언만은 哀愍衆生하야 願生此間하야 廣演分別 妙法華經이온 何況盡能受持하고 種種供養者야따녀. 藥王아 當知하라 是人은 自捨淸淨業報하고 於我滅度後에 愍衆生故로 生於惡世하야 廣演此經이니라. 若是善男子善女人이 我滅度後에 能竊爲一人하야 說法華經호대 乃至一句하면 當知是人은 則如來使라 如來所遣으로 行如來事커든 何況於大衆中에 廣爲人說이야따녀.

이때 세존께서 약왕보살을 인하여 팔만 대사에게 말씀하셨다.

"약왕이여, 그대는 이 대중 가운데 있는 한량없는 하늘 용왕 야차 건달바 아수라 가루라 긴나라 마후라가 사람과 사람 아닌 이와 비구 비구니 우바새 우바이 등을 보라. 성문을 구하는 이, 벽지불을 구하는 이, 불도를 구하는 이들로서 부처님 앞에서 묘법연화경의 한 게송 한 구절을 들은 이와 내지 한순간이라도 기뻐한 이들을 내가 모두 수기하노니, 마땅히 아뇩다라삼먁삼보리를 얻으리라."

부처님은 약왕보살에게 말씀하셨다.

"또 여래가 열반한 후에라도 어떤 사람이 이 묘법연화경의 한 게송 한 구절만이라도 듣고 한순간만이라도 기뻐한 이에게도 내가 아뇩다라삼먁삼보리의 수기를 주노라. 또 어떤 사람이 묘법연화경에서 내지 한 구절만이라도 받아 지니고 읽고 외우고 해설하고 쓰거나, 이 경전 공경하기를 부처님과 같이 하여 갖가지 꽃 향 영락 가루향 바르는 향 사르는 향 일산 당기 번기 의복 풍악으로 공양하거나 내지 합장하고 공경하면 약왕이여, 이 사람들은 이미 십만억 부처님께 공양하였고 여러 부처님 계신 데서 큰 서원을 성취하고도 중생을 어여삐 여기어서 이 인간에 난 줄을 알아야 하느니라. 약왕이여, 어떤 사람이 묻기를 '어떠한 중생이

오는 세상에서 부처가 되겠느냐?' 하거든 '이런 사람이 오는 세상에서 반드시 성불하리라.'고 대답하라. 왜냐하면 만일 선남자선여인이 이 묘법연화경에서 내지 한 구절이라도 받아 지니고 읽고 외우고 해설하고 쓰며, 갖가지로 이 경에 공양하되 꽃 향 영락 가루향 바르는 향 사르는 향 일산 당기 번기 의복 풍악으로 하거나 합장하고 공경하면 이 사람은 모든 세간들이 우러러 받들어야 하며 여래에게 공양하는 것으로 공양해야 하느니라. 마땅히 알아라, 이 사람은 대보살로서 아뇩다라삼먁삼보리를 성취하였건마는 중생을 어여삐 여기어서 이 세상에 태어나기를 원하여서 묘법연화경을 널리 연설하여 분별하는 이어든 하물며 전부를 받아 지니며 갖가지로 공양하는 일이랴. 약왕이여, 이 사람은 청정한 업보를 스스로 버리고 내가 열반한 뒤에 중생을 딱하게 여기어서 나쁜 세상에 나서 이 경을 연설하는 줄을 알아야 하느니라. 만일 이 선남자선여인이 내가 열반한 뒤에 그윽이 한 사람만을 위하여 이 묘법연화경에서 내지 한 구절이라도 말해 준다면 이 사람은 여래의 심부름꾼이며 여래가 보내신 이이며 여래의 일을 행하는 이인 줄을 알아야 하나니, 하물며 대중 가운데서 사람들을 위하여 널리 연설함일까 보냐.

• 세존世尊 인약왕보살因藥王菩薩 고팔만대사告八萬大士

"세존께서 약왕보살로 인하여 팔만 대사에게 말씀하셨다."

- 인因: '인하여'란 말은 부처님이 누군가에게 설하시지만 여러 사람이 다 같이 듣게 되는 것을 말한다. 「법사품」에 약왕보살을 등장시킨 것은 법사는 응당 약왕보살처럼 난행고행과 낙습고행을 해서 중생을 구제하는 힘을 길러야 한다는 의도가 담겨 있다.

- 약왕보살藥王菩薩

◉ 약왕보살은 난행고행難行苦行을 해서 낙습고행樂習苦行으로 이어져 일체
중생희견보살一切衆生喜見菩薩이 된 분이다.

처음에는 서툴지만 자꾸자꾸 노력하여 익숙해져서 남들이 쓸 수 있게
만들어 놓으면 약왕이다.

약藥은 평등을 상징한다. 약은 신분이 높고 낮음에 상관없이 약효가
똑같다. 법사는 약과 같이 누구에게나 평등 공양을 해야 한다. 법을
전하는 사람은 누구에게나 평등한 마음을 내야 한다.

약왕보살처럼 열심히 노력하는 사람이 말하면 그 말을 믿고 그대로 행한
다. 왜 그런가 하면 열심히 노력하는 사람에게는 약왕보살의 힘이 들어
있어서 변화시키는 힘이 있기 때문이다. 난행고행, 낙습고행을 한 사람
이 말을 하면 약왕보살의 변화의 힘이 움직인다.

이 세상 모든 것은 남을 도와주는 보살로 되어 있다. 즉 이 세상에 존재하
는 것은 나 혼자로는 살 수 없고 서로서로 도우면서 살아야 한다. 남을
도와주는 것이 나를 돕는 것이다. 그리고 이 세상은 약왕보살의 난행고
행을 통해서 이루어진다. 약왕보살의 힘은 우주 실상을 움직이게 한다.
말을 앞세우지 말고 난행고행을 하고 나면 남이 기꺼이 따르게 된다.
그것은 자기가 노력할 때 시방十方의 힘을 받아 썩혀서 열매가 맺게
되면 말에 힘이 생기게 되기 때문이다. 부모는 열심히 살지 않으면서
자식에게 잔소리하면 자식은 그 부모 얘기를 듣지 않는다.

- 팔만대사八萬大士: 부처가 되고자 하는 팔만의 대보살.

① 팔부신중을 의미한다.

② 사농공상士農工商 인의예지仁義禮智를 말한다.

• 사士: 부모가 약왕보살처럼 난행고행을 하면 공부를 안 하던 자식
이 공부를 하게 된다.

• 농農: 약왕보살처럼 난행고행을 하면 농사를 잘 짓게 된다.

• 공工: 약왕보살처럼 난행고행을 하면 공업을 잘하게 된다.

- 상商: 약왕보살처럼 난행고행을 하면 모든 사람에게 이익을 내게 한다.
- 인의예지仁義禮智: 약왕보살처럼 난행고행을 하면 인의예지가 바로 선다.
  - ◉ 세존의 말씀은 대충대충 사는 사람에게는 들리지 않는다. 세존의 말씀은 열심히 사는 사람(팔만대사: 사농공상인의예지)에게 들린다. 약왕보살을 통해서 들린다는 말은 약왕보살처럼 난행고행, 낙습고행을 통해서 일체 중생희견보살의 경지까지 간 사람에게 실상의 소리, 세상의 이치가 들린다. 아무한테나 들리는 것이 아니다.

상대에게 내 마음을 먼저 주고 나서 상대의 마음을 받을 생각을 해야 한다. 부부 간에도 남편은 아내에게 아내는 남편에게 자기 마음을 먼저 주고 상대의 마음을 기다려야 한다. 사제지간에도 스승도 제자에게 마음을 먼저 주고 제자의 마음을 기다려야 한다. 자기 마음을 꽉 닫아 두고 상대의 마음을 받을 생각을 해선 안 된다.

  - ◉ 이 세상을 보게 되는 것은 부처님이나 보살을 통해서 보는 것이 아니라 나를 괴롭히는 사람을 통해서 이 세상을 보게 된다. 선善을 통해서 이 세상을 보게 되는 것이 아니라 악惡을 통해서 이 세상을 보게 된다.
    ⇨ 번뇌 즉 보리.

- 팔부신중八部神衆: 불법을 수호하고 대중을 교화하는 신장, 장수. 천, 용왕, 야차, 아수라, 건달바, 긴나라, 가루라, 마후라가를 아울러 이르는 말이다.

• 문묘법연화경聞妙法華經 일게일구一偈一句 내지乃至 일념수희자一念隨喜 者 아개여수기我皆與授記

"묘법연화경의 한 게송 한 구절이라도 들은 이와 내지 한순간이라도 기뻐한 이들을 내가 모두 수기하노니….”

◉ 내가 너희 마음에다 부처님의 씨를 던져서 지혜를 얻게 해 주겠다. 법화경
  의 한 게송 한 구절을 듣거나 한 생각 기뻐한 사람은 그 자리에서 자연적으
  로 수기가 들어가게 된다. 그래서 자기가 살 수 있는 씨앗이 들어가면
  그 씨앗이 터져 나오면서 자기가 하루 일을 하면 열흘 살 수 있게 되고,
  한 마디를 들으면 열 마디를 깨닫게 되는 힘이 생겨난다.

◉ 법사: 법문을 하는 사람, 지나간 세월 속에 들어간 사람, 지난 세월과
  같이하는 사람, 경經 속에 들어가서 그때 하신 말씀을 다 알고 그것을
  경험한 사람, 자연 실상의 이치를 잘 알아서 다른 사람의 길을 찾게
  해 주는 사람. 법사 수기를 받은 사람만이 아니라 법화경을 읽고 기쁨을
  느끼는 사람 모두를 가리킨다.

◉ 법사들에게는 괴롭고 힘들게 하는 마魔가 따라다닌다. 근심과 걱정을
  주는 사람의 마음을 정리할 때 비로소 자기의 고통이 끝나게 된다.
  법사는 전생에 자기를 괴롭힌 사람을 통해서 이 세상이 보이게 된다.
  절대 부처님을 통해서 이 세상이 보이는 게 아니다. 그래서 약왕보살이
  등장하게 된다. 마치 제바달다가 석가모니부처님의 사촌으로 와서 석가
  모니를 괴롭히듯이 가까운 사람으로 나타난다.
  법사 수기는 어떻게 내리는가?
  법사는 긴 세월 동안 법화경 속에 들어가서 법화경과 같이 살다가 이
  세상에 온 사람이다. 그 사람의 겁劫을 보고 수기를 내린다. 어떤 사람은
  몇 겁을 다녀간 사람도 있고, 거기서 이 세상에 오지 않은 사람도 있고,
  오지 않고 있다가 온 사람도 있고, 또 몇 번씩 이 세상에 왔다 갔다 하면서
  법문을 많이 들은 사람에게 법사 수기를 내린다.

☞ 스승님께서 우리에게 말씀하시기를 누구나 무슨 말을 하고 어떤
  행동을 하면 그 말이나 행동이 그냥 없어지는 게 아니라 우주공간에

있는 그 사람의 창고에 비디오 필름처럼 보관된다고 하셨다. 그래서 어떤 사람이 면담하러 오면 그 사람의 창고에 들어가서 그 사람의 비디오 필름을 보고 어떻게 살아온 사람인지를 알고 나서 면담을 하신다고 하셨다.

- 일게一偈: 한 게송

자기가 말해 놓고 자기 말을 칭찬한다.

- 일구一句: 한 구절

상대방에게 얘기하면 그 사람이 받아들인다.

- 일념수희자一念隨喜者: 한 생각 동안 따라서 기뻐한 사람.

내가 남에게 듣고 상대에게 전달하지만 상대방 마음은 변화시키지 못한다.

• **수지독송受持讀誦 해설서사解說書寫 묘법화경妙法華經**

법화경을 ① 받아 지니고, ② 읽고, ③ 외우고, ④ 해설하고, ⑤ 쓴다. 이 다섯 가지는 법사의 수행 덕목이므로 이것을 오종법사五種法師라고 한다. 이 다섯 가지 중에서 받아 지니는 것은 정행正行(주된 수행)이고 나머지 네 가지는 조행助行(수행을 돕는 수행)이라 한다.

받는다〔受〕는 것은 마음에 깊이 믿는다는 뜻이요, 지닌다〔持〕는 것은 마음에 믿는 것을 변하지 않고 계속 유지한다는 의미이다.

- **수지독송受持讀誦**: 간직하고 읽고 외우고 올바르게 살려고 애쓰고 노력하는 자리.

• **이증공양已曾供養 십만억불十萬億佛**

"일찍이 10만억 부처님께 공양을 마치고."

남에게 말을 듣고 상대에게 전달할 때 살을 붙이고 연구해서 상대방에게 환희심이 나게 한다.

• 당득當得 아뇩다라삼먁삼보리阿耨多羅三藐三菩提

"마땅히 최상의 깨달음을 얻는다."

기운이 다할 때까지 일을 열심히 하다 보면 마음에 와서 닿는 자리가 생기게 된다. 이때 이치를 터득하게 된다.

• 여래멸도지후如來滅度之後

"여래가 열반하고 난 후에."

세상의 힘이 다해서 끝날 때, 무너질 때, 자연의 질서가 다 무너질 때를 말한다. 세상의 힘이 아직은 남아 있어서 무너졌다 다시 생겨나서 이어질 때.

• 종종공양경권種種供養經卷 화향영락華香瓔珞 말향도향소향末香塗香燒香 증개당번繒蓋幢幡 의복기악衣服伎樂

"갖가지로 이 경에 공양하되 꽃, 향, 영락, 가루 향, 바르는 향, 사르는 향, 일산, 당기, 번기, 의복, 풍악으로 하거나 합장하고 공경하면."

– **십종공양十種供養**: 꽃華, 향香, 영락瓔珞, 말향抹香, 도향塗香, 소향燒香, 증개繒蓋, 당번幢旛, 의복衣服, 기악伎樂.

– 증개: 비단으로 만든 양산.

– 당번幢幡: 법회 등 의식이 있을 때 불보살의 성덕盛德을 나타내기 위하여 경내境內에 세우는 깃발. 당幢은 장대 끝에 용머리를 만들고, 깃발에 불화佛畫를 그려 달고, 번幡은 꼭대기에 종이나 비단 따위를

가늘게 오려서 단다.

☞ 경전에 자주 언급되는 꽃이나 향이나 영락 등 여러 가지 공양물을 부처님께 바친다는 의미는 부처님께 아름답게 꾸미고 값비싼 보물을 바치라는 것이 아니라, 우리 마음속에 있는 탐진치 번뇌 망상을 부처님께 바쳐서 없애라는 뜻이다. 부처님은 자신을 아름답게 꾸미거나 값비싼 보석을 원하지 않으신다. 부처님께 공양하는 여러 가지 공양물은 모두 우리의 6근을 청정하게 하라는 뜻이다.

꽃은 아름다운 겉모습에 가려 실상을 제대로 보지 못하는 것을 경계하라는 뜻이고, 향은 좋은 냄새에 이끌려서 사물의 판단을 흐리게 하는 것을 경계하며, 영락은 값비싼 보물을 갖고 싶어 하는 재물에 대한 탐심을 끊어 버리라는 의미이고, 각종 향(말향, 도향, 소향)은 향기에 취해 본성을 잃어버리는 것을 경계하고, 증개와 당번은 나를 내세우는 아상을 내려놓으라는 의미이며, 의복과 기악은 나를 꾸미지 말라, 허상에 집착하지 말라는 의미라고 생각된다.

• 십만억불十萬億佛 어제불소於諸佛所

"십만억 부처님이 계신 모든 곳에"

◎ 십만억 부처님이란 시방세계를 다 경험한 사람, 세상의 모든 걸 다 경험한 사람을 말한다.

어떤 때는 사람도 되어 봤고, 짐승도 되어 봤고, 잘살아도 봤고, 못살아도 봤고, 양반도 되어 봤고, 상놈도 되어 봤고 모든 것을 다 경험해 봤다. 시방세계를 다 돌고 온 자리. 이 세상 사바세계의 모든 것을 다 알고 있는 보살, 그래서 시방세계를 다 살릴 수 있는 힘을 가진 보살이다.

藥王아 當知하라. 如來滅後에 其能書持 讀誦供養하고 爲他人說者는
如來則爲 以衣覆之하며 又爲他方 現在諸佛之所護念이라. 是人 有大
信力과 及志願力과 諸善根力하나니 當知是人은 與如來로 共宿이며 則爲
如來 手摩其頭니라. 藥王아 在在處處에 若說若讀커나 若誦若書하며 若
經卷所住處는 皆應起七寶塔하야 極令高廣嚴飾하고 不須復安舍利니
所以者何오 此中에 已有如來全身이니라. 此塔은 應以一切 華香瓔珞과
繪蓋幢幡과 伎樂歌頌으로 供養恭敬하며 尊重讚歎이니 若有人이 得見
此塔하고 禮拜供養하면 當知是等은 皆近阿耨多羅三藐三菩提니라.

"약왕이여, 여래가 열반한 뒤에 어떤 사람이 이 경전을 능히 쓰고 지니
고 읽고 외우고 공양하며 다른 이에게 말한다면 여래가 곧 그에게 옷으로
덮어 줄 것이며 다른 세계에 있는 부처님의 호념하시는 바이니라. 이
사람은 크게 믿는 힘과 염원하는 힘과 선근의 힘이 있는 이이니, 이 사람
은 여래와 함께 자는 이이며 여래가 손으로 그의 머리를 쓰다듬을 것이니
라. 약왕이여, 어디서든지 이 경을 말하거나 읽거나 외우거나 쓰거나
이 경전이 있는 곳에는 마땅히 칠보로 탑을 쌓되 지극히 높고 넓고 장엄하
게 꾸밀 것이요, 다시 사리를 봉안하지 말 것이니라. 왜냐하면 이 가운데
는 이미 여래의 전신이 있는 연고이니라. 이 탑에는 마땅히 온갖 꽃과
향과 영락과 비단 일산과 당기와 번기와 풍류와 노래로 공양하고 존중하
고 찬탄해야 하느니라. 만일 어떤 사람이 이 탑을 보고 예배하고 공양한
다면 이 사람은 벌써 아뇩다라삼먁삼보리에 가까운 이인 줄을 알아야
하느니라."

- 여래즉위如來則爲 이의부지以衣覆之 우위타방又爲他方 현재제불지소호념 現在諸佛之所護念

  "여래가 곧 그에게 옷으로 덮어 줄 것이며 다른 세계에 있는 부처님의 호념하시는 바이니라."

  여래의 옷이란 부드럽고 화평하고 욕됨을 참는 마음인데, 이 옷으로 덮어 준다는 말은 여래가 그런 마음으로 장엄한다는 의미이다. 부처님이 호념하신다는 말은 법화경을 설하는 법사는 실상의 지혜를 전달하는 것이므로 모든 부처님이 보호해 주신다는 의미이다.

- 선근善根

  모든 법의 실상을 아는 것이 모든 선을 행하는 근본이 된다. 착한 일을 행하는 근본.

- 여여래공숙與如來共宿

  "여래와 함께 자는 이"

  법화경 수행으로 일승一乘의 세계에 이르니 일체가 여래와 같은 위치에 있게 된다는 말.

- 즉위여래則爲如來 수마기두手摩其頭

  "여래가 손으로 그의 머리를 쓰다듬는다."

  - 수마기두手摩其頭: 머리를 만지는 것은 인도의 풍습으로 '너를 믿고 내가 맡긴다'는 뜻. 부처님이 머리를 만진다는 것은 부처님이 믿고 법화경을 맡기니 내가 열반한 뒤에 이 경을 널리 펴라는 뜻.

- 약경권소주처若經卷所住處 개응기칠보탑皆應起七寶塔

"이 경전이 있는 곳에는 마땅히 칠보로 탑을 쌓아라."

법화경이 있는 곳에는 부처님의 지혜와 복덕을 세상에 널리 알려라.

이 탑은 칠보로 장엄되어 있으니 누구든지 와서 이 보물을 꺼내서 자기 것으로 만들어라.

> ◉ 탑돌이를 하는 이유는 부처님의 보탑 속에는 우주의 보물이 장엄되어 있으니 그것을 꺼내 쓰라는 뜻이 담겨 있다. 보통 일곱 바퀴를 도는데, 이 의미는 내가 갖고 있는 칠보가 잘 있는지 점검받는 과정이다.
>
> 이 세상에는 하늘〔天〕, 땅〔地〕, 사람〔人〕의 3칠보가 있다.

- 극령고광엄식極令高廣嚴飾 불수부안사리不須復安舍利 소이자하所以者何 차중此中 이유여래전신已有如來全身

"지극히 높고 넓고 장엄하게 꾸밀 것이요, 다시 사리를 봉안하지 말 것이니, 왜냐하면 이 가운데는 이미 여래의 전신이 있는 연고이니라."

부처님이 깨치신 진리를 설한 법화경은 그 자체가 법신사리이기 때문에 다시 불필요하게 다른 사리를 봉안할 필요가 없다는 말씀이다.

✿

藥王아 譬如有人이 渴乏須水하야 於彼高原에 穿鑿求之호대 猶見乾土하면 知水尙遠이나 施功不已하야 轉見濕土하고 遂漸至泥하면 其心에 決定 知水必近이니 菩薩도 亦復如是하야 若未聞未解하며 未能修習是 法華經하면 當知是人은 去阿耨多羅三藐三菩提 尙遠이요 若得聞解하야 思惟修習하면 必知得近阿耨多羅三藐三菩提니 所以者何오 一切菩薩의 阿耨多羅三藐三菩提는 皆屬此經이니라.

"약왕이여, 마치 어떤 사람이 목이 말라 물을 구하려고 높은 등성이에 우물을 팔 적에 마른 흙이 나오는 것을 보고는 물이 아직 먼 줄을 알거니와, 파기를 쉬지 아니하여 젖은 흙을 보게 되고 점점 더 파서 진흙이 나오게 되면 마음속으로 물이 결정코 가까운 줄을 아느니라. 보살도 그와 같아서 이 묘법연화경을 듣지도 못하고 이해하지도 못하고 닦아 익히지도 못한다면 이 사람은 아뇩다라삼먁삼보리에 이르기 아직 먼 줄을 알거니와, 만일 듣고 이해하고 생각하고 받아 익힌다면 반드시 아뇩다라삼먁삼보리가 가까워지는 줄을 알 것이니, 무슨 까닭이냐. 모든 보살의 아뇩다라삼먁삼보리가 다 이 경에 소속한 연고이니라."

이 '고원천착高原穿鑿'의 비유는 법화경의 법화칠유法華七喩(법화경의 일곱 가지 비유)에는 들지 않는 비유이지만 아뇩다라삼먁삼보리를 얻기 위해서는 언덕에 우물을 파서 물이 나오는 것과 같이 쉬지 않고 꾸준히 노력해야 한다는 말씀이다. 언덕에다 우물을 판다는 것은 언덕은 평지보다 우물을 파기가 어렵지만 언덕에도 물이 있는데 열심히 파면 언젠가는 틀림없이 물을 얻을 수 있다. 즉 근기가 낮아 법화경을 이해하기 어려운 사람일지라도 열심히 불도를 닦으면 언젠가는 아뇩다라삼먁삼보리를 얻게 된다는 말씀이다.

고원은 고통의 바다인 현실세계를 말하며, 샘을 판다는 것은 번뇌에서 벗어나려는 노력이나 수행을 뜻한다.

- 높은 언덕: 근기가 낮아 부처님 말씀을 이해하기 어려운 사람
- 물을 구한다: 아뇩다라삼먁삼보리를 구한다. 성불한다.
- 마른 흙: 소승
- 젖은 흙: 방편을 사용하여 지혜를 얻으려는 가르침

- 진흙: 법화경
- 물: 아뇩다라삼먁삼보리. 부처의 지혜

❀

藥王아 若有善男子善女人이 如來滅後에 欲爲四衆하야 說是法華經者는 云何應說고 是善男子善女人은 入如來室하고 著如來衣하며 坐如來座하사 爾乃應爲四衆하야 廣說斯經이니 如來室者는 一切衆生中에 大慈悲心이 是요 如來衣者는 柔和忍辱心이 是요 如來座者는 一切法空이 是니 安住是中 然後에 以不懈怠心으로 爲諸菩薩及四衆하야 廣說是法華經이니라.

"약왕이여, 만일 선남자선여인이 여래가 열반한 뒤에 사부대중을 위하여 이 법화경을 말하려면 어떻게 말해야 하겠는가. 이 선남자선여인이 여래의 방에 들어가서 여래의 옷을 입고 여래의 자리에 앉아서야 사부대중을 위하여 이 경을 널리 말할 것이니, 여래의 방이란 것은 온갖 중생 가운데 대자비한 마음이요, 여래의 옷이란 것은 부드럽고 화평하고 욕됨을 참는 마음이요, 여래의 자리란 것은 모든 법의 공한 것이니 이런 가운데 편안히 머물러 있으면서 게으르지 않은 마음으로 여러 보살과 사부중을 위하여 법화경을 널리 말할 것이니라."

법화경을 설하는 사람의 마음가짐에 대하여 말씀하신다. 즉 여래 멸후 법화경을 널리 전파하는 사람은 다음의 세 가지를 명심하라는 말씀이다. 이를 '홍교弘敎의 삼궤三軌'라 한다.

— 민희식, 『법화경과 신약성서』

- **홍교삼궤**弘敎三軌: 적극적인 법화경 전파 자세

① 여래의 방: 일체중생에게 꼭 맞는 대자비심. 깨달음을 얻어야 자비
   심이 생긴다. 자비심이 있으면 여래의 방에 들어간 것이고 자비심이
   없으면 여래의 방에 들어가지 못한 것이다.

② 여래의 옷: 부드럽고 화평한 인내심 ⇨ 유화인욕柔和忍辱

③ 여래의 자리: 일체 법이 공空함을 안다. ⇨ 평등

"나무묘법연화경"을 부르는 이유

이 뜻은 '나는 법화경에 귀의한다'는 의미인데 경을 펴기 전에 3번
내지 5번을 소리 내어 외우고 경을 읽는다.

법화경 속에는 여래의 전신全身이 있다.

법화경 28품 전체 69,384자를 축약한 것이 '묘법연화경' 다섯 자이고,
이 제목에는 구원실성의 본불이신 석가모니부처님, 증명불이신 다보
부처님과 시방의 분신 부처님께 귀의한다는 뜻이 들어 있다.

견보탑품見寶塔品 제11

1. 대의

부처님께서는 앞의 「법사품 제10」에서 말세에 법화경을 설하는 사람이 가져야 할 마음가짐과 그 가르침을 설하는 사람이 받을 공덕에 관하여 설하셨다. 그리고 말씀이 끝나자마자 눈앞에 크고 찬란한 탑이 땅으로부터 솟아올라 왔다. 그리고 그 탑 속에서 "훌륭하고 훌륭하다. 석가모니불께서는 평등한 큰 지혜로써 보살을 가르치는 법이며 부처님들이 호념하시는 묘법연화경을 대중에게 말씀하시니 그러하고 그러하니라. 석가모니세존께서 말씀하시는 것이 모두 진실하니라."라고 찬탄함과 동시에 그 가르침이 모두 진실한 것임을 증명하는 것이었다.

이에 대해 사람들은 큰 감사함으로 숙연해졌으나 그 가운데 대요설보살大樂說菩薩은 어떠한 연유로 이 보탑이 솟아 나왔으며 또 그와 같은 음성이 나오게 되었는가를 여쭈었다. 그러자 석가모니부처님께서는 "이 보탑 안에 부처님의 전신이 계시다."라고 대답하는 것이었다.

칠보로 된 다보탑이 땅에서 솟아올라 공중에 머물고 보탑 안에는 오래전에 열반하신 다보여래가 석가모니여래를 청하여 함께 앉는다. 이것을 이불병좌二佛竝座라 한다. 이불병좌는 과거불과 현재불이 함께

한다는 뜻이며, 두 부처님이 일체이고 부처의 생명은 영원하다는 것을 보여 준다.

부처님은 말법시대에 중생들이 올바르게 살아 나가야 하는 것을 법화경을 통하여 말씀하셨다. 법화경은 시간과 공간을 초월한 영원한 절대의 진리라는 것을 말씀하고 계신다. 앞의 「방편품 제2」에서도 법화경은 제법실상諸法實相의 진리를 설하신 것으로 시방세계의 모든 화신불이나 과거의 부처님 또한 미래의 부처님이나 설하시는 바는 모두 같다고 하셨다.

「방편품」에서는 석가모니부처님께서 실상 세계의 모습을 지혜가 특출한 사리불에게 설하신 데 반해 「견보탑품」에서는 불가사의한 여러 가지 현상을 통해 법화경의 가르침이 시간과 공간을 초월하는 진리임을 더욱 자세히 말씀하시면서 과거에 멸도하신 다보불多寶佛과 시방세계 의 분신제불分身諸佛이 사바세계에 모여서 부처님 말씀이 시간과 공간을 초월한 진실임을 증명하신다.

다보불은 석가모니불이 깨우친 절대 진리를 말한다. 다보불이 불탑에 서 솟아나오는 이유는 다보불은 무량한 과거세의 부처님이지만 법화경 을 설하시는 곳에는 반드시 그 탑이 나타나서 법화경의 진실함에 대하여 증명할 것을 서원했기 때문이다.

칠보탑이 하늘에서 내려온 것이 아니라 땅에서 솟아올라 왔다는 것은 깨달음이나 구원은 하늘에 있지 않고 땅에 있다는 것을 의미한다. 즉 지옥이나 극락세계는 우리가 살고 있는 이 사바세계에 있는 것이지 다른 데 있는 것이 아니라는 뜻이다. 즉 극락이니 서방정토니 하는 것은 내 안에 있는 것이지 밖에 있는 것이 아니라는 뜻이다.

2. 이 품의 가르침

• 견보탑見寶塔

"보탑을 보다."

◉ 견보탑이라고 하는 것은 자기가 쌓아 놓은 공덕의 탑을 보는 게 아니라, 자기가 지금 생生을 살면서 전생에 얼마만큼 공덕을 쌓아 놓았느냐 하는 것을 보는 것이다. 자신이 전생에 쌓아 놓은 공덕은 지금 생에 자기가 쓰게끔 저축하는 것이다.

◉ 누구나 자기가 전생에 쌓아 놓은 것을 가지고 현세를 산다. 산을 넘거나 강을 건널 때 전생에 공덕을 많이 닦아 놓은 사람은 쉽게 넘지만 그렇지 못한 사람은 넘기가 힘들다.

◉ 노력한 대로 눈에 띄는 것. 지혜가 높은 사람은 안목이 넓어 보이는 범위가 넓다.

◉ 보寶자는 자기가 노력한 대가가 쌓여 있는 모습을 얘기하는 것, 자기가 노력한 것만큼 쌓여 있는 것을 보는 것이다. 즉 자기가 노력한 것만큼 보이게 된다. 자기가 일생 살면서 노력해서 여러 사람들에게 또는 이 세상에 공덕을 지은 것만큼 그 쌓은 것이 자기 눈에 띄더라는 것이다.

◉ 「견보탑품」의 원리는 우리가 살면서 어떻게 하면 남들에게 공덕을 베풀고 또 그 사람도 다른 사람에게 공덕을 베풀게 할 수 있는가 하는 것이다. 남에게 뜻있는 보배를 심어 주고, 그 사람들도 보배가 이루어져서 석가모니부처님처럼 감사와 존경을 받는 것을 볼 수 있는 것이다.

"내가 죽은 다음에 내 자식이 잘되게 해 달라." 이런 것은 없다. 부모가 생전에 공덕을 많이 쌓고 죽으면 그 자손이 잘못될 때 그 쌓아 놓은 복을 보고 지시한다. 자식한테 현몽을 통해서 힘을 넣어 주기도 한다.

◉ 경經을 자주 읽으면 믿음이 생긴다. 믿음이 힘이다. 귀신을 무서워하는 사람은 경을 자주 읽어라. 경을 대할 때 처음에는 "부자 되게 해 달라",

"병이 낫게 해 달라"는 기복祈福으로 본다. 그다음 단계는 경을 진리로 본다. 착한 일을 하면 복을 받고 악한 일을 하면 벌을 받는다. 그다음 단계는 부처님이 삼라만상을 다 포용하고 있다고 믿게 된다.

법화경의 일관된 가르침은 부처님 말씀은 절대 진리이므로 이것을 믿으라는 것이다. 믿음이 확고하면 저절로 자기가 발전한다. 이것을 증명하기 위하여 다보불과 시방의 부처님이 나타나신다.

3. 본문 해설

爾時 佛前에 有七寶塔호대 高는 五百由旬이요 縱廣은 二百五十由旬이라. 從地涌出하야 住在空中호대 種種寶物로 而莊校之하며 五千欄楯이요 龕室千萬이며 無數幢幡으로 以爲嚴飾하며 垂寶瓔珞커든 寶鈴萬億으로 而懸其上하며 四面에 皆出 多摩羅跋 栴檀之香하야 充遍世界하며 其諸幡蓋는 以金銀琉璃車磲 馬腦 眞珠 玫瑰로 七寶로 合成하야 高至四天王宮하야 三十三天은 雨天曼陀羅華하야 供養寶塔하고 餘諸 天龍 夜叉와 乾闥婆 阿修羅와 迦樓羅 緊那羅와 摩睺羅伽 人非人等 千萬億衆은 以一切華香瓔珞과 幡蓋伎樂으로 供養寶塔하며 恭敬尊重讚歎이러라. 爾時寶塔中에 出大音聲하야 歎言하사대 善哉善哉라 釋迦牟尼世尊이여 能以平等大慧로 敎菩薩法이며 佛所護念이신 妙法華經으로 爲大衆說하시나니 如是如是하야 釋迦牟尼世尊의 如所說者는 皆是眞實이니라.

그때에 부처님 앞에 칠보로 된 탑이 있으니 높이가 오백 유순이요 가로와 세로는 이백오십 유순인데, 땅에서 솟아올라 와서 공중에 머물러 있었다. 갖가지 보물로 장식하였으니 난간이 오천이요 감실이 천만이며,

무수한 당기 번기로 꾸미었고 보배로 된 영락을 드리우고 보배의 풍경 만억을 그 위에 달았으며, 사면에서는 다마라발전단 향기가 나와서 세계에 충만하였고, 모든 번기와 일산들은 금은 유리 차거 마노 진주 매괴 등의 칠보로 만든 것인데 높이가 사천왕 궁전에까지 이르렀다. 삼십삼천의 하늘의 만다라 꽃을 비 내려 보배 탑에 공양하며, 모든 하늘과 용과 야차와 건달바와 아수라와 가루라와 긴나라와 마후라가 사람과 사람 아닌 이들 천만억 무리들이 모든 꽃 향 영락 번기 일산 풍류로 보배 탑에 공양하며 공경하며 존중하며 찬탄하였다.

"훌륭하고 훌륭하도다. 석가모니불세존께서 평등한 큰 지혜로써 보살을 가르치는 법이며 부처님들이 호념하시는 묘법연화경을 대중에게 말씀하시니 그러하고 그러하니라. 석가모니세존께서 말씀하시는 것이 모두 진실하니라."

• 이시불전爾時佛前
"이때 부처님 앞에"
   ◉ 지금 현세에 살아 움직이는 모든 사람 앞에.

• 칠보탑
   ◉ 인간은 칠보를 가지고 태어난다. 7가지 빛을 가지고 태어난다. 7가지 힘을 가지고 태어난다. 인간의 칠보는 목뼈. 목뼈에서 365혈이 나간다.
   ◉ 농민은 농민대로, 상인은 상인대로, 학자는 학자대로, 화가는 화가대로 자기 능력을 발휘하여 다 완성했다.
   ◉ 탑을 쌓기 위해서는 구업口業을 짓지 말아야 한다.
   ◉ 몰래 나쁜 짓을 하면 부모는 덮어 주지만 남은 안 덮어 준다.
   부처님도 중생이 죄를 지으면 용서해 주지만 신중은 중생에게 벌을

준다. 부처님은 벌을 주는 법이 없다. 이런 일들이 다 칠보탑이 있는
데서 일어난다.

- 보탑이 솟다: 불성佛性이 나타나다.

• 고高 오백유순五百由旬 종광縱廣 이백오십유순二百五十由旬

"탑의 높이는 오백 유순이고 가로 세로는 이백오십 유순이다."

유순이란 소달구지가 하루에 갈 수 있는 대략 40리 거리.

◉ 이 말은 칠보탑이 있는데 높이가 오백 유순이 되어야 칠보탑의 변화를
받을 수 있다는 뜻이다.

오백 유순은 자라는 모습을 뜻한다. 사람은 오백 유순이 되어야 살림도
할 수 있고 자식도 낳고 기른다. 나무도 오백 유순이 되어야 꽃도 피고
열매도 열린다.

그런데 종광縱廣은 이백오십 유순이다. 절반이다. 나무가 오백 유순
자라면 뿌리는 이백오십 유순밖에 자라지 않는다. 뿌리가 절반 자랄
때 열매를 맺는다. 사람은 오백 유순 자라도 절반은 자식이나 사회에
떨구고 간다. 자기가 노력한 것의 절반은 떨구고 간다. 부모, 조상은
뿌리니까 나는 조상이 떨구고 간 절반을 가지고 태어난다.

- 오백 유순: 해 놓은 업적. 동서남북 중앙의 균형.

오백은 중심이 딱 잡혀 있다는 뜻.

- 이백오십 유순: 상대가 있고 움직일 때. 상대성. 옆으로 퍼지는 힘을
말한다.

- 이백오십·오백 유순: 5의 배수로서 부처님의 덕이 완전히 갖추어져
있음(완전한 불성)을 나타낸다.

완전히 갖추고 있음을 나타내는 것으로는 동서남북의 4, 또는 4의
배수를 쓰기도 하고, 간방을 넣어서 8과 8의 배수를 쓰기도 한다.

또한 4에 하나(중앙)를 더 넣어 5를 쓰기도 하고, 8에 하나(중앙)를
더 넣어 9로 나타내기도 한다.

    ◉ 이백: 상대적인 것. 선악善惡이 공존한다.

      오십: 중심을 잡는다.

      이백오십: 선·악이 한쪽으로 기울지 않고 중심을 잡아야 한다.

• 종지용출從地湧出 주재공중住在空中

"땅에서 솟아올라 와서 공중에 머물다."

마음에 솟아올라 와서 여러 사람이 보게 된다.

공중에 머문다는 것은 공空의 상태임을 뜻한다.

보배 탑이 하늘에서 내려오지 않고 땅에서 솟아올라 왔다는 뜻은,
불성은 하늘과 같이 신성하고 높은 데 있는 것이 아니라 우리 중생의
마음속에 있고 미혹에 싸여 있으므로 모든 번뇌의 원인인 무명無明(진
리에 대하여 어리석음)을 깨뜨리면 모든 것으로부터의 대자유를 누릴
수 있으니 공중에 머물러 있는 것과 같다는 뜻이다.

• 종종보물種種寶物 이장교지而莊校之

"가지가지 보물로 장식하다."

– 종종보물: 각각 부분들이 제각기 다 완성한 자리.

일하는 것을 따라 하고 싶은 마음이 생기고, 일을 시키면 더욱 고맙고
감사한 마음이 생겨서 열심히 한다.

– 이장교지: 장식하다.

사람의 마음이 여러 가지로 움직일 때는 아무것도 이루어지지 않는다.
한 가지만 뚫고 들어갈 때 자기 것이 된다.

무심히 들어서 얻은 자식은 제대로 힘을 받게 되고, 기대하고 얻은
자식은 바른 힘을 받지 못한다.

• 오천난순五千欄楯

"난간이 오천"

  ◉ 중심이 흔들리지 않게 난간을 친다.

• 감실천만龕室千萬

  – 감실龕室: 사당祠堂 안에 신주神主를 모셔 두는 장藏.

    ◉ 공덕의 창고, 광.

    ◉ 샘물이 항상 솟듯이 아무리 써도 닳거나 줄어들지 않는다.

• 당번幢幡

"당기와 번기."

장대 끝에 용의 머리 모양을 만들고 비단 촉으로 깃발을 달아 드리운
것으로 불보살님의 위신력과 공덕을 표시한 장엄구莊嚴具이다. 불전
이나 불당 앞에 세운다.

남의 눈에 띈다. 대통령, 장관 자리.

• 영락瓔珞

구슬을 꿴다. 내가 한 일이 끝까지 계속된다. 변치 않는다.

• 석가모니불과 다보불

  ◉ 석가모니불은 육신을 가지고 노력해서 이루는 자리이고, 다보불은 육신

이 노력해서 생긴 열매를 보관하는 자리이다.

이 둘의 관계는 자연의 법칙이다. 학생이 열심히 공부하는 자리가 석가모니 자리이고, 시험에 합격하는 자리가 다보불의 자리이다.

법화경에서는 석가모니불이 설법을 하면 곧 다보불이 나타나서 석가모니불의 말씀을 진실이라고 증명하신다.

이 우주에는 음陰과 양陽이 존재하듯 우리의 뇌에도 좌뇌와 우뇌가 있어 서로 역할은 다르지만 서로 상호작용을 하여 두뇌활동을 원활하게 한다.

• 평등대혜平等大慧

"평등한 큰 지혜"

부처님의 지혜는 절대적이다. 평등이란 절대불변이다. 그러므로 절대불변의 이치를 구명하는 것이 평등대혜.

• 불소호념佛所護念

"부처님이 수호함"

 - 호념護念: 모든 불보살, 하늘, 귀신들이 선행을 닦는 중생에 대하여 온갖 마장을 제하고 옹호하며 깊이 억념하여 버리지 않는 것.

✿

爾時四衆이 見大寶塔이 住在空中하며 又聞塔中에 所出音聲하고 皆得法喜하야 怪未曾有하고 從座而起하야 恭敬合掌하고 却住一面이러니 爾時에 有菩薩摩訶薩하니 名은 大樂說이라. 知一切世間의 天人阿修羅等 心之所疑하고 而白佛言하대 世尊하 以何因緣으로 有此寶塔이 從地涌出하며 又於其中에 發是音聲이닛고. 爾時에 佛告大樂說菩薩하사대 此寶塔中에 有如來全身하니 乃往過去에 東方으로 無量千萬億 阿僧祇世

界에 國名은 寶淨이요 彼中에 有佛하니 號曰多寶라 其佛이 行菩薩道時에 作大誓願호대 若我成佛 滅度之後에 於十方國土에 有說法華經處면 我之塔廟는 爲聽是經故로 涌現其前하야 爲作證明하고 讚言善哉라 하리라.

이때 사부대중이 큰 보배 탑이 공중에 머물러 있음을 보았으며, 또 탑 속에서 나오는 음성을 듣고는 모두 법의 기쁨을 얻었고, 전에 없던 일이라 하여 자리에서 일어나 공경하며 합장하고 한 곁에 물러가 있었다. 그때에 한 보살마하살이 있으니 이름이 대요설이라. 모든 세간의 천상 인간과 아수라들의 의심함을 알고 부처님께 사뢰었다.

"세존이시여, 무슨 인연으로 이 보배 탑이 땅에서 솟아올라 왔으며, 또 그 속에서 이런 음성이 나오나이까."

이때 부처님께서 대요설보살에게 말씀하셨다.

"이 보배 탑 속에는 여래의 전신이 계시니라. 지나간 옛적에 동방으로 한량없는 천만억 아승지 세계 밖에 나라가 있었으니 이름이 보정이요, 그 나라에 부처님이 계셨으니 이름이 다보셨느니라. 그 부처님이 보살도 를 행하실 적에 큰 서원을 세우기를 '내가 성불하였다가 열반한 뒤에 시방의 세계 중에 묘법연화경을 말하는 데가 있으면 나의 탑이 그 경전을 듣기 위하여 그 앞에 솟아올라서 증명하면서 거룩하다고 찬탄하리라.' 하셨느니라."

• 대요설보살大樂說菩薩
바라는 대로 막힘없이 가르침을 설하는 보살. 자유자재로 가르침을 설하는 보살.

◉ 말이 꿀맛같이 들린다.

◉ 경을 많이 읽으면 나와 상대의 마음이 풀어지는 것.

• **여래전신如來全身**

여래의 전신이란 영원불멸한 생명을 갖추고 계신 부처님(법신불),
지혜를 갖추고 계신 부처님(보신불), 일체중생을 구원하는 자비심을
갖추고 계신 부처님(응신불)을 가리킨다.

우리는 부처님을 세 가지 측면(삼신불)으로 인식한다.

① 법신불法身佛

영원불변한 진리의 당체. 진리를 깨달으신 부처님. 진리 자체.
다보불과 자리를 같이한다.

시작도 없고 끝도 없는〔無始無終〕 영원불멸.

② 응신불應身佛

ⅰ) 중생 구제를 위해서 여러 가지로 중생들의 부름에 부응하여
나타나는 부처님. 화신불化身佛.

ⅱ) 인도에서 출생하신 육체를 가지고 계신 석가모니불.

③ 보신불報身佛

온갖 수행의 결과(수행의 보報)로써 생긴 부처님으로 중생들이 살아
갈 방향과 귀의처를 알게 해 준다. 보신불의 대표는 아미타불이다.
아미타불은 법장비구로서 48가지 서원을 세우고 서방정토 극락세
계에 계신 부처님이다.

부처님의 지혜는 오랫동안의 난행고행難行苦行의 결과로써의 보報이
다. 지혜가 있으면 자비慈悲의 작용이 일어난다. 그러므로 자비가
모자란다는 것은 지혜가 부족하다는 것이다.

동방: 동쪽은 해가 뜨는 곳이니 사물이 시작되는 곳, 큰 힘을 구하는 곳, 힘이 생겨나는 곳의 의미.

• 보정寶淨
  ◉ 심판 받는 곳.
  ◉ 얼마나 공덕을 쌓았는지를 측정하는 곳, 공덕의 무게를 측정하는 곳.

• 다보多寶
  ◉ 열매. 이 땅에 장엄된 힘.
  열매가 맺어 보관하는 자리.

 - 다보탑多寶塔
  ◉ 자기가 열심히 노력해서 하나하나 쌓아 놓은 것. 사농공상士農工商으로 쌓아 놓는다.
  ◉ 양심껏 올바르게 열심히 살았어도 응공應供을 못하면 탑 속에 못 간다. 내가 번 것은 내 것으로 생각해서 자식에게 주려고 한다. 그러나 내가 만들어 놓은 것은 모든 사람에게 이익을 주기 위한 것이므로 세상에 돌려주어야 한다.
  ◉ 다보탑에는 여래의 전신이 모여 있는데 이 세상 태초 이래로 누가 무슨 일을 하면 그것이 모두 탑 속에 기록되어 있다.
  ◉ 우주에는 여러 가지 탑이 있다. 탑은 쌓아서 올라가는 것이다. 땅에서 물이 솟듯 오행五行으로 움직이는 힘이 동서남북 각각 다른 빛으로 올라 갈 때 사람이 이룬 노력의 힘은 그 빛을 따라 혹 한곳에 모이기도 하고 혹 상방과 공간 위에서 분산하기도 하며 작용되어 하나의 탑이 서 있으니, 이 탑이 다보탑이다.

❀

彼佛成道已하시고 臨滅度時하야 於天人大衆中에 告諸比丘하사대 我滅度後에 欲供養我全身者면 應起一大塔이라 하니라. 其佛이 以神通願力으로 十方世界 在在處處에 若有說法華經者면 彼之寶塔이 皆涌出其前커든 全身이 在於塔中하야 讚言 善哉善哉라 하니라. 大樂說아 今多寶如來塔이 聞說法華經故로 從地涌出하야 讚言 善哉善哉하시니라. 是時에 大樂說菩薩이 以如來神力故로 白佛言하되 世尊하 我等이 願欲見此佛身호이다. 佛告 大樂說菩薩摩訶薩하사대 是多寶佛이 有深重願호대 若我寶塔이 爲聽法華經故로 出於諸佛前時에 其有欲以我身으로 示四衆者인댄 彼佛分身諸佛의 在於十方世界說法을 盡還集一處 然後에 我身乃出現耳라 하시니라. 大樂說아 我分身諸佛이 在於十方世界 說法者를 今應當集하리라. 大樂說이 白佛言하사대 世尊하 我等이 亦願欲見 世尊의 分身諸佛하고 禮拜供養하노이다. 爾時에 佛放白毫一光하시니 卽見東方 五百萬億 那由他 恒河沙等 國土諸佛커든 彼諸國土는 皆以玻璨爲地하고 寶樹寶衣로 以爲莊嚴하며 無數千萬億菩薩이 充滿其中하고 遍張寶幔하며 寶網羅上커든 彼國諸佛이 以大妙音으로 而說諸法하며 及見無量千萬億菩薩이 遍滿諸國하야 爲衆說法호대 南西北方 四維上下의 白毫相光 所照之處도 亦復如是러라.

"그리고 그 부처님이 성불하셨다가 열반하시려는 때에 천상 인간의 대중 가운데서 비구들에게 이렇게 말씀하였느니라. '내가 열반한 뒤에 나의 전신에 공양하려거든 큰 탑 하나를 세워라.' 그 부처님의 신통과 원력으로 시방세계의 간 곳마다 묘법연화경을 말하는 이가 있으면 그 부처님의 보배 탑이 그 앞에 솟아나고 그 탑 속에 전신이 계시어서 '거룩하

272

시어라, 거룩하시어라' 하고 찬탄하느니라. 대요설이여, 지금 다보여래의 탑이 묘법연화경 말하는 것을 들으시려고 땅에서 솟아올라 와서 '훌륭하도다, 훌륭하도다' 찬탄하는 것이니라."

이때 대요설보살이 여래의 신력을 입어 부처님께 사뢰었다.

"세존이시여, 저희들이 그 부처님의 몸을 뵙기를 원하나이다."

부처님이 대요설보살마하살에게 말씀하셨다.

"이 다보 부처님은 깊고도 중대한 서원이 있었느니라. '만일 나의 보배탑이 법화경을 듣기 위하여 여러 부처님 앞에 솟아났을 때 나의 몸을 그의 사부대중에게 보이려 하면 그 부처님의 분신 부처님이 시방세계에서 법을 말씀하는 이들을 모두 한곳에 모은 뒤에야 내 몸이 나타나리라.' 하였느니라. 대요설이여, 나의 분신 부처로서 시방세계에서 법문을 말하는 이들을 이제 모두 모아야 하리라."

대요설보살이 부처님께 사뢰었다.

"세존이시여, 저희들도 세존의 분신 부처님들을 뵈옵고 예배하고 공양하려 하나이다."

이때에 부처님이 미간 백호상으로 한 광명을 놓으시니 동방으로 오백만억 나유타 항하사 등 국토에 계시는 여러 부처님들을 보게 되었다. 그 국토는 모두 파려로 땅이 되어 있고 보배 나무와 보배 옷으로 장엄하였으며, 수없는 천만억 보살들이 그 가운데 가득 찼는데 보배 휘장을 둘러치고 보배 그물을 그 위에 덮었으며, 그 나라 부처님들이 크고 묘한 음성으로 법을 말하며, 또 한량없는 천만억 보살들이 그 국토에 충만하여 대중에게 법을 말하는 것을 보게 되었다. 남방 서방 북방과 네 간방과 상방과 하방에도 백호상의 광명이 비치는 것은 모두 그와 같았다.

• 아멸도후我滅度後 욕공양아전신자欲供養我全身者

"내가 열반한 뒤에 나의 전신에 공양하고자 한다면."

나의 본성本性, 불성佛性을 찾으려거든.

• 응기일대탑應起一大塔

"마땅히 큰 탑 하나를 세워라."

실상實相에 들어가라는 말.

- 여실견如實見: 실답게 봐라. 있는 그대로 봐라.

- 여실지如實智: 모든 현상을 있는 그대로 주시하는 부처의 지혜.

• 여래신력고如來神力故

"부처님의 신통력으로"

부처님의 마음과 그 사람의 마음이 통한다.

부처님의 힘이 대요설보살의 마음과 통하다.

"만일 나의 보배 탑이 법화경을 듣기 위하여 여러 부처님 앞에 솟아났을 때 나의 몸을 그의 사부대중에게 보이려면 그 부처님의 분신 부처님이 시방세계에서 법을 말씀하는 이들을 모두 한곳에 모은 뒤에야 내 몸이 나타나리라."

⇨ 다보여래의 몸을 보고자 원하면 시방세계에서 법화경을 설하시는 분신 부처님들을 다 모이게 한다는 것은 부처님의 세 몸, 즉 법신法身, 보신報身, 화신化身이 하나임을 나타내는 것이다. 그러므로 석가모니부처님이 다보 부처님이시고, 분신 부처님이 석가모니부처님으로 법신과 화신이 하나라는 것이다. 따라서 시방에 계신 부처님은 다 같고 한

부처님이다.

• 남서북방南西北方 사유상하四維上下 백호상광白毫相光 소조지처所照之處
  역부여시亦復如是
  "남방 서방 북방과 네 간방과 상방과 하방에도 백호상의 광명이 비치는
  것은 모두 그와 같았다."
  온 우주 시방세계가 부처님의 지혜로 가득 찼다.

제바달다품提婆達多品 제12

1. 대의

법화경 28품 전체는 이승二乘이나 삼승三乘의 소승 자리에 머물러 있는 제자와 대중에게 대승인 일승一乘의 가르침을 강조하신다.

부처님께서는 앞의 여러 품에서 불지견佛知見을 열어 보여 주셨고, 사리불을 비롯한 여러 성문들도 이 가르침을 믿고 이해함으로써 부처님으로부터 미래세에 아뇩다라삼먁삼보리를 이루어서 부처가 될 것이라는 수기授記를 받았다. 그러나 아직도 소승 자리에 만족하고 있는 제자와 대중들에게 자기와 제바달다와의 오랜 인연을 밝히시고 오랫동안의 수행을 통해 부처를 이루었다는 것을 말씀하신다.

이 품에서는 여성이든 아이든 상관없이 누구나 자기의 불성을 자각하고 그것을 믿으면 즉시에 성불할 수 있다는 것을 역설하신다.

석가모니불 생존 시 인도 사회는 여인이나 아이는 인간으로서의 대접을 못 받고 있는 상황에서 석가모니부처님의 인간 평등사상은 크나큰 혁명적인 가치관의 발로라고 볼 수 있다.

「제바달다품」은 크게 두 부분으로 구성된다. 앞부분은 악인성불惡人

成佛로서 석가모니부처님을 해치려고 했던 제바달다에게 수기를 주는 내용이고, 뒷부분은 8세밖에 안 된 용녀龍女가 성불하는 내용이다.

앞부분의 내용을 살펴보면, 석가모니부처님은 오랫동안 국왕의 자리에 있었으나 그 생활에 만족하지 않고 완전한 진리의 가르침을 구하고자 끊임없이 노력하였다. 그리하여 세상의 모든 사람을 구원하는 가르침을 주는 사람이 있으면 그 사람의 종이 되겠다고 선포하였다. 그러자 한 선인仙人이 나타나서 자기에게 대승경인 묘법연화경이 있으니 내 뜻을 어기지 않으면 이 묘법연화경을 전해 주겠다고 하였다.

석가모니는 즉시 그 사람의 종이 되어 온갖 궂은일을 마다하지 않고 하였는데, 그 선인이 바로 제바달다라고 하는 선지식이었다. 결국 석가모니부처님은 제바달다 선지식 덕분에 부처가 되어 널리 중생을 구원할 수 있게 된 것이다. 그리고 제바달다에게 천왕여래라는 수기를 주신다.

제바달다가 전생에는 선지식이었고, 그에게서 대승경大乘經의 가르침을 받았다고 하는 것은 성불하는 인연은 그것이 악연惡緣이든 선연善緣이든 가리지 않고 찾아온다는 것이다.

이와 같이 석가모니부처님은 자기를 핍박했던 제바달다와의 인연담을 통하여 악인일지라도 자기의 불성을 자각하고 그것을 확신하면 그 사람은 부처가 될 수 있다는 것을 천명하신다.

그다음 부분은 여인성불인데, 사갈라 용왕龍王의 딸인 8세 용녀龍女가 문수사리보살의 교화를 받아 성불하는 장면이다.

결론적으로 누구나 갖고 있는 불성 자각의 가르침을 강조한 것이 「제바달다품」이다.

2. 이 품의 가르침

◉ 세상의 곤경과 어려움이 스승이다.

◉ 곤경과 미움을 당하는 가운데 자기가 자란다. 특히 법력은 더욱 그렇다.

◉ 세상의 이치와 인연법을 말씀하셨다.

◉ 남이 나를 괴롭히는 것은 나를 올바르게 가게 하기 위한 것이다.

◉ 제바달다가 석가모니 부처님을 괴롭혔다고 말하지만, 그것은 마치 부모가 자식을 가르칠 때 싫은 소리 하듯 석가모니를 가르치기 위하여 핍박한 것이다. 핍박하니까 그것을 이기기 위하여 항마가 되어 힘이 자라게 된다.

◉ 남이 나를 미워하고 핍박할 때 「제바달다품」을 읽고 기도하라. 마장을 이기고 극복하는 힘이 생긴다.

• 악인惡人도 성불한다

보통 사람은 부처님께서 모든 사람은 불성이 있어서 누구나 성불할 수 있다고 하신 말씀을 믿지 못한다. 부처님은 사리불, 목건련, 가섭, 가전연, 부루나 등과 같은 제자들에게 부처가 된다는 보증(수기)을 하셨지만, 그 부처님 제자들은 모두 훌륭한 분들이니까 마땅히 수기를 받을 자격이 있지만 우리는 부처가 될 자격이 없다고 생각한다. 그래서 부처님은 5백 제자에게도 수기를 주시고 학·무학 2천 인에게도 수기를 주신다. 그리고 한 걸음 더 나아가서 「제바달다품」에서 나를 괴롭힌 제바달다도 부처가 될 것이라는 수기를 주신다.

맹독도 쓰기에 따라 보약이 될 수 있다. 석가모니부처님께서도 제바달다와 같은 악인을 용서하고 인욕의 힘을 길러 육바라밀, 사무량심, 사무소외四無所畏 등을 구족하여 정각을 성취하고, 그 결과 중생을 널리 구제하고 연꽃과 같은 처염상정處染常淨한 삶을 가르쳐 주실 수 있었다.

• 여인도 성불한다

부처님께서 제바달다에게 수기를 마치자마자 다보여래多寶如來를 따라온 지적보살智積菩薩이 다보불에게 본래의 국토로 돌아가자고 하였다. 그러자 부처님께서는 지적보살에게 문수사리文殊師利보살을 만나고 가라고 하신다. 이 말씀이 끝나자마자 큰 바다의 사가라 용궁에 사는 문수사리보살이 연꽃에 앉아 나타난다. 지적보살은 용궁에서 문수사리보살의 교화 상태를 묻고 문수사리보살은 항상 묘법연화경을 설해서 수도 없는 많은 사람을 교화했다고 대답한다. 또 사가라 용왕의 딸은 나이는 여덟 살이지만 지혜가 예리하고 여러 부처님의 비밀스러운 가르침을 잘 간직하여 불퇴전의 경지를 얻어 깨달음을 얻었다고 말한다. 그러자 그 말이 끝나기도 전에 용녀龍女가 홀연히 나타나서 부처님을 찬탄한다. 그것을 본 사리불이 용녀에게 질문한다.

"여인은 성불할 수 없는데 어떻게 가능한가?"

이에 용녀는 한 개의 보배 구슬을 부처님께 바친다. 용녀가 지적보살과 사리불을 향해,

"나의 성불은 부처님께서 구슬을 받으신 것보다 더 빠르다."

고 말하자 즉시에 몸이 남자로 변하더니 눈 깜짝할 사이에 부처님의 깨달음을 얻어 부처님의 덕을 갖춘다.

— 박혜경, 『법화경 이야기』

3. 본문 해설

爾時에 佛告諸菩薩과 及天人四衆하사대 吾於過去 無量劫中에 求法華
經호대 無有懈惓하며 於多劫中에 常作國王하야 發願求於無上菩提호대
心不退轉호라. 爲欲滿足 六波羅蜜하야 勤行布施호대 心無悋惜하며 象
馬七珍과 國城妻子와 奴婢僕從과 頭目髓腦와 身肉手足에 不惜軀命하
며 時世人民이 壽命無量커늘 爲於法故로 捐捨國位하야 委政太子하고
擊鼓宣令하며 四方求法호대 誰能爲我하야 說大乘者어늘 吾當終身토록
供給走使하리라. 時有仙人이 來白王言호대 我有大乘하니 名妙法華經
이라. 若不違我면 當爲宣說하리다. 王聞仙言하고 歡喜踊躍하야 卽隨仙
人하야 供給所須호대 採菓汲水하고 拾薪設食하며 乃至以身으로 而爲床
座호대 身心無惓하야 于時奉事를 經於千歲호대 爲於法故로 精勤給侍하
야 令無所乏하니라.

　　이때에 부처님이 모든 보살과 천상 인간 사부대중에게 말씀하셨다.
　　"내가 지난 옛적 한량없는 겁 동안에 묘법연화경을 구하기에 게으르지
아니하였으며 여러 겁 동안에 항상 국왕이 되어 위없는 보리를 발원하고
구하는 데 마음이 퇴전하지 아니하였느니라. 여섯 가지 바라밀다를 만족
하기 위하여 부지런히 보시를 행하느라고 코끼리 말 칠보 나라 도성
처자 노비 심부름꾼 머리 눈 골수 몸 살 손발을 아끼지 아니하였고 생명도
아끼지 아니하였더니라. 그때 세상 사람들의 수명이 한량이 없지마는
법을 위하여서 국왕의 자리를 태자에게 위임하고 북을 쳐서 명령을 내리
고 사방으로 법을 구하되 '누구든지 나에게 대승법을 말하여 주는 사람이
있으면 내가 마땅히 종신토록 받들어 드리고 시중하리라.' 하였느니라.

그때에 한 선인이 와서 왕에게 말하기를, '나에게 대승경이 있으니 이름은 묘법연화경이라. 만일 나의 뜻을 어기지 않으면 마땅히 말하여 주리라.' 고 하였다. 왕은 선인의 말을 듣고 뛸 듯이 기뻐하며 곧 선인을 따라가서 모든 것을 시중드는데, 과실을 따고 물을 긷고 땔나무를 하고 음식을 장만하고 내지 몸으로 평상이 되었지마는 몸과 마음이 게으르지 아니하였으며, 그렇게 받들어 섬기기를 일천 년이 지나도록 법을 위하여 지성으로 시중하여 조금도 부족함이 없게 하였느니라."

• 제바달다提婆達多

석가모니부처님의 사촌동생으로, 출가하여 그의 제자가 됨. 석가모니불에게 승단을 물려줄 것을 청하였다가 거절당하자 500여 명의 비구를 규합하여 승단을 이탈하였다. 여러 번 석가모니불을 살해하려다 실패하였다.

◉ 성인聖人이 나오면 곧바로 그 사람을 괴롭히는 상대가 있기 마련이다. 예수는 유다, 석가는 제바달다. 미운 사람이 많고 그 미운 사람들을 제치고 나가야 성공한다.

◉ "원수를 사랑하라."
땅 위에 사는 모든 생명 있는 것들은 매일매일 먹어야 산다. 그래서 열매를 맺고 후손을 남기고 간다.
그런데 사람은 나이가 들수록 거름을 많이 주어야 한다. 거름을 주지 않으면 마음의 열매를 맺지 못한다.
세상 만물은 서로 의지하며 산다. 삼라만상이 서로 기대고 의지하며 사는 것이지 혼자 사는 것은 하나도 없다. 사람이 사는 것도 마찬가지여서 남편은 아내를 붙잡고 의지하고 아내는 남편을 붙잡고 의지하고 산다. 부모와 자식 간에도 형제간에도 친구 간에도 서로서로 의지하고 산다.

궁합이 좋다 나쁘다 하는 말은 꼭 부부간에만 적용되는 것은 아니다. 나하고 상대하는 모든 사람들에게 해당하는 말이다.

인간이 저세상에서 이 세상으로 올 때 누구나 분지를 하나씩 가지고 온다. 같은 분지를 가지고 오는 사람은 서로 향기에 끌려 궁합이 잘 맞는 관계가 된다. 마치 두개의 물방울이 서로 끌어당겨 하나의 물방울이 되는 모습이다. 그러나 다른 분지를 가지고 오는 사람과는 향기가 서로 달라 공연히 미워지고 화합이 잘 안 된다. 분지의 모습이 같을 때는 서로 찾게 되고 분지의 모습이 다를 때는 서로 배척한다.

그러나 내 분지와 다른 사람이 내게 왔을 때 그 사람을 내치지 말고 끌어안아야 한다. 내 분지와 맞지 않는 사람을 끌어안아야 나중에 그 사람을 요긴하게 쓰는데, 내치면 그 사람이 필요할 때 쓰지 못한다. 마치 지금 송곳이 귀찮아서 버리면 나중에 송곳이 필요할 때 못 쓰는 것과 같다.

"원수를 사랑하라"는 말씀의 배경에는 이런 우주 실상의 법칙이 있는 것이다.

우리는 남과 서로 화합하면서 살아야 한다. 그렇지 못하면 늙어서 외롭게 산다. 친구가 없거나 있어도 찾아오지 않는다.

남편이나 아내가 먼저 간다. 밉고 못난 사람도 잘 맞춰서 끌고 나가야 한다. 나이가 들면 마음이 홀쭉해진다.

그래서 우리 마음에 거름을 주어야 한다. 매일매일 마음의 열매를 맺을 수 있도록 거름을 줘야 한다.

• 오어과거吾於過去

"내가 지나간 옛날에"

◉ 나는 하루하루 내 일을 한 것이지만 그 일은 우주 실상의 일을 한 부분 한 것이다. 나는 나도 모르는 사이에 우주 법칙대로 산다.

• 무량겁중無量劫中

"한량없는 세월 동안에"

◉ 세상만물이 살아가는 지혜는 가지각색이다. 부인이 남편을 부리는 지혜
도 가지가지다.

"내가 지난 옛적 한량없는 겁 동안에 묘법연화경을 구하기에 게으르지
아니하였으며 여러 겁 동안에 항상 국왕이 되어 위없는 보리를 발원하고
구하는 데 마음이 퇴전하지 아니하였느니라."

⇨ 부처님께서는 진리를 구하는 데는 소승小乘의 경지에만 머무르지
말고 대승大乘의 가르침을 따라야 한다고 역설하신다.

법화경으로 인해서 변화가 일어난다.

• 구법화경求法華經

"법화경을 구하다."

◉ 말법시대 우주의 힘이 없어질 때 법화경을 구求하는 것. 법화경이 아니고
는 안 된다.

◉ 법화경은 이 세상의 과거 현재 미래가 다 기록되어 있다.

◉ 법화경을 구하기 위해서는;

① 아상을 버려야 하고,

② 남의 섬김을 받는 자리에서는 법을 구할 수 없고 남을 섬겨야 하고(국
성처자國城妻子 노비복종奴婢僕從 - 나라 도성 처자 노비 심부름꾼 등을 보시
하다),

③ 농사를 짓고 먹는 것을 생산하는 사람들의 마음을 살펴야 한다(채과급
수採果汲水 습신설식拾薪設食: 과실을 따고 물을 긷고 땔나무를 하고 음식을
장만하다).

◉ 사람은 의지하고 기댈 곳이 있어야 한다. 자식은 부모에게 기대고, 아내는 남편에게, 남편은 아내에게 의지하고 기대면서 산다. 무당은 신神에게 기대고, 제자는 스승에게 기대고, 스승은 제자에게 기대고 산다. 재물이나 명예, 지위, 인기나 사람에게 의지하면 꼭 후회한다.

◉ 부부간에 약속한 자리에서 온 사람은 서로 조심하면서 산다. 남편은 자기가 늦게 귀가하면 밥도 안 먹고 자기를 기다리는 아내가 걱정이 되어 서둘러 일찍 들어오고, 아내는 남편의 체면을 생각해서 밖에 나가 함부로 집안일을 얘기하지 않고 쓸데없이 나다니지 않는다.

• 무유해권無有懈倦
"게으르지 않다."
한 가지 일에 생각이 떠나지 않는다.

• 다겁중多劫中
"여러 겁 동안에"

◉ 겁은 오고 가고 하는 것.
인간이 이 세상에 올 때, 저세상으로 갈 때는 힘 있게 가고 힘 있게 와야 한다. 그러나 젊어서 교통사고로 죽거나 물에 빠져 죽거나 자살하거나 하면 힘이 없다. 아직 닦기 전에 죽었으므로 힘을 키우지 못한 것이다. 나이가 들어서 많이 닦으면 영靈이 부신이 잘되고 제도도 잘된다.

• 발원구어發願求於 무상보리無上菩提
"위없는 보리를 구하고 발원하는데"
최고의 깨달음을 구하고 발원하는데.

◉ 내가 살아가는데 가장 바라는 바를 얻기를 염원하고 구한다.

◉ 어떻게 하면 내 지혜가 변화될 수 있고 때에 따라 움직일 수 있는 지혜가
나와 상대방을 편하게 하고 안정시킬 수 있는가를 생각하다.

• 심불퇴전心不退轉
"마음이 물러서지 않는다."

◉ 누구나 떠날 때는 다 두고 가지만 물러나지 않는 마음만은 두고 간다.
사람 얼굴을 보면 그 사람이 무엇을 하는 사람인지를 알 수 있다. 그것은
그 사람이 하는 일에 마음을 쓰기 때문에 얼굴에 나타난다. 농사짓는
사람의 얼굴과 장사하는 사람의 얼굴이 다르다. 그것은 그 사람들이
하는 일이 다르기 때문이다. 그러나 성불成佛하기 위해서는 모든 것을
버려야 한다. 놔주어야 한다.

• 근행보시勤行布施
"부지런히 보시를 행하다."
내가 열심히 하다 보면 내 힘이 넘치면서 이웃에게 도움을 주게
된다. 근행을 하면 자연 보시가 된다.

◉ 보시란 자기 마음에서 떠나보내는 것. 놔주는 것.

• 심무린석心無悋惜
"아끼는 바가 없다."

• 상마칠진象馬七珍
"코끼리, 말, 일곱 가지 보물"

◉ 남의 힘든 일을 도와주면 보물이 생긴다.
상마칠진 ⇨ 7가지의 땀.

① 장래에 크게 되고 싶어서 땀을 흘린다.

② 자식을 크게 기르고 싶어서 땀을 흘린다.

③ 이웃에게 훈훈하게 하고 싶어서 땀을 흘린다.

④ 모든 것을 바로 알고 싶어서 땀을 흘린다.

⑤ 모든 것을 잘 닦아서 빛을 내고 싶어서 땀을 흘린다.

⑥ 열심히 노력해서 남이 알아주기 원해서 땀을 흘린다.

⑦ 농사를 열심히 짓고 싶어서 땀을 흘린다.

• 국성처자國城妻子

"나라, 성, 처자."

자기가 가장 아끼는 것을 의미한다.

- 국성國城: 임금은 나라를 가장 아끼고 성주는 성城을 가장 아낀다.

- 처자: 가장은 처자를 가장 아낀다.

자기가 가장 아끼는 것을 공양하는 것이 가장 큰 보시이다. 재물을 목숨처럼 여기는 사람은 재물을 버리는 것이 제일 큰 보시이고 권력을 제일 중하게 여기는 사람은 권세를 버리고 명예를 제일로 아끼는 사람은 명예를 내려놓는 것이 제일 큰 보시이다.

• 수명무량壽命無量

"수명이 한량이 없다."

탐진치에 싸여 있어 수자상壽者相이 깊다.

나는 영원히 산다는 착각.

- 사상四相: 깨치지 못한 중생들이 뒤바뀐 생각에서 실재한다고 믿는 네 가지 분별심. 곧 아상我相·인상人相·중생상衆生相·수자상壽者相

을 이른다.

①아상: 모든 것을 자기 본위·자기중심으로 생각하고 지수화풍地水
火風의 사대요소로 인연에 의하여 일시적으로 이루어졌다가 사
라지는 자기 자신을 실재한다고 집착하는 소견.

②인상: 우주만물 중에서 사람이 가장 으뜸이며 일체 만물은 사람을
위해서 생긴 것이므로 사람이 마음대로 해도 된다는 잘못된 생각.

③중생상: 모든 생명엔 불성이 있는데 내가 갖고 있는 불성을 찾지
못하고 부처와 중생을 구분해서 영원히 어리석은 중생으로 있는
경우.

④수자상: 내 목숨은 일정 기간 보장된다는 생각. 나는 죽지 않을
것이라는 잘못된 생각.

상相은 모두 실재하는 것이 아니라 화영, 환상에 불과하다. 진여眞
如, 불성佛性이 진짜이다. 그러므로 내가 있다는 아상도, 인간 위주
의 인상도, 깨닫지 못해 고통 속을 헤매는 중생상도, 삶과 죽음이
있다는 수자상도 모두 실재가 아닌 환영에 불과하다.

• 위정태자委政太子

"왕의 자리를 태자에게 위임하다."

(~을) 마음속에 묻어 두고 묘법妙法을 구한다는 뜻. 묘법이란 ~을
성사시키기 위하여 그 방법이 무엇인지를 찾아낸다.

• 시유선인時有仙人

"그때 한 선인이 나타나서."

때때로 떠오르는 생각을 뜻한다.

여기서의 선인은 제바달다를 말한다.

- **아사타 선인**: 가비라국에 있던 선인. 싯다르타 태자가 태어날 때 관상을 봄.

  ◉ 자연의 원리. 자꾸 구하니까 노력 끝에 변화하는 자리에 들어가서 지혜가 움직여서 아사타 선인을 만나게 된다. 내 지혜가 움직여서 만나게 되는 상대.

  ◉ 누가 연구해서 무엇을 만들었다면 그것은 그가 만든 것이 아니라 이미 실상 속에 있는 것을 그 사람이 꺼내 온 것이다.

  ◉ 현세에 만난 사람은 이 세상에 와서 처음으로 만난 것이 아니라 전겁에 인연이 되어서 지금 이 세상에서 만난 것이다.

• 급수汲水

"물을 긷다."

물은 영생永生을 나타낸다. 물과 같이 행할 때 영생할 수 있다. 물은 자기주장을 하지 않고 남이 쓰는 대로 쓰인다. 밥을 지을 때 물은 없어지는 것 같지만 우리 몸속에 들어가서 에너지가 되고 다시 물(오줌, 땀, 침 등)로 변화하여 우주에 존재한다. ⇨ 영생

- **상선약수**上善若水: 지극히 선한 것은 물과 같다는 뜻으로 노자 사상에서 물은 만물을 이롭게 하면서도 다투지 아니하는 이 세상에서 으뜸가는 선善의 표본으로 여기어 이르는 말.

• 채과급수採果汲水

"과실을 따고 물을 긷는다."

  ◉ 스승은 과일나무, 제자는 마음대로 과일을 딴다. 스승은 제자가 원하는 대로 준다.

✿

佛告諸比丘하사대 爾時王者는 則我身是요 時仙人者는 今提婆達多是
라. 由提婆達多 善知識故로 令我具足 六波羅蜜과 慈悲喜捨와 三十二
相과 八十種好의 紫磨金色과 十力四無所畏와 四攝法과 十八不共神通
道力하야 成等正覺하사 廣度衆生호니 皆因提婆達多의 善知識故니라.
告諸四衆호대 提婆達多는 却後 過無量劫하야 當得成佛하리니 號曰 天
王如來 應供 正遍知 明行足 善逝 世間解 無上士 調御丈夫 天人師
佛世尊이라.

부처님이 비구들에게 말씀하셨다.

"그때의 왕은 바로 내 몸이요, 선인은 지금의 제바달다였느니라. 이
제바달다 선지식을 말미암은 탓으로 나로 하여금 여섯 가지 바라밀다와
자비희사와 삼십이 거룩한 몸매와 팔십 가지 잘생긴 모양과 붉은 금빛과
열 가지 힘과 네 가지 두려움 없음과 네 가지 붙들어 주는 법과 열여덟
가지 함께하지 않는 법과 신통과 도력을 구족하고 등정각을 이루어 중생
을 널리 제도하게 하였으니, 이것이 모두 제바달다 선지식을 말미암은
연고이니라. 여러 사부대중에게 이르노니, 제바달다는 이 뒤에 한량없는
겁을 지내고서 부처를 이루리니, 이름이 천왕여래 응공 정변지 명행족
선서 세간해 무상사 조어장부 천인사 불세존이요…."

"그때의 왕은 바로 내 몸이요, 선인은 지금의 제바달다였느니라."
지금의 적敵은 옛날에는 나의 스승이었다. 스승이 되어 가르침을
준 것이나 적이 되어 가르침을 주신 것이나 내게는 모두 스승이요
고마운 일이다. 세상의 고통과 어려움이 곧 스승이다.

• 선지식善知識

성품이 바르고 곧고 덕행을 갖추어 바른 도[正道]로 가르쳐 이끌어 주는 불교지도자. 친구. 협력자.

• 4무량심四無量心

중생을 한없이 어여삐 여기는 4가지 마음. 중생을 평등하게 보아 원怨과 친親의 마음을 두지 않는 것.

①자무량심慈無量心: 한량없는 중생에게 즐거움을 주려는 마음

②비무량심悲無量心: 남의 고통을 같이하여 벗겨 주려는 마음

③희무량심喜無量心: 다른 이로 하여금 고통을 여의고 낙을 얻어 기쁘게 하려는 마음

④사무량심捨無量心: 남을 도와주고 그 도와줬다는 생각조차 하지 않는 마음

• 4무소외四無所畏

부처나 보살이 설법할 적에 두려운 생각이 없는 지력智力의 4가지

– 부처의 4무소외

①정등각무외正等覺無畏: 일체 법을 평등하게 깨달아 다른 사람의 힐난을 두려워하지 않음

②누영진무외漏永盡無畏: 온갖 번뇌를 끊어서 외난을 두려워하지 않음

③설장법무외說障法無畏: 끊어야 할 번뇌에 대해 설하므로 다른 이의 비난을 두려워하지 않음

④설출도무외說出道無畏: 고통세계를 벗어나는 길을 알려서 다른

이의 비난을 두려워하지 않음

• 사섭법四攝法

섭攝이란 '이렇게 하면 중생을 다 껴안을 수 있다'는 뜻.

① 보시섭布施攝: 자비로운 마음으로 재물이나 진리를 베풀어 준다. 걸림 없는 무주상보시無住相布施로 해야 한다.

② 애어섭愛語攝: 다른 이에게 따뜻한 말과 행동으로 대한다. 4가지 구업口業을 짓지 않는다.

ⅰ) 망어妄語: 거짓말

ⅱ) 기어綺語: 삿된 말

ⅲ) 양설兩舌: 이간질

ⅳ) 악구惡口: 욕설

③ 이행利行: 항상 다른 이에게 이익 되게 하는 것.

④ 동사同事: 서로 협력한다. 나와 남을 구별치 않고 몸과 마음이 하나로 된다.

❀

文殊師利言하사대 我於海中에 唯常宣說 妙法華經호라. 智積이 問文殊師利言하대 此經이 甚深微妙하야 諸經中에 寶라 世所希有니 頗有衆生이 勤加精進하야 修行此經이면 速得佛不닛가. 文殊師利言하대 有娑竭羅龍王女하니 年始八歲라 智慧利根하야 善知衆生의 諸根行業하사 得陀羅尼하며 諸佛所說甚深秘藏을 悉能受持하며 深入禪定하야 了達諸法하며 於刹那頃에 發菩提心하야 得不退轉하며 辯才無礙하며 慈念衆生호대 猶如赤子하며 功德이 具足하야 心念口演이 微妙廣大하며 慈悲仁讓하고

志意和雅하야 能至菩提하니라. 智積菩薩이 言호대 我見釋迦如來 於無量劫에 難行苦行하고 積功累德하야 求菩提道호대 未曾止息하며 觀三千大千世界호대 乃至無有如 芥子許나 非是菩薩의 捨身命處라 爲衆生故로 然後 乃得成菩提道어늘 不信此女 於須臾頃에 便成正覺호이다. 言論未訖에 時龍王女 忽現於前하야 頭面禮敬하고 却住一面하야 以偈讚曰 深達罪福相하사 遍照於十方하며 微妙淨法身에 具相三十二의 以八十種好로 用莊嚴法身하며 天人所戴仰이라 龍神咸恭敬하며 一切衆生類 無不宗奉者로소이다. 又聞成菩提는 唯佛當證知라. 我闡大乘教하야 度脫苦衆生호이다. 時에 舍利弗이 語龍女言호대 汝謂不久에 得無上道는 是事難信이라 所以者何오 女身은 垢穢하야 非是法器라 云何能得 無上菩提리요 佛道懸曠이라 經無量劫하야 勤苦積行하고 具修諸度 然後乃成이며 又女人身은 猶有五障하니 一者는 不得作 梵天王이요 二者는 帝釋이요 三者는 魔王이요 四者는 轉輪聖王이요 五者는 佛身이라. 云何女身으로 速得成佛이리요. 爾時龍女 有一寶珠하니 價直三千大千世界라 持以上佛한데 佛卽受之어늘 龍女謂 智積菩薩과 尊者舍利弗言하사대 我獻寶珠에 世尊이 納受하시니 是事疾不잇가. 答言甚疾이니다. 女言 以汝神力으로 觀我成佛이 復速於此니다. 當時衆會 皆見龍女호니 忽然之間에 變成男子하야 具菩薩行하며 卽往南方 無垢世界하야 坐寶蓮華하사 成等正覺하니 三十二相이요 八十種好라 普爲十方 一切衆生하야 演說妙法이러라. 爾時娑婆世界에 菩薩聲聞과 天龍八部와 人與非人이 皆遙見彼 龍女成佛하야 普爲時會 人天說法하고 心大歡喜하야 悉遙敬禮하며.

문수사리가 말하였다.

"나는 바다 가운데서 항상 묘법연화경만을 연설하였나이다."

지적보살이 문수사리에게 물었다.

"이 경은 매우 깊고 미묘하여 여러 경전 중에 보배이오며 세상에 있기 어려운 것인데, 자못 중생들이 부지런히 정진하여 이 경을 닦아 행하면 빨리 부처 될 수 있나이까?"

문수사리가 말하였다.

"사갈라 용왕의 딸이 있어 나이 여덟 살인데 지혜 있고 총명하여 중생들의 근성과 행하는 업을 잘 알고 다라니를 얻었으며, 여러 부처님께서 말씀하신 깊고 비밀한 법장을 다 받아 지녔으며, 선정에 깊이 들어가 모든 법을 분명히 알고 찰나 동안에 보리심을 내어 물러가지 않는 자리를 얻었으며, 변재가 걸림이 없고 중생들을 어여삐 생각하기를 갓난아기같이 하며, 공덕이 구족하여 마음으로 생각하고 입으로 연설함이 미묘하고 광대하며, 인자하고 어여삐 여기고 어질고 겸양하며 마음이 화평하여 능히 보리에 이르나이다."

지적보살이 말하였다.

"내가 보니 석가여래께서 한량없는 겁 동안에 어려운 고행을 행하시며 공을 쌓아 보리의 도를 구하실 적에 잠깐도 쉬지 아니하셨으며, 삼천대천 세계를 보건대 겨자씨만 한 곳에라도 보살의 몸과 생명을 버리지 않는 데가 없나니 다 중생을 위한 연고이오며, 그러한 후에야 보리의 도를 이루셨는데, 이 용녀가 잠깐 동안에 정각을 이루리란 말은 믿을 수 없나이다."

말을 마치기도 전에 용녀가 문득 앞에 나타나서 머리를 조아려 예경하고 한쪽에 물러가 앉아서 게송으로 찬탄하였다.

"죄와 복을 깊이 통달하시고 시방세계 두루 비추시며 미묘하고 깨끗한 법신, 삼십이 어른다운 몸매 갖추고 팔십 가지 잘생긴 모양 법신을 장엄하게 꾸미시니 천상과 인간 함께 앙모하며 용과 귀신이 모두 공경하며 모든 중생의 무리들 받들어 모시지 않을 이 없고, 또 보리를 이루리라는 말 부처님만이 아시려니와 나는 대승의 교법 천명하여 괴로운 중생을 건지옵나이다."

이때 사리불이 용녀에게 말하였다.

"네가 오래지 않아 위없는 도를 얻으리라 하거니와 그 일은 믿기 어려우니라. 그 까닭을 말하면 여자의 몸은 때 묻고 더러워서 법의 그릇이 아니거늘 어떻게 위없는 보리를 얻겠느냐. 부처 되는 길이 까맣게 멀어서 한량없는 겁을 지내면서 애써 수행을 쌓으며 여러 가지 바라밀다를 구족하게 닦고서야 이루는 것이 아닌가. 또 여자의 몸에는 다섯 가지 장애가 있나니, 첫째 범천왕이 되지 못하고, 둘째 제석천왕이 되지 못하고, 셋째 마왕이 되지 못하고, 넷째 전륜성왕이 되지 못하고, 다섯째 부처가 되지 못하는 것이거늘 어떻게 여자의 몸으로 빨리 성불할 수 있느냐?"

그때 용녀에게 한 보배 구슬이 있으니 값이 삼천대천세계에 상당하였다. 그것을 부처님께 받드니 부처님이 곧 받으셨다. 용녀가 지적보살과 사리불에게 말하였다.

"내가 보배 구슬을 받드는 것을 세존께서 받으시니 그 일이 빠르옵니까?"

"매우 빠르니라."

용녀가 말하였다.

"당신들의 신통한 힘으로 나의 성불하는 것을 보십시오. 그보다 더 빠를 것입니다."

그때 여러 모인 이들이 보니 용녀가 잠깐 동안에 남자로 변하여서 보살의 행을 갖추고 곧 남방의 무구세계에 가서 보배로운 연꽃에 앉아

등정각을 이루는데, 삼십이 어른다운 몸매와 팔십 가지 잘생긴 모양을 갖추고 시방의 모든 중생을 위하여 미묘한 법을 연설하였다. 이때에 사바세계의 보살 성문과 천룡팔부와 사람과 사람 아닌 이들이 용녀가 성불하고 시회대중의 천상 인간들을 위하여 법을 말하는 것을 멀리서 보고 마음이 환희하여 멀리 바라보며 예경하였다.

위 경문은 8세 용녀가 성불하는 장면이다. 석가모니부처님 당시에는 여인의 사회적 지위가 무척 낮았고 여자는 죄가 많다고 여겨졌다. 이 풍습은 인도뿐만 아니라 세계 여러 나라들의 공통된 풍조였다. 이 시대에 불교에서는 여자는 5장3종五障三從이라 하여 여자는 ①범천왕 ②제석천왕 ③마왕 ④전륜성왕 ⑤부처가 될 수 없고, 여자는 ①어려서는 부모를 따라야 하고 ②출가하면 남편을 따라야 하고 ③늙어서는 자식을 따라야 한다는 풍습이 있었다. 여자를 비하하는 것은 불교의 다른 경전에 나타나고 있으나 법화경에서는 여자도 성불할 수 있다는 혁명적인 변화를 설하고 있다.

여기서 다보세존多寶世尊은 석가모니불이 깨달은 자리가 다보이고 이 땅의 모든 힘이 장엄되어 있는 자리를 뜻하며, 지적보살智積菩薩은 모든 사람의 모습이 각각 다르고 기능과 재주가 각각 달라서 그 모습에 맞게 찾아 쓰게 하는 자리를 뜻한다.

또한 사리불은 인간의 지혜, 지혜의 화신을 뜻한다.

- 문수사리: 영혼의 지혜, 세상의 이치. 지혜의 전달자. 실상의 지혜를 인간에게 전달함. 무수한 과거 부처의 지혜를 계속 내려오게 하는 전달자.

• 자비인양慈悲仁讓

"인자하고 어여삐 여기고 어질고 겸양하며."

 - 인仁: 아무리 베풀어도 만족스럽다고 여기지 않음.

 - 양讓: 아무리 지혜가 갖추어져도 만족하지 않음. 아무리 지혜가
   늘어 사물의 이치를 잘 알아도 그 정도로는 만족하다고 하지 않음.

• 지의화아志意和雅

"마음이 화평하여 뜻이 화평하고 아름답다."

• 삼천대천세계三千大千世界

불교의 우주관으로서 소천, 중천, 대천세계를 말한다.

하나의 해와 달이 있는 세계가 1세계이고 이 세계가 천 개 있으면
소천세계, 이 소천세계가 천 개 있으면 중천세계, 중천세계가 천
개 있으면 대천세계, 이 어마어마한 세계가 부처님의 교화 범위이다.
믿음은 삼천대천세계와 맞먹는 가치가 있다.

어리석은 사람(여인)도 삼천대천세계(믿음)를 보시하면 곧 성불할
수 있다.

"용녀에게 한 보배 구슬이 있으니 값이 삼천대천세계에 상당하였다. 그것을 부처
님께 바쳤다."

아뇩다라삼먁삼보리를 얻기 위해서는 내가 가장 중요하다고 여기는
것을 버려야 한다. 재물이 내게는 전부라고 생각하는 사람은 재물을,
권세가 나의 전부라고 여기는 사람은 권세를, 명예가 전부라고 생각하
는 사람은 명예를 버려야 성불할 수 있다.

"부처님께서 보배 구슬을 즉시 받으셨다."

믿음이 있으면 부처의 마음과 즉시에 통한다. 믿는 순간 즉시 통한다는 뜻.

- **범천왕**梵天王: 여러 신神의 우두머리. 천계天界에 군림하는 호법선신 護法善神. 색계 천왕의 여인이 없는 곳.

- **제석천왕**帝釋天王: 우주 만물의 창조자. 사바세계를 다스림. 호법선 신. 여인이 없음.

- **마왕**魔王: 착한 일을 방해하는 신. 여인이 없음.

- **전륜성왕**轉輪聖王: 무력을 이용하지 않고 전 세계를 통일, 지배하는 이상적인 제왕. 칠보를 갖추고 정법으로 수미산의 사방에 있는 대륙을 다스린다. 하늘로부터 받은 윤보輪寶를 굴려 모든 장애물을 물리친다. 네 곳의 윤왕이 다 남자.

- **불신**佛身: 부처의 몸.

"용녀가 잠깐 동안에 남자로 변하여서 성불한다."

여인은 혼자만으로는 안 되고 남자를 만나야 한다. 남자를 만나야 씨앗을 싹 틔운다.

그래서 잠깐 동안이라도 남자로 변신한다. 이는 완성하기 위해서는 음양陰陽의 법칙을 따라야 한다는 것을 보여 준다.

◉ 사람과 사람이 만났을 때 냄새가 먼저 난다. 상대방에게서 느끼한 냄새가 나면 나와 맞지 않는 사람이다. 그 사람과 억지로 맞추려고 하면 안 된다. 마음에 맞는 사람이나 서로 부처님 뜻에 맞는 사람은 향기로운 냄새가 난다. 코가 제일 중요하다. 인간의 생활을 좌지우지하는 게 코다.

권지품勸持品 제13

1. 대의

권지란 "남에게 권하여 수지授持하게 한다."는 뜻이다. 법화경을 일명
수기경授記經이라고도 하여 부처님 제자를 비롯한 많은 사람들이 수기
를 받고, 특히 전 품인 「제바달다품 제12」에서는 부처님을 해치려던
제바달다도 성불하는 '악인성불惡人成佛'과 '8세 용녀도 성불하는 여인
성불女人成佛'도 등장한다.

따라서 중생 모두는 부처님의 가르침을 믿고 이해하고 수행하면
모두 다 부처가 될 수 있다는 것을 알았으므로 이 「권지품」에 이르러서
이러한 부처님의 가르침을 세상에 널리 펴야겠다는 결심을 하고 부처님
께 서원하게 된다.

이 품에는 약왕보살마하살과 대요설보살마하살을 비롯한 5백 아라
한, 유학 무학 8천인이 부처님 열반하신 뒤에 법화경을 널리 펼 것을
서원한다. 그러나 아직 수기를 받지 못했던 부처님의 이모인 마하파사파
제 비구니와 라홀라의 어머니, 야수다라 비구니에게도 수기를 주신다.
또한 80만억 나유타 보살마하살은 부처님 열반하신 후 법화경을 널리

펴기를 서원한다.

2. 이 품의 가르침

◉ 권지勸持란 우주 실상이 권해서 내가 가진다는 의미가 들어 있다. 우리는 고통을 겪고 난 후에 자기 마음에 새기고 세상을 바로 보게 된다. 내가 사는 것은 이 세상의 섭리가 권해서 사는 것이지 부모나 스승, 그 밖의 누가 권해서 이 세상을 사는 게 아니다. 모두 이 세상 이치대로 살아가는 것이다.

◉ 실상의 힘이 우주이고, 석가모니부처님이 우리이다. 석가모니부처님은 자연실상의 섭리에 의하여 생기고 우주의 힘을 받았다. 선인仙人은 인간을 가르치려고 인간의 자리로 온다. 내 마음이 움직이는 것이 내 스스로 움직이는 것이 아니다. 우주의 힘에 의해서 움직인다. 어린애가 기고 걷고 뛰고 하는 것은 자기 힘에 의해서 그러는 게 아니라 우주의 힘에 의해서 자라는 것이다.

☞ ◉ 권지勸智와 실지實智

- 권지權智란 암·수가 우주의 힘에 의하여[勸], 제가 열심히 일해서 그 결과물을 자기가 갖는 것[持]을 말한다.

만물이 다 권지에 의해서 움직인다. 우주에서 나온 힘을 자기가 갖고 기고 걷게 된다. 공부하고 싶다든가 기도하고 싶은 마음이 움직이는 것은 우주가 권해서 그런 마음이 생기는 것이고 자기가 기도하고 공부해서 자기가 갖는 것이다.

법화경 속에는 권지가 들어 있다. 내가 청정한 상태에서 법화경을 봐야 힘이 생긴다.

권지는 부처님의 지혜, 곧 방편의 지혜를 말한다. 부처님께서 45년간 설하신 방편의 가르침이 권지에 해당한다.

– 실지實智 란 부처님의 자리. 우주 실상의 자리. 반야般若의 자리를 말한다.

실체가 있는 것이 아니다. 어떤 경계에 부딪혔을 때 그때그때 대처할 수 있는 힘을 말한다.

◉ 권지와 실지는 둘이 아니라 하나다.

　잠잘 때 바람에 의하여 나도 모르게 마음이 뜬다. 그러면 꿈이 꿔진다. 바람에 떠서 여기저기 돌아다닌다. 바람과 꿈이 연결된다. 잠잘 때 왼쪽으로 누워 자면 귀신을 보기 쉽다. 인연을 만날 때도 바람이 연결해 준다. ⇨ '바람났다'

이 품은 기도의 원리를 말한다. 기도를 하면 응답이 있어야 하는데 응답이 없으면 기도를 잘못한 것이다. 석가모니 부처님이 생존해 계실 때는 모르는 것을 여쭤 보면 응답이 있었으나, 열반하시고 나니 응답이 없다. 석가모니 부처님이 열반하신 후 실상 세계와 보살, 불법을 옹호하는 신중들에게 물어서 그 응답을 받게 한다.

◉ 「제바달다품」에서 선인仙人은 석가모니의 마음을 움직여서 석가모니를 가르쳤고, 선인은 제바달다가 되어 부처님으로부터 수기를 받고 중생을 구제하였다. 선인, 석가모니, 제바달다는 모두 우주 실상의 힘에 의하여 움직인다. 이것이 권지이다.

◉ 막다른 골목에 있다고 생각할 때 「권지품」을 읽는다.

우리는 조상대대로 내려오는 것을 배워 노력하며 산다. ⇨ 유학有學

현대에 이르러 인구는 늘고 사회는 복잡해져서 옛날 방식으로는 살길이 없다. 그래서 연구하여 새로운 기술이 나오게 된다. ⇨ 무학無學

부처님께서 열반하신 후 약왕보살마하살과 대요설보살마하살이 부처님 대신 응답을 준다. 약왕보살은 난행고행, 낙습고행의 노력을 하면 대요설보살마하살이 된다. 즉 남이 하기 어려운 고행을 하고 그 어려운 고행을 즐겁게 하면 그 사람이 하는 말은 꿀맛 같아서 누구나 듣기를 좋아한다. 아기를 키우는 엄마는 고생을 고생으로 생각지 않고 즐겁게 받아들인다.

◉ 자식 사랑에도 자비가 있다.
   자慈: 어릴 때의 사랑은 모든 걸 보살펴 준다.
   비悲: 커서는 자기 힘으로 살게 내버려 둔다.
   자식이 불쌍하다고 해서 계속 돌봐주면 자력自力이 생기지 않아 자식을 망치게 된다. 무학無學 자리가 생겨야 세상을 살아가는 힘이 생기는데 자꾸 돌봐 주면 무학 자리가 생겨나지 않는다. 자식에게도 권勸과 지持가 있으니 너무 걱정하지 말라. 제 살길은 제가 찾도록 하라.

3. 본문 해설

爾時에 藥王菩薩摩訶薩과 及大樂說菩薩摩訶薩이 與二萬菩薩眷屬으로 俱하사 皆於佛前에 作是誓言하대 唯願世尊은 不以爲慮하소서. 我等이 於佛滅後에 當奉持讀誦하야 說此經典호리다. 後惡世衆生이 善根은 轉少하고 多增上慢하며 貪利供養하야 增不善根하고 遠離解脫하야 雖難可敎化나 我等이 當起大忍力하야 讀誦此經하며 持說書寫하고 種種供養호대 不惜身命호리다. 爾時衆中에 五百阿羅漢으로 得受記者 白佛言하사대 世尊하 我等도 亦自誓願호대 於異國土에 廣說此經호리다. 復有學無學 八千人으로 得受記者 從座而起하사 合掌向佛하고 作是誓言호대 世尊하 我等도 亦當於他國土에 廣說此經호리니 所以者何오 是娑婆國中

은 人多弊惡하야 懷增上慢하며 功德이 淺薄하야 瞋濁諂曲으로 心不實故
니다. 爾時에 佛姨母 摩訶波闍波提比丘尼 與學無學比丘尼 六千人으로
俱하야 從座而起하야 一心合掌하고 瞻仰尊顔하와 目不暫捨러니 於時世
尊이 告憍曇彌하사대 何故憂色으로 而視如來오 汝心에 將無謂 我不說
汝名하야 授阿耨多羅三藐三菩提記耶아 憍曇彌야 我先總說 一切聲聞
이 皆已授記어니와 今汝欲知記者인댄 將來之世에 當於六萬八千億 諸
佛法中하야 爲大法師하며 及六千學無學比丘尼에 俱爲法師하고 汝如
是 漸漸具 菩薩道하야 當得作佛하면 號一切衆生喜見如來 應供 正遍知
明行足 善逝 世間解 無上士 調御丈夫 天人師 佛世尊이리라. 憍曇彌야
是一切衆生喜見佛과 及六千菩薩이 轉次授記하야 得阿耨多羅三藐三
菩提니라.

그때 약왕보살마하살과 대요설보살마하살이 2만 보살권속과 함께
부처님 앞에서 서원하는 말을 하였다.

"바라옵건대 세존이시여, 염려하지 마시옵소서. 저희가 부처님이 열
반하신 뒤에 이 경전을 받들어 지니고 읽고 외우고 해설하겠나이다.
후세의 나쁜 세상 중생들이 선근은 적어지고 뛰어난 체하는 이가 많아
공양에 탐을 내며 착하지 못한 뿌리를 증장하며 해탈을 멀리 여의어
교화하기 어렵사오나, 저희들이 마땅히 크게 참는 힘으로 이 경전을
읽고 외우고 받아 지니고 해설하고 쓰며 갖가지로 공양하며 몸과 목숨을
아끼지 않겠나이다."

이때 대중 가운데 있던 5백 아라한으로서 수기를 받은 이들이 부처님께
사뢰었다.

"세존이시여, 저희도 서원코 다른 국토에서 이 경을 널리 연설하겠나

이다."

또 유학 무학 8천 사람으로 수기를 받은 이들이 자리에서 일어나 합장하고 부처님께 이렇게 서원하였다.

"세존이시여, 저희도 다른 국토에서 이 경전을 널리 연설하겠나이다. 왜냐하면 이 사바세계 사람들은 못된 사람이 많고 뛰어난 체하는 생각을 품었으며 공덕이 천박하고 성 잘 내고 흐리고 마음이 아첨하고 진실치 못한 연고입니다."

이때 부처님 이모이신 마하파사파제 비구니가 학·무학 6천 비구니와 함께 자리에서 일어나 일심으로 합장하고 부처님을 우러러보며 잠깐도 한눈팔지 아니하였다. 이때 세존께서 교담미에게 말씀하셨다.

"어찌하여 근심하는 얼굴로 여래를 보느냐. 네 마음에 생각하기를 내가 네 이름을 불러서 아뇩다라삼먁삼보리의 수기를 주지 않는다고 함이 아니냐. 교담미야, 내가 먼저 모든 성문들을 한꺼번에 들어서 수기를 주었느니라. 이제 네가 수기를 알려거든 오는 세상에 6만 8천억 부처님 법 가운데서 대법사가 되고, 이 학·무학 6천 비구니들도 모두 법사가 될 것이니라. 너는 이리하여 점점 보살의 도를 구족하여 마땅히 부처를 이루리니, 이름이 일체중생희견여래 응공 정변지 명행족 선서 세간해 무상사 조어장부 천인사 불세존이라 하리라. 교담미여, 이 일체중생희견불과 6천 보살이 차례차례 수기를 주면서 아뇩다라삼먁삼보리를 얻으리라."

약왕보살마하살과 대요설보살마하살이 함께 등장하는 이유는 무엇일까?

이 「권지품」의 요지는 부처님으로부터 수기를 받은 사람들이 부처님이 열반에 드신 후 어떠한 고난과 핍박이 있더라도 법화경을 널리 펴겠다고 서원하는 내용이다.

법화경을 홍경弘經하기 위해서는 우선 약왕보살이 행한 난행고행難行苦行과 낙습고행樂習苦行을 해야 대요설보살마하살의 힘이 생겨서 중생들의 근기에 맞춰 막힘없이 자유자재로 법을 설하게 된다. 그러므로 약왕보살마하살과 대요설보살마하살은 따로따로 있는 것이 아니라 하나의 모습이다.

• 약왕보살마하살

   ◉ 노력 자리(약왕보살마하살)와 중생이 원하는 자리에 맞게 자유자재로 설하는 자리(대요설보살마하살). 즉 약왕보살의 힘이 움직여져야 내 말이 상대방의 마음에 저장된다.

   ◉ 열심히 노력하면 약왕보살이 움직여지고 내 말을 상대의 마음에 묻어 둘 수 있는 힘이 생긴다.

   ◉ 어려움을 당할 때는 약왕보살처럼 난행고행을 하라. 그러면 내 말이 여러 사람의 마음에 묻어 주어서 나를 도와주는 마음이 생겨나게 된다.

• 대요설보살마하살

   ◉ 난행고행과 낙습고행(약왕보살)을 하면 모든 사람의 마음에 심어 주게 되는 것이 대요설보살마하살.

   ◉ 노력해서 진실하게 살면 남의 마음에 내 뜻을 묻어 둘 수 있는 힘이 생긴다. ⇨ 권지勸持가 움직인다.

약왕藥王은 인간에게 도움을 주기 위해, 병을 고치기 위해, 생명 있는 모든 것에 편안함을 주기 위해 존재한다.

① 약왕과 대요설은 불가분의 관계

② 약왕이 장엄되면 스스로 대요설이 된다.

③ 인삼이 약왕이라면 쓰는 방법이 대요설이다.

• 이만보살二萬菩薩

2만 보살은 대요설보살을 통해서 나온다.

◉ 우리 마음은 하나가 아니고 둘이다. 선악善惡, 음양陰陽 등 둘이 항상
싸운다. 이때 번뇌 망상이 생긴다. 둘이 싸우지 않고 서로 협조하게
만드는 것이 2만 권속이다. 공부, 농사, 장사, 공업이 잘 안 될 때 열심히
노력하면 약왕보살이 움직이고 대요설보살이 움직이고 2만 권속이 움
직인다. 왜냐하면 이 보살들이 부처님 앞에서 맹세를 했기 때문이다.
그러나 우리는 무슨 일을 하든지 잡념이 들어온다. 쌀을 씻으면 쌀만
씻어야 하는데 쌀을 씻으면서 다른 생각을 한다. 잡념이 들어오면 세
번만 물리쳐라. 그러면 잡념이 사라진다. 일하는 것, 밥 짓는 것, 청소하
는 것이 모두가 다 기도이다. 무슨 일을 하든지 열심히 노력하면 그
속에서 변화(전환)가 일어난다. 변화하여 하나의 힘이 생긴다. 이것이
묘妙다. 그러면 이것을 자기가 가지게 된다.

– 마하살: 자라는 자리. 모든 것을 연결해 나가는 것.

• 불이위려不以爲慮

"근심하지 말라."

약왕보살과 대요설보살이 부처님께 근심하지 마시라고 하는 이유는
자기들이 이 경經을 보고 터득해서 중생을 구원하는 힘이 생겼기
때문이다.

• 불멸후佛滅後

"부처님이 열반하신 뒤에."

우주 실상의 힘이 약해질 때, 분별할 수 없는 세상이 될 때, 정도正道가 없어지고 알량한 인간의 지혜로 살아가게 될 때를 말한다.

◉ 불멸후 약왕보살, 대요설보살, 2만 보살권속들이 세상을 구원하겠으니 부처님 염려하지 마십시오.

약왕보살마하살이 되고 대요설보살마하살이 되면, 열심히 참고 노력하다 보면 권勸과 지持가 움직여서 모든 중생을 구원할 수 있다.

부처님이 우리 마음에 계실 때는 사촌에게 땅도 사 주고 싶고 남편 말을 하늘처럼 받들고 아내에게 무엇이든지 다 해 주고 싶은 마음이 들다가도, 불멸후佛滅後가 되어 부처님이 마음에서 떠날 때는 사촌이 땅을 사면 배가 아프고 아내는 남편의 말을 무시하고 남편은 아내를 본체만체한다. 그리고 다른 사람을 미워하게 되고 무시하는 마음만 있으니 내가 괴로워진다.

이럴 때는 법화경을 읽는다. 그러면 마음이 편안해지고 선근善根이 심어진다.

• 선근전소善根轉少

"착한 것은 적어지고."

착한 것은 다 굴러가 버린다. 선근은 다 없어진다.

바른 생각은 물러가 버리고 쓸모없는 생각만 남는다.

• 증상만增上慢

네 가지 교만한 마음(사만四慢) 가운데 하나.

최상의 교법과 깨달음을 얻지 못하고서 이미 얻은 것처럼 교만하게 우쭐대는 마음을 이른다.

◉ 악한 마음이 번창할 때는 다음 증상이 생긴다.

① 증상만이 된다: 자기가 해야 할 일을 하고 나서 자기를 알아주지 않는다고 원망한다.

② 탐리공양貪利供養: 자기만을 위해 주기를 바란다.

③ 원리해탈遠離解脫: 고통 속에서 벗어날 줄 모른다.

◉ 인간의 모든 세속적인 욕망에서 벗어나 자유롭게 되는 것을 해탈解脫이라고 한다. 해탈이 되면 중심이 잡혀서 하는 일이 눈에 보이고 옳고 그름을 판단할 수 있다.

◉ 살아서는 해탈이고 죽어서는 영가 천도靈駕薦度이다.

◉ 경經 공부가 없으면 자꾸 신비스러운 것을 바라게 되고 의지하게 된다. 결국은 사도邪道에 빠지게 된다.

– 사만四慢: 네 가지 교만한 마음

① 증상만

② 사만邪慢: 아무 덕이 없는 사람이 덕이 있다고 생각하는 교만한 마음

③ 아만我慢: 스스로를 높여서 잘난 체하고 남을 업신여기는 마음

④ 비하만卑下慢: 남보다 훨씬 못한 것을 자기는 조금 못하다고 생각하는 마음

• 대인력大忍力

아무리 어렵고 괴롭고 힘든 일이라도 끝까지 참고 행하는 힘.

참는다는 것은 마음을 일으키지 않는 것을 말한다.

- 지설서사持說書寫

"경전을 지니고 해설하고 쓰다."

　　◉ 내 것이 되어서 남에게 말할 수 있는 처지가 되었다. 그래야 그 말이
　　균형 있게 나가서 상대방이 듣고 손해도 나지 않고, 들으면 이익이 되고
　　모든 사람이 화합한다.

- 종종공양種種供養 불석신명不惜身命

"가지가지로 공양하되 몸과 목숨을 아끼지 않겠다."

어떠한 경우라도 나를 낮추기를 내 몸과 목숨이 다하도록 아끼지
않겠다.

- 교담미憍曇彌

큰 공덕이란 뜻. 비구니 대중의 우두머리이다.

교담미는 석가족의 성.

"교담미야, 어찌하여 근심하는 얼굴로 여래를 보느냐?"

교담미는 석가모니부처님을 양육한 이모인 마하파사파제를 말하기
도 하고, 또한 일반 여성을 이르기도 한다.

중생은 매일매일 근심하는 마음으로 세상을 본다. 특히 여성은 자식
걱정, 집안 걱정이 많은데 교담미야, 걱정할 필요가 없다. 왜냐하면
이 세상 만물은 권지와 실지가 움직여서 제 나름대로 세상을 살아가는
법이니 너는 걱정하지 말라.

- 육만팔천억六萬八千億

육만은 안이비설신의眼耳鼻舌身意의 6근根, 팔천은 안식眼識·이식耳

識·비식鼻識·설식舌識·신식身識·의식意識·말라식末那識·아뢰야식
阿賴耶識의 8식識을 나타낸다.

6근과 8식이 모두 청정해야 모든 부처님을 친견할 수 있다.

• 일체중생희견여래一切衆生喜見如來

"모든 사람들이 만나기를 좋아하는 여래."

이는 난행고행과 낙습고행의 결과물이다. 자비와 인욕의 행行을 닦아
중생을 기쁘게 하므로 그 결과로써 일체중생희견여래이다.

깨닫는 자리는 남녀의 구별이 없다.

안락행품安樂行品 제14

1. 대의

앞의 「권지품」에서 약왕보살마하살과 대요설보살마하살이 2만 보살과 함께 부처님이 열반하신 후 법화경을 널리 펼 것을 서원하는데, 이 「안락행품」에서는 문수사리보살마하살이 미래의 나쁜 세상에서 법화경을 펴기 위해서는 어떻게 해야 하는가를 여쭙고 있다.

즉 「권지품」에서는 불멸후 불법을 광선유포廣宣流布할 때 외부로부터의 박해에 대처하는 각오를 말한 것임에 대하여 「안락행품」에서는 부처님이 입멸하신 후 말세에 법화경을 설하는 보살의 마음가짐에 대하여 말하고 있다.

안락安樂이란 '편안하고 즐겁게 지내려면 바른 행行을 해야 한다'는 뜻이다. 안락은 외부에서 주어지는 것이 아니라 스스로 만들어야 하는 것이다.

부처님은 오탁악세五濁惡世의 말세에 법화경을 전파하는 사람이 법화경의 진리를 전파할 때 갖추어야 할 말과 행동에 대한 지침으로 4안락행〔안주4법安住四法〕을 제시하였다.

• 안주4법安住四法

① 신안락행身安樂行: 몸을 바르게 하라.

보살의 행할 곳과 친근할 곳에 편안히 머물러야 한다.

② 구안락행口安樂行: 말을 바르게 하라.

남을 욕하거나 가르침을 욕되게 해서는 안 되며 법화경을 설하는 사람의 장단점을 비판해서는 안 된다.

③ 의안락행意安樂行: 뜻을 바르게 세워라.

법화경을 수지 독송할 때는 질투심을 버리고, 가르침을 설할 때는 상대방을 경멸하지 않고 마음 편하게 설한다.

④ 서원안락행誓願安樂行: 대자대비의 마음을 내라.

법이 없어지려는 말세에도 대자비의 마음을 잊지 않고 사람을 이끌겠다는 서원을 세운다.

◉ 이 「안락행품」은 부처님께서 문수사리보살에게 설하신 것이다.

문수사리보살은 '완전한 지혜를 갖춘 보살', '훌륭한 복덕을 지닌 보살', '용왕의 딸을 가르쳐서 성불시킨 보살'이다.

경經에 나타난 보살들은 모두 부처님의 중생교화를 돕기 위해 존재한다.

◉ 칠월칠석에는 「안락행품」으로 수명이 연장된다. 우주에는 음陰의 기운과 양陽의 기운이 있는데, 음과 양이 강하게 움직일 때가 칠월칠석이다. 칠월칠석에 음양이 움직여서 마주치지 않으면 열매를 가질 수 없다. 견우와 직녀가 만난다는 것은 남두칠성과 북두칠성의 힘이 만나서(합슴이 되어서) 변화를 일으키는 것이다. 그 변화의 힘에 의하여 열매가 들게 된다.

이 품에는 법화칠유法華七喩 중 '계중명주髻中明珠(상투 속의 밝은 구슬)'의 비유가 있다. 즉 어느 강한 국왕이 자기 명을 따르지 않는 나라를 차례로 정벌하였다. 싸움에서 큰 공을 세운 장군들에게 영지나 논밭, 손에 끼고 있는 장식품 등 여러 가지 보물을 주었으나 오직 왕의 머리 상투 속에 있는 밝은 구슬만은 누구에게도 주지 않았다. 이 구슬은 왕만이 갖고 있는 것으로 큰 공을 세운 장수가 아니면 주지 않았다. 그러나 크게 공을 세운 장수에게 상투 속의 진귀한 명주를 내리듯 부처님께서는 일체의 번뇌를 물리친 제자에게만 이 법화경을 설하신다는 것이다.

부처님께선 지금까지 여러 가지 가르침을 펴서 성문 제자들과 대중에게 마음의 안정을 찾고 고통에서 벗어나고 번뇌를 제거하는 등의 갖가지 상償(소승)을 주셨으나 법화경의 진리만은 좀처럼 설하지 않으셨다. 그것을 설하면 듣는 사람이 당혹할 것이기 때문이다.

그러나 왕이 최종적으로 훌륭한 큰 공을 세운 장군에게 상투 속의 밝은 구슬을 서슴없이 내어주는 것처럼, 나도 그 왕과 같아서 이제는 제자나 대중들의 경지가 높아졌으므로 그 최후의 상償인 법화경을 설해 주는 것이라며 법화경을 전륜성왕의 상투 속에 감춘 최상의 명주로 비유하셨다.

◉ 경經 글자 한 자 한 자를 해설하면 그 힘이 세상을 비추어서 세상일을 알게 된다. '내일은 어떻겠구나', '이 사람은 지금 무슨 일로 여기 왔는데 어떻겠구나.' 그런 걸 알게 된다. 경을 자꾸 읽으면 자꾸 때가 껴서 비춰 보아 알게 된다. 경經 속만 알게 되는 것이 아니라 사람 속도 비춰진다. 자기 마음을 닦으면서 자기 일을 보고 자기 길을 찾아가야 한다. 닦지 않으면 삼악도=惡道에 떨어진다. 우리는 본래 내 이익을 찾아 행동한다.

먼저 나부터 돕고 그 후에 남을 돕는다. 밥이 한 그릇밖에 없으면 우선 내 배를 채우고 나서 남의 배가 고픈 것을 안다. 모두 나부터 보호한다. 그래서 삼악도에 떨어지는 것이 당연하다. 삼악도에 떨어지지 않으려면 보살행을 해야 한다. 성경에도 '네 이웃을 네 몸과 같이 사랑하라'고 하셨다. 이것이 보살행이다.

2. 본문 해설

爾時에 文殊師利 法王子 菩薩摩訶薩이 白佛言하되 世尊하 是諸菩薩이 甚爲難有라 敬順佛故로 發大誓願호대 於後惡世에 護持讀說是法華經오녀. 世尊하 菩薩摩訶薩이 於後惡世에 云何能說是經이닛고. 佛告文殊師利하사대 若菩薩摩訶薩이 於後惡世에 欲說是經인댄 當安住四法이니 一者는 安住菩薩行處와 及親近處라사 能爲衆生하야 演說是經이니라. 文殊師利야 云何名 菩薩摩訶薩의 行處어뇨 若菩薩摩訶薩이 住忍辱地하야 柔和善順호대 而不卒暴하고 心亦不驚하며 又復於法에 無所行하야 而觀諸法 如實相하며 亦不行 不分別이 是名菩薩摩訶薩의 行處니라. 云何名 菩薩摩訶薩의 親近處어뇨 菩薩摩訶薩이 不親近 國王王子와 大臣官長하며 不親近 諸外道梵志와 尼揵子等과 及造世俗文筆과 讚詠外書와 及路伽耶陀와 逆路伽耶陀者하며 亦不親近 諸有兇戲와 相扠相撲과 及那羅等이 種種變現之戲하며 又不親近 旃陀羅와 及畜猪羊鷄狗와 畋獵漁捕의 諸惡律儀니 如是人等이 或時來者어늘 則爲說法호대 無所希望하며 又不親近 求聲聞하는 比丘比丘尼와 優婆塞優婆夷하고 亦不問訊하며 若於房中이어나 若經行處어나 若在講堂中하야 不共住止하고 或時來者어든 隨宜說法호대 無所希求니라. 文殊師利야 又菩薩摩訶

薩 不應於女人身에 取能生欲想相하야 而爲說法하고 亦不樂見하며 若
入他家어든 不與小女處女寡女等으로 共語하며 亦復不近 五種不男之
人하야 以爲親厚하며 不獨入他家하고 若有因緣하야 須獨入時어늘 但一
心念佛하며 若爲女人說法이어든 不露齒笑하고 不現胸臆하며 乃至爲法
하야도 猶不親厚어늘 況復餘事야따녀. 不樂畜年少弟子와 沙彌小兒하고
亦不樂與同師하며 常好坐禪호대 在於閑處하야 修攝其心이니 文殊師利
야 是名初親近處니라.

그때에 문수사리 법왕자 보살마하살이 부처님께 사뢰었다.

"세존이시여, 이 보살들이 매우 난유하여 부처님을 순종하는 연고로
큰 서원을 내고 미래의 나쁜 세상에서 이 묘법연화경을 보호하여 지니고
읽고 해설하려 하나이다. 세존이시여, 보살마하살이 미래의 나쁜 세상에
서 어떻게 하면 이 경을 해설할 수 있겠나이까?"

부처님께서 문수사리에게 말씀하셨다.

"만일 보살마하살이 미래의 나쁜 세상에서 이 경을 해설하려면 네
가지 법에 편안히 머물러야 하느니라. 하나는 보살의 행할 곳과 친근할
곳에 편안히 머물러야 중생에게 이 경을 연설할 수 있느니라. 문수사리
여, 무엇을 보살마하살의 행할 것이라 하느냐. 만일 보살마하살이 욕됨
을 참는 자리에 머물러 있으면서 부드럽고 화평하고 착하고 순종하면서
도 불쑥하게 포악하지도 않고 마음에 놀라지도 않아야 하고, 또 법에
대하여 행한다는 것이 없이 모든 법의 실상과 같이 관찰하며 행함도
없고 분별하지도 않아야 하나니 이것을 보살마하살의 행할 곳이라 하느
니라. 무엇을 보살마하살의 친근할 곳이라 하느냐. 보살마하살은 국왕
이나 왕자나 대신이나 관원들을 친근하지 말아야 하며, 또 모든 외도인

범지나 니건자들과 세속의 문필을 일삼는 이와 외도의 서적을 찬탄하는 이와 로가야타와 로가야타를 거슬리는 이를 친근하지 말며, 또 흉악한 장난과 서로 때리고 씨름하는 일과 나라연 등의 가지가지 장난꾼을 친근하지도 말고, 또 전다라와 돼지 양 닭 개를 키우는 이와 사냥하고 고기 잡는 나쁜 짓 하는 이들을 친근하지 말아야 하느니라. 이런 사람들이 만일 오거든 그들에게 법을 말하여 줄 뿐 희망하는 일이 없어야 하느니라. 또 성문승을 구하는 비구 비구니 우바새 우바이들을 친근하지도 말고 문안하지도 말아야 하며, 방 안에서나 거닐 때에나 강당에서 함께 있지도 말고 혹시 찾아오더라도 적당하게 법을 말하여 줄 뿐 바라는 일이 없어야 하느니라. 문수사리여, 또 보살마하살아, 여인의 몸에 대하여 욕망을 낼 만한 모양으로 법을 말하지 말고 보기를 좋아하지도 말며, 만일 남의 집에 들어가더라도 소녀 처녀 과녀들과 더불어 말하지 말아야 하느니라. 또 다섯 가지 사내 아닌 사람을 가까이하거나 친구를 삼지 말아야 하며, 혼자서 다른 이의 집에 들어가지도 말며, 만일 볼일이 있어 혼자 들어가게 될 적에는 오직 일심으로 염불하여야 하느니라. 여인에게 법을 말하게 되거든 이를 드러내어 웃지도 말고 가슴을 드러내지도 말며 법을 위해서도 친하지 말아야 하거든 하물며 다른 일일까 보냐. 나이 어린 제자나 사미나 어린애 가꾸기를 좋아하지도 말며 그들과 한 스님을 섬기기를 좋아하지도 말아야 하느니라. 항상 좌선하기를 좋아하며 한적한 곳에서 마음을 다잡아 닦아야 하나니, 문수사리여, 이것이 첫째 친근할 곳이니라."

• 문수사리文殊師利 법왕자法王子 보살마하살菩薩摩訶薩 백불언白佛言
  "문수사리 법왕자 보살마하살이 부처님께 여쭙다."

◉ 세상 만물은 모두 자기 맡은 일을 다 하고 있다. 모두 다 필요한 데로
  나와서 필요한 대로 써라.

- 문수사리文殊師利

문수보살은 지혜智慧를 나타낸다. 지혜란 깨달아 안 진리를 살펴서
일체의 인간을 돕는 데 능하다는 뜻이다.

부처님께서 깨달은 자리가 어떤 경우에는 문수사리보살이고, 또
어떤 때는 관세음보살이고, 또 어떤 경우에는 상불경보살이다.
이렇듯 부처님께서 깨달은 불지혜佛智慧는 하나인데 경우에 따라
지혜를 나타내야 할 때는 문수사리보살로, 또 대자대비의 마음을
나타내야 할 때는 관세음보살로, 또 모든 중생을 부처로 보게 할
때에는 상불경보살로 나타내신다. 이렇듯 부처님이란 우주를 운영
하는 힘의 본체인데 중생을 교화하는 필요에 따라 여러 보살로 나타
나신다.

◉ 만물이 각자 살 수 있도록 스스로 찾게 해 주는 자리.

◉ 하나를 뚫고 들어가면 전체를 다 알게 된다.

◉ 내가 한 말을 상대방이 받아서 다시 내가 되받을 때 그 힘이 움직여진다.
  남을 편안하게 해 줄 때 그 사람의 지혜가 움직여서 변화가 이루어지고
  나도 깨닫게 된다. 내가 열 사람에게 가르침을 주고 그중 몇 사람이
  깨달아서 자기 소질에 맞게 열심히 일을 해서 결실이 생기면 내가 그
  결실의 도움을 받는다.

- 법왕자法王子

결실하여 씨앗으로 연결시킨다.

◉ 세상의 한쪽은 선善이고 한쪽은 악惡이다. 한쪽은 나를 도와주고 한쪽은
  내 속을 썩인다. 내 속을 썩이는 사람이 먼저 나를 기다린다. 나중에
  오는 사람은 그럭저럭 오는 사람들이다. 이런 사람을 다 받아들여야

한다. 밉고 고운 사람을 가리지 말아야 한다. 그래야 뿌리를 붙이고 살 수 있다. 밉고 고운 사람을 다 받아들이는 것은 참 어렵다. 그래도 받아들일 때 칠성의 힘을 받게 되고 문수사리의 힘을 받게 된다. 고운 사람이나 미운 사람이나 다 받아들일 때 네 자신은 흙이 되고 많은 사람들이 뿌리를 박으면서 열매를 맺고 살게 해 주는 것이다.

◉ 상대가 곱다거나 밉다고 하는 것은 상대의 말이나 행동에 있는 것이 아니라 상대를 보는 내 마음에 달려 있다. 이런 마음을 빨리 깨칠수록 마음고생을 덜 한다.

− 보살마하살菩薩摩訶薩

보살 중에서 큰 보살.

모든 사람에게 이익을 주는 자리.

• 심위난유甚爲難有

"매우 있기 어렵다."

◉ 이 세상일은 쉬운 일이 하나도 없다. 보기엔 쉬운 것 같은데 해 보면 어렵다.

◉ 일이 눈에 띄면 하겠는데 일이 눈에 보이지 않는다.

• 경순불고敬順佛故

"부처님께 순종하는 연고로."

◉ 우리는 순리順理를 따라야 한다. 순리를 따르면 살고 순리를 거역하면 죽는다. 순리를 따라야 모든 것이 이루어진다.

◉ 자기가 살기 위해서 모든 곳에 공경하고 순종한다. 경순불고가 될 때 힘이 나온다.

◉ 자기가 살기 위해서 열심히 노력하다 보니 여러 사람을 돕게 된다.

- 발대서원發大誓願

"큰 서원을 세우다."

순리를 따르므로 서원을 세울 수 있다. 우리가 서원하는 것을 이룰
수 있다. 순리를 따르지 않으면 서원을 이룰 수 없다.

- 악세惡世

"나쁜 세월. 나쁜 세상. 어지러운 세월."

밝다가 어두운 세상이 올 때. 일이 잘되다가 잘 안 될 때.

- 호지독설護持讀說 시법화경是法華經

"이 법화경을 보호하여 지니고 읽고 해설하려 하나이다."

◉ 이 경經을 보호한다는 뜻이 아니라 법화경 공부를 열심히 하면 우리가
지내 온 역사를 제대로 살릴 수 있다는 뜻이다. 우리가 여기 왔다가
가는 길에 이름을 남길 수 있다. 자식을 잘 길러서 그 자식을 통하여
우리의 이름이 나고, 아내를 통하여 남편의 이름이 나고, 남편을 통하여
아내의 이름이 나는 것이 바로 법화경을 보호하는 원리이다.

- 운하능설시경云何能說是經

"어떻게 하면 이 경을 능히 해설할 수 있겠나이까?"

보살의 마음을 가져야 경을 설할 수 있다.

어떻게 하면 잘살 수 있는 방법을 알 수 있겠습니까?

타종교는 말세가 되면 종말이 온다고 하지만, 불교는 말법시대가
되어도 종말을 극복하는 방법이 있다고 설한다.

• 안주사법安住四法

"네 가지 법에 안주安住하라."

안주사법 중에 첫 번째는 신안락행身安樂行으로써 이는 행처行處와 친근처親近處로 나눈다.

행처는 자기가 행동하는 기본적인 마음가짐(내적)이며, 친근처는 남을 대할 때 어떤 사람을 어떤 마음으로 접촉할 것인가를 말한다 (외적).

행처의 기본은 인욕지忍辱地에 머무르는 것이다(주인욕지住忍辱地). 성을 내거나 교만하지 않으며, 환경에 구애받지 않는 사람이 능히 인욕지에 머무를 수 있다.

　◉ 인욕忍辱: 마魔가 대들 때 맞싸우면 진다. 참아야 힘이 생기고 마가 물러간다. 참아야 얻어진다.

　지地: 잠시도 마음에 공간을 두어서는 안 된다. 공간이 생기면 '마魔'가 들어온다. 참으면 이기는데 마음에 공간이 생기면 쓸데없는 생각으로 공간을 없애니까 마에게 진다. 경 공부, 기도, 탑돌이는 공간을 없애기 위한 수행이다.

• 안주보살행처安住菩薩行處 급친근처及親近處

"보살의 행할 곳과 친근할 곳에 편안히 머무르라."

　◉ 남을 도와주고 싶은 마음이 있으면 내가 친근할 곳이 있고, 내가 나를 위해 산다는 마음으로 꽉 차 있으면 친근할 곳이 없다.

－ 친근처親近處: 남을 대할 때의 자세와 이러이러한 사람과 가까이하지 말라는 차별상差別相을 설하신 것이다.

국왕, 왕자, 대신, 관장 등 권력을 가까이하면 타인을 해롭게 하기 쉽고 만물에 손해를 끼치기 쉽다. 내가 열심히 노력하면 부처님의 가피가 움직이는데 국왕, 왕자, 대신, 관장(지방장관)에게 의지하지 말라는 가르침이다.

◉ 국왕을 비롯한 권력자도 실상의 뜻을 바꿀 수 없다. 사람의 마음을 바꿀 수 있는 분은 오직 부처님뿐이다.

◉ 친근親近: 지혜의 문으로 들어가는 것.

안락은 마음의 편안함에서 시작한다. 안락하려면 이 세상 만물의 모양은 모두 진짜 모양이 아니라 일시적으로 인연에 의하여 생겨난 것(제상諸相이 비상非相)이라는 것을 알면 된다. 중생은 형상形相만 보고 실상實相을 보지 못한다. 제상諸相이 비상非相이라는 것을 알면 곧 실상을 보는 것이다. 지혜는 물길처럼 막히는 법이 없다. 물이 지나가면 물길이 만들어지는 것이지 길을 미리 내놓고 가는 법은 없다.

• 유화선순柔和善順

"부드럽고 화평하고 착하고 순종한다."

아집我執이 없다, 자기중심적이 아니라는 뜻.

◉ 즐겁게 김을 매면 수확이 많지만 억지로 화가 나서 김을 매면 수확이 준다. 무슨 일이든지 즐겁게 하라.

◉ 인생은 담뱃불과 같다. 초는 자기 몸을 태워서 남의 길을 밝혀 주지만 담배는 자기 몸을 태워서 남을 괴롭힌다. 유화선순하면 괴로움이 없는데 자기가 고생을 하고 나서 남을 괴롭힌다.

• 부졸폭不卒暴

"불쑥하게 포악하지 않다."

거칠지 않다.

◉ 장수가 거느리는 것이 졸卒이다. 아랫사람에게 포악하지 말라. 아랫사람에게 부드럽고 후하게 하라.

• 심역불경心亦不驚
"마음에 놀라지도 않는다."
주위 환경 변화에 움직이지 않는다.
◉ 급하게 서둘지 말라. 차분하게 하라.

• 어법於法 무소행無所行
"법에 대하여 행한다는 바가 없어야 한다."
대상에 집착하지 않는다.
◉ 계획하지 말고 그날 나오는 일은 그날 움직여라.

• 관제법여실상觀諸法如實相
"모든 법을 실상과 같이 관觀한다."
일체 법이 공空한 것을 실상과 같이 관하라.
모든 사물의 진실한 성질을 밝히 봐야 한다. 모든 사물의 진실한 성질을 알려면 마음이 어느 한쪽에 치우쳐서는 안 된다. 마음이 어느 한쪽에 치우치지 않아야 모든 사물의 진실한 상相을 볼 수 있다.

• 불행不行
"의도적으로 행하지 않는다."
자연 순리에 맡긴다.

- 불분별不分別

"분별하지 않는다."

많다 적다, 크다 작다, 좋다 나쁘다 분별하지 않는다.

우리가 안락행安樂行을 하면 힘에 변화가 생겨서 문수사리 법왕자 보살마하살과 연결이 되어 욕됨을 참는 자리(인욕지)에 머물러 있게 되고, 부드럽고 화평하고 착하고 순종하면서도 불쑥하게 포악하지 않고 마음에 놀라지도 않고 또 법에 대하여 행하는 것 없이 모든 법을 실상과 같이 관하면 행함도 없고 분별하지도 않게 된다.

> ◉ 기도가 안 이루어지는 것은 참지 못하는 데 있다. 문수사리와 연결되지 않고는 나 혼자 힘으로는 욕됨을 참는 자리에 머물러 있게 되고, 부드럽고 화평하고 착하고 순종하면서도 불쑥하게 포악하지 않고 마음에 놀라지도 않고 또 법에 대하여 행한다는 것이 없이 모든 법의 실상과 같이 관찰하며, 행함도 없고 분별하지도 않게 하기가 어렵다.

보살이 행할 곳과 친근親近할 곳을 분별해서 거기에 머물러야 능히 중생을 구제할 수 있고 법화경을 설할 수 있다.

우리가 항상 남을 돕는 위치에 있게 되면 친근할 곳이 생기고 만약에 남을 돕는 마음이 없이 나의 욕심만 발하면 친근할 곳이 생기지 않기 때문에 능히 중생에게 설할 수 없다.

- 외도外道

바라문을 이르는 말이다.

> ◉ 바라문은 자기주장이 강하다. 자기가 아는 것을 내세운다.

- 범지梵志

바라문으로 속세를 떠난 사람으로서 스스로 족하다고 생각하고 세상에 있는 괴로워하고 번뇌하는 사람들을 조금도 동정하지 않는다.

◉ 세상일을 다 아는 척하지만 남의 뒷북만 친다. 실속이 없다.

• 니건자尼揵子

고행苦行을 하는 외도. 잠을 자지 않거나 단식을 하거나 가시로 자기 몸을 찌르거나 향을 자기 손바닥에 피우면서 수행하는 사람.

• 노가야타路伽耶陀

순세외도順世外道. 시류時流에 편승하여 그날그날을 무사히 보내면 된다고 생각하는 사람.

• 역노가야타逆路伽耶陀

역세외도逆世外道. 무슨 일이나 세상에 거역하는 사람.

• 흉희凶戲

쓸데없는 내기를 하는 희롱.

• 나라那羅

힘겨루기.

• 전다라旃陀羅

살생을 업으로 하는 사람.

– 축저양계구畜猪羊鷄狗: 소, 말, 돼지, 양, 닭, 개 등의 짐승을 잡는 사람.

불경에서 동물을 잡아 생활하는 사람을 가까이하지 말라는 말씀은 남을 이용하여 재미를 보거나 자기의 이익을 도모하지 말라는 의미이지 가축을 잡아 생업을 삼는 사람들을 배척하라는 말씀이 아니다.

• 전렵어포畋獵漁捕
짐승이나 고기를 사냥하는 포수.

• 율의律儀
남에게 해를 주는 직업.

• 오종불남五種不男
남자로서 신체가 정상적이 아닌 사람.
남성으로서의 성기능이 5가지 정상적이지 않는 사람.
성기능이 정상적인 사람이 수행을 해서 음욕을 극복할 때 우주 에너지를 받아들여서 도를 이룰 수 있다.

✿

復次菩薩摩訶薩이 觀一切法空如實相하야 不顚倒하며 不動不退不轉호대 如虛空하야 無所有性이라 一切語言道斷하야 不生不出不起하며 無名無相하야 實無所有라 無量無邊하고 無礙無障이언만 但以因緣有하고 從顚倒生故로 說常樂觀 如是法相이면 是名菩薩摩訶薩의 第二親近處니라.

"또 보살마하살이 모든 법이 공하여 실상과 같음을 관찰하여 뒤바뀌지도 말고 흔들리지도 말고 물러가지도 말고 굴려지지도 말아야 하나니, 마치 허공의 성품이 아무것도 없는 것과 같이 온갖 말할 길이 끊어져서 생기지도 않고 나오지도 않고 일어나지도 않으며 이름도 없고 모양도 없고 있는 것이 아니어서 한량없고 그지없고 걸림도 없고 막힘도 없건마는, 다만 인연으로 있는 것이며 뒤바뀌어 생기는 것이므로 말할 수 있는 것이니라. 항상 이러한 법의 모양을 관찰하기 좋아해야 하나니 이것을 보살마하살의 둘째 친근할 곳이라 하느니라."

- **관일체법공여실상觀一切法空如實相**

"모든 법이 공空하여 실상과 같음을 관찰한다."

모든 삼라만상이 무상無常함을 초월하여 변치 않는 진리가 상주常住하고 있다는 모습을 파악하라.

불교는 무상無常을 설하고 그다음에 상주常住를 설한다.

- 공空: 모든 존재는 고정된 실체가 없고 인연에 의하여 생겼다가 인연에 의하여 없어진다.

- **부전도不顚倒 부동不動 불퇴不退 부전不轉**

(실상實相은) 뒤바뀌지도 않고, 움직이지도 않고, 물러나지도 않고, 빗나가지도 않는다.

법法의 성품은 본래 공空하므로 여여如如하여 동동動하지 않는다. 꼭 맞는다.

- **여허공如虛空**

"큰 허공과 같아."

허공과 같이 일체 상相이 없다. 정해진 일정한 모양이 없다

• 무소유성無所有性

일정한 성품이 없다. 고정된 성품이 없다.

성품이 없어서 누구에게나 잘 맞는다.

차별이 없다. 인간은 모두 불성을 가지고 있어서 부처 되는 것엔 차별이 없다.

☞ 불수자성수연성不守自性隨然成

법의 성품은 일정한 스스로의 성품은 없고 다만 인연 따라 이루어진다.

— 법성계

• 일체언어도단一切語言道斷

"일체의 말의 길이 끊어지다."

일체의 법은 모두 공空해서 말로 설명할 수 없으므로 언어가 끊어졌다고 한다. 자기가 직접 경험해야 한다.

사과 맛을 아무리 잘 설명해도 부족하다. 사과를 실제로 먹어 봐야 한다.

• 불생不生 불출不出 불기不起

"생기지도 않고 나오지도 않고 일어나지도 않는다."

공空의 성품은 원래 공적한 것이므로 스스로 나지 아니한다. 모든 것은 인연에 의하여 이루어진다.

- 불생不生: 이 세상의 모든 현상은 인연 따라 일시적으로 보이고 나타날 뿐 생기는 것이 아니다.

- 불멸不滅: 이 세상의 모든 현상은 인연 따라 흩어질 뿐 어디로 가는 것이 아니다.
- 육도윤회六道輪廻: 열반에 이르면 더 이상 윤회는 없다. 아상我相이 있으면 윤회는 계속된다. '나'에 집착하는 한 '나'는 없어지지 않기 때문에 없어지지 않는 '나'로 인하여 업業을 받는다. 무아無我가 되어야 한다. 무아란 '나'가 없다는 것이 아니라 고정된 '나'라는 실체가 없다는 뜻이다.
- 불출不出: 나오지 아니하다.
- 불기不起: 일어나는 것이 아니다. 시작도 없고 끝이 없어 근본이 스스로 일어나지 않는다.

• 무명無名

이름이 없다.

'나'라는 이것이 모두 거짓으로 세운 것이다.

공空은 무엇이라고 이름을 지을 수 없다. 공空은 이름이 없다.

◉ 본래 이름이 없는데 사람이 붙이는 것이다. 본래는 소리로 되어 있어서 소리로 분별하는데, 사람이 이름을 붙여서 분별하게 한다.

• 무상無相

"모양이 없다."

4상四相(아상, 인상, 중생상, 수자상)이 다 허망한 것이다.

• 무량무변無量無邊 무애무장無礙無障

한량없고, 그지없고, 걸림 없고, 막힘도 없다.

절대의 진리란 헤아림도 없고, 끝도 없고, 거리낌도 없고, 장애도 없다. 시간이라든가 공간이라든가 많다든가 적다라는 따위의 지배를 받지 않는다.

– 무량無量: 진리 자체는 공空하여 텅 비어 있으므로 눈으로 헤아리지 못한다.

◉ 삼라만상 모두가 무량으로 산다. 내일을 점칠 수 없다. 내가 얼마를 살 것인지, 무슨 병에 걸릴 것인지 알 수가 없다. 가늠할 수 없게 만들어 놨다. 알게 해 놓으면 살 수가 없다.

– 무변無邊: 그지없다. 한계가 없다.

진리 자체는 공적하여 앞뒤가 끊어져 헤아리지 못한다.

◉ 어디든지 가서 살 수 있다. 여기 아니면 못 살 것 같지만 어디든지 가서 살 수가 있다. 배우자가 죽으면 못 살 것 같지만 어떻게든 살아간다.

– 무애無礙: 장애가 없다. 걸림이 없다.

바람이 허공에 걸림이 없듯이 진리란 어디에도 걸림이 없다.

– 무장無障: 막힘이 없다. 진리는 거리낌이 없다.

• 단이인연유但以因緣有

"오직 인연법에 의하여 있을 뿐이다."

우리 눈앞에 차별적인 것으로 보이는 것은 온갖 인연에 의하여 그렇게 보일 뿐이다. 중생의 눈으로는 눈앞에 벌어지는 모든 일들이 차별로 보인다.

• 전도생고顚倒生故

"뒤바뀌어 생기는 것이므로."

자기에 얽매여서 차별을 하는 데서 뒤바뀌게 된다.

◉ 내가 누구를 '죽일 놈', '죽일 년' 한다고 해서 그 사람이 죽는 게 아니다. 내가 욕한 업보는 우주 속에 기록되었다가 내가 받는다. 내가 한 말이나 행동은 그냥 사라지는 게 아니라 우주 속의 내 창고 속에 보관되어 있다가 때가 되면 그 업보를 받는다.

• 제이친근처第二親近處

우리의 마음가짐에 대하여 설하신 것이다. 착한 사람이나 악한 사람이나 결국은 같다는 평등상平等相을 말씀하셨다.

✿

文殊師利여 是法華經은 於無量國中에 乃至名字라도 不可得聞이온 何況得見하고 受持讀誦이야따녀. 文殊師利야 譬如强力 轉輪聖王이 欲以威勢로 降伏諸國커든 而諸小王이 不順其命이면 時에 轉輪王이 起種種兵하야 而往討伐호대 王見兵衆에 戰有功者하고 卽大歡喜하야 隨功賞賜호대 或與田宅 聚落城邑하며 或與衣服 嚴身之具하며 或與種種珍寶인 金銀 琉璃 硨磲 瑪瑙 珊瑚 琥珀 象馬 車乘 奴婢人民호대 唯髻中明珠는 不以與之니 所以者何오 獨王頂上에 有此一珠하니 若以與之면 王諸眷屬이 必大驚怪니라. 文殊師利야 如來도 亦復如是하야 以禪定智慧力으로 得法國土하야 王於三界어든 而諸魔王이 不肯順伏이면 如來의 賢聖諸將이 與之共戰호대 其有功者는 心亦歡喜하야 於四衆中에 爲說諸經하야 令其心悅하고 賜以禪定解脫 無漏根力 諸法之財하며 又復賜與 涅槃之城하고 言得滅度라 하야 引導其心하야 令皆歡喜호대 而不爲說 是法華經이니라. 文殊師利야 如轉輪王이 見諸兵衆의 有大功者하고 心甚歡喜하

야 以此難信之珠를 久在髻中하고 不妄與人이라가 而今與之인댓하야 如
來도 亦復如是하야 於三界中에 爲大法王하야 以法教化 一切衆生할새
見賢聖軍이 與五陰魔와 煩惱魔와 死魔로 共戰하야 有大功勳호대 滅三
毒하고 出三界하며 破魔網커든 爾時如來 亦大歡喜호대 此法華經이 能令
衆生으로 至一切智언만 一切世間이 多怨難信일새 先所未說을 而今說
之니라. 文殊師利야 此法華經은 是諸如來의 第一之說이라 於諸說中에
最爲甚深일새 末後賜與하나니 如彼强力之王이 久護明珠라가 今乃與之
니라. 文殊師利야 此法華經은 諸佛如來 秘密之藏이라 於諸經中에 最在
其上이니 長夜守護하야 不妄宣說타가 始於今日에사 乃與汝等으로 而敷
演之니라.

　　"문수사리여, 이 법화경은 한량없는 국토에서는 이름도 듣지 못하거든
하물며 보고 받아 지니고 읽고 외움일까 보냐. 문수사리여, 마치 어떤
억센 전륜성왕이 위력으로 여러 나라를 항복받으려 할 적에 작은 왕들이
그 명령을 순종하지 않으면 전륜왕은 여러 가지 군대를 일으켜 가지고
가서 토벌하느니라. 군대들 중에 싸워서 공이 있는 이를 보고는 전륜성왕
이 크게 환희하여 공을 따라 상급을 주는데 혹 집과 전답과 마을과 고을을
주기도 하고, 의복과 몸을 단장할 것을 주기도 하고, 혹은 가지가지의
보물 금 은 유리 차거 마노 산호 호박 코끼리 말 수레 노비 인민들을
주기도 하지마는 상투에 꽂는 명월주 동곳은 주지 않느니라. 왜냐하면
전륜성왕의 정수리에만 이 명월주가 있는데 만일 이것을 주면 왕의 권속
들이 놀라고 괴이하게 여기는 연고이니라. 문수사리여, 여래도 그와
같아서 선정과 지혜의 힘으로 불법의 국토를 얻어 삼계의 왕이 되었는데
마왕들이 순종하여 항복하지 않으면 여래의 현성장군들이 함께 싸우느

니라. 그래서 공이 있으면 마음이 환희하여 사부대중에서 여러 가지 경전을 말하여 마음을 기쁘게 하고, 선정 해탈과 무루의 뿌리와 힘과 모든 불법 재물을 주기도 하고, 열반의 성을 주어 멸도를 얻었다 하며, 그 마음을 인도하여 기쁘게 하면서도 법화경은 말하여 주지 않느니라. 문수사리여, 전륜성왕이 군대 가운데 큰 공을 세운 이를 보고는 매우 기뻐서 그 믿기 어려운 명월주를 상투 속에 꽂아 두고 다른 이에게 주지 않던 것을 상 주는 것같이, 여래도 그러하여 삼계의 대법왕으로서 바른 법으로 모든 중생을 교화하다가 현인 성인의 군사가 오음마 번뇌마 죽음 마와 싸워서 큰 공을 세워 삼독을 멸하고 삼계에서 뛰어나 마의 그물을 깨뜨리면 그때에 여래도 크게 환희하여 중생으로 하여금 온갖 지혜에 이르게 하는 이 법화경을 모든 세간에서 원망이 많고 믿지 아니하여 지금까지 말하지 아니하던 것을 이에 말하는 것이니라. 문수사리여, 이 법화경은 모든 여래의 제일 훌륭한 말씀이니 여러 말씀 가운데 가장 깊은 것인데 나중에야 일러 주는 것이니, 마치 저 억센 왕이 오래 보호하던 명월주를 지금에야 주는 것과 같으니라. 문수사리여, 이 법화경은 여러 부처님 여래의 비밀한 법장으로 모든 경전 가운데 가장 으뜸가는 것으로 긴긴 밤에 수호하고 망령되게 연설하지 않던 것을 오늘에 비로소 너희에 게 연설하여 주는 것이니라."

위의 비유가 '계중명주髻中明珠의 비유'이다. 즉 '상투 속의 밝은 보석 구슬'의 비유이다.

어느 강력한 왕이 작은 나라들을 정복하는 장수에게 전답을 비롯한 많은 상을 주지만 상투 속에 있는 명월주는 주지 않다가 아주 큰 공을 세운 장수에게는 상투 속의 명월주도 내어준다.

마찬가지로 부처님께서도 중생들을 구원할 때 처음 단계에는 중생들이 생로병사의 고통에서 벗어나는 낮은 단계의 소승의 가르침부터 시작해서 그들의 근기가 높아짐에 따라 대승경인 법화경을 펼치셔서 중생들을 구원하신다는 내용이다.

- 계중명주髻中明珠
  상투 속의 밝은 구슬. 명주明珠는 지혜를 말한다. 중생심衆生心을 버리니까 지혜가 나타난다는 뜻.
  미혹에 휩싸인 중생의 마음으로는 명주를 못 찾는다.
  경계에 휩싸이거나 집착하면 지혜가 나타나지 않는다.

- 전륜성왕轉輪聖王
  인도 신화에 나오는 통치의 수레바퀴를 굴려 세계를 통일 지배하는 이상적인 제왕. 복福을 많이 지어서 세상을 통일한다.

- 소왕小王
  작은 왕. 모든 번뇌를 뜻한다.

- 불순기명不順其命
  "그 명령에 순종하지 않으면."
  중생들이 번뇌와 미혹에서 벗어나지 못한다.

- 기종종병起種種兵 이왕토벌而王討伐
  갖은 군대를 일으켜 작은 왕들을 토벌한다.

부처님은 갖가지 법문과 방편으로 중생들의 어리석음을 깨우쳐 주신다.

• **전유공자戰有功者**

전쟁에서 공을 세운 사람.

부처님의 가르침을 잘 수행에서 소승의 깨달음을 증득한 사람. 즉 삼승三乘의 깨달음을 얻은 사람을 이른다.

• **독립정상獨王頂上 유차일주有此一珠**

전륜성왕의 정수리에만 있는 명월주.

부처님만이 깨우치신 깊은 묘법을 말한다.

• **마왕魔王**

모든 장애를 말한다. 제법실상을 제외한 그 밖의 모든 법은 마魔.

• **제법실상諸法實相**

모든 법의 참다운 모습. 있는 그대로의 모습. 무명無明에 휩싸여 있으면 실상을 보지 못한다.

• **삼계三界**

과거, 현재, 미래. 또는 욕계欲界, 색계色界, 무색계無色界.

• **오음마五陰魔**

색수상행식色受想行識의 오음五陰, 즉 몸과 마음에 따르는 온갖 괴로운 작용.

오음 또는 오온五蘊이라고 함. 오온이란 인간을 구성하는 5가지 요소를 말한다. 즉 물질적 요소인 색온色蘊과 정신적 요소인 4온四蘊을 합쳐 부르는 말.

이 오온은 여러 가지 괴로움을 일으키고 수행에 장애가 되는 마魔를 가리킨다.

- 오온五蘊: 생멸, 변화하는 모든 것을 구성하는 다섯 가지 요소.

  ① 색온色蘊: 색은 물질적 요소로서 몸을 가리킨다.

  ② 수온受蘊: 감정, 감각과 같은 감수 작용. 좋다 나쁘다의 감정.

  ③ 상온想蘊: 표상이나 개념 등의 작용.

  ④ 행온行蘊: 의지 작용.

  ⑤ 식온識蘊: 인식 판단의 작용.

• **사마死魔**

누구든지 언젠가 죽는다는 것이 장애가 되고, 그 죽음이 장애가 되는 것을 말한다.

 ◉ 성황 또는 서낭을 귀신이라고 믿고 살려 달라고 빌면 성황(서낭)이 귀신이 된다. 성황(서낭)을 부처님으로 믿고 살려 달라고 하면 성황(서낭)이 부처님이 된다. 우주에는 부처님, 하나님, 성황, 귀신이 따로 없다. 내가 어떻게 믿느냐에 따라 부처님, 하나님, 성황, 귀신이 된다.

종지용출품從地湧出品 제15

1. 대의

석가모니부처님께서 「안락행품」의 설법을 마치자마자 다른 세계에서
온 수많은 보살들이 앞을 다투어 일어서서 석가모니세존께 "허락해
주신다면 저희들이 부처님 열반하신 뒤에 이 사바세계에서 부지런히
정진하며 법화경을 수호하며 읽고 외우고 써서 공양하고 이 국토에서
널리 펴겠습니다."고 사뢴다.

그러나 세존께서는 "그럴 필요 없다. 이 사바세계에는 아주 오래전부
터 수많은 보살들이 있어 왔다. 내가 열반한 후에 그 보살들이 법화경을
호지독송護持讀誦하고 광설차경廣說此經할 것이다."라고 거절하셨다.
그 순간 갑자기 대지가 갈라지며 그 속에서 수많은 보살들이 솟아올라
왔다. 이 보살들의 몸은 다 금빛이고 32어른다운 몸매와 한량없는
광명을 갖추었다. 그리고 그 가운데 지도자격인 네 보살(상행·무변행·정
행·안립행)이 부처님 앞에 나아가 인사를 드렸다.

이 광경을 지켜보고 있던 미륵보살과 8천 항하사 보살들이 이렇게
생각하였다.

'우리는 지금까지 이러한 대보살마하살들이 땅에서 솟아올라 와서

여래께 공양하는 것을 본 적이 없는데, 대체 이 보살들은 어디에서 왔으며 어떠한 인연을 가진 보살들일까?'

이러한 의문을 풀고자 미륵보살이 부처님께 여쭈었다. 그러자 부처님께서 말씀하신다.

"대지에서 솟아나온 보살들은 내가 사바세계에서 아뇩다라삼먁삼보리를 얻은 후부터 교화한 보살들인데, 이 보살들은 사바세계의 아래서 이 세계의 허공에 있으면서 모든 경전을 읽고 외우고 통달하였다. 그러나 진실로 이 보살들은 아득한 옛날부터 내가 교화한 보살들이다."

이 말씀에 미륵보살과 많은 보살들이 의심을 내었다. 왜냐하면 석가모니세존께서 깨달음을 얻으신 것(성불)은 겨우 40년 남짓 되었는데 어떻게 이 짧은 세월에 이렇게 한량없고 그지없는 대보살들을 교화하여 아뇩다라삼먁삼보리에 머물게 하였는가?

그것은 마치 25세쯤 되는 젊은이가 100세 되는 노인을 보고 저 사람은 내 아들이라고 하는 것과 마찬가지로 믿을 수 없는 일이다. 더욱이 자기들은 오랫동안 부처님을 모시고 함께 생활하여 왔는데 이 사람들은 한 번도 본 적이 없다.

그런데 부처님께서는 '저 보살들은 내가 아득한 옛날부터 교화해 왔다.'고 말씀하시므로 더욱 알 수 없게 된 미륵보살이 미래 어떤 사람이 이 경전을 듣고 의심하여 믿지 않으면 나쁜 갈래에 떨어지게 될 것이니, 이렇게 수많은 보살들을 어떻게 짧은 시간에 교화하였는지를 말씀해 달라고 하는 것이 이 품의 요지이다.

이러한 미륵보살과 많은 보살들의 의심을 부처님께서는 「여래수량품 제16」에서 대답해 주신다.

「종지용출품」은 법화경의 중심 부분으로서 「종지용출품 제15」 후반

부분과 「여래수량품 제16」 전체와 「분별공덕품 제17」 전반 부분을 일품이반一品二半이라 한다.

법화경 후반(15품부터)의 내용은 부처님은 불멸不滅임을 밝히는 것이 주된 내용이다. 세존은 인도에서 태어나서 인간의 몸으로 80년을 살다 가신 분이지만 원래 부처님은 영원한 생명을 가지신 화신불로서 생로병사 속에서 고통받고 있는 중생을 구원하시기 위해 인간의 몸으로 나타나셨다.

이 「종지용출품」에서는 불법을 널리 펴기 위해서는 꼭 필요한 4가지 행行을 말씀하신다.

이 4가지 행을 대표하는 보살이 안립행보살, 정행보살, 무변행보살, 상행보살이다.

4보살은 곧 인간을 움직여 주는 힘을 말하는 것으로서, 법회 때 부르는 찬불가인 사홍서원四弘誓願을 가리킨다.

- **안립행보살**: 중생무변서원도衆生無邊誓願度(중생을 다 건지오리다)
- **정행보살**: 번뇌무진서원단煩惱無盡誓願斷(번뇌를 다 끊으오리다)
- **무변행보살**: 법문무량서원학法門無量誓願學(법문을 다 배우오리다)
- **상행보살**: 불도무상서원성佛道無上誓願成(불도를 다 이루오리다)

2. 이 품의 가르침

◎ 이 「종지용출품」은 말법시대 인간의 마음의 변화를 설명하였다.

◎ 불멸후佛滅後 법화경을 펴기 위해선 타력他力인 타방국토제래보살他方國土諸來菩薩에 의존하지 않고 자력自力인 자유육만항하사보살自由六萬恒

河沙菩薩로 이룬다.

◉ 종지용출從地涌出은 우주원리이다.

종지용출의 모습은 그때그때 시대에 맞게 살아가는 모습이다. 그 시대에 맞게 살아야 한다. 말 타는 시대에는 말을 타야 하고, 자동차를 타는 시대에는 자동차를 타야 한다. 떡잎이 너무 자라면 새순이 나오지 않는다. 열매를 맺을 수 없다. 새롭게 할 때가 되면 새롭게 해야 한다. 일日의 세상에서는 일의 세상법대로 살아야 하고, 월月의 세상에서는 월의 세상법대로 살아야 하고, 등燈의 세상에서는 등의 세상법대로 살아야 한다. 그때 그 당시 나온 법은 자연스럽게 나온 것이다. 누가 일부러 만들어서 그렇게 살라고 만든 것이 아니다.

◉ 안락행安樂行을 해야 종지용출이 된다. 안락행을 하면 자기도 모르게 솟아오르는 게 있다. 시간 가는 줄도 모르고 열심히 공부하면 끝날 무렵 새것이 솟아 나온다. 내 마음 깊은 속에서 나오는 빛은 상대방에게 전해져서 나와 똑같이 즐거워진다. 독경을 해도 안락행에서 나온 음성은 상대방을 기쁘게 한다.

◉ 모든 만물은 땅을 통하지 않고는 솟아날 수 없다. 땅에서 솟아올라오는 것은 노력 없이는 이루어지지 않는다.

◉ 아무리 노력하고 열심히 일해도 깨우치지 못하면 발전이 없다.

석가모니 시절 불법에 들어온 반특槃特이라는 사람이 있었는데 하도 우둔하여 교단에서 쫓겨날 처지에 있었다. 반특은 부처님께 다른 공부는 하지 말고 오직 '먼지를 털어 버리고 때를 없애라'는 말을 외우라는 말을 듣고 열심히 외웠더니, 어느 날 깨우쳐서 아라한과를 얻었다.

어떤 사람은 10년, 20년 노동일을 해도 매일 똑같은 모양으로 산다. 깨우침이 없기 때문이다. 그러나 어떤 사람은 노동일을 해도 그 일 속에서 묘妙를 찾아서 자기를 발전시킨다.

◉ 탑돌이를 하면.

탑돌이를 천 탑, 이천 탑을 돌고 나면 힘이 들지만 공기 속의 좋은 입자가 내 몸에 들어오는데 이것이 약藥의 기운을 가졌다. 그 약의 기운이 움직이면 내가 남과 얘기를 할 때 그 사람이 좋아하고 또 모든 것이 좋아지니까 나를 도와주게 되고 서로 협조하게 된다. 그 약의 기운이 내 병도 고쳐주고 남의 병도 고쳐 주게 된다.

신중이 봐주고 귀신이 봐주는 게 아니다. 자연 자기의 노력에 의해서 이루어지는 것이다. 부처님이 봐준다고 좋아하지만 부처님이 봐주는 게 아니다. 자연 그렇게 되어 있다.

탑돌이를 금식하면서 정성껏 3일을 하고 나면 기진맥진할 때 이치가 보인다. 왜 병이 났는지, 왜 사업이 잘 안 되는지, 애들의 앞날은 어떤는지, 그러나 자기가 보거나 들은 것을 얘기하면 금세 약 기운이 없어진다. 말하고 싶어도 꼭 참고 얘기하지 않으면 융통이 되고 요설변재樂說辯才가 된다.

3천 탑돌이를 하면 작은 재수는 트인다.

6천 탑돌이를 하면 자기 품에 들어온 자식이나 재산을 자기 품 밖으로 내보내지 않는다. 자식이 부모 뜻에 잘 따른다.

1만 2천 탑돌이를 하면 인연, 귀인을 만난다. 귀인이 나를 돕는다.

◉ 탑돌이를 하고 경經을 보면 경에서 싹이 나온다.

소를 타고 가는 사람은 말을 타고 가는 사람을 따라잡을 수 없다. 말을 타고 가는 사람을 따라잡으려면 어떻게든 말을 타야 한다.

우리가 불법을 얻기 위해선 어떻게든 땅(종지용출)의 힘을 빌려야 한다. 수행을 통해서 힘을 길러야 한다. 나고 죽는 것이 공空하다고 아무리 외워도 소용이 없다. '내가 죽으면 어떻게 되지?' 하면 아무 소용이 없다. 불생불멸不生不滅(나고 멸하는 게 없음), 불구부정不垢不淨(더러움도 깨끗함도 없음), 부증불감不增不減(늘지도 줄지도 않음)은 수행을 통해서 자꾸 익혀야 힘이 생긴다.

3. 본문 해설

爾時에 他方國土 諸來菩薩摩訶薩은 過八恒河沙數와 於大衆中起立하사 合掌作禮하고 而白佛言하대 世尊하 若聽我等이 於佛滅後에 在此娑婆世界하야 勤加精進하야 護持讀誦 書寫供養 是經典者면 當於此土에 而廣說之호리다. 爾時에 佛告諸菩薩摩訶薩衆하사대 止하라 善男子야 不須汝等의 護持此經이니 所以者何오 我娑婆世界에 自有六萬恒河沙等 菩薩摩訶薩하고 一一菩薩이 各有六萬恒河沙眷屬이어든 是諸人等이 能於我滅後에 護持讀誦하고 廣說此經이니라. 佛說是時에 娑婆世界 三千大千國土는 地皆震裂터니 而於其中에 有無量千萬億 菩薩摩訶薩이 同時涌出이러라. 是諸菩薩이 身皆金色에 三十二相이며 無量光明이라 先盡在此 娑婆世界之下하사 此界虛空中에 住러니 是諸菩薩이 聞釋迦牟尼佛의 所說音聲하고 從下發來호대 一一菩薩이 皆是大衆唱導之首라. 各將六萬恒河沙眷屬이온 況將五萬四萬과 三萬二萬과 一萬恒河沙等 眷屬者며 況復乃至 一恒河沙와 半恒河沙와 四分之一과 乃至千萬億 那由他分之一이며 況復千萬億 那由他眷屬이며 況復億萬眷屬이며 況復千萬百萬 乃至一萬이며 況復一千一百 乃至一十이며 況復將 五四三二一의 弟子者며 況復單己로 樂遠離行커든 如是等比는 無量無邊하야 算數譬喩로 所不能知니라. 是諸菩薩이 從地出已에 各詣虛空 七寶妙塔의 多寶如來와 釋迦牟尼佛所하야 到已코 向二世尊하사 頭面禮足하며 及至諸寶樹下의 師子座上佛所하야 亦皆作禮하고 右繞三匝하며 合掌恭敬하사 以諸菩薩로 種種讚法 而以讚歎하고 住在一面하야 欣樂瞻仰 於二世尊하며 是諸菩薩摩訶薩이 從初涌出하사 以諸菩薩의 種種讚法으로 而讚於佛호대 如是時間이 經五十小劫커든 是時 釋迦牟尼佛이 默

然而坐하고 及諸四衆도 亦皆默然하사 五十小劫을 佛神力故로 令諸大
衆으로 謂如半日케 함이라.

이때 다른 세계에서 온 보살마하살, 여덟 항하사 수효보다 많은 이들이
대중 가운데서 일어나 합장하고 예배하고 부처님께 사뢰었다.

"세존께서 만일 저희가 부처님 열반하신 뒤에 이 사바세계에서 부지런
히 정진하며 이 경전을 수호하며 읽고 외우고 써서 공양함을 허락하신다
면 마땅히 이 국토에서 널리 연설하겠나이다."

그때 부처님이 보살마하살들에게 말씀하셨다.

"그만두어라 선남자여. 그대들까지 이 경전을 수호할 것 없느니라.
왜냐하면 이 사바세계에 6만 항하사의 보살마하살이 있고 낱낱 보살이
각각 6만 항하사의 권속들이 있나니, 이 사람들이 내가 열반한 뒤에
능히 이 경전을 수호하여 읽고 외우고 널리 연설할 것이니라."

부처님이 이렇게 말씀하실 적에 사바세계인 삼천대천세계의 땅이
모두 찢어지면서 그 가운데 있던 한량없는 천만억 보살마하살들이 한꺼
번에 솟아올라 왔다. 이 보살들의 몸은 모두 다 금빛이요 32 어른다운
몸매와 한량없는 광명을 갖추었으니, 먼저부터 이 사바세계의 아래 이
세계 허공중에 있던 이들로서 석가모니부처님께서 말씀하시는 음성을
듣고 아래로부터 올라온 것이다. 이 낱낱 보살은 모두 대중을 인도하는
우두머리로서 각각 6만 항하사의 권속을 거느렸거늘 하물며 5만 항하사
권속 4만 항하사 권속 3만 항하사 권속 2만 항하사 권속 1만 항하사
권속을 거느린 보살일까 보냐. 또 하물며 내지 한 항하사 권속 반 항하사
권속 4분의 1항하사 권속이며 내지 천만억 나유타 분의 1항하사 권속을
거느린 보살일까 보냐. 또 하물며 천만억 나유타 권속 억만 권속 천만

권속 백만 권속을 거느린 보살일까 보냐. 하물며 1만 권속 1천 권속 1백 권속 열 권속이며 내지 다섯 제자 네 제자 세 제자 두 제자 한 제자만을 거느린 보살일까 보냐. 하물며 단신으로 멀리 여의는 행을 좋아하는 이들이 한량없고 그지없어 산수나 비유로는 알 수 없음일까 보냐. 이 모든 보살들이 땅에서 솟아 나와서는 각각 허공으로 나아가 칠보탑 안에 계신 다보여래와 석가모니 처소에 이르러 두 세존께 머리를 조아려 예배하고, 또 모든 보배 나무 아래 사자좌에 앉으신 부처님 처소에 이르러서도 그와 같이 예배하며 오른쪽으로 세 번씩 돌고 합장하고 공경하여 모든 보살의 찬탄하는 법대로 찬탄하고는 한쪽에 머물러서 반갑게 두 세존을 앙모하고 있었다. 이 여러 보살마하살들이 땅에서 솟아올라 와서 모든 보살의 찬탄하는 법으로 부처님을 찬탄할 때까지 그 시간은 50소겁이 걸리었다. 이때 석가모니 부처님이 잠자코 앉으셨고 모든 사부대중도 역시 잠자코 있었는데, 그 50소겁이 부처님의 신통한 힘으로써 모든 대중은 한나절같이 생각하였다.

• 어불멸후於佛滅後
"부처님이 열반하시고 난 후에."
◉ 모든 기운이 차차 줄어들 때.
◉ 늙어서 힘이 없어질 때.
부처님이 멸도하시고 난 후 분별할 수 없는 세상이 될 때를 말한다. 어떤 종교를 가지든 종교인의 공통점은 우리가 살고 있는 이 세상은 미혹과 고통이 가득하고 죽음이 깃든 세상이니, 이 세상을 떠나서 깨끗하고 즐겁고 영원한 생명이 있는 다른 세상으로 가고 싶은 마음을 갖는다. 타 종교는 고통이 가득한 이 세계에서 행복이 충만한 다른 세계로 인도하는 것에 반해, 부처님은 극락세계나 정토淨土는 다른 곳에서 구하는 것이 아니라 자기 마음속에서 구하는 것임을 가르친다. 마음에 자비가 가득하면 지혜가 생겨난다. 자비의 힘, 지혜의 힘으로 예토穢土를 정토로 만든다.

• 타방국토他方國土 제래보살諸來菩薩

"다른 나라에서 온 여러 보살."

내 마음속에서 스스로 올라온 것이 아니라 외부에서, 밖에서 구求하는 것을 뜻한다. 부처님은 밖에서 구하는 것을 경계하셨다.

◉ 일은 열심히 하지 않고 남의 일에 간섭한다. 타방국토에서 들어오면 글씨를 써도 잘못 쓰게 되고 약을 지어도 잘못 짓게 된다. 싹이 나서 똑같이 자라도 타방국토가 되면 열매를 맺지 못한다. 열매를 맺는다는 것은 땀을 흘려야 한다는 것이다.

◉ 우리 마음에는 두 가지가 있다.

① 내 마음속에서 자연히 솟아올라 오는 것

⇨ 자유육만항하사보살自有六萬恒河沙菩薩

② 남에게 배워서, 남의 얘기를 듣고 하는 것

⇨ 타방국토제래보살他方國土諸來菩薩

☞ 마음에 기쁨이 생겨서 모든 것을 다 줘도 아깝지 않은 자리.

한때 말을 듣고 기뻐서 내 것을 다 줘도 아깝지 않게 생각되다가 곧 마음이 변해서 그런 생각이 사라지는 자리. 내 마음속에는 자유육만항하사 보살자리와 타방국토제래보살 자리가 있다.

"스님! 걱정하지 마십시오. 스님이 열반하시면 우리가 이 도량을 잘 운영해 나가겠습니다." ⇨ 외래보살

순간적으로 고맙고 기쁜 생각에서 나오는 마음은 한때, 그 순간뿐이지 계속되는 진정한 마음이 아니다.

부처님은 순간적으로 잠시 마음이 움직여서 불법을 수호하겠다는 마음을 받아 주지 않았다.

◉ 우리 일이 잘 풀릴 때 외래보살이 찾아온다.

◉ 자유육만항하사보살 ⇨ 부처님을 도와 일을 하는 보살. 꿈에 현몽한다.

◉ 앞을 보는 방법엔 두 가지가 있다. 하나는 하늘(별)을 보고 아는 법과 다른 하나는 땅(오행)을 보고 아는 방법이다. 하늘을 보고 아는 사람은 전체를 볼 수 있으나 땅을 보고 아는 사람은 일부분만 본다. 만약 불이 나면 하늘을 보고 아는 사람은 한 군데만 불이 난 것을 보지만 땅을 보고 아는 사람은 자기 앞만 보기 때문에 전체가 불이 난 줄 안다.

• 보살마하살菩薩摩訶薩

"큰 보살."

◉ 누구나 닦고 노력하면 늘어나는 자리

- ○○보살: 남을 돕는 자리

- ○○법왕자: ○○보살을 통하여 이루어진 자리

- ○○보살마하살: ○○보살을 통해서 나왔는데 법왕자가 되니까 남을 도울 수 있는 힘이 생겨서 ○○보살마하살.

• 팔항하사수八恒河沙數

8식識을 말한다. 8가지 마음작용.

안식眼識, 이식耳識, 비식鼻識, 설식舌識, 신식身識, 의식意識, 말나식 (末那識, 근본 의식) 아뢰야식(阿賴耶識, 함정식)

사농공상士農工商 인의예지仁義禮智

◉ 사농공상士農工商 - 4가지 업業

인의예지仁義禮智 - 인간의 가치성

◉ 4가지 업에 4가지 가치성이 어울려야 아무 지장 없이 걸림 없이 지낼 수 있다.

1가지 업에 4가지가 구족해야 하는데 인의예지 중에서 한 가지라도 빠져서는 안 된다.

• 과過

"지났다."

마음속 깊은 데서 스스로 솟아난 게 아니라 밖에서 구求한 것이므로 농사를 지어야 할 자식에게 법관이 되라고 강요한다.

◉ 사농공상 인의예지를 초과한다. 과장되다.

◉ 욕심, 자기 분수를 넘었다. 여자, 남자 모두 자기 분수를 지나친다.

◉ 여러 사람의 말과 힘이 합해질 때 어려움이 해결되는 힘.

◉ 여러 사람의 뜻이 한데 모여 화합이 이루어질 때 여러 사람의 마음이 모아져서 변화시키는 힘. 근가정진勤加精進해야 중생을 구제할 수 있다.

◉ 자기가 사는 것 외에 남을 위해 봉사하는 것.

• 근가정진勤加精進

"부지런히 정진을 다하다."

자기에게 힘이 붙으면 붙을수록 더욱 노력한다는 말.

난행고행難行苦行으로 정진을 삼아 노력하면 부처님의 가르침을 세상에 펼 수 있다.

☞ 우리의 마음과 뜻이 하나가 될 때 근가정진이 된다.

- 서사공양書寫供養

경전을 써서 공양한다.

  ◉ 자기 진심을 다 바친다. 어려운 일에도 뒤로 빠지지 않는다.

  ◉ 중생의 마음에 아낌없이 다 준다. 어떤 사람도 분별없이 한다. 우주
  전체는 보시로 구성되어 있다. 아상我相이 없어질 때 서사공양할 수
  있다. 앞으로는 서사공양하지 않으면 살 수 없게 된다. 내 진심을 다
  바쳐라.

- 자유육만항하사自有六萬恒河沙

스스로 있는 6만 항하사.

내 안에 있는 불성佛性을 찾아야지 밖에서 구하려고 애쓰지 말라.
이미 모든 사람이 6근六根을 갖추고 있는데 삼독三毒(탐진치)에 가려
보이지 않을 뿐이다. 육근六根을 닦아 지혜를 얻는다.

  ◉ 6근에 의한 고통과 괴로움을 이겨서 힘이 생기는 자리. 사바세계에는
  6근에 의한 고통을 이겨서 성숙되는 자리가 있다. 그러니 밖에서 도와줄
  필요가 없다. 스스로 노력해서 깨달아야 한다.

- 일일보살——菩薩

하나하나 낱낱의 보살을 말한다.

  ◉ 하나하나 노력하면 다 이루어진다.

누구나 다 노력하면 살 수 있게 되어 있다.
일일보살이 육만 항하사를 거느리고 있다는 말은 한 사람이 여섯
사람의 몫을 한다는 뜻.

"이 사바세계에는 육만 항하사의 보살마하살이 있고 낱낱 보살이 각각 육만

항하사의 권속들이 있다."

- 자유육만항하사: 마음속 깊은 데서 스스로 올라오는 자리.

  ◉ 불쌍한 사람을 보면 도와주고 싶은 자리.

    ⇨ 비悲가 움직여진다. 남을 살리기 위한 보살.

- 육만 항하사 권속: 자기가 살기 위해서 남을 도와준다.

저와 식구, 동네, 국가(권속)를 살리기 위해서 남에게 큰 힘이 있는 자에게 잘 보이려고 하고 비위를 맞춘다. 큰 사람은 그런 사람을 거느려서 큰일을 하게 된다. 회사 사장이 부하직원을 거느리는 모습. ⇨ 자기를 살리기 위한 보살.

나쁜 사람 좋은 사람 가리지 말라. 그래야 힘이 생기고 닥쳐오는 장애를 막을 수 있다.

• 광설차경廣說此經

"이 경을 널리 설하다."

  ◉ 인간이 스스로 살게 되는 원리. 스스로 살게 된다.

• 삼천대천국토三千大千國土 지개진열地開震裂

"삼천대천의 땅이 찢어지면서 열리다."

  ◉ 과거, 현재, 미래의 장벽을 허물고 부처의 지혜가 동시에 솟아나다.

땅이 열린다는 것은 마음속에 근본 숨은 자취를 열어 근본을 나타낸다는 뜻.

자기의 본성 자리가 열리는 것을 말한다.

• 보살마하살菩薩摩訶薩 동시용출同時涌出

"보살마하살들이 동시에 솟아오르다."

부처님의 지혜가 생기니 남을 도울 수 있는 힘이 한꺼번에 생긴다.

• 신개금색身皆金色

"몸이 다 금빛이다."

금빛은 완성을 나타낸다.

　◉ 금색은 중앙. 불변의 원리

• 차계허공중此界虛空中

"이 세계 허공중에."

중도의 대열반에 머무른다. 깊은 지혜에 머물러 걸림이 없다.

• 석가모니불釋迦牟尼佛 소설음성所說音聲

"석가모니부처님께서 음성으로 말씀하시는 바."

　◉ 지금도 석가모니불의 음성이 살아있다. 우주에는 녹음되듯이 말이 보관
　　되어 있다. 석가모니불과 주파수를 맞추면 그 말씀을 들을 수 있다.

먼저부터 이 사바세계의 아래 이 세계 허공중에 있던 이들로서 석가모
니부처님이 말씀하시는 음성을 듣고 아래로부터 올라온 것이다.
우리는 본래부터 부처가 될 씨앗인 불성佛性을 갖고 있으나 무명無明
에 싸여 모르고 지내다가 부처님의 가르침을 듣고 비로소 마음속에서
불성이 솟아난다.

- 오만사만五萬四萬과 삼만이만三萬二萬과 일만一萬

  - 5만五萬

    ◉ 제 주장대로 산다. 5만, 4만, 3만, 2만, 1만…
    클수록 작게 거느린다. 이장里長은 많이 거느리고, 면장面長은 이장보다
    적게 거느리고, 군수郡守는 면장보다 적게 거느리고, 대통령은 국무총리
    보다 적게 거느린다. 권속이 적은 사람일수록 그 수는 많다.

  - 4만四萬

    ◉ 동서남북에 벌려서 고생을 한다.

    ◉ 서로 자기가 옳다고 분쟁이 난다. 모든 사람의 원망이 나온다.

  - 3만三萬

    ◉ 벌려 나가는 것. 하나 하고 나면 둘, 셋 하고 싶은 것.

  - 2만二萬

    ◉ 여당, 야당으로 나뉜다. 음양, 선악.

  - 1만一萬

    ◉ 자기 혼자만이 옳다. 혼자 움직인다.

    ◉ 모든 사람이 고통을 당하게 된다.

    ◉ 잘하는 사람이나 못하는 사람이나 하나로 끝이 난다.

- 종지출이從地出已

  "땅에서 솟아 나왔다."

  마음속에서 솟아올랐다는 뜻.

    ◉ 땅에서 풀이 나오는 모습. 땅에서 나오는 모습처럼 모든 것을 묻어 둔다.

- 칠보묘탑七寶妙塔

    ◉ 우주의 모든 것을 볼 수 있고 자기가 모든 힘을 줄 수 있다. 힘이다.

◉ 건강하고 무엇이 할 것이고 무엇이 안 해야 되는지 알게 된다.

◉ ① 金의 역할로 열매가 여물게 된다.

② 木은 불을 만들 수 있는 역할.

③ 水는 우주를 원활하게 돌리는 역할.

④ 火는 우주를 정화하는 역할(천둥 번개).

⑤ 土는 우주의 만물을 보호하는 역할.

⑥ 日은 자라게 하는 역할의 한계. 음은 무한이 자랄 수 있는 힘.

⑦ 月은 분별의 역할.

◉ 분별을 바로 할 때 묘탑이 움직인다. 7가지 분별로 다보여래가 움직인다.

◉ 장엄의 힘의 원리는 종지출이從地出已가 되어 분별할 수 있을 때. 힘의 변화. 모든 우주의 빛을 잡아서 저장한 힘.

◉ 우주가 내가 되고 내가 우주가 될 때.

◉ 칠보七寶 - 노력할 때.

묘탑妙塔 - 깨달았을 때.

• 오십소겁五十小劫 불신력고佛神力故 영제대중令諸大衆 위여반일謂如半日
"그 50소겁이 부처님의 신통한 힘으로써 모든 대중은 한나절같이 생각하였다."

실상實相은 시간의 차이가 없다.

시간의 제한이 없다. 50소겁이나 한나절이나 다 같이 느껴진다.
부처님을 믿으면 시간의 차이가 없다. 어제 내린 비나 오늘 내린 비는 다 함께 강물에서 만난다. 솥에 일찍 넣은 수제비나 지금 넣은 수제비나 먹을 때는 함께 먹는다.

☞ 하나의 부처님이 여러 가지 부처님으로 나타나신다. 이런 시대에는

350

이런 모습으로, 저런 시대에는 저런 모습으로 나타나신다. 그러나 그 부처님들의 가르침은 변함이 없다. —「여래수량품」

✿

爾時四衆이 亦以佛神力故로 見諸菩薩이 遍滿無量 百千萬億 國土虛空이러라. 是菩薩衆中에 有四導師하니 一名은 上行이요 二名은 無邊行이요 三名은 淨行이요 四名은 安立行이라. 是四菩薩이 於其衆中에 最爲上首 唱導之師러니 在大衆前하야 各共合掌하고 觀釋迦牟尼佛하사 而問訊言하대 世尊하 少病少惱하시며 安樂行不잇가. 所應度者는 受教易不잇가. 不令世尊으로 生疲勞耶닛가. 爾時에 四大菩薩이 而說偈言하사대 世尊安樂하사 少病少惱하시며 教化衆生에 得無疲惓하시며 又諸衆生은 受化易不잇가. 不令世尊으로 生疲勞耶닛가. 爾時世尊이 於菩薩大衆中에 而作是言하사대 如是如是하니라 諸善男子야 如來安樂하야 少病少惱하며 諸衆生等은 易可化度요 無有疲勞니 所以者何오 是諸衆生이 世世已來로 常受我化하며 亦於過去諸佛에 供養尊重하고 種諸善根이라 此諸衆生이 始見我身하며 聞我所說하고 即皆信受하야 入如來慧니 除先修習 學小乘者라 如是之人은 我今亦令得聞是經하고 入於佛慧호라. 爾時에 諸大菩薩이 而說偈言하사대 善哉善哉시라 大雄世尊이시여 諸衆生等을 易可化度시며 能問諸佛의 甚深智慧하고 聞已信行일새 我等隨喜하노이다.

이때에 사부대중도 역시 부처님의 신통한 힘을 입어 모든 보살들이 한량없는 백천만억 국토의 허공에 가득함을 보게 되었다. 이 보살대중 가운데 네 길라잡이가 있으니 하나는 상행이요, 둘은 무변행이요, 셋은 정행이요, 넷은 안립행이었다. 이 네 보살이 그 대중 가운데 가장 으뜸으로 인도하는 길라잡이가 되었더니, 대중 앞에서 제각기 합장하고 석가모니불을 뵈옵고 문안하며 말하였다.

"세존이시여, 병이 없으시고 시끄러움이 없으시며 안락한 행을 하시나이까. 제도를 받을 이들이 교화를 잘 받나이까. 세존을 피로케 하지나 않나이까."

이때 네 보살이 게송을 말하였다.

"세존께서 안락하시오며 병 없고 시끄러움이 없나이까. 중생을 교화하시기에 피곤하지 않으시나이까. 또 모든 중생이 교화를 쉽게 받나이까. 세존으로 하여금 피로케 하지 않나이까."

이때 세존은 보살대중 가운데서 이렇게 말씀하셨다.

"그러하다, 그러하다, 선남자들아. 여래는 안락하고 병 없고 시끄럽지 않으며 중생도 제도하기 쉬워 피로하지 아니하니라. 왜냐하면 이 중생은 세세생생에 항상 나의 교화를 받았고 과거의 여러 부처님께도 공양하고 존중하며 모든 선근을 심었느니라. 이 중생이 처음 내 몸을 보고 내 말을 듣고는 모두 믿었으며 여래의 지혜에 들어갔나니, 먼저부터 소승을 배워 익힌 이는 제외할 것이나 이런 사람들도 내가 이제 그로 하여금 이 경을 듣고 부처 지혜에 들어가게 하느니라."

이때 모든 보살들이 게송을 말하였다.

"거룩하시어라, 크신 영웅 세존이시여. 여러 중생 쉽게 교화하시오며 여러 부처님의 깊은 지혜 능히 문사오며 듣고는 믿고 행한다 하오니 저희들 따라서 기뻐하나이다."

• 이시사중爾時四衆 역이불신력고亦以佛神力故 견제보살見諸菩薩 변만무량
遍滿無量 백천만억국토허공百千萬億國土虛空

"이때에 사부대중도 역시 부처님의 신통한 힘을 입어 모든 보살들이
한량없는 백천만억 국토의 허공에 가득함을 보게 되었다."

이 품에 등장하는 보살들은 땅에서 솟아올라 와서 허공중에 있는데,
이것은 모두 부처님의 신통력을 빌려서 허공에 머물러 있는 것이다.
허공이란 '인간의 본질은 평등한 불성'이다. 따라서 부처님의 가르침을
받은 사람들은 공空의 이치를 알고 누구나 갖고 있는 불성을 깨닫게
된다.

우리 마음속에 본래부터 부처가 되는 씨앗인 불성이 있으므로 열반涅
槃(모든 번뇌에서 벗어나 영원한 진리를 터득함)을 체험할 수 있다. 만약
열반이 우리 마음 밖에 있다면 우리는 열반에 이를 수 없다. 그냥
개념만으로 존재할 뿐이다. 우리 안에 아뇩다라삼먁삼보리가 있다.
그러니 마음 밖에서 찾으려 하지 말아야 한다. 석가모니부처님도 6년
각고 끝에 자기 안에 있는 불성을 찾아 아뇩다라삼먁삼보리를 이룬
것이지 마음 밖에서 얻은 것이 아니다.

• 4도사四導師

이 4도사는 창도唱導의 스승이다. 깨달음을 얻기 위한 4가지 조건을
다음의 4보살로 표현하였다.

① 상행보살上行菩薩: 불도무상서원성佛道無上誓願成(불도를 다 이루오
리다)

공功과 행行이 뛰어나 가장 위가 되므로 상행이라 함.

◉ 모든 만물은 하늘로 머리를 두고 올라가며 자라지만 한계가 있다. 위로

올라가서 열매를 맺는다. 상행이 제일 먼저 나오는 이유는 불법을 배우는 데 있어서 가장 근본이 되기 때문이다.

② 무변행보살無邊行菩薩: 법문무량서원학法門無量誓願學(법문을 다 배우오리다)

청정한 묘한 행이 구족하여 무변행이다.

◉ 옆으로 퍼져 나가서 열매를 맺는다. 가도 가도 고생이 끝이 없다.

③ 정행보살淨行菩薩: 번뇌무진서원단煩惱無盡誓願斷(번뇌를 다 끊으오리다)

깨끗하고 맑은 행을 구족하여 정행.

◉ 밭에 썩은 거름을 주지만 그 열매를 먹는다. 음식물이 뱃속에서 썩지만 그것이 에너지가 된다. 썩어야 힘이 생긴다.

④ 안립행보살安立行菩薩: 중생무변서원도衆生無邊誓願度(중생을 다 건지오리다)

범행梵行을 세워 적멸에 편안히 머무름을 이른 것이므로 안립행.

◉ 남을 편안케 해 준다. 상대의 처지에 맞게 편안케 해 준다. 상대의 마음의 미혹을 제거해 줘야 편안케 된다.

부처님은 중생도 모두 자기와 같은 부처가 되게 하는 게 목적이다.

舍利弗當知 我本立誓願 慾令一切衆 如我等無異
사리불이여, 마땅히 알라. 내가 본래 세운 서원은 모든 중생으로 하여금 나와 다름이 없게 하는 것이다.

— 「방편품 제2」

- 창도자唱導者: 인도하는 우두머리. 모두 함께하자고 여러 사람을

격려해서 착한 길로 이끌어 주는 사람.

• 여시여시如是如是 제선남자諸善男子 여래안락如來安樂 소병소뇌少病少惱

제중생등諸衆生等 역가화도易可化度 무유피로無有疲勞 소이자하所以者何

시제중생是諸衆生 세세이래世世已來 상수아화常受我化 역어과거亦於過去

제불공양존중諸佛供養尊重 종제선근種諸善根

"그러하다, 그러하다, 선남자들아. 여래는 안락하고 병 없고 시끄럽지
않으며 중생도 제도하기 쉬워 피로하지 아니하니라. 왜냐하면 이 중생들
은 세세생생에 항상 나의 교화를 받았고, 또한 과거 여러 부처님께도
공양하고 존중하며 모든 선근을 심었느니라."

중생은 모두 다 불성을 갖고 있으므로 부처님의 가르침을 받으면
모두 성불할 수가 있다. 부처님은 이 우주 공간에 가득하고 영원불멸한
존재이므로 그들은 자기가 살고 있는 시대에 출현하는 부처님의 가르침
을 받아 교화되었다.

다음 품인 「여래수량품 제16」에서 부처님은 아주 오래전에 이미
성불하셔서 많은 중생을 교화해 왔다는 것을 강조하신다.

여래수량품如來壽量品 제16

1. 대의

이 「여래수량품」은 법화경 전체의 중심이고 석가모니불이 45년간 설법하신 것 중에서 가장 핵심이 되는 부분이다.

석가모니부처님은 자기가 어떤 존재인가를 보살과 대중에게 말씀하기 전 "선남자들아, 그대들은 여래의 진실하고 참된 말을 마땅히 믿고 이해하라."는 말씀을 세 번이나 하시면서 여래의 비밀하고 신통한 힘에 대하여 설하신다.

이 품에서 부처님은 우리가 무엇을 믿어야 하는가, 부처님은 어떤 분이신가를 설명하신다.

육체를 가진 역사적 인물인 석가모니의 본체는 법(진리)을 인격화한 법신불로 미래 영겁토록 멸하지 않는 본불本佛임을 설하신다.

다시 말해 부처님의 본체는 법신불로서 시간과 공간을 초월한 영원불멸, 상주불멸常住不滅하는 우주 에너지의 본체이고, 인간을 비롯한 모든 중생은 이 부처님의 에너지에 의하여 살아가고 있다고 말씀하시는 것이다.

「여래수량품」은 부처님은 영원불멸한 생명의 근본 실상이고 인연 따라 변화무쌍한 차별의 세계에 살고 있는 우리에게 영원히 변하지 않는 참다운 생명의 실상이 평등하게 존재하고 있다는 것을 깨우쳐 준다.

전 품인 「종지용출품」에서 타방국토에서 온 보살마하살이 부처님 열반하신 뒤에 이 사바세계에서 법화경을 호지독송護持讀訟하고 서사공 양書寫供養하겠다고 하니까 부처님께서는 "그럴 필요 없다. 이 사바세계 에는 자유 6만 항하사 보살마하살들과 그 권속들이 있어서 부처님 열반하신 뒤에 이 경전을 수호하여 읽고 외우고 널리 선전할 것이다."라 고 하신다. 이 보살들은 아주 오래전에 석가모니부처님께서 교화한 보살이라고 하신다.

그러자 미륵보살과 많은 보살들이 석가모니부처님은 아뇩다라삼먁 삼보리를 얻고 40년 동안 설법하셨는데 그 짧은 기간에 어떻게 그토록 많은 보살들을 교화하셨는지를 여쭤 보게 된다. 그러자 석가모니부처님 께서 '광자양의狂子良醫(미친 아들과 좋은 의사)의 비유'를 들어 그 대답을 하시는 것이 「여래수량품」이다.

「여래수량품」에서 부처님은 보살대중에게 "선남자들아, 그대들은 여래의 진실하고 참된 말을 마땅히 믿고 이해하라."고 세 번을 말씀하 신다.

그러고 나서 내가 궁전에서 나와서 아뇩다라삼먁삼보리를 얻었다고 말하지만, 실은 아주 오래전에 성불해서 이 사바세계에서뿐만 아니라 또 다른 세계에서도 중생을 교화하였다고 하신다. 성불한 지가 하도 오래돼서 그 수명이 한량이 없지만, 만일 부처가 세상에 오래 머문다 하면 박덕한 사람들이 선근善根은 심지 않고 오욕락五慾樂만 탐하게 되기 때문에 방편으로 열반에 든 것이라고 말씀하신다.

이 품에는 부처님의 세 가지 모습에 대하여 말씀하신다.

①법신불法身佛: 부처님은 진리 자체이시다. 불생불멸不生不滅이요 무시무종無始無終이며 상주불멸常住不滅의 존재이다.

②보신불報身佛: 온갖 수행의 결과[報]로써 생긴 부처. 중생들이 나아갈 귀의처를 알려 준다.

③화신불化身佛: 응신불應身佛. 중생 구제를 위해서 여러 가지 모습으로 중생의 부름에 의해 나타나시는 부처.

2. 이 품의 가르침

부처님의 수壽는 무량無量이다. 부처님은 불생불멸이고 무시무종이라는 것을 믿으면 우리도 부처님과 똑같은 불생불멸의 존재가 된다.

여래 수량을 알면 세상의 변화를 알 수 있고 국운國運이나 개인 운도 알 수 있다. 운이 다하면 부처님한테 빌어도 운이 안 온다. 업보가 깊어서 안 온다. 그럴 때는 제도부터 해야 한다. 제도를 해서 쌓여 있는 먼지부터 털어내야 한다. 법문이 실상과 맞으면 기적이 일어난다.

◉ 옛날이나 지금이나 수壽와 양量은 변함이 없다. 이것이 우주의 법칙이다.

⇨ 부증불감不增不減

◉ 세상에는 한계가 있는데 그 한계를 넘지 못한다.

◉ 이 품에는 비밀신통지력秘密神通之力이 있다. 「방편품 제2」에도 비밀신통지력이 있다.

● 삼계장엄三界莊嚴

천지인天地人 삼계에다 내 마음을 묻어 놔라.

하늘에다 내 마음을 묻어 두면 하늘의 이치를 알게 되고, 땅에 내 마음을 묻어 두면 땅의 이치를 알게 되고, 사람에게 내 마음을 묻어 두면 나를 도와준다. 잘사는 집안은 가족 서로서로에게 각자의 마음을 묻어 둔다. 남편은 아내에게, 아내는 남편에게, 부모는 자식에게, 자식은 부모에게, 형제끼리 서로서로 마음을 묻어 둔다.

「여래수량품」에 의하면 부처님의 수명은 한량이 없다. 우리가 알고 있기로는 석가모니부처님은 인도의 한 나라에서 인생문제를 해결하기 위하여 수행을 하시고 깨달음을 얻으시고 중생들에게 가르침을 펴시다가 80세에 열반하셨다고 알고 있으나, 실은 부처님은 아주 오랜 세월 전부터 성불하여서 중생들을 교화하셨다는 것을 강조한다.

「여래수량품」의 '광자양의狂子良醫의 비유'에서

본심을 잃어버린 아이 ⇨ 분별심이 강하다.

좋은 의사 ⇨ 부처님.

의사의 처방 ⇨ 부처님의 가르침을 가리킨다.

소승으로서는 중생을 구제할 수 없다. 아뇩다라삼먁삼보리는 새로운 것을 얻는 게 아니라 내가 본래 갖고 있던 것을 찾는 것. 얻어서 이루어지는 것이 아니라 버려서 생기는 것이다.

- 깨닫다: 진리를 인식하다. 세상 이치를 인식하다.

경經을 개념으로 보면 실상 이치가 안 보인다. 경을 단어 해석으로 보면 고苦, 무아無我, 무상無相이 안 보인다. 법法으로 해석하라.

3. 본문 해설

爾時에 佛告諸菩薩과 及一切大衆하사대 諸善男子야 汝等은 當信解如來 誠諦之語니라. 復告大衆하사대 汝等은 當信解 如來 誠諦之語니라. 又復告諸大衆하사대 汝等은 當信解如來 誠諦之語니라. 是時 菩薩大衆에 彌勒이 爲首하사 合掌白佛言하대 世尊하 唯願說之하소서 我等이 當信受佛語호리다. 如是三白已하고 復言 唯願說之하소서 我等이 當信受佛語호리다. 爾時世尊이 知諸菩薩의 三請不止하시고 而告之言하사대 汝等은 諦聽 如來秘密神通之力이니 一切世間에 天人及阿修羅는 皆謂今釋迦牟尼佛이 出釋氏宮하사 去伽耶城不遠에 坐於道場하야 得阿耨多羅三藐三菩提라 하나니 然이나 善男子야 我實成佛已來는 無量無邊 百千萬億 那由他劫이니라. 譬如五百千萬億 那由他 阿僧祇 三千大千世界를 假使有人이 抹爲微塵하야 過於東方 五百千萬億 那由他 阿僧祇國하야 乃下一塵호대 如是東行하야 盡是微塵이면 諸善男子야 於意云何오. 是諸世界를 可得思惟校計하야 知其數不아. 彌勒菩薩等이 俱白佛言하대 世尊하 是諸世界는 無量無邊이라 非算數所知며 亦非心力所及이라 一切聲聞辟支佛이 以無漏智로 不能思惟하야 知其限數며 我等이 住阿惟越致地라도 於是事中에 亦所不達이오니 世尊하 如是諸世界는 無量無邊이니다. 爾時에 佛告大菩薩衆하사대 諸善男子야 今當分明히 宣語汝等호리다. 是諸世界에 若著微塵과 及不著者를 盡以爲塵하야 一塵一劫이라도 我成佛已來는 復過於此 百千萬億 那由他 阿僧祇劫이니라. 自從是來로 我常在此 娑婆世界하야 說法敎化하며 亦於餘處인 百千萬億 那由他 阿僧祇國에도 導利衆生호라.

그때 부처님이 여러 보살과 모든 대중에게 말씀하셨다.

"선남자들아, 그대들은 여래의 진실하고 참된 말을 마땅히 믿고 이해하라."

또 대중에게 말씀하셨다.

"그대들은 여래의 진실하고 참된 말을 마땅히 믿고 이해하라."

또다시 대중에게 말씀하셨다.

"그대들은 여래의 진실하고 참된 말을 마땅히 믿고 이해하라."

이때에 보살대중 가운데 미륵보살이 우두머리가 되어 합장하고 부처님께 사뢰었다.

"세존이시여 원컨대 말씀하옵소서. 저희가 마땅히 부처님 말씀을 믿겠나이다."

이렇게 세 번 사뢰고 다시 말하였다.

"원컨대 말씀하옵소서. 저희가 마땅히 부처님 말씀을 믿겠나이다."

이때 세존께서 보살들이 세 번 청하여 그치지 아니함을 아시고 말씀하셨다.

"그대들은 여래의 비밀하고 신통한 힘을 자세히 들으라. 모든 세간의 하늘과 사람과 아수라들이 모두 말하기를 '지금 석가모니불이 석가 씨의 궁전에서 나와 가야성에서 멀지 아니한 도량에 앉아서 아뇩다라삼먁삼보리를 얻었다.'고 하지만, 그러나 선남자여, 나는 참으로 성불한 지가 한량없고 그지없는 백천만억 나유타 겁이니라. 비유하여 말하면 오백천만억 나유타 아승지 삼천대천세계를 어떤 사람이 부수어 가는 티끌을 만들어 가지고 가면서 오백천만억 나유타 아승지 세계를 지나서 한 티끌을 내리치되, 이렇게 동으로 가서 이 가는 티끌이 다하도록 하였다면 선남자들아, 어떻게 생각하느냐. 이 모든 세계들을 능히 생각하고 계산하여 그 수효를 알 수 있겠느냐?"

미륵보살 등이 함께 부처님께 사뢰었다.

"세존이시여, 이 모든 세계들이 한량없고 그지없어 산수로 알 수 없사오며 마음으로도 미칠 수 없사오니, 모든 성문이나 벽지불들이 무루의 지혜로 생각하여도 그 수효를 알 수 없사오며 물러가지 않는 지위에 머무른 저희도 이런 일을 통달할 수 없나이다. 세존이시여, 이와 같은 모든 세계는 한량이 없고 그지없겠나이다."

이때에 부처님이 대보살들에게 말씀하셨다.

"선남자들아, 이제 분명히 그대들에게 말하노니 이 모든 세계에서 가는 티끌이 내리쳐졌거나 내리쳐지지 아니한 것을 모두 티끌을 만들어서 한 티끌로 한 겁을 삼는다 하여도 내가 성불한 지는 이보다도 더 지나가기 백천만억 나유타 아승지겁이니라. 이때부터 나는 이 사바세계에 항상 있으면서 법을 말하여 교화하였고, 또 다른 세계의 백천만억 나유타 아승지 국토에서 중생을 지도하여 이익되게 하였느니라."

• 당當 신해여래信解如來 성체지어誠諦之語

"여래의 진실하고 참된 말을 마땅히 믿고 이해하라."

부처님께서는 여래의 말을 믿으라는 말씀을 세 번 하시는데, 미륵보살과 대중들도 세 번에 걸쳐 응답한다.

「방편품 제2」에서도 사리불이 부처님께 세 번을 간청하여 실상 세계에 대한 말씀을 듣는 장면이 있는데, 이것이 '삼청부지三請不止'이다.

부처님께선 왜 세 번을 다짐해서 말씀하시고, 또 사리불은 왜 부처님께 세 번을 간청하는가?

이 우주는 삼계三界로 움직이는 원리가 있으므로 삼계로 장엄하기 때문이다.

◉ 우주가 삼계三界로 움직이는 이치.

① 하늘(해·달·별) ② 땅(물·흙·바위) ③ 사람(나·배우자·자식)

너희는 하늘, 공간(인간), 땅의 이치를 모른다. 알려고 하지 말라. 모든 일을 당해 보지 않고는 모른다. 당해 봐야 안다. 그러니 나를 믿고 따르라. 자식을 키울 때 너무 보살펴 주지 말라. 자식은 내버려 둬서 당해 보게 하라. 그래야 살아가는 힘이 생긴다. 부부 금실이 좋으면 자식까지 좋아진다. 장작불은 서로 의지하고 있어야 잘 타고 오래간다.

◉ 말을 할 때도 삼계로 움직여야 한다. 그래야 힘이 있다.

① 남의 말을 듣고, ② 들은 말을 썩히고, ③ 그러고 나서 말한다.

◉ 「서품」에 석제환인(인간을 다스리는 대장)이 2만 천자天子를 데리고 나온다. 2만 천자란 흥하게 하고 늘어나게 하는 힘과 망하게 하고 줄어들게 하는 힘을 말한다. 우주 이치는 늘어나게 하는 힘과 줄어들게 하는 힘이 있어야 세상이 유지된다. 줄어들게 하는 힘이 없으면 늘어나기만 해서 우주는 파괴되고 또 줄어드는 힘이 없으면 게을러지고 나태해져서 끝내는 망하게 된다. 우주 삼계에 있는 변화무쌍한 힘을 알려면 비밀신통지력秘密神通之力을 알아야 한다.

- 신해여래信解如來: 여래의 말을 믿고 이해하라.

◉ 부처님 말씀을 믿어야 해결된다.

- 성체지어誠諦之語: 진실하고 참된 말.

◉ 말로만은 미칠 수 없다. 직접 알아봐야 한다.

◉ 미륵이 우두머리가 되어 부처님께 여쭌 이유는?

미륵은 자비와 이양移讓(남에게 전달하는 자리)의 역할을 담당하므로 미륵보살이 등장한다.

법화경 처음에는 문수사리보살이 대표가 된다 ⇒ 지혜

중간에는 미륵보살이 대표가 된다 ⇒ 자비

나중에는 보현보살이 대표가 된다 ⇒ 이치. 행行

◉ 부처님이 보살과 대중에게 말씀하시는 이유는?

보살과 대중이 일체(하나)가 되면 번식하는 힘이 생겨서 전달되는 힘이 생긴다. 보살[남편, 사장]과 대중[아내, 직원]이 일체가 되면 번식하는 힘이 생긴다.

• 아등我等 당신수불어當信受佛語

"저희는 마땅히 부처님의 말씀을 믿습니다."

◉ 우주의 뜻에 순종하리라. 실상의 뜻에 따른다.

• 비밀신통지력秘密神通之力

"비밀스럽고 신통한 힘."

인간이 살면서 무엇이든지 발굴해서 살 수 있는 힘을 말한다.

◉ 보이는 힘은 누구나 배울 수 있지만 보이지 않는 힘은 알 수도 없고 배울 수도 없다.

◉ 10년 동안 경을 읽고 외우고 해도 그 속을 모르면 아무 소용이 없다. 힘이 안 생긴다.

경 속에 나오는 깊은 뜻을 알면 빛이 나고 지혜가 생긴다. 꿈에 조상님이 나타나서 나를 도와주려는 듯한 말씀을 하는데 그 말씀의 뜻을 모르면 답답하다.

◉ 비밀신통지력은 어떻게 움직여지나?

마魔가 움직이지 않으면 비밀신통지력이 움직인다. 마魔는 입에서 나온다. 성질이 강한 사람이 마魔를 일구지 않을 때 그 힘이 나온다. 우주 속에 숨어 있는 힘을 하나하나 찾아서 필요할 때 쓴다.

마魔 중에서 천룡天龍의 역할 ⇒ 자기가 가장 잘나고 높다고 할 때, 이것이 벌罰이다. 남이 상대해 주지 않고 도움도 받지 못한다.

• 과어동방過於東方

"동방으로 가다."

동쪽은 사물의 시작, 근본 마음자리를 나타낸다.

• 좌어도량坐於道場

"도량에 앉아서."

'마음에 중심을 잡고'라는 뜻이다.

  ◉ 그 사람에게 비유를 맞추는 것은 방편으로써 중생을 제도하는 것

• 아실성불이래我實成佛已來

"내가 성불한 이래로."

  ◉ 인생이 지금 여기 있는 것 같지만 실은 이 세상에 왔다 간 지는 무척 오래되었다.

• 가사유인假使有人 말위미진抹爲微塵

"가령 어떤 사람이 부수어서 가루를 만들다."

  ◉ 이 세상에 왔다 갔다 하면서 참고 견디면서 중생을 구제하는 것. 이 세상을 수없이 왔다가 가는 사람은 여러 가지를 해 보고 수많은 경험을 해서 중생을 구제할 수 있는 힘을 가졌다. 그런 사람은 올 때마다 가루 하나를 떨구듯 고통을 이겨 내서 얻은 힘이므로 중생을 구원할 수 있다.

• 오백천만억五百千萬億

오백은 동·서·남·북·중앙을 말한다. 중앙에 있어야 사방을 다 볼 수 있다. 중앙을 만들어 놓고 동서남북을 만들어서 힘이 움직이는 자리를 말한다.

• 오백진점겁五百塵點劫

삼천대천세계를 가루로 만들어 오백천만억 나유타의 한량없이 많은 나라를 지날 때마다 그 가루 하나씩을 떨어뜨리고 가루 하나를 일겁一劫이라는 시간이라고 할 때, 그 가루 전체가 소진될 때까지 걸리는 시간이 오백 진점겁이다. 즉 헤아릴 수 없이 많은 시간이 걸린다. 이것은 부처님이 아주 오래전에 성불했다는 구원실성久遠實成을 비유로 설명한 것이다.

• 역비심력소급亦非心力所及

"또한 마음으로도 미칠 수 없다."

◉ 힘으로 되는 게 아니다.

• 무루지無漏智

"새어남이 없는 지혜."

여기서 루漏는 번뇌를 뜻한다.

• 아비발치阿鞞跋致

불퇴전不退轉, 물러나지 않음.

수행으로 도달한 경지에서 다시 범부의 상태로 후퇴하지 않는 경지를 말한다.

- 약착미진若著微塵

"가는 티끌이 내리쳐졌다."

◉ 티끌이 묻은 사람은 법화경으로 먼지를 털어내야 한다.

- 불착자不著者

"내리쳐지지 않은 것."

◉ 미진이 붙어 있지 않는 사람, 연민 중생으로 온 사람, 중생을 불쌍히
여겨서 중생을 구하려고 온 사람. 이런 사람은 법화경이 쏙쏙 이해된다.

- 역어여처亦於餘處 백천만억百千萬億 나유타那由他 아승지국阿僧祇國 도리
중생導利衆生

"다른 세계의 백천만억 나유타 아승지 국토에서도 중생을 지도하여
이익되게 하였느니라."

◉ 모든 생명 있는 것을 깨우쳐 먹고살게 하였다.
만물이 스스로 깨우치게 해서 스스로 살아가게 만들어 놓았다.
부처님은 모든 만물과 같이 하고 있으면서 가르침을 주고 있다.
〔만물은 불성을 갖고 있다.〕

✿

諸善男子야 於是中間에 我說燃燈佛等하며 又復言其 入於涅槃호니 如
是皆以方便分別이니라. 諸善男子야 若有衆生이 來至我所어든 我以佛
眼으로 觀其信等 諸根利鈍하며 隨所應度하야 處處自說 名字不同과 年
紀大小하야 亦復現言 當入涅槃이라 하고 又以種種方便으로 說微妙法하

야 能令衆生으로 發歡喜心케호라. 諸善男子야 如來 見諸衆生이 樂於小 法하야 德薄垢重者하고 爲是人說호대 我少出家하야 得阿耨多羅三藐三 菩提라 하니 然이나 我實成佛已來는 久遠若斯언만은 但以方便으로 敎化 衆生하야 令入佛道일새 作如是說이니라. 諸善男子야 如來所演經典이 皆爲度脫衆生이니 或說已身하고 或說他身하며 或示已身하고 或示他身 하며 或示已事하고 或示他事호대 諸所言說이 皆實不虛니라. 所以者何 오 如來는 如實知見 三界之相하사대 無有生死의 若退若出하며 亦無在 世와 及滅度者라 非實非虛며 非如非異며 不如三界에 見於三界니 如斯 之事를 如來明見호대 無有錯謬언만은 以諸衆生이 有種種性과 種種欲과 種種行과 種種憶想分別故로 欲令生諸善根하야 以若干因緣과 譬喩言 辭로 種種說法하야 所作佛事를 未曾暫廢니라. 如是하야 我成佛已來는 甚大久遠이라 壽命은 無量阿僧祇劫에 常住不滅이니라.

"선남자들아, 이러는 중간에서 나는 연등불에게서 법을 얻었노라 말하고 또 거기서 열반에 들었다 말하였으니, 이런 것이 다 방편으로 분별한 것이니라. 선남자들아, 만일 어떤 중생이 나에게 오면 내가 부처의 눈으로 그의 신심 등의 근성이 총명하고 노둔함을 관찰하고, 그를 제도할 만함에 따라 여러 곳에서 말하는 이름이 같지 않고 나이도 많기도 하고 적기도 하며, 또 열반에 든다고 말하기도 하며, 또 여러 가지 방편으로 미묘한 법을 말하여 중생들로 하여금 환희한 마음을 내게 하느니라. 선남자들아, 여래가 중생들이 작은 법을 좋아하며 박덕하고 업이 무거운 이를 보고는 이 사람들에게는 '내가 젊어서 출가하여 아뇩다라삼먁삼보리를 얻었노라.' 말하였거니와 내가 참으로 성불한 지는 이렇게 오래였나니, 다만 방편으로 중생을 교화하여 불도에 들어오게 하기 위하여 이런 말을 하는 것이니라. 선남자들아, 여래가 연설한 경전들은 모두 중생을 제도하기 위한 것이므로 혹 자기 몸을 말하고 혹 다른 이의 몸을 말하며, 혹 자기 몸을 보이고 혹 다른 이의 몸을 보이며, 혹 자기 일을 보이고 혹 다른 이의 일을 보이거니와 여러 가지 말한 것이 다 진실하여 허망하지 아니하리라. 무슨 까닭이냐. 여래는 실제와 같이 삼계의 모양을 알고 보나니 나고 죽는 데서 물러가거나 함이 없으며, 세상에 사는 이도 없고 열반하는 이도 없어서 진실하지도 않고 허망하지도 않으며, 같지도 않고 다르지도 않아서 삼계와 같지 않은 데서 삼계를 보느니라. 이러한 일을 여래가 밝게 보아 잘못이 없건마는 여러 중생들에게 가지가지 성품과 가지가지 욕망과 가지가지 행동과 가지가지 생각과 분별이 있는 연고로 그들로 하여금 선근을 내게 하기 위하여 가지가지 인연과 비유와 말솜씨로 갖가지 법을 말하여 불사를 지어서 잠깐도 폐하지 않느니라. 그리하여 내가 성불한 지가 매우 오래여서 수명이 한량없는 아승지겁 동안에 항상 머물러 있고 멸하지 않느니라."

• 연등불然燈佛
과거의 부처님으로서 석가모니의 전생에 석가모니에게 수기를 주었다.

• 내지아소來至我所
"나에게 오다."

　◉ 어려움을 당하면 자연 실상으로 들어가게 된다. 그 사람의 근기에 맞게 살 수 있는 힘이 생긴다. 근기가 현명하고 아둔함에 따라 실상이 즉각 움직인다.

• 불안佛眼

"모든 법의 참모습을 보는 부처의 눈."

수행에 따라 도를 이루어 가는 순서를 보이는 오안五眼의 하나이다.

- 오안五眼 : 수행의 정도에 따라 갖추게 되는 다섯 가지 눈.

  ① 육안肉眼 : 보통 사람의 눈. 가려져 있는 것은 보지 못한다.

  ② 천안天眼 : 겉모습만 보고 그 본성은 보지 못하는 눈.

  ③ 혜안慧眼 : 형상이 없는 것까지 보는 눈. 현상의 이치는 보지만
     중생을 구제하는 방법은 보지 못한다.

  ④ 법안法眼 : 사물의 참 모습을 분명하게 관찰하는 눈. 중생을 구제
     하는 방법을 아는 눈이다.

  ⑤ 불안佛眼 : 모든 것을 꿰뚫어보는 부처의 눈. 차별을 초월한 경계.
     자비안慈悲眼.

자비심이 없으면 자기에게 얽매인다. 자기에게 얽매이면 사물의
참된 모습을 보지 못한다. — 보화청정, 『묘법연화경』, p.614.

• 제근이둔諸根利鈍

"근기가 총명하고 노둔하다."

근기가 총명하다〔利〕 ⇒ 대승의 근기

근기가 노둔하다〔鈍〕 ⇒ 소승의 근기

부처님은 근기가 둔한 이를 위해서는 소승법을 설해서 근기를 높인
후에 대승법을 설하셨다.

- **명자부동名字不同**

"이름이 같지 않다."

이름이 하나로 정해져 있지 않다는 뜻.

부처님은 절대자 한 분이지만 인연에 따라 여러 가지 이름으로 나타나셔서 중생을 제도한다. 사바세계에 나타나실 때는 석가모니부처님이라고 하시며, 아주 옛날에는 연등불이라 하셨고, 서방의 극락세계에서는 아미타부처님이라고 하는 등 여러 가지 부처님 이름으로 나타나신다.

석가모니부처님이 깨달은 자리는 문수사리보살이고, 부처님의 행원을 나타날 때에는 보현보살, 부처님의 대자대비를 표현할 때에는 관세음보살로 나타나신다.

- **연기대소年紀大小**

"나이가 많기도 하고 적기도 하다."

어떤 때는 오랫동안 가르침을 설한다고 하기도 하고, 또 어떤 때는 짧게 가르침을 설한다고도 한다.

- **역부현언亦復現言 당입열반當入涅槃**

"또 열반에 든다고 말하기도 한다."

부처님의 법신은 허공과 같아서 근본 처음과 끝이 없고, 열반을 말씀하시는 것은 모두 방편으로 말씀하시는 것이다.

- **덕박구중자德薄垢重者**

"박덕하고 업이 무거운 사람."

근기가 낮으므로 소승법을 좋아하고, 덕을 쌓지 못해 업장이 무겁다. 이런 사람은 현세에 복을 많이 지어야 한다.

- **단이방편但以方便 교화중생敎化衆生 영입불도令入佛道**

"다만 방편으로써 중생을 교화하여 불도에 들어오게 한다."

부처님의 법신은 상주불변이고 영원불멸한 존재이지만 중생을 제도하기 위해서 잠시 나타났다가 멸한다고 말한다. 이는 근기가 낮은 중생을 제도하기 위한 방편이다. 마치 명의名醫가 아주 좋은 약을 만들어서 독약을 먹은 아들들에게 먹으라고 하지만 아들들은 먹지 않고 있다가, 아버지가 타국에서 돌아가셨다는 말을 듣고서야 약을 먹는 것과 같다.

- **여래소연경전如來所演經典 개위도탈중생皆爲度脫衆生 혹설기신或說己身 혹설타신或說他身 혹시기신或示己身 혹시타신或示他身 혹시기사或示己事 혹시타사或示他事 제소언설諸所言說 개실불허皆實不虛**

"여래가 설한 경전들은 모두 중생을 제도하기 위한 것이므로 혹 자기 몸을 말하고 혹 다른 이의 몸을 말하며, 혹 자기 몸을 보이고 혹 다른 이의 몸을 보이며, 혹 자기 일을 보이고 혹 다른 이의 일을 보이거니와 여러 가지 말한 것이 다 진실하여 허망하지 아니하니라."

- 기신己身: 불신佛身. 부처님의 법신불
- 타신他身: 과거 부처님. 응신불

부처님은 중생을 가르치기 위하여 때로는 부처님의 불생불멸한 존재인 법신불에 대하여 설명하시기도 하고, 또 어떤 경우에는 중생의

근기에 따라 거기에 적합한 부처님의 특정한 상相을 가지고 설하시기
도 한다.

근본 되는 부처님(본불)은 한 분이지만 필요에 따라 여러 가지 모습으
로 나타나신다.

- 기사己事: 법신불로서의 일
- 타사他事: 화신불로서의 일

• 여래如來 여실지견如實知見 삼계지상三界之相

"여래는 실제와 같아서 삼계의 모양을 보고 안다."

실상의 세계를 보고 안다.

여래의 지혜는 모든 법의 참모습을 보아 욕계, 색계, 무색계의 모습을
보고 안다.

- 삼계三界: 불교의 세계관 가운데 하나. 미혹한 중생이 윤회하는 욕계,
  색계, 무색계의 세계.

  ① 욕계欲界: 탐욕이 많아 정신이 흐리고 거치며 순전히 물질에 속박
     되어 가장 어리석게 살아가는 중생들로 구성되어 있는 세계.

  ② 색계色界: 욕심은 떠났지만 마음에 맞지 않는 것에 대한 거부감을
     일으키는 미세한 진심瞋心만이 남아 있는 중생들이 살고 있는
     비교적 맑은 세계.

  ③ 무색계無色界: 탐욕과 진심이 모두 사라져서 물질의 영향은 받지
     않지만 아직 '나'라는 생각을 버리지 못하여 정신적인 장애가 남아
     있는 세계. 중생이 사는 세계 가운데 가장 깨끗한 세계.

     이 삼계는 실제로 존재하는 것이 아니라 우리의 마음 작용으로,
     하루에도 몇 번씩 내 마음속에서 일어났다 사라졌다 한다.

- 무유생사無有生死 약퇴약출若退若出

"나고 죽는 데서 물러나거나 뛰어나가거나 함이 없다."

생기거나 없어지는 게 아니라 인연 따라 변할 뿐이다. 마치 바닷물이 수증기가 되어 구름이 되고 다시 비가 되듯이 바닷물은 없어지는 게 아니라 인연 따라 변할 뿐이다.

- 역무재세亦無在世 급멸도자及滅度者

"또한 세상에 사는 이도 없고 열반하는 이도 없다."

이 세상에 나타났다든가 사라졌다 하는 것은 없다. 다만 모습이 변할 뿐이다.

- 비실비허非實非虛 비여비이非如非異

"진실하지도 않고 허망하지도 않으며, 같지도 않고 다르지도 않다."

깨닫지 못한 중생의 눈으로 보면 제법이 모두 성품도 다르고 생멸이 있고 모두 차별된 것으로 보인다.

그러나 삼계의 모습은 영원한 존재이면서 순간순간 움직인다. 영원한 것이 변화하여 나타나고, 그 변해 가는 가운데 변화하지 않는 이치가 있다. 그러므로 변하는 것에만 얽매여서도 안 되고 또 변화하지 않는 것에만 얽매여서도 안 된다. 그래서 실實도 아니고 허虛도 아니요, 같지도[如] 않고 다르지도[異] 않다. 변하는 데만 눈을 돌려서도 안 되고 변하지 않는 데만 눈을 돌려서도 안 된다.

그러므로 평등관과 차별관의 한쪽에 치우치지 않고 이 두 가지를 종합해서 통일해 가는 것, 평등한 가운데 가지가지 차별이 있다. 이것이 중도中道이다.

• 광자양의狂者良醫의 비유

마치 훌륭한 의사가 있는데 지혜 있고 총명하여 약방문과 약을 분명하게 알아 모든 병을 잘 치료하였으며, 그 의사에게 아들이 많아서 열 스물 백에 이르더니, 볼일이 있어 다른 나라에 간 동안에 그 아들들이 독한 약을 먹고 독기가 발작하여 정신이 없고 혼란하여 땅에 뒹굴고 있었느니라. 이때 그 아버지가 집에 돌아와 보니 아들들이 독약을 먹고는 혹 본마음을 잃어버리기도 하였고, 혹 아주 잃어버리지 않은 이도 있다가 멀리서 아버지를 보고 모두 반가워서 절하고 꿇어앉아 문안하고 말하였다.

"안녕히 다녀오셨습니까. 저희가 미련하여 잘못 독약을 먹었사오니 바라옵건대 구원하시어 목숨을 살려 주소서."

아버지는 아들들이 이렇게 고통스러워하는 것을 보고 약방문에 의지하여 빛과 향기와 좋은 맛의 약재를 구하여 찧고 치고 화합하여 아들들에게 주고 먹으라 하면서 말하였다.

"이 훌륭한 약은 빛깔과 향기와 아름다운 맛을 모두 갖춘 것이니, 너희가 먹으면 속히 약의 독기가 풀리고 다시 걱정이 없으리라."

그 아들 중에 본심을 잃지 않은 이는 이 약의 빛과 향기가 훌륭함을 보고 곧 먹어서 병이 나았지마는, 본심을 잃어버린 이는 비록 아버지가 온 것을 보고 기뻐서 문안하고 독기를 풀어 달라 하면서도 그 주는 약을 먹으려 하지 않았다. 왜냐하면 독기가 깊이 들어가 본심을 잃었으므로 그 좋은 빛과 향기를 갖춘 약을 좋지 못하다 하는 연고이니라.

아버지는 이렇게 생각하였다.

'이 자식들이 가엾은 일이다. 독약에 중독이 되고 마음이 뒤집혀서 나를 보고 기뻐하며 독기를 풀어 달라고 하면서도 이렇게 좋은 약을 먹지 않으니 내가 방편을 내어 이 약을 먹게 하리라.'

그리고 이렇게 말하였다.

"너희는 분명히 알아라. 내가 지금 늙어서 죽을 때가 가까웠다. 이 훌륭한 약을 여기 둘 터이니, 너희가 가져다 먹으면 차도 없다고 걱정할 것이 아니니라."

이렇게 일러두고 다시 다른 나라에 가서 사람을 보내어 말하기를 '너희 아버지가 벌써 죽었다.'고 하였다. 이때 아들들은 아버지가 죽었다는 말을 듣고 크게 걱정하면서 이렇게 생각하였다.

'아버지가 계셨으면 우리를 어여삐 여겨 구해 주시련마는 이제 우리를 버리고 타국에서 상사가 나셨으니 우리는 외로운 고아로서 의지할 부모가 없도다.'

그러고는 항상 비감해하다가 이에 본심을 회복하였다. 그래서 이 약의 빛과 맛이 향기롭고 아름다운 줄을 알고 가져다 먹고 중독되었던 병이 아주 나았다. 그 아버지는 아들들의 병이 쾌차했다는 말을 듣고 문득 돌아와서 아들들로 하여금 보게 하였느니라.

"선남자들아, 이 의사가 거짓말한 죄를 능히 말할 이가 있느냐?"

"그렇지 않나이다. 세존이시여."

부처님이 말씀하셨다.

"나도 그와 같아서 성불한 지가 한량없고 그지없어 백천만억 나유타 아승지겁이지만 중생을 위하여서 방편으로 마땅히 열반하리라고 말하거니와, 아무라도 나의 허망한 허물을 분명하게 말할 이가 없느니라."

이 글이 '광자양의의 비유'이다.

그 내용을 간략히 말하면, 병을 잘 고치는 의사가 있었는데 그에게는 많은 아들들이 있었다. 어느 날 아버지가 없는 사이에 아들들이 독약을 먹고 말았다. 아버지가 괴로워하는 아들들을 위하여 좋은 해독제를 만들었는데, 본심을 잃지 않은 아들은 그 약을 먹고 나았지만 본심을 잃어버린 아들은 그 약을 먹지 않았다. 아버지는 방편으로 '나는 늙어서 언제 죽을지 모른다. 그러니 이 약을 먹고 독기를 빼라.' 하고 멀리 외국으로 나갔다. 외국에서 아버지가 죽었다고 거짓 소식을 전하니 아들들은 본심을 찾게 되어 아버지가 만들어 놓은 약을 먹고 병을 고친다. 이때 아버지가 돌아와 아들들을 만난다.

이 비유에서 양의良醫는 부처님이고, 아들들은 삼독三毒과 오욕락五慾樂에 빠져 있는 우리 중생을 가리키며, 약방문은 사물의 참된 모습을 그려 놓은 법화경을 일컫는다.

여기서 독약 중독이 심하지 않은 이는 본심을 잃지 않은 사람으로, 자기에게 불성이 있다는 것을 알고 있지만 속세의 쾌락에 빠져 있는 사람이고, 독약 중독이 심한 이는 자기에게 불성이 있다는 것을 잊은 사람이다. 본심을 잃어버린 사람이지만 어느 계기가 되면 다시 본심을 찾게 되는 사람이다.

독약은 탐진치 삼독과 오욕락을 말하며, 빛과 향기와 좋은 맛[色香美味]의 약은 법화경을 말한다.

아버지의 거짓 죽음은 아들들로 하여금 약을 먹게 하는 방편이며, 병이 나았다는 것은 번뇌에서 벗어나 본심을 찾고 불도에 들었다는 비유이다.

◉ 여럿이 모여 공부하는 것이 혼자 공부하는 것보다 훨씬 효과적이다.

밤에 산에 갈 때 혼자 가면 두렵지만 둘이 가면 덜 두렵고 여럿이 가면 안 무섭다. 여럿이 모이면 음기淫氣가 약해지고 양기陽氣가 생기기 때문이다. 공부할 때는 양기가 있어야 한다. 경전 공부도 마찬가지고 기도하는 것도 마찬가지다. 여럿이 모여 기도할 때 그중에 한 사람이라도 기도를 잘하는 사람이 있으면 나머지 사람을 끌고 간다.

☞ 진정한 믿음

이 세상에는 우리 인간만이 사는 게 아니라 부처님, 보살, 신중, 천사, 악마 등과 같이 산다. 우리가 고통을 당하거나 무엇이 이루어지기를 바랄 때 강한 힘을 가진 존재에게 매달린다. 만약 이루어지면 그쪽으로 좇아가고 안 이루어지면 다른 쪽으로 간다. 이럴 경우 우리는 내 자신이 아닌 밖의 힘에 의하여 움직이게 된다. 악한 일을 하면 벌을 받고 착한 일을 하면 복을 받는다고 생각한다. 그래서 항상 불안하고 조심하면서 산다.

그러나 진정한 믿음은 「여래수량품」에서 보듯이 부처님은 무한 절대적인 존재이고, 그 부처님 가운데 자연도 있고 인간도 있다고 생각한다. 부처님은 우주를 운영하는 에너지의 본체이고, 우리는 그 절대 존재인 부처님의 가피 속에 있다고 생각한다. 이런 믿음은 진정한 즐거움을 준다. 구름에 달 가듯 넉넉하고 평화스럽다.

분별공덕품分別功德品 제17

1. 대의

이 「분별공덕품」은 「여래수량품」에서 설하신 부처님의 생명은 영원하다〔無量〕는 것을 명확히 깨닫고, 또 우리도 보살도를 행함으로써 언젠가는 나도 부처님과 같이 될 수 있다는 것을 믿으면 큰 이익을 얻는다는 부처님의 가르침에 대해 설명한다.

또한 부처님이 멸도하신 후 법화경을 널리 전하는 사람의 공덕에 대해서도 자세히 설하고 계신다.

영취산 허공에서 다보탑을 에워싼 대중들이 「여래수량품」에서 말씀하시는 영원불멸한 부처님의 생명을 믿고 이해하는 정도에 따라 저마다 얻는 공덕이 다르게 분별되므로 「분별공덕품」이라 한다.

「종지용출품 제15」 후반, 「여래수량품 제16」 전체, 「분별공덕품 제17」 전반은 '1품2반一品二半'으로서 법화경의 신앙을 결정하는 중요한 부분이다. 이 3품에서 우주의 통일적 진리인 일승묘법을 깨닫고 부처님의 영원불멸을 믿고 현실세계에서 애타적 실천을 하라고 설하신다.

이 품의 후반부에서는 부처님 재세在世 시의 4신四信(4종류의 믿음)과 부처님 멸도 후의 5품五品(5가지 행할 일)에 대하여 말씀하신다.

2. 이 품의 가르침

◉ 이 세상 만물은 본래 분별되어서 존재한다. 우주는 사시사철이 분별되어 있고 계절 따라 생겨나는 풀 꽃 나무 열매들이 모두 분별되어 있다. 넓은 초원에서 풀을 뜯는 동물도 서로 먹는 풀이 분별되어 있어서 서로 싸우지 않고 풀을 뜯는다. 사람이 하는 일도 사농공상士農工商으로 분별되어 있어서 제각기 자기 일을 한다.

◉ 모든 만물이 다 각자가 분별되어, 그 각자가 하는 것마다 다 공덕이 된다. 세상 만물은 각각 모두가 분별해서 공덕을 짓는다.

◉ 이 세상은 각자가 다 분별해서 쓸 수 있도록 되어 있다. 이 세상에 똑같이 만들어진 것은 없다. 그때그때 자라고 움직이는 데 따라서 쓸 수 있도록 만들어 놓았다. 탐, 진, 치, 번뇌, 망상이 있으면 분별이 안 된다.

◉ 옥통소가 아무리 좋다고 해도 연주할 줄 모르면 아무 소용이 없다. 아무리 경經이 좋다고 해도 때에 따라 움직일 수 있는 힘이 없으면 아무 소용이 없다. 옥통소를 제대로 불면 남의 마음을 움직이는데, 잘못 불면 듣기가 싫다. 그러나 자꾸 연습하면 좋은 소리가 나올 것이란 믿음을 가지고 자꾸 연습해야 한다. 마찬가지로 경도 처음에는 이해하기가 어렵더라도 자꾸 읽으면 그 뜻을 알게 되는 날이 온다.

◉ 씨앗과 비와는 아무런 관계가 없다. 그러나 공중에서 비가 내리면 땅속에 있는 씨앗이 싹튼다. 우리 마음속에 있는 불성(부처 씨앗)은 그냥 있으면 싹이 트지 않지만 법비(경 공부)를 맞으면 싹이 튼다(법력). 이 법력으로 사물의 이치를 판단하고 분별하는 지혜가 생기게 되고 탐, 진, 치, 번뇌, 망상을 소멸시키고 해탈을 얻게 된다.

● '기도'에 대하여

기도를 하면 내가 지금 처해 있는 현실세계를 바꿀 수 있다는 믿음이 있어야 한다. 즉 기도를 하면 내 기도의 힘이 실상 세계에 전달되어서 현실세계를 바꿀 수 있다는 믿음이 있어야 한다. 인간의 지혜가 아니라 실상이 움직여야 내가 처한 현실세계를 바꿀 수 있다는 믿음을 가지고 기도해야 한다.

기도 중에는 장애가 있어야 한다. 번뇌 망상이 휩쓸든가 졸음이 그치지 않든가 여러 가지 장애가 있고, 그 장애를 이겨야 기도가 잘된 것이다. 장애가 없으면 그 기도는 헛된 기도이다.

우주에는 선악이 있기 마련인데 선이 악을 이겨야 한다.

조상님 천도를 목표로 기도를 하는데 느닷없이 "나 부자 되게 해 주세요." 하면 잘못된 기도이다. 오직 부모님이나 조상님이 편안하시길 기도해야 한다.

기도하는 데는 3가지 장애가 있다.

① 귀책: 이것은 기도를 잘못하여 귀신이 붙는 것이다. 신통력을 얻기 위하여 기도를 하거나 허황된 꿈을 이루고자 기도하면 귀신이 붙기 쉽다.

② 신벌: 신성을 무시하거나 종교의 주술적 금기를 어길 경우 신벌을 받는다. 산신기도를 하려고 산에 들어갈 때 산신을 믿고 보호해 달라고 하면 두려움이 없어지고 마음이 안정된다. 산에서 나는 것을 가져올 때 "이것이 필요하니 주십시오." 하면 아무 탈이 없다.

③ 법상: 진리를 비방하거나 법을 전하는 사람을 비방하면 고통을 받는다. 의처증이나 의부증이 들게 한다. 아내가 화장을 하면 '어떤 놈 만나려고 화장을 하나?' 또 전화를 받으면 '저 전화는 어떤 놈한테 온 거야?' 하고 자기를 고통 속에 빠뜨린다. 여자도 마찬가지로 고통 속에 산다. 이런 여러 가지 고통을 벗어나기 위해선 무생법인無生法忍을 얻어야 한다. 무생법인이란 '모든 사물과 현상은 공空이므로 불생

불멸을 깨달아 아는 것'이다. 이러면 주위 환경이 아무리 변해도 그 속에 휩쓸리지 않고 대자유를 누릴 수 있다.

3. 본문 해설

爾時大會 聞佛說壽命劫數 長遠如是하고 無量無邊 阿僧祇衆生이 得大饒益이러라. 於時世尊이 告彌勒菩薩摩訶薩하사대 阿逸多야 我說是 如來壽命이 長遠時에 六百八十萬億 那由他 恒河沙 衆生은 得無生法忍하고 復有千倍菩薩摩訶薩은 得聞持陀羅尼門하며 復有一世界 微塵數菩薩摩訶薩은 得樂說無礙辯才하며 復有一世界 微塵數菩薩摩訶薩은 得百千萬億 無量旋陀羅尼하며 復有三千大千世界 微塵數菩薩摩訶薩은 能轉不退法輪하며 復有二千中國土 微塵數菩薩摩訶薩은 能轉清淨法輪하며 復有小千國土 微塵數菩薩摩訶薩은 八生에 當得阿耨多羅三藐三菩提하며 復有四四天下 微塵數菩薩摩訶薩은 四生에 當得阿耨多羅三藐三菩提하며 復有三四天下 微塵數菩薩摩訶薩은 三生에 當得阿耨多羅三藐三菩提하며 復有二四天下 微塵數菩薩摩訶薩은 二生에 當得阿耨多羅三藐三菩提하며 復有一四天下 微塵數菩薩摩訶薩은 一生에 當得阿耨多羅三藐三菩提하며 復有八世界 微塵數衆生은 皆發阿耨多羅三藐三菩提心하니라. 佛說 是諸菩薩摩訶薩이 得大法利時에 於虛空中에 雨曼陀羅華와 摩訶曼陀羅華하야 以散無量 百千萬億衆寶樹下 師子座上에 諸佛하며 幷散七寶塔中 師子座上에 釋迦牟尼佛과 及久滅度이신 多寶如來하며 亦散一切諸大菩薩과 及四部衆하며 又雨細末栴檀과 沈水香等하며 於虛空中에 天鼓自鳴하야 妙聲이 深遠하며 又雨千種天衣하고 垂諸瓔珞호대 眞珠瓔珞과 摩尼珠瓔珞과 如意珠瓔珞이 遍於九

方하며 衆寶香爐에 燒無價香커든 自然周至하야 供養大會하며 一一佛上
에 有諸菩薩이 執持幡蓋하고 次第而上하야 至于梵天하며 是諸菩薩이
以妙音聲으로 歌無量頌하야 讚歎諸佛이러라.

그때 모였던 대중이 부처님께서 말씀하시는 수명의 겁수가 이렇게
오랜 것을 듣고 한량없고 그지없는 아승지 중생이 큰 이익을 얻었다.
이때 세존께서 미륵보살마하살에게 말씀하셨다.

"아일다여, 내가 여래의 수명이 오랜 것을 말할 때에 육백팔십만억
나유타 항하사 중생이 무생법인을 얻었느니라. 또 일천 곱 보살마하살은
듣고 지니는 다라니 문을 얻었느니라. 또 한 세계의 티끌 수 보살마하살은
말하기 좋아하는 걸림 없는 변재를 얻었느니라. 또 한 세계의 티끌 수
보살마하살은 백천만억 한량없는 선다라니를 얻었느니라. 또 삼천대천
세계의 티끌 수 보살마하살은 물러가지 않는 법륜을 굴리었느니라. 또
이천 중천세계의 보살마하살은 청정한 법륜을 굴리었느니라. 또 소천세
계의 티끌 수 보살마하살은 팔생에 아뇩다라삼먁삼보리를 얻었느니라.
또 네 사천하의 티끌 수 보살마하살은 사생에 아뇩다라삼먁삼보리를
얻었느니라. 또 세 사천하의 티끌 수 보살마하살은 삼생에 아뇩다라삼먁
삼보리를 얻었느니라. 또 두 사천하의 티끌 수 보살마하살은 이생에
아뇩다라삼먁삼보리를 얻었느니라. 또 한 사천하의 티끌 수 보살마하살
은 일생에 아뇩다라삼먁삼보리를 얻었느니라. 또 팔 세계의 티끌 수
중생은 모두 아뇩다라삼먁삼보리심을 내었느니라."

부처님께서 이 보살마하살들이 큰 법의 이익 얻은 일을 말씀하실 때에
허공중에서 만다라화와 마하만다라화를 내려서 한량없는 백천만억 보
배나무 아래 있는 사자좌에 앉으신 여러 부처님께 흩었으며, 아울러

칠보탑 속 사자좌에 앉으신 석가모니불과 오래전에 열반하신 다보여래께 흩고, 또 모든 보살들과 사부대중에게도 흩었다. 또 전단향과 침수향의 보드라운 가루를 비 내리고 허공중에서는 하늘 북이 저절로 울리니 아름다운 소리가 깊고도 멀었으며, 또 일천 가지 하늘 옷을 비 내리며 여러 가지 영락을 드리우니 진주영락, 마니주영락, 여의주영락이 9방에 두루하였고, 모든 보배 향로에 값을 매길 수 없는 향을 사르니 저절로 두루 퍼져 큰 회중에 공양하였다. 낱낱 부처님 위에는 여러 보살이 번기와 일산을 들고 차례차례 올라가 범천에까지 이르며 이 보살들이 미묘한 음성으로 한량없는 게송을 노래하여 부처님을 찬탄하였다.

◉ 분별
「여래수량품」에서 우주 실상이 수壽와 양量의 법칙으로 되어 있는 것을 알고 분별하면 공덕이 된다. 분수를 잘 지키면 공덕이 된다.
분별을 제대로 하는 데서 공덕이 된다. 초등, 중고, 대학 공부를 한 사람이 말할 때 초등, 중고, 대학을 분별할 때 공덕이 된다. 자기 위치에서 말할 때 공덕이 된다.

• 불설수명겁수佛說壽命劫數
"부처님이 말씀하시는 수명의 겁수."
　◉ 말을 들어 보면 그 말의 수명을 알 수 있다. 어떤 말은 오래가고 어떤 말은 금세 없어진다.
　◉ 사람의 말을 들어 보면 그 사람의 됨됨이를 알 수 있고, 그 사람이 정승감인지 아닌지를 알 수 있다.
　◉ 불설佛說: "내가 「여래수량품」에서 얘기한 것이 들리느냐?" "여래의 수명이 장구하다는 소리가 들리느냐?"

부처님의 수명이 이토록 오래되었다는 것을 말씀하시는 것이다.
법신불法身佛을 의미한다.

• 육백팔십만억六百八十萬億
육백은 6근六根을 나타내고 팔십은 8식八識을 나타낸다.
6근(眼·耳·鼻·舌·身·意)이 청정하고 8식(眼識·耳識·鼻識·舌識·身識·意
識·말라식〔자아의식〕,아뢰야식〔함장식〕)이 맑으면 무생법인無生法忍을
얻는다.

◉ 육백팔십만억
육취六趣와 생로병사자비희사生老病死慈悲喜捨
이 세상 전체, 전부. 농사하는 사람은 농사가 전체, 공업하는 사람은
공업이 전체이다. 여기서 노력하면 그 분별은 실상에서 체크한다. 자기
책임을 다했느냐에 따라 공덕이 분별된다. 남이 나에게 무슨 말을 해도
따지지 말고, 저 사람은 저런 자리이니까 저렇게 하니 내가 분별해서
참을 때 공덕이 된다. 맞닥뜨리면 공덕이 안 된다.

• 무생법인無生法忍
"생멸이 없는 도리를 아는 것."
생사生死를 초월한 마음이 언제나 계속되는 것.
살고 죽는 속박에서 벗어남을 뜻한다.
무생無生은 생사를 떠나는 것, 인忍은 계속되는 것을 말한다.
생사란 나고 죽는 것만이 아니라 잘되고 못 되는 것, 이利가 되고
손해가 되는 것까지 이른다.
부처님의 수명이 불생불멸인 것을 믿는 사람은 자기의 환경이 어떻게
변하더라도 그 변화 하나하나에 동요되지 않고 인생에 대한 큰 자신감

을 얻는다.

- ◉ 무생법인이 되어야 분수를 지킬 수 있다. 어떤 것이 옳은가를 알려면 무생법인이 되어야 한다. 그렇지 않으면 자기 분수가 어디인지, 어떤 것이 옳은 것인지 그른 것인지 알 수 없다.
  - 무생無生: 나에게 마음, 감정이 생기지 않으면(시집가서 3년 장님, 3년 벙어리, 3년 귀머거리가 되면 광 열쇠를 맡게 된다.)
  - 법인法忍: 세상을 참고 나갈 힘이 생긴다.

- **천배보살마하살千倍菩薩摩訶薩**

  하나를 가르치면 천 개를 안다. 땅에 씨앗을 떨어뜨리면 천 배로 늘어난다.

  - ◉ 가장 높은 데 있다. 기도를 하면 천배보살과 연결된다. 천배보살을 만나려면 천일기도를 해야 한다. 천배보살을 만나면 사업가는 사업이 잘된다.

- **문지다라니문聞持陀羅尼門**

  다라니는 모든 악惡을 멈추게 하고 모든 선善을 향상시키는 힘. 다라니는 연구하는 데서 생긴다.

  부처님의 가르침을 듣고 마음에 간직함으로 인해 모든 악을 멈추게 하고 모든 선을 증장시키는 힘을 얻었다.

  ☞ 한번 들으면 절대로 안 잊어버린다.

- **일세계一世界**

  수미산을 중심으로 한 4대륙과 8바다의 세계를 일컫는다.

  - ◉ 동양에서 해가 넘어가면 서양에서 해가 뜨는 원리. 하루. 세계 전체가 일세계의 모습이다.

◉ 부유일세계미진수보살마하살 ; 새싹이 나올 때 떡잎이 두 개 나오듯
일세계에서 2가지로 변화한다. 모든 것이 하나로 움직여지는 모습.

• 요설무애변재樂說無礙辯才
 − 요설: 언제나 즐거움으로 법을 설하고 주위의 방해에도 아무 거리낌
  없이 자유롭게 부처님의 가르침을 설한다.
 − 무애변재: 어떤 일이 닥쳐도 용기가 꺾이지 않고(이에 굴하지 않고)
  언제든지 부처님의 가르침을 세상에 펴는 것을 즐거움으로 삼는다.

• 무량선다라니無量旋陀羅尼
 다라니란 불법을 보호하기 위한 비밀스러운 문구인데 부처님 말씀을
 주문 형식으로 요약한 것이다.
 선다라니란 선旋은 끊임없이 굴러간다는 뜻이니 부처님의 말씀이
 끝이 없이 계승된다는 의미이다. 갑에서 을로, 을에서 병으로, 병에서
 정으로 끝없이 계승된다.
 이러한 힘이 있으므로 부처님의 가르침이 영원히 계속되는 것이다.

• 삼천대천세계三千大千世界
 광대한 우주를 일컬음. 수미산을 중심으로 지옥계, 도솔천, 범천계
 등을 포함하여 한 개의 태양과 한 개의 달을 가진 세계를 일세계라고
 한다. 이 일세계가 1,000개 있는 것을 소천세계, 소천세계가 1,000개
 합쳐진 것을 중천세계, 중천세계가 1,000개 합쳐진 것을 대천세계.
 대천세계는 소중대의 1,000이 합쳐진 것이므로 삼천대천세계.
 이만큼의 공간이 부처님의 교화대상이다.

• 능전불퇴법륜能轉不退法輪

"물러남 없이 법륜을 능히 굴린다."

어떤 장애가 있어도 물러섬이 없이 부처님의 가르침을 전한다는 뜻이다.

• 이천중국토二千中國土

이천은 음양, 하늘과 땅, 마음과 육신을 가리킨다.

• 능전청정법륜能轉淸淨法輪

"청정한 법륜을 능히 굴린다."

보답을 바라지 않고 오직 법만을 위하여 법을 널리 설해야 맑고 깨끗한 보살행을 할 수 있다.

　　◉ 마음을 열고 모든 걸 받아들였다. 일승一乘 자리.

• 소천국토小千國土

현재 우리가 살고 있는 곳을 가리킨다.

• 팔생八生 당득아뇩다라삼먁삼보리當得阿耨多羅三藐三菩提

"여덟 번 더 태어나서 아뇩다라삼먁삼보리를 얻는다."

모든 중생은 여덟 번의 변화를 받고 아뇩다라삼먁삼보리를 얻는다.

　　▷ 생로병사자비회사.

누에는 4번 잠을 자고 고치, 번데기, 나방, 알을 낳는다.

- 사사천하四四天下
  - ◉ 사방을 다 볼 수 있는 능력이 나온다.

- 사생四生

  4번 더 태어나서 아뇩다라삼먁삼보리를 얻는다.
  - ◉ 눈, 코, 입, 귀가 밝아서 남의 얘기를 제대로 듣게 되고, 제대로 보고, 제대로 판단하게 되고 말도 제대로 하게 된다.

- 삼사천하三四天下
  - ◉ 해, 달, 별에 의해서 동서남북을 통해서 우리가 왔다.

- 삼생三生

  "3번 더 태어난다."
  - ◉ 하늘, 땅, 인간을 통해서 모든 곳에 화합하고 중심적인 인물이 될 것이다.

- 이사천하二四天下
  - ◉ 영靈과 육肉. 보통 사람은 육신에 끌려서 정신이 따라간다. 영과 육이 분리될 때 내 마음대로 육신을 거느릴 수 있다.

- 이생二生

  2번 더 태어나서 아뇩다라삼먁삼보리를 얻는다.
  - ◉ 나와 자식이 연결되어 나가는 자리.

- 일사천하一四天下

  수미산을 중심으로 한 한 세계.

적멸寂滅이 되면 일생에 아뇩다라삼먁삼보리를 얻는다.

자기 일을 열심히 하다 보니까 인생을 알게 된다.

• 천고天鼓

하늘 북으로서 가르침을 비유한 말이다. 법고法鼓.

• 수제영락垂諸瓔珞

"모든 영락을 늘어뜨리다."

지혜의 구슬을 장엄하는 모양을 이른다.

　- 진주영락眞珠瓔珞: 작은 지혜.

　- 마니주영락摩尼珠瓔珞: 큰 보배 진주. 큰 지혜.

　- 여의주영락如意珠瓔珞: 여의주의 왕.

수희공덕품隨喜功德品 제18

1. 대의

수희隨喜란 남의 설법을 듣거나 남이 좋은 일을 하는 것을 보고 이에 따라서 기뻐하는 것을 말하고, 수희공덕隨喜功德이란 법화경의 뛰어난 가르침에 기쁨을 느끼고 이것을 실행하고자 하는 마음을 갖는 것이 공덕이 된다는 것을 말한다.

세존께서는 전품인 「분별공덕품」에서 법화경을 수지, 독송, 해설, 서사授持讀誦解說書寫(받아 지니고 읽고 외우고 해설하고 쓰기)하고, 부처님의 생명은 영원불멸하다는 것을 믿는 정도에 따라 그 얻는 공덕을 12가지로 분별해서 설하시고, 부처님께서 생존해 계실 때와 열반하신 후에 법화경을 널리 펴는 마음가짐에 관하여도 설하셨다.

그만큼 법화경은 대승경전의 왕으로서 이 경을 널리 펴서 중생을 구원하는 데 특별한 힘이 있다는 것을 보여 주신다.

이 경에는 여래의 비밀신통지력과 여래의 전신이 들어 있다. 그러므로 법화경을 받아 지니고 읽고 외우고 쓴다는 것은 곧 여래를 만나는 것이나 다름이 없는 것이다.

「수희공덕품」에서는 전 품인 「분별공덕품」에서 설한 초수희初隨喜의 공덕을 재차 강조하며 더 구체적으로 자세히 설명하신다. 즉 여래가 열반한 뒤 이 경을 듣고 기뻐하는 마음을 낸 사람이 법회에서 법화경의 가르침을 듣고 '아! 감사하다'고 마음속으로 기쁨을 느끼고 그것을 다른 사람에게 전하고, 그것을 들은 사람은 또 다른 사람에게 전하는 식으로 하여 모두 50명에게 전했을 때, 그 50번째 법화경을 듣고 기뻐한 사람의 공덕은 아주 크다고 하신다.

그 공덕은 큰 부자가 많은 재산을 보시한 공덕보다 몇 억 갑절의 공덕이 있는데, 하물며 처음으로 법화경을 남에게 전한 그 사람의 공덕이야 이루 헤아릴 수 없이 크다는 것이다.

부처님이 아일다(미륵보살의 이름)에게 말씀하시기를 법화경의 가르침을 도량에서 듣거나 아니면 빈 공터에서 듣거나 도시에서 듣거나 항구에서 듣거나 상관없이 한 구절만이라도 듣고 '감사하다'는 마음을 일으키면 그 사람은 가장 좋은 마차나 수레를 타고 천상계의 궁전으로 오를 수 있다고 하신다.

또한 누구라도 법화경을 설하는 곳으로 남을 권유하여 잠깐만이라도 듣게 하면 권유한 사람은 다라니보살(남을 가르쳐서 모든 착한 일을 계속하게 하고, 또 모든 악한 일을 끊어서 다시 일으키지 않게 해 주는 사람)과 같은 곳에 환생하는 공덕을 짓는다고 하신다.

이렇게 남에게 법화경 법문을 잠시 동안만이라도 듣게 하거나 읽게 하여도 어마어마한 공덕이 있는데 우리 불자는 '나만 닦으면 되지, 남의 일에 참견하는 게 아냐' 하는 소극적 생각에서 벗어나지 못하고 있다. 이러한 소극적인 홍경弘經(경을 널리 폄) 자세에서 남에게 법화경을 전하는 적극적인 자세로 변해야 부처님의 가피를 받을 수 있다는 것을 명심해야겠다.

2. 이 품의 가르침

법화경을 듣고 내가 기뻐한 것은 내 속에 있는 불성이 눈을 뜬 공덕이고,
또 다른 사람에게 법을 권함은 다른 이의 불성을 눈뜨게 한 공덕이다.

  형상이 있는 것(물질적인 것)은 아무리 값이 나가도 법화경 한 구절
한 게송 읽는 것만 못하다. 법화경을 읽고 환희심을 느끼는 것이 더
가치가 크다. 아라한과를 얻게 해 주는 공덕보다 법화경을 듣게 해
주는 공덕이 더 크다. 법화경을 들으면 6근이 청정해지니 그 공덕은
말로 설명할 수가 없다.

  물질의 가치가 아무리 커도 배고픈 자에게는 밥 한 술이 더 가치가
있고, 목마른 자에게는 한 잔의 물이 더 가치가 있다. 법화경은 말법시대
에 우리를 구원하는 경이다. 말법시대란 우주가 말기현상을 나타내는
의미도 있지만, 내가 죽을 지경에 있다면 그것이 말법시대인 것이다.

◉ 법화경이 우리한테 들어올 때는 하나인데 들어와서는 확 퍼진다. 확
   퍼지는 힘으로 인해서 50번째 사람에게까지 전해진다. 사랑하는 사람
   끼리 만났을 때 부모, 친구의 말도 들리지 않고 오직 두 사람만의 사랑만
   존재하듯 법화경도 그런 힘이 있다.

3. 본문 해설

爾時에 彌勒菩薩摩訶薩이 白佛言하대 世尊하 若有善男子善女人이 聞

是法華經하고 隨喜者는 得幾所福이닛고. 而說偈言하대 世尊滅度後에 其有聞是經하고 若能隨喜者면 爲得幾所福이닛고. 爾時에 佛告彌勒菩薩摩訶薩하사대 阿逸多야 如來滅後에 若比丘比丘尼와 優婆塞優婆夷와 及餘智者의 若長若幼 聞是經隨喜已에 從法會出하야 至於餘處호대 若在僧坊커나 若空閑地어나 若城邑巷陌 聚落田里에 如其所聞하야 爲父母宗親과 善友知識하야 隨力演說커든 是諸人等이 聞已隨喜하고 復行轉教하며 餘人聞已에 亦隨喜轉教하야 如是展轉하야 至第五十커든 阿逸多야 其第五十인 善男子善女人의 隨喜功德을 我今說之호리니 汝當善聽하야 若四百萬億 阿僧祗世界 六趣四生衆生에 卵生胎生과 濕生化生과 若有形無形과 有想無想과 非有想非無想과 無足二足과 四足多足인 如是等 在衆生數者를 有人이 求福할새 隨其所欲 娛樂之具하야 皆給與之호대 一一衆生에 與滿閻浮提한 金銀琉璃와 硨磲瑪瑙와 珊瑚琥珀의 諸妙珍寶와 及象馬車乘과 七寶所成인 宮殿樓閣等커든 是大施主 如是布施를 滿八十年已하고 而作是念호대 我已施衆生娛樂之具하야 隨意所欲이나 然이나 此衆生이 皆已衰老하고 年過八十이라 髮白面皺하고 將死不久하니 我當以佛法으로 而訓導之라 하고 卽集此衆生하야 宣布法化하며 示教利喜하야 一時에 皆得須陀洹道와 斯陀含道와 阿那含道와 阿羅漢道하야 盡諸有漏하고 於深禪定에 皆得自在하야 具八解脫케 하면 於汝意云何오. 是大施主의 所得功德이 寧爲多不아. 彌勒이 白佛言하대 世尊하 是人은 功德이 甚多하야 無量無邊이니다. 若是施主 但施衆生의 一切樂具라도 功德이 無量이온 何況令得 阿羅漢果릿가.

그때에 미륵보살마하살이 부처님께 사뢰었다.

"세존이시여, 만일 선남자선여인이 이 법화경을 듣고 따라서 기뻐하는 이는 얼마만한 복을 얻겠나이까?"

게송으로 말하였다.

"세존이 열반하신 뒤 이 경전 말씀을 듣고 따라서 기뻐하는 이는 얼마만한 복을 얻겠나이까?"

이때 부처님이 미륵보살마하살에게 말씀하셨다.

"아일다여, 여래가 열반한 뒤에 비구 비구니 우바새 우바이나 그 밖에 지혜 있는 이로서 늙은이, 젊은이가 이 경전을 듣고 따라서 기뻐하며, 법회에서 나와 다른 데 가서, 암자에서나 공적한 데서나 도시에서나 마을에서나 논밭에서나 촌중에서, 법회에서 들은 대로 부모나 친척이나 친구나 아는 이에게 힘에 맞게 연설하거든, 또 그 사람이 듣고 기뻐서 다시 다른 이에게 말하고 그 다른 사람들이 기뻐서 또 다른 이에게 말하여 이와 같이 또 말하고 또 말하여 50번째 사람에게 말하느니라. 아일다여, 그 50번째의 선남자선여인이 듣고 따라서 기뻐한 공덕을 내가 말하리니 그대는 자세히 들으라. 4백만억 아승지 세계의 여섯 갈래에 네 가지로 나는 중생으로서, 알로 나고, 태로 나고, 습기로 나고, 화해 나고, 형상 있고, 형상 없고, 생각 있고, 생각 없고, 생각 있는 것 아니고, 생각 없는 것 아니고, 발 없고, 두 발 가지고, 네 발 가지고, 여러 발 가진 것, 그런 중생들을 어떤 사람이 복을 구하려고 그들의 욕망하는 오락거리를 주는데 낱낱 중생에게 남섬부주에 가득히 채운 금 은 유리 차거 마노 산호 호박 등의 여러 가지 보물과 코끼리 말 수레와 칠보로 지은 궁전 누각 등을 주었느니라. 이 대시주가 이렇게 80년 동안 보시하고는 또 생각하기를 '내가 중생들의 욕망을 따라 오락거리를 보시하였으나 이 중생들이 이미 늙어서 나이 80이 넘어 머리가 세고 얼굴이 쭈그러지고 죽을 때가 가까웠으니 이제는 부처님 법으로 인도하리라.' 하였다. 그래서 그 중생들을 모으고 불법을 선포하여 보여 주고 가르쳐서 이익하고 기쁘게 하였더니, 일시에 수다원과 사다함과 아나함과 아라한도를 얻었고 모든 번뇌가 없어져서 깊은 선정에 자재하게 되고 8가지 해탈을 구족하게 되었느니라. 그대는 어떻게 생각하느냐? 이 대시주가 얻은 공덕을 많다고 하겠느냐?"

미륵보살이 부처님께 사뢰었다.

"세존이시여, 이 사람의 공덕이 엄청나게 많아서 한량없고 그지없나이다. 이 시주가 중생들에게 모든 오락거리만 보시하였어도 공덕이 한량없을 터이온데 하물며 아라한과를 얻게 함이오이까."

• 세존멸후世尊滅後
"세존이 열반하신 후."

◉ 여래멸후: 올바로 살기 위한 여러 가지 법도와 예절이 사라지고 사람답게 사는 법이 사라질 때.

◉ 세상의 살아있는 힘이 줄어들 때. 어제까지 착실하던 사람이 오늘 방탕한다. 자연환경이 파괴되고 인간 마음이 바뀐다.

• 급여지자及餘智者
"그 밖에 지혜 있는 사람."

◉ 인류를 도와주는 사람. 이런 사람에게는 법화경이 귀에 들어오고, 약장약유若長若幼(어른이나 아이)의 겸손한 사람에게는 경經이 귀에 들어온다.

◉ 말세에는 상 받을 사람, 벌 받을 사람이 구별된다. 벌 받을 사람은 경經이 귀에 들리지 않는다. 말세에는 선善을 구하기 위해 악惡을 태운다. 마치 콩을 구하기 위해 콩깍지를 태우는 이치다. 우리가 구하려고 하는 것은 콩인데 필요 없는 콩깍지가 따라온다. 콩깍지는 불에 태워 버린다. 그러

나 콩깍지가 있어야 콩을 얻을 수 있다. 인간사회도 악한 사람을 없애는 것이 아니라 악한 사람이 있어야 선한 사람이 자라므로 잘 선도하여 쓰게 하는 것이다. 마치 지금 송곳이 찔러서 귀찮다고 없애 버리면 나중에 송곳이 필요할 때 쓰지 못하는 경우와 같다.

• 약장약유若長若幼

"나이 든 사람이나 젊은 사람이나."

◉ '나는 다 알았다'고 하는 사람. 도道에 들어감에 있어서는 먼저 깨달음에 이른바 어른 아이를 거론할 수 없다.

• 지제오십至第五十

"오십 번째 사람."

◉ 5는 동서남북 중앙, 10은 열반, 완성된 수, 다 익었다.
시방세계 모든 사람의 중심이 되라. 그러면 모든 사람을 이끌어 갈 수 있다. 부처님의 말씀을 듣고 기뻐서 그 말씀을 남에게 전할 때 듣는 사람도 기뻐서 힘이 생긴다. 내가 듣고 기뻐한 마음이 상대에게 전해져서 상대도 기쁜 마음이 생겨서 힘이 생긴다.

• 공덕功德

선행을 행한 덕으로 훌륭한 결과를 가져오게 하는 능력. 종교적으로 순수한 것을 진실공덕眞實功德이라 이르고, 세속적인 것을 부실공덕 不實功德이라 한다.

◉ 공덕을 쌓으면 모든 게 변해 간다. 생활이 달라진다. 삶이 달라진다. 변화를 가져온다. 동서남북의 중심이 되어 이끌어 갈 수 있는 힘이 생긴다. 공덕은 죽을 운運을 가볍게 지나가게 한다.

• 육취사생중생六趣四生衆生

중생은 여섯 갈래에 네 가지로 난다.

 - **육취六趣**: 중생의 업인에 따라 태어나는 존재 양상의 6가지.

　①지옥: 일에 갇히고 가족에 갇힌다.

　②아귀: 먹는 데 매여서 꼼짝 못한다.

　③축생: 모든 것을 기르기 위해 김을 매야 한다.

　④수라: 투쟁, 싸움을 하면서 산다. 옷이 헤지면 꿰매야 하고 더러우
　　면 세탁을 해야 한다.

　⑤인간: 노력해야 산다. 그러나 불법을 수행하기 좋은 세계이다.

　⑥천: 남보다 잘살려고 새로운 것을 배우려고 애쓴다.

 - **사생중생四生衆生**: 모든 생명체를 출생방식에 따라 난생卵生, 태생胎
生, 화생化生, 습생濕生 4가지로 분류한 것.

마음의 상태에 따라 구분한다. 마음이 모든 것을 만들어 낸다. 마음
이 간절하면 이루어진다.

사람이 태어날 때 환경이 좋고 나쁘고 하는 것은 신의 뜻에 의하여
결정되는 것이 아니라 자기가 닦은 전생의 업에 의하여 결정되는
것이다.

①난생: 새와 같이 알로 난다.

　자유세상을 의미한다. 없어도 있는 체한다.

◉ 성품이 미혹한 중생.

②태생: 사람이나 짐승처럼 어미의 태로 난다.

　습관에 따라서 제2의 업의 성품을 익힌다.

◉ 투쟁, 싸움, 전쟁의 시대. 부모 자식 간에 의견이 다르다.

③습생: 벌레, 곤충과 같이 습기 있는 곳에서 태어난다.

삿된 성품을 일으키는 중생의 마음.

◉ 남을 속여 자기 이득을 취한다. 남이 이룩해 놓은 것을 파괴한다. 몰래 남의 단점을 들춰낸다.

④화생: 천계나 지옥의 중생과 같이 무엇에도 의지하지 않고 과거의 자신의 업력에 의해서 난다. 미혹하는 마음을 일으키는 중생의 마음.

◉ 내가 제일이다. 굼벵이가 7년 동안 땅속에 있다가 나무 위로 올라가서 자기가 세상을 다 보았다고 한다. 인간의 기술로 별나라에 가 보고 우주를 다 안 듯이 교만해진다.

• 유형무형有形無形

"형상이 있는 것, 형상이 없는 것."

형상이 있는 것 같기도 하고 형상이 없는 것 같기도 하다. TV. 컴퓨터. 전화.

◉ 인간의 마음이 4생〔卵胎濕化〕으로 바뀐다. 이 바뀐 것에 의해서 유형, 무형이 나타난다. 지금은 인공사료를 먹고 달걀을 생산한다(무형).

• 유상무상有想無想

"생각이 있는 것, 생각이 없는 것."

생각이 있는 것 같기도 하고 생각이 없는 것 같기도 하다. 로봇. 전화, 녹음기, 컴퓨터.

– 유상: 생각만 있고 실제 행동은 하지 않는 중생. 이론에만 밝다.

– 무상: 아무 생각 없이 선정에만 집착. 멍청하게 앉아 있다.

◉ 인간이 편리하게 살려는 생각(유상) 때문에 물건을 만들고 그다음 생각

은 안 한다. 자동차를 만들어 편리해졌지만 공해로 인해 자연이 파괴되는 것은 생각하지 못한다(무상).

• 비유상비무상非有想非無想
"생각이 있는 것도 아니고 생각이 없는 것도 아님."
보살의 마음. 부처 직전의 마음. 생각만 있는 중생이 아니어서 행동도 있고 아무 생각이 없는 중생이 아니어서 현실 의식도 있지만 아직 부처의 경지에 오르지 못한 중생의 마음.
   ◉ 비밀을 가질 수 없다. 원자탄 사용. 컴퓨터. 인공지능.

• 무족無足
"발이 없다."
뱀이나 지렁이 등과 같이 발이 없는 중생

• 이족二足
"발이 둘."
사람 등과 같이 발이 두 개인 중생

• 사족四足
"발이 넷."
개와 같이 발이 네 개인 중생

• 다족多足
"발이 많다."

지네 등과 같이 발이 여러 개인 중생

• 수기소욕隨其所慾 오락지구娛樂之具 개급여지皆給與之
"그들이 욕망하는 오락거리를 준다."
사람들이 즐기는 재물, 권력, 명예, 명성, 인기 등 즐거워하는 바에
따라 다 공급해 준다.

• 여시보시如是布施 만팔십년이滿八十年已
"이와 같이 80년 동안 보시를 한 이후."
팔식八識의 행行을 보시한다.

• 연과팔십年過八十 발백면추髮白面皺
"나이가 80이 넘어 머리가 세고 얼굴이 쭈그러졌다."
80세까지 살아온 세상살이에 머리가 희어졌다. 말세가 다가오니
머리가 희어졌다.
– 면추面皺: 보이는 것마다 마땅치가 않아 얼굴이 찌푸려진다.

• 아당이불법我當以佛法 이훈도지而訓導之
"내가 마땅히 불법으로 인도하리라."
한탄만 하지 말고 나는 불법으로 나를 다스린다.
내가 사는 방법을 가르쳐 준다. 제정신이 들어야 살길이 보인다.

• 즉집차중생卽集此衆生
"그래서 중생을 모은다."

◉ 이렇게 마음먹는 순간 많은 중생이 모여들었다.

이렇게 모여드는 중생은 모두 한탄에 쌓였던 중생들이라 불법에 들어오니 그때까지 마땅치 않게 보이던 것이 불쌍하게 보이게 된다. 이것은 자기 마음이 안정되지 않았을 때는 모든 것이 마땅치 않게 보이지만 불법에 들어오면 깨달은 바에 따라 모든 게 바로 보인다. 이렇게 변하게 되면 이익을 얻게 되는데, 마음의 기쁨을 얻는 게 큰 이익이다. ⇨ 시교리 회시敎利喜

• 시교리희示敎利喜

"보여 주고 가르쳐서 이익이 되게 하고 기쁘게 하다."

☞ 오백제자수기품 제8

불법을 전할 때 보여 주고 가르치고 이익이 되게 하고 기쁨이 나게 해야 한다. 불교를 믿는 게 이익이 되어야 한다.

• 사과四果

깨달음에 이르는 네 단계.

① 수다원須陀洹: 부처님의 제자 가운데 한 사람이 됨.

② 사다함斯陀含: 미혹은 없어졌으나 아직 범부로 돌아갈 위험이 있는 사람.

③ 아나함阿那含: 이제는 범부로 돌아갈 위험이 없는 사람.

④ 아라한阿羅漢: 모든 미혹을 완전히 없앤 사람. 어떤 경우에도 경계에 흔들리지 않는 사람.

• 진제유루盡諸有漏

"모든 번뇌가 없어지다."

모든 세간 삼세에 있는 누업累業을 다함.

마음에 체증이 생기면 매사 짜증이 나고 심신이 피곤하게 되는데,
마음을 한번 돌리면 마음의 체증이 없어지고 정신이 건강하게 된다.

• 삼명육통三明六通

석가모니 부처님과 아라한이 깨달음에 도달할 때 얻었다는 3가지
지혜와 6가지 신통력.

- 육신통六神通: 여섯 가지 신통력

　①신족통神足通: 자유로이 원하는 곳에 나타날 수 있는 신통력

　②천안통天眼通: 자기와 다른 사람의 미래를 알 수 있는 능력

　③천이통天耳通: 보통 사람이 듣지 못하는 소리를 듣는 능력

　④타심통他心通: 다른 사람의 마음을 꿰뚫어볼 수 있는 능력

　⑤숙명통宿命通: 자기와 다른 사람의 과거세의 운명, 상태를 아는
　　능력.

　⑥ 누진통漏盡通: 현세의 모든 번뇌를 끊고 깨달음에 이르는 능력

- 삼명三明: 세 가지가 밝은 것

　①천안명天眼明: 천안통의 지혜〔미래를 알고〕

　②숙명명宿命明: 숙명통의 지혜〔과거를 알고〕

　③누진명漏盡明: 누진통의 지혜〔생사 해탈〕

• 팔해탈八解脫

멸진정滅盡定에 이르는 8가지 해탈.

팔해탈을 하려면 물질의 안과 밖, 정신의 안과 밖, 시간의 안과 밖,
공간의 안과 밖에 머무르지 말아야 한다. 집착이 없어야 한다.

✿

佛告彌勒하사대 我今에 分明語汝호리라. 是人이 以一切樂具로 施於四百萬億 阿僧祇世界에 六趣衆生하고 又令得阿羅漢果라도 所得功德은 不如是第五十人의 聞法華經一偈인 隨喜功德이니 百分千分과 百千萬億分에 不及其一이며 乃至算數譬喻로 所不能知니라. 阿逸多야 如是第五十人이 展轉聞法華經하고 隨喜功德도 尙無量無邊 阿僧祇는 何況最初於會中에 聞而隨喜者야따녀. 其福은 復勝하야 無量無邊 阿僧祇로 不可得比니라. 又阿逸多야 若人이 爲是經故로 往詣僧坊하야 若坐若立에 須臾聽受라도 緣是功德하야 轉身所生에 得好上妙한 象馬車乘과 珍寶輦輿와 及乘天宮하나니라. 若復有人이 於講法處坐어든 更有人來에 勸令坐聽호대 若分座令坐하면 是人功德은 轉身에 得帝釋坐處와 若梵王坐處와 若轉輪聖王 所坐之處리라. 阿逸多야 若復有人이 語餘人言호대 有經名法華라 可共往聽이라 하거든 卽受其敎하야 乃至須臾間聞하면 是人功德은 轉身에 得與陀羅尼菩薩로 共生一處리라. 利根智慧하야 百千萬世에 終不瘖瘂하고 口氣不臭하며 舌常無病하고 口亦無病하며 齒不垢黑하고 不黃不踈하며 亦不缺落하고 不差不曲하며 脣不下垂하고 亦不褰縮하며 不麤澁하고 不瘡胗하며 亦不缺壞하며 亦不喎斜하며 不厚不大하고 亦不黧黑하야 無諸可惡하며 鼻不匾㔸하며 亦不曲戾하며 面色이 不黑하고 亦不狹長하며 亦不窊曲하야 無有一切不可喜相하며 脣舌牙齒 悉皆嚴好하며 鼻修高直하고 面貌圓滿하며 眉高而長하고 額廣平正하야 人相具足하며 世世所生에 見佛聞法하고 信受敎誨리라.

부처님이 미륵보살에게 말씀하셨다.

"내 이제 분명하게 말하노라. 이 사람이 모든 오락거리로 4백만억 아승지 세계의 여섯 갈래 중생에게 보시하였고, 또 아라한과를 얻게 한 공덕이 이 50번째 사람이 법화경의 한 게송을 듣고 따라서 기뻐한 공덕만 못하여 백분의 1에도, 천분의 1에도, 백천만억분의 1에도 미치지 못하며, 내지 산수와 비유로도 알지 못하느니라. 아일다여, 이 50번째 사람이 법화경을 차츰차츰 전하여 듣고 따라서 기뻐한 공덕도 한량이 없고 그지없거늘, 하물며 맨 처음에 그 회중에서 듣고 따라서 기뻐한 복덕이야 더욱 많아서 한량없고 그지없는 아승지로도 비길 수 없느니라. 또 아일다여, 어떤 사람이 이 경을 위하여서 암자에 가서 앉거나 섰거나 잠깐만 들어도 이 공덕으로 다음에 날 적에는 썩 훌륭한 코끼리와 말과 수레와 보배로 꾸민 연을 가지게 되며 하늘 궁전을 타게 되리라. 또 어떤 사람이 법을 강론하는 처소에 앉았을 적에 다른 사람이 오거든 그 사람에게 권하여 앉아서 듣게 하되 자기가 앉는 자리를 비켜서 앉게 하면 이 사람의 공덕으로 다음에 태어날 적에는 제석천왕이 앉는 곳이나 범천왕이 앉는 곳이나 전륜성왕이 앉는 곳에 앉게 되리라. 아일다여, 또 어떤 사람이 다른 이에게 말하기를 '저기 법화경 말하는 데가 있으니 함께 가서 듣자.' 하여 그 사람이 그 말을 듣고 가서 잠깐만 듣더라도 이 사람의 공덕으로는 다음 태어날 적에 다라니를 얻은 보살과 함께 있게 되리라. 근성이 총명하고 지혜가 있으며 백천만 번 태어나도 벙어리나 말더듬이가 되지 않고, 입에서 냄새가 나지 않고 혀에는 병이 없고 입에도 병이 없으며, 이는 검지도 누르지도 성글지도 않고 옥니도 아니며, 입술이 아래로 처지지도 위로 걷어 올라가지도 않고 거칠지도 않고 부스럼도 없고 언청이도 아니고 비뚤어지지도 않고 두텁지도 크지도 퍼렇지도 않아서 모든 미운 것이 없으며, 코가 납작하지도 않고 비뚤어지지도 않으며, 얼굴이 검지도 않고 좁지도 않고 길지도 않고 오목하지도 않아서 못생긴 모습이 하나도 없으리라. 입술, 혀, 치아가 모두 잘생기고, 코는 길고 높고 곧으며, 얼굴은 원만하고 눈썹이 높고 길며 이마가 번듯하고 넓으며 여러 가지 모습을 갖추느니라. 또 태어날 적마다 부처님을 뵈옵고 법을 듣게 되며 가르침을 믿고 받게 되리라."

• 백분천분百分千分
"백분의 1에도 천분의 1에도."
매사 감사하는 공덕으로 내 고통을 백 사람 천 사람과 같이 나눈다. 법화경 한 구절을 듣고 기뻐하면 그 공덕이 크다. 가령 내가 근심이 있다면 그 고통을 백 사람 천 사람이 나누어 갖게 된다.
법화경의 한 게송 한 구절이라도 듣고 기뻐서 그것을 남에게 전하면 내 업보가 소멸된다. 마치 내가 선행을 하고 그 선행이 남을 기쁘게 했을 때 내 마음이 흡족한 것과 같다.

• 불급기일不及其一
"미치지 못한다."
아무리 업보가 두껍고 만 가지 고통이 있을지라도 아무 걱정이 없다. 업보 소멸은 순간적으로 된다.

• 최초어회중最初於會中 문이수희자聞而隨喜者
"맨 처음에 회중에서 듣고 따라서 기뻐한 사람."
초발심시변정각初發心是便正覺, 초발심을 그대로 계속하면 문득 정각을 이루게 된다는 뜻이다.
처음 마음을 발할 때가 문득 정각正覺을 이루는 때다. 우리에게는 불성이 있기 때문에 찾으면 바로 나타난다. 보통의 사람들은 태산을 옮길 것 같은 초발심을 내지만 세월이 흐를수록 퇴전심이 일어나기 쉽다. 누구나 처음 발심할 때의 그 마음만 퇴전하지 않고 수행 정진하면 어느 날 문득 큰 깨달음을 얻을 수 있게 된다. 그러므로 초발심을 그대로 계속하는 것이 매우 중요한 것임을 강조하는 말이다.

初發心時便正覺초발심시변정각
처음 발심할 때 깨달음을 얻는다.

— 「법성게」

• 전신轉身
매사에 감사하는 공덕으로 나로 인하여 백 사람의 고통이 소멸된다. 고통받는 중생이 나를 찾아오면 내가 매사에 감사하는 마음으로 쌓아 놓은 공덕으로 고통받는 중생을 구제한다.

• 유경명법화有經名法華
"법화경을 말한다."

◉ 나는 다 알고 내 속에 모든 게 짜여 있고 구비되어 있다. 그래서 누구든지 요청하면 다 줄 준비가 되어 있다. 예를 들어 수학박사에게 수학을 물어 보면 다 가르쳐 준다.
법화경을 읽어서 내 속에 부처님 마음이 들어 있으면 누가 어떤 것을 물어도 내 속에 준비되어 있고 잘 짜여져 있는 부처님의 마음이 그 사람에게 전달된다.

• 가공왕청可共往廳

"함께 가서 듣자, 함께 가서 들어 보자."

　　◉ 가고 싶은 마음이 자연스레 스스로 일어난다. 말로써 의사를 전달하는
　　게 아니라 마음으로 자연스레 전달된다. 부처님이 중생을 교화할 때
　　감사하는 마음이 생겨서 항마가 된다. 매사에 감사하라.

• 즉수기교卽受其教
"그 사람이 그 가르침을 듣고."

　　◉ 말하면 곧바로 받아들인다. 받아들이지 않으면 기도와 공부가 부족한
　　것이다. 모든 중생이 법화경의 가르침에 감동을 받다.

• 수유간문須臾間聞 시인공덕是人功德
"잠깐만 듣더라도 이 사람의 공덕으로."

법화경을 잠깐이라도 듣는 공덕이 크다. 태산 같은 죄를 짓더라도
법화경 한 구절 한 게송을 듣고 기뻐하는 공덕으로 업보가 소멸된다.

• 이근지혜利根智慧
"지혜가 있다."

근기가 수승하여 총명하며 이롭고 지혜가 밝게 요달한다. 정신이
건강해져서 지혜가 생긴다.

• 구기불취口氣不臭
"입에서 냄새가 나지 않는다."

　　◉ 말세에는 자기가 똑똑하다고 하는 사람이 말하는 것마다 자기 결점을
　　노출시킨다. 자기는 잘하는 것 같지만 자기의 결점을 노출시킨다. 남이
　　가까이하지 않는다.

◉ 세상을 바꾸려면 세상 운運, 하늘 운運으로 바꿔야지 사람의 노력으로는 바꿀 수 없다. 아무리 노력해도 큰 운은 바꿀 수 없다. 세상 이치에 의해서 사람들의 마음이 바뀌어야 한다.

• 설상무병舌常無病

"혀에 병이 없다."

◉ 혀에 병이 없어 맛을 잘 안다. 말을 하면 향기가 난다. 말로 공덕을 짓는다. 말로 만중원적滿中怨賊(세상에 가득한 적)을 물리친다.

• 치불구흑齒不垢黑

"이는 검지도 않고."

◉ 치아는 5색五色. 겉의 색이 아니라 치아 뿌리 색을 말한다.

- 치아 5색

① 백색: 많은 사람에게 좋은 인상과 호감을 준다.

② 청색: 음성이 청아. 노래, 말솜씨가 좋다.

③ 황색: 기억력이 좋다.

④ 적색: 남에게 공덕을 많이 짓고, 딸을 낳으면 시집가서 시가를 크게 일으킨다.

⑤ 흑색: 아무리 이치에 맞는 말을 해도 남이 들어주지 않는다. 답답하다.

법사공덕품法師功德品 제19

1. 대의

전 품인 「분별공덕품 제17」과 「수희공덕품 제18」은 「여래수량품 제16」
에서 부처님의 생명은 영원불멸하시다는 것을 믿고 법화경을 듣고
수희隨喜(따라서 기뻐함)하였을 때의 공덕에 대해 살펴본 것이다.

즉 「분별공덕품」에선 부처님의 수명이 영원불멸이라는 것을 믿는
정도에 따라 열두 가지 공덕이 있다는 것을 말씀하시고, 「수희공덕품」에
서는 법화경을 널리 알리는 사람의 공덕에 대하여 말씀하셨다.

그리고 이 「법사공덕품」에서는 부처님의 가르침을 행하는 법사의
공덕에 대해 말씀하신다.

여기에서의 법사란 출가승이나 전문적인 포교사만을 의미하는 것이
아니라 승속僧俗에 관계없이 법화경을 수지受持, 독讀, 송誦, 해설解說,
서사書寫하는 오종법사五種法師를 말한다. 이 오종법사를 열심히 수행
하다 보면 '안이비설신의眼耳鼻舌身意'의 6근이 청정해지는 공덕을 얻는
다고 하셨다. 눈(眼), 코(鼻), 몸(身)의 8백 공덕과 귀(耳), 혀(舌), 뜻(意)
의 1천2백 공덕을 얻는다고 하셨다.

육근이 청정해진다는 것은 육근의 작용에 의한 대상에 착착着이 없이

보고 듣고 냄새 맡고 맛보고 감촉하고 마음 두는 것이 어느 곳에 집착하지 않으므로 자연히 생기는 공덕이다.

이 의미와 같은 뜻의 말씀이 『금강경』에도 있다.

금강경의 사구게四句偈 중의 하나에 '응무소주이생기심應無所住而生其心'이라는 말씀이 있는데, 이 말씀은 "응당 머무르는 바 없이 그 마음을 내라", 곧 응당 텅 빈 마음이 되었다가 경계 따라 그 마음을 작용하라는 뜻이다.

텅 빈 마음, 곧 청정심清靜心을 갖고 모든 경계에 상응하라는 뜻이다. 어느 것에도 마음이 머물지 않게 하여 그 마음을 일으키라는 뜻이다.

부처님은 이 「법사공덕품」을 설하실 때 상정진보살常精進菩薩에게 말씀하시는데, 그 뜻은 "법사는 응당 게으르지 말고 항상 정진하라."는 뜻이 담겨 있다.

눈의 공덕으로는 천안통을 얻지 못해도 삼천대천세계의 모든 것을 볼 수 있고, 귀의 공덕으로는 천이통을 얻지 못해도 삼천대천세계에서 나오는 모든 소리를 들을 수 있으며, 코의 공덕으로는 삼천대천세계의 안과 밖 그리고 위와 아래에 있는 모든 향기를 맡을 수 있다. 또 혀의 공덕으로는 세상의 모든 맛을 다 볼 수 있고 만약 아름답지 못하거나 쓰고 떫은맛이더라도 좋은 맛으로 변하고 묘한 음성을 내어 모든 사람이 좋아하게 된다.

몸의 공덕으로는 청정한 몸을 얻어 깨끗한 유리와 같고 중생들이 보기를 좋아한다. 그리고 뜻의 공덕으로는 법화경을 공부하면 이치에 밝아서 말이나 행이 실상과 어긋나지 않게 된다.

결론적으로 법화경을 수지 독송 해설 서사하면 6근이 청정해져서 많은 공덕을 얻는다는 것은 나와 실상 세계가 하나가 된다는 말씀이고 나와 부처가 하나가 된다는 말씀이다.

2. 이 품의 가르침

● 빗방울이 하나하나 모여 흘러가면서 여과 과정을 거쳐 힘이 생기듯이 하나하나 남을 위해서 고생하다 보니 여과되고 마찰되어 법력法力이 생김으로써 스승이 되어 공덕을 짓는 모습을 그려 놓았다.

● 세월이 가면서 내 힘이 자라 공덕이 이루어지게 된다.

● 「법사공덕품」 기도는 경험 없이 날뛰는 사람을 위해 기도한다.
돈 많은 아버지가 아들에게 재산을 많이 물려 줬지만 사업 경험이 없는 아들이 사업에 실패할 경우에 이 품으로 기도한다.

● 법화경 28품은 각 품마다 가지고 있는 힘이 각각 다르다.
법화경에는 비밀신통지력秘密神通之力이 있다(「여래수량품」).
법화경 28품 전체는 우리한테 들어올 때는 하나인데 들어와서는 확 퍼진다. 확 퍼지는 힘으로 인해서 50번째 사람에게까지 전해진다(「수희공덕품」).

● 업장을 소멸하거나 가벼이 하려고 할 때 6근의 공덕을 쌓아야 한다.
왜냐하면 업보는 모두 6근의 작용에 의하여 만들어진 것이므로 육근을 청정하게 해야 한다.

본문에 "이 선남자선여인이 부모가 낳아 준 청정한 육안으로 삼천대천 세계의 안과 밖에 있는 산과 숲과 강과 바다를 보며, 아래로 아비지옥과 위로 색구경천을 보며, 그 가운데 있는 모든 중생을 보고 업의 인연[業因緣]과 과보로 태어난 데[果報生處]를 모두 보고 다 알 것이니라."는 말씀이 있는데, 이 말씀은 우리가 청정한 눈을 갖게 되면 자기의 업장과 그 업의 과보를 다 볼 수 있다는 말씀이다.

그러므로 우리가 업장 소멸이나 업장을 가볍게 하기 위해서는

첫째, 참회기도를 하고,

둘째, 법화경을 수지 독송 해설 서사해야 한다.

그러면 업장이 아무리 두껍고 무겁더라도 마지막 길은 피하게 해 주신다.

3. 본문 해설

爾時에 佛告常精進菩薩摩訶薩하사대 若善男子善女人이 受持是法華經하야 若讀若誦커나 若解說 若書寫하면 是人은 當得 八百眼功德과 千二百耳功德과 八百鼻功德과 千二百舌功德과 八百身功德과 千二百意功德하리니 以是功德으로 莊嚴六根하야 皆令淸淨하나니라.

그때에 부처님께서 상정진보살마하살에게 말씀하셨다.

"만일 선남자선여인이 이 법화경을 받아 지니거나 읽거나 외우거나 해설하거나 쓴다면 이 사람은 으레 눈의 팔백 공덕과 귀의 천이백 공덕과 혀의 천이백 공덕과 코의 팔백 공덕과 뜻의 일천이백 공덕을 얻을 것이니, 이러한 공덕으로 육근을 장엄하여 모두 청정하리라."

• 상정진보살常精進菩薩

"끊임없이 정진하는 보살."

아미타경에는 십신十信 중 제3신의 경지에 오른 보살로 되어 있다.

불교에서는 보살이 보리심을 일으키고 수행을 쌓아 불과佛果를 얻을 때까지의 과정을 십신·십주十住·십행十行·십회향十回向·십지十地의 50단계와 등각等覺·묘각妙覺의 52위로 나눈다.

맨 처음 단계인 십신은 부처의 가르침을 믿어 의심이 없는 단계를 가리키며, 그중 제3위는 아직 보살이라고 할 수도 없는 위치이나 항상 정진하고자 하는 마음가짐이 깨달음으로 나아가는 지름길이라는 것을 중생들에게 몸소 깨닫게 해 준다.

◉ 법사들이 여기로 내려올 때는 부모한테 받은 눈, 몸, 귀, 다 건강하고 튼튼해서 이 세상에 내려왔는데, 다시 제 모습 그대로 행하는 것을 상정진常精進이라고 한다.
상정진보살이란 이름 그대로 끊임없이 정진하는 보살이다.
정진이란 작은 것을 소홀히 하지 않는 마음으로 노력하는 수행태도를 말한다. 이 보살은 용맹정진하여 중생들에게 부처의 가르침을 몸으로 전한다. 실상에서 우리에게 전할 때는 선명하고 깨끗하게 주지만 우리가 탐진치貪瞋恥에 의해 오염시킨다.

법화경을 수지 독송 해설 서사하면 자연스레 마음이 어디에도 집착함이 없게 되어 미혹을 떨쳐 버리게 되어 눈, 귀, 코, 혀, 몸, 뜻의 육근의 작용을 어디에도 걸림이 없이 자유자재로 하게 된다. 그래서 나와 우주가 하나가 된다. 실상의 세계와 하나가 된다.

• 육근六根이 청정淸淨하리라

육근은 안이비설신의眼耳鼻舌身意, 즉 눈, 귀, 코, 혀, 몸, 뜻을 말하는데 이 여섯 가지 작용을 맑고 깨끗하게 한다는 것은 마음의 미혹과 번뇌를 없애 이 여섯 가지 작용을 자유자재하게 한다는 뜻이다.

육근의 공덕은 밖에서 얻는 것이 아니라 내 안에 있는 것을 찾는 것이다.

• 팔백안공덕八百眼功德

"눈의 팔백 공덕."

◉ 항상 정진(常精進)하는 곳으로 곧장 노력하고 들어가면 생로병사자비희사生老病死慈悲喜捨의 길이 환히 보인다는 말씀이다.

법화경을 수지 독송 해설 서사하는 일에 게으름 없이 항상 정진하면 우리가 살아가는 데 기본적으로 겪어야 하는 생로병사 자비희사의 길을 잘 알아서 걸림 없는 인생을 살 수 있다는 뜻이다.

일생을 살아가면서 어떤 일에 종사하든지 자기가 하는 일에 게으름 없이 항상 정진하다 보면 나도 모르는 사이에 그 일이 어떻게 진행되고 어떻게 결말이 날 것을 다 볼 수 있는 힘이 생긴다. 지금 내가 하는 일이 융성하게 될는지 아니면 쇠퇴하게 될는지 또는 없어지게 될는지를 다 볼 수 있다는 것이다.

• 천이백이공덕千二百耳功德

"귀의 천이백 공덕."

법화경을 수지 독송 해설 서사하면 귀가 청정해져서 삼천대천세계에서 아래로 아비지옥과 위로 색구경천에 이르기까지 그 가운데 있는 가지가지 말과 음성을 다 듣는다고 하셨다. 그러니까 법화경 공부를 열심히 하면 보이는 세상의 소리나 안 보이는 세상의 소리를 다 들을 수 있다는 말씀이다.

◉ 천이백 공덕이란 12인연법을 말하는 것이다. 귀로 듣고 나서 변화가 되어서, 즉 전환이 되어서 인연이 맺어진다는 말씀이다. 귀로 듣고 나면 반드시 돌려야 한다. 좋은 소리를 듣건 나쁜 소리를 듣건 넣어 두지 말고 전환을 시키면 변화가 오고 힘이 생긴다. 옳은 것은 담아 두고 그른 것은 흘려버릴 때 공덕이 된다.

법화경을 수지 독송 해설 서사하면 여러 사람의 말을 듣고 충고를 받아서 내가 변화한다.

남의 말을 듣고 수용하면 자기한테 힘이 생겨나서 자기가 해야 할 일을 스스로 찾게 된다.

공자님은 60세에 이순耳順이라고 하셨다. 마음을 비우니, 모든 집착에서 벗어나니 귀가 청정해져서 어떤 소리를 들어도 그 소리의 본래의 모습대로 들린다는 말씀이다. 내가 어떤 상相도 갖지 않고 상대방의 말을 들으니 왜곡되지 않고 본래의 모습대로 들린다는 말씀이다.

관세음보살은 중생의 소리를 있는 그대로 듣고 모두 다 구원해 주신다. 관세음보살은 중생들의 어떤 고통의 소리는 들어주고 어떤 소리는 안 들어주고 하는 차별심이 없이 오직 고통에서 신음하는 중생들을 구원해 주시겠다는 마음뿐이다.

• 팔백비공덕八百鼻功德

◉ 법화경을 수지 독송 해설 서사하면 코가 청정해져서 삼천대천세계에 있는 위와 아래와 안과 밖의 여러 가지 향기를 맡는다고 하셨다. 여러 가지 꽃향기, 사람 냄새, 동물 냄새, 천상에 있는 모든 향기를 맡을 수 있고, 성문, 벽지불, 보살의 향기와 부처의 향기도 맡을 수 있다고 하셨다.

우리도 무슨 일을 하든지 내가 하는 일에 상정진하다 보면 그 일에 대한 냄새를 맡을 수 있다. 경험 많은 의사는 진찰하기 전에 환자가 풍기는 냄새를 맡고 그 환자가 어떤 병에 걸렸는지 알 수 있고 그 병이 얼마나 진전되었는지를 알 수 있다.

나와 좋은 인연이 되는 사람에게서는 좋은 향기가 나고 나에게 손해를 주는 사람한테서는 나쁜 냄새가 난다. 그래서 배우자를 선택한다든가 동업자를 선택할 때는 상대방에서 나는 냄새를 맡을 수 있는 힘이 있어야 하는데, 그 힘은 법화경 공부를 열심히 하면 자연적으로 생겨난다.

◉ 언제 향기가 나는가?

대승大乘일 때 향기가 난다. 소승小乘일 때는 향기가 나지 않는다. 모든 사람을 차별 없이 대할 때 향기가 나고, 내가 좋아하는 사람만 만나면 향기가 나지 않는다.

• 천이백설공덕千二百舌功德

"혀의 천이백 공덕."

"상정진보살이여, 만일 선남자선여인이 이 경전을 받아 지니고 읽거나 외우거나 해설하거나 쓴다면 혀의 일천이백 공덕을 얻으리라. 맛이 좋거나 좋지 않거나 아름답거나 아름답지 못하거나 쓰고 떫은 물건이 그의 혀에 닿더라도 모두 좋은 맛으로 변하여 천상의 감로수 같아서 아름답지 않은 것이 없느니라. 만일 혀로써 대중 가운데서 연설할 적에 깊고 묘한 음성을 내어 그들의 마음에 들게 하면 모두 환희하고 쾌락하느니라."

법화경 공부를 열심히 하면 입으로 들어오는 모든 음식들이 맛있고 몸에 이롭게 되고, 말을 하면 모든 사람에게 유익하고 감동을 주게 된다. 즉 요설변재樂說辯才가 된다는 말씀이다. 요설변재란 사람들이 원하고 또 하고 싶은 대로 상응한 교법을 자유자재로 말하는 것이다.

법화경을 열심히 공부한 사람의 말은 한 마디 한 마디가 여러 사람을 따라오게 만들고, 말의 씨앗은 땅에 떨어져 변화되어 여러 사람들에게 양식이 되고 교훈이 된다. 내가 하는 말이 상대방에게 이익이 된다.

그러나 혀의 공덕이 없는 사람은 열심히 말하는데 상대방은 듣지 않고, 사기는 저하되고 하는 말에 힘이 없고, 남 눈치만 보게 되고 비굴해지고 진실을 얘기해도 남이 믿지 않게 된다.

이런 사람은 법화경을 수지 독송 해설 서사하면 요설변재가 된다.

• 팔백신공덕八百身功德
"몸의 팔백 공덕."

"상정진보살이여, 선남자선여인이 이 경을 받아 지니고 읽거나 외우거나 해설하거나 쓰면 몸의 팔백 공덕을 얻느니라. 청정한 몸을 얻어 깨끗한 유리와 같으면 중생들이 보기를 좋아하느니라. 그의 몸이 청정하므로 삼천대천세계에 있는 중생들이 나는 때 죽는 때와 높고 낮고 잘생기고 못생기고 좋은 곳에 나고 나쁜 곳에 나는 것이 다 그 가운데 나타나느니라."

법화경 공부를 게을리 하지 않고 상정진하면 얼굴 모습과 몸 모습이 여러 사람에게 좋게 보인다.

또한 옛날부터 내려오는 법대로 노력하고 진실하게 살게 되고 자기 몸을 보호하고 건강하게 살게 된다.

• 천이백의공덕千二百意功德
"뜻의 천이백 공덕."

"상정진보살이여, 선남자선여인이 여래가 열반한 뒤에 이 경을 받아 지니고 읽거나 외우거나 해설거나 쓰거나 하면 뜻의 일천이백 공덕을 얻느니라. 이 청정한 뜻으로써 한 게송이나 한 구절만 듣고도 한량없고 그지없는 이치를 통달하느니라. 이 이치를 알고는 능히 한 구절 한 게송을 연설하되 한 달이나 넉 달이나 한 해에 이르고 모든 법을 말한 것은 그 뜻을 따라서 실상과 서로 어기지 아니할 것이며, 속세의 경서와 세상을 다스리는 말과 살림하는 사업을 말하더라도 모두 바른 법에 순응하리라."

누구든지 법화경의 한 구절이나 한 게송을 수지 독송 해설 서사하면 사물의 이치를 잘 알게 되어서 세상에 있는 어떤 책을 보더라도 모두 다 이해가 된다는 말씀이다.
공자님은 인생 70이 되니 '종심소욕불유구從心所慾不踰矩'라고 하셨다. 나이 칠십이 되니 마음 내키는 대로 해도 법도에 어긋나지 않는다는 말이다. 나이 칠십이 되니 세상의 이치를 잘 알아서 어떤 말과 행동을 해도 이치에 벗어나는 일은 없다는 의미이다.

"삼천대천세계에 있는 여섯 갈래 중생의 마음으로 행하는 일과 마음으로 동작하는 일과 마음으로 희론하는 일을 모두 다 아느니라. 비록 무루의 지혜는 얻지 못하였어도 그 뜻이 이렇게 청정하였으므로 이 사람이 생각하고 요량하는 말이 모두 부처의 법과 같아서 진실하지 않은 것이 없고, 역시 먼저 부처님의 경전 중에 말씀한 것이니라."

법화경을 한 달이나 한 계절(인도는 일 년을 넉 달씩 건기, 우기, 열기 세 계절로 나눈다) 또는 일 년을 공부하게 되면 지옥, 아귀, 축생, 아수라, 인, 천의 여섯 갈래에 살고 있는 모든 중생들의 마음을 잘 알게 되어서 그들의 마음이 자연스레 흘러가는 곳도 알게 되고 일부러 마음을 꾸미는 것도 알게 되고 남을 속이는 마음도 알게 된다. 물론 부처님이 깨달으신 샘이 없는 무루無漏의 지혜는 얻지 못해도 세상 움직이는 지혜를 얻게 된다.

그리하면 세상 이치를 잘 알게 되고 실상의 이치를 깨닫게 된다. 왜냐하면 법화경은 제법실상諸法實相을 말씀한 경전이므로 법화경 공부를 하면 자연스럽게 실상의 이치를 알게 되는 것이다. 이런 사람은 뜻을 세우면 남들이 협조해 주어서 일이 순조롭게 된다.

상불경보살품常不輕菩薩品 제20

1. 대의

법화경에는 「상불경보살품 제20」 「약왕보살본사품 제23」 「묘음보살품
제24」 「관세음보살보문품 제25」 「보현보살권발품 제28」의 다섯 보살품
이 등장한다. 이렇게 보살품이 등장하는 이유는 법화경은 제법실상을
설명하는 이론적인 부분과 보살행을 해야 한다는 실천적인 부분을
조화롭게 구성하여 중생을 깨우치게 하려는 데 목적이 있기 때문이다.

법화경은 "교보살법敎菩薩法이며 불소호념佛所護念"의 경이다

즉 법화경은 보살을 가르치는 경이며 부처님이 보호하고 보살펴
주시는 경이다. 그러므로 법화경에 보살품을 수록하여 그 보살들이
어떠한 수행을 해서 중생을 구제할 수 있는 힘을 가지게 되었나를
살펴보는 것은 당연한 일이다.

'상불경보살常不輕菩薩'의 상불경이란 '항상 모든 것을 가벼이 여기지
않는다'는 의미인데, 이 보살은 석가모니부처님의 전신이다. 이 보살은
위음왕여래 시절에 묘법을 정근 수지하여 널리 베풀고 중생을 이롭게
인도하였다.

상불경보살은 부처님이 열반하신 후 부처님의 가르침대로 수행하는 정법正法시대가 지나고 부처님의 가르침은 희미해지고 형식만 남아서 도道를 증득한 사람이 적은 상법像法시대에 나타나서 "누구나 모두 부처님이 될 수 있는 불성을 가지고 있다. 나는 그 불성을 갖고 있는 모든 사람을 공경 찬탄한다."는 단 한 가지 수행을 함으로써 자기도 부처님의 깨달음을 얻고 다른 사람에게도 깨달음을 얻게 하였다.

이 보살은 "경전을 읽거나 외우지는 않고 오직 모든 사람은 부처님이 될 수 있는 불성을 가지고 있다는 말을 하였다." ⇨ 일체중생一切衆生 실유불성悉有佛性 부전독송경전不專讀誦經典

부전독송경전不專讀誦經典이란 경을 읽거나 외우지 않았다는 말이 아니라 대승적 차원의 적극적인 보살행을 하였다는 말이다. 그 수행으로 인하여 자기도 깨달음을 얻고 다른 사람도 깨달음을 얻도록 하였다. 상불경보살은 남을 불도佛道로 인도해서 깨달음을 얻게 하기 위해선 먼저 나 자신이 보살행을 해야 한다는 것을 보여 주고 있다.

이 보살은 사람을 만나면 욕을 먹거나 작대기로 얻어맞아도 "나는 당신을 가볍게 생각하지 않습니다. 당신들은 모두 부처가 되실 분이기 때문입니다."라고 말하였다.

이러한 한 가지 수행만을 끈기 있게 한 덕분으로 상불경보살은 수명이 다하여 죽음에 이르렀을 때, 예전에 위음왕여래가 설하셨던 법화경의 가르침을 스스로 얻게 되었고, 그 공덕으로 6근이 청정해지고 수명이 연장되고 법화경을 널리 펴게 되었다. 상불경보살은 수많은 사람을 교화하여 깨달음을 얻게 하고 그 수명이 다한 후에도 2천억의 많은 부처님을 친견할 수 있었다.

이 상불경보살은 석가모니부처님의 전세前世의 몸이었다. 결국 이것은 석가모니세존께서도 인간 모두가 갖고 있는 불성을 깨우치시고 그 개발에 노력을 기울이면 부처가 된다는 것을 가르치신 것이다.

그러므로 누구나 불성이 있다는 것을 깨우치고 진리를 가르쳐서 중생의 불성을 개발하여 부처의 경지에 도달하게 해야 한다.

2. 이 품의 가르침

● 우리는 부처님이나 예수님의 가르침을 통해 세상을 배우는 게 아니라 나를 미워하고 시기 질투하는 사람을 통해 세상을 알게 된다. 그 사람으로 인해 내가 변화하게 된다.

● 이 품은 부처님이 득대세보살得大勢菩薩에게 말씀하신다.
왜 득대세보살에게 말씀하셨을까? 누구나 세력을 크게 이룩했을 때가 득대세인데, 이때가 가장 위험하다. 누구나 일이 잘 풀릴 때 위험하다. 그때를 조심하라. 즉 상불경하지 않으면 안 된다는 가르침이다.

법화경의 가르침을 믿고 실천하는 사람을 욕설하고 비방하거나 결점을 들어 말하면 그 죄보를 받을 것이요, 그 반대로 법화경을 수지 독송 해설 서사하면 그 공덕으로 6근이 청정해진다고 가르치신다.

석가모니부처님은 부처가 되겠다고 목표를 세워서 부처가 되신 것이 아니라 상불경보살의 행行을 하다 보니 저절로 부처가 된 것이다.

성불하기 전에는 큰 방해와 박해가 있다. 이런 고난을 이겨야 성불한다.

기도를 열심히 하고 나면 육근이 청정해진다. 이럴 때 누굴 만나서 그 사람한테서 구린내가 나면 그는 나에게 손해를 주는 사람이다.

이 품은 상불경보살을 통해서 우리에게 무아無我와 무상無相을 가르친다.

- "나쁜 말로 욕설한다."

남이 나를 나쁜 말로 욕하거나 작대기로 때려도 화를 내지 않고 오히려 당신에게는 불성이 있으니 반드시 성불할 것이란 말을 한다는 것은 무아행을 실천하는 것이다.

내가 법력이 자랄 때 꼭 나를 비방하는 소리가 나온다. 내가 자랄 때에는 반드시 나를 훼방하는 세력이 나타난다. 그 세력과 맞닥뜨려 싸우면 안 되고 참고 이겨야 한다.

- "경전을 읽거나 외우지는 않고 오직 당신은 불성이 있다고 말하였다."

상불경보살이 누구든지 만나기만 하면 그 사람이 증상만 비구 비구니 우바새 우바이라도 차별하지 않고 그대들은 성불할 것이라고 말했다는 것은 무상행을 실천했다는 말이다.

이 품에서 우리는 아뇩다라삼먁삼보리를 얻는 것은 반드시 경經을 수지 독송 해설 서사해서만이 아니라 무아행과 무상행을 열심히 하면 얻게 된다는 것을 알 수 있다.

보살행의 근본은 불성을 예배하는 일이다. 모든 사람에게 불성이 있고 그 불성을 닦으면 성불할 수 있다는 것을 믿는 것이다.

우리 인간의 불행은 "이 몸이 나다."라고 생각하는 데서 출발한다. 그래서 이 몸을 만족시켜 주기 위해서 욕심, 투쟁, 번뇌가 생긴다.

상불경보살은 이런 생각에서 떠나 "인간의 본질은 불성이다."라고 깨우쳐 준다.

법화경에 보살품이 있는 이유는 보살의 임무를 가르치기 위해서이다.

보살의 임무는 "상구보리上求菩提 하화중생下化衆生(위로는 법을 깨닫고 아래로는 중생을 구제한다)"인데, 이것을 이루기 위해선 수행이 따라야 한다. 기도만 열심히 하고 경 공부가 없으면 사도邪道에 빠지기 쉽다. 바른 견해를 세워야 하는데 바른 견해는 아는 것만으로는 안 되고 실천 수행이 따라야 하기 때문이다.

보살이란 남을 위해서 나를 희생하는 사람이 아니라 일체중생을 위하여 자기를 던지는 것이 곧 나를 위하는 길이라는 것을 알고 실천하는 사람이다.

◉ 만물은 모두 나를 도와주려고 존재하는데 그런 것들을 가볍게 여기지 말라. 설사 나를 도와주지 않고 나를 괴롭게 하는 것도 가볍게 여기지 말라. 나를 성숙시켜 주는 가르침이라고 생각하라. 세상은 좋은 말로 나를 가르치는 경우도 있고 때로는 아프게 해서 나를 가르치는 경우도 있다. 남이 나를 욕하고 비방하고 때려도 참으면 부처님의 지혜가 생긴다.

◉ '나만 알고 남은 모를 것이다.'라는 생각은 업보를 짓는 것이다. 모든 것을 가볍게 여기지 말라. 말이나 행동을 가볍게 생각하고 조심하지 않으면 남에게 피해를 주어서 업보가 나에게 돌아온다.

◉ 「상불경보살품」은 모든 업보를 벗을 수 있는 품이다. 아귀, 지옥에서 구제하는 품이다.

◉ 내 몸을 가볍게 여기지 말라. 내 몸을 가볍게 생각하고 무너질 때, 보살행을 하여 공덕을 지을 수 없다.

◉ 우리가 조심할 때 위음왕불威音王佛이 같이하여 모든 일을 할 수 있게 도와준다.

◉ 「상불경보살품」 기도는 무엇이든지 쉽게 생각해서 실패하는 사람에게 주어진다. 꿈에 강도를 만난 사람, 부도를 맞은 사람, 공부에 자신이 없는 사람, 취업이 안 되는 사람 등은 「상불경보살품」을 열심히 기도하고 공부하면 6근이 청정해져서 몸과 마음이 안정된다.

법화경 28품은 대우주 28수宿를 상징한다. 동은 청룡, 서는 백호, 남은 주작, 북은 현무로 4궁宮으로 나누고 다시 각 궁을 7수로 나눈다. 대우주의 변화에 따라 소우주도 변화하므로 우리는 대우주의 변화를 알아야 한다.

이 품은 '지금 시대가 이러이러하니 우리 소우주도 거기에 맞게 살아야 한다.'는 가르침이다.

◉ 2000년대는 상불경 시대인데 여자의 시대이다. 따라서 21세기에는 여자가 모든 것을 보살펴야 한다. 집 안에서도 밖에서도 여자의 역할이 크다. ⇨ 위음왕여래威音王如來

3. 본문 해석

爾時에 佛告得大勢菩薩摩訶薩하사대 汝今當知하라. 若比丘比丘尼와 優婆塞優婆夷의 持法華經者를 若有惡口로 罵詈誹謗하면 獲大罪報호되 如前所說하고 其所得功德은 如向所說하야 眼耳鼻舌身意清淨하리라. 得大勢야 乃往古昔에 過無量無邊不可思議 阿僧祇劫하야 有佛하시니 名은 威音王如來 應供 正遍知 明行足 善逝 世間解 無上士 調御丈夫 天人師 佛世尊이라. 劫名은 離衰요 國名은 大成이니라. 其威音王佛이 於彼世中에 爲天人阿修羅說法호대 爲求聲聞者하야 說應四諦法하사 度生老病死하야 究竟涅槃하고 爲求辟支佛者하야 說應十二因緣法하며 爲諸菩薩하야는 因阿耨多羅三藐三菩提하사 說應六波羅蜜法하야 究竟佛慧니라. 得大勢야 是威音王佛의 壽는 四十萬億 那由他 恒河沙劫이요 正法住世劫數는 如一閻浮提微塵이며 像法住世劫數는 如四天下微塵이니 其佛이 饒益衆生已 然後에 滅度하고 正法像法 滅盡之後에 於此

426

國土에 復有佛出하시니 亦號威音王如來 應供 正遍知 明行足 善逝 世間解 無上士 調御丈夫 天人師 佛世尊이라. 如是次第로 有二萬億佛호대 皆同一號니라. 最初威音王如來 旣已滅度하시고 正法滅後 於像法中에 增上慢比丘 有大勢力터니 爾時에 有一菩薩比丘하니 名은 常不輕고 得大勢 以何因緣으로 名常不輕고 是比丘 凡有所見의 若比丘比丘尼와 優婆塞優婆夷를 皆悉禮拜讚歎하고 而作是言호대 我는 深敬汝等하야 不敢輕慢하노니 所以者何오 汝等이 皆行菩薩道하야 當得作佛이니라. 而是比丘는 不專讀誦經典하고 但行禮拜하며 乃至遠見四衆하고 亦復故往하야 禮拜讚歎하고 而作是言호대 我不敢輕於汝等하노니 汝等이 皆當作佛이니라. 四衆之中에 有生瞋恚하난 心不淨者하야 惡口罵詈言호대 是無智比丘야 從何所來하야 自言 我不輕汝라 하고 而與我等授記호대 當得作佛이오녀 我等은 不用 如是虛妄授記라 하야 如此經歷多年에 常被罵詈호대 不生瞋恚하고 常作是言호대 汝當作佛하리라. 說是語時에 衆人이 或以杖木瓦石으로 而打擲之어든 避走遠住하야 猶高聲唱言호대 我不敢輕於汝等하노니 汝等이 皆當作佛하리라. 以其常作是語故로 增上慢 比丘比丘尼와 優婆塞優婆夷 號之爲常不輕이라 하니라.

그때에 부처님이 득대세보살 마하살에게 말씀하셨다.

"그대는 이제 마땅히 알아라. 만일 비구 비구니 우바새 우바이로서 법화경을 지니는 이를 어떤 사람이 나쁜 말로 욕설하거나 비방하면 큰 죄를 받을 것은 앞에서 말함과 같고, 그가 얻는 공덕도 전에 말한 것과 같아서 눈과 귀와 코와 혀와 몸과 뜻이 청정하리라. 득대세보살이여, 지나간 옛적 한량없고 그지없고 불가사의한 아승지겁 전에 부처님이 계시었으니 이름이 위음왕여래 응공 정변지 명행족 선서 세간해 무상사 조어장부 천인사 불세존이시고, 겁의 이름은 이쇠요, 국토의 이름은 대성이었느니라. 그 위음왕부처님이 그 세상에서 천상 인간과 아수라를 위하여 법을 말씀하시는데 성문을 구하는 이에게는 사제법을 말씀하여 나고 늙고 병들고 죽는 일을 뛰어넘어 끝끝내 열반케 하시고, 벽지불을 구하는 이에게는 십이인연법을 말씀하며, 보살들에게는 아뇩다라삼먁삼보리를 인하여 여섯 가지 바라밀다법을 말씀하여 끝끝내 부처의 지혜를 얻게 하였느니라. 득대세보살이여, 이 위음왕의 수명은 사십만억 나유타 항하사겁이요, 정법이 머무는 겁의 수효는 한 남섬부주 티끌 수와 같고 상법이 세상에 머무는 겁의 수효는 사 천하의 티끌 수와 같으니라. 그 부처님이 중생을 이익되게 하신 연후에 열반하였고 정법과 상법이 다 없어진 뒤에 이 국토에 또 부처님이 나셨으니, 역시 이름이 위음왕여래 응공 정변지 명행족 선서 세간해 무상사 조어장부 천인사 불세존이었느니라. 이렇게 치례차례로 이만억 부처님이 나셨는데 모두 이름이 같았느니라. 최초의 위음왕여래께서 열반하신 뒤 정법이 없어지고 상법 동안에 뛰어난 체하는 비구들이 큰 세력을 가지었고, 그때 한 보살비구가 있었으니 이름이 상불경이라 하였느니라. 득대세보살이여, 무슨 인연으로 이름을 상불경이라 하였느냐. 이 비구는 무릇 만나는 이가 비구거나 비구니거나 우바새거나 우바이거나 간에 보는 대로 예배하고 찬탄하면서 이렇게 말하였느니라. '내가 그대들을 매우 공경하고 감히 경멸하지 못하노니 왜냐하면 그대들이 다 보살의 도를 행하여 마땅히 성불할 것이기 때문이니라.' 이 비구가 경전을 전심하여 읽거나 외우지는 아니하고 다만 예배만을 행하는데 멀리서 사부대중을 보더라도 일부러 따라가서 예배하고 찬탄하면서 '내가 그대들을 경멸하지 못하노니 그대들이 다 마땅히 성불할 것이니라.' 하였느니라. 사부대중 가운데 성을 내거나 마음이 부정한 이가 있다가 나쁜 말로 욕설하면서 말하기를 '이 무지한 비구야, 어디서 왔기에 스스로 말하되 내가 그대들을 경멸하지 못하노라 하면서 우리에게 마땅히 성불하리라고 수기를 주느냐. 우리는 그런 허망한 수기를 받지 아니하리라.' 이렇게 여러 해를 다니면서 항상 욕설을 당하여도 성도 내지 아니하고 항상 말하기를 '그대들은 마땅히 성불하리라.' 하였느니라. 이렇게 말할 적에 여러 사람들이 작대기로 치거나 돌을 던지면 멀리 피하여 달아나면서 음성을 높여서 외치기를 '내가 그대들을 경멸하지 못하노니 그대들은 다 마땅히 성불하리라.' 하였느니라. 그가 항상 이렇게 말하므로 뛰어난 체하는 비구 비구니와 우바새 우바이들이 별명을 지어 상불경이라 하였느니라."

- 불고佛告 득대세보살마하살得大勢菩薩摩訶薩

"부처님께서 득대세보살마하살에게 말씀하셨다."

◉ 한창 모든 일이 왕성하고 잘될 때 나도 모르게 고통이 따른다. 악귀는 물질, 사랑, 애정에 따라붙는다. 17~18세가 가장 위험하다. 20세부터 40세까지 성숙기다.

◉ 인간이나 짐승이나 모두 다 세력을 얻고 살고 싶어 하는 것이 중생의 모습이다. 사바세계는 모두 세력을 가지고 싸움을 하면서 사는 모습이다.

- 득대세보살得大勢菩薩: 일명 대세지보살大勢至菩薩.

  아미타부처님의 오른쪽 협시보살로서 지혜와 광명이 모든 중생에게 비치도록 하는 보살. 아미타불의 왼쪽 협시보살은 관세음보살. 큰 힘에 도달한 보살. 큰 세력은 대지혜大智慧를 의미한다.

나부터 잘되어야 남도 도와주고 집안도 잘되지 하면서 그것을 달성하기 위해서 큰 세력을 얻어서 남보다 더 잘사는 모습으로 살아야지 하는 마음.

마음은 바르게 먹고 허리는 구부려야 힘이 나간다. 마음은 바르게 먹고 자신의 뜻을 낮출 때 힘이 나간다.

• 여금당지汝今當知

"너는 이제 마땅히 알아라."

　◉ 너는 지금 내가 말할 때 알아들어야 업보가 벗겨진다.

• 지법화경자持法華經者

"법화경을 지닌 사람."

　◉ 옛날부터 내려오면서 필요하게 쓸 수 있는 자리.

　　- 경험을 가지고 열심히 일하는 사람.

　　- 자기가 받아온 권한 범위 안에서 열심히 살려고 하는 것.

　　- 바로 살려고 하는 사람.

　　- 노력하고 사는 사람.

　　- 경 공부를 하면 금세 잊어버리지만 나는 의식하지 않아도 제8식識에 저장되어 있다가 운명할 때 저세상으로 가지고 간다.

• 약유악구若有惡口 매리비방罵詈誹謗

"만약 나쁜 말로 욕설하거나 비방하면."

　◉ 초승달이 차차 자라서 보름달이 될 때까지 기다려야 하는데 그것을 못 참고 비방하면 업보가 된다. 누구든지 차차 자라게 해서 부처님 말씀을 이해시켜야 하는데 "그 사람은 안 될 거야." 하고 비방하면 업보를 받는다.

• 획대죄보獲大罪報

"큰 죄의 업보를 받는다."

  ◉ 이 세상에 나오는 모든 존재는 각자 할 일이 있어서 나온 것인데 누구는 필요 없다, 쓸데없다고 하면 그 벌은 그 사람이 주는 게 아니라 실상實相으로부터 받는다.

  ◉ 누구와 싸워서 이기면 잠시 기분은 좋지만 그동안 쌓아 놓은 공덕은 없어진다. 상대방에게서 구린내가 나면 피하라. 만약 그 사람한테 대들면 칼을 갖고 있는 사람에게 대드는 것과 같은 것이다. 형제간에 재산 싸움을 해서 이기면 그 재산을 유지해야 하는데 누구도 그 재산을 유지하는 사람은 없다. 왜냐하면 원죄原罪가 있기 때문이다. 사邪가 끼어 있기 때문이다. 그래서 용서하고 덮어 주어야 한다.

• 여전소설如前所說

"전에 말한 바와 같다."

먼저 살아온 사람들의 모습을 보라. 그러면 내 자신을 볼 수 있다.

• 기소득공덕其所得功德 여향소설如向所說 안이비설신의眼耳鼻舌身意 청정淸淨

"그 얻는 공덕도 전에 말한 것과 같아서 눈과 귀와 코와 혀와 몸과 뜻이 청정하리라."

  ◉ 안이비설신의 6근이 청정하면 공덕을 얻는다. 얻은 공덕을 알려면 안이비설신의가 청정해야 한다.

  ◉ 눈. 코, 귀, 혀, 몸, 뜻이 청정하면,
    – 눈: 눈이 밝아서 바로 보이고, 어두운 속을 바로 볼 수 있다.
    – 귀: 귀로 듣고 이해 못하던 것이 이해되고,

- 코: 분별 못하던 것이 분별된다. 코가 청정하면 앞일을 미리 알 수 있다. 앞을 보는 것은 코를 통해서 안다. 향기를 통해서 앞일을 알 수 있다. 기도를 하거나 사경을 하고 나면 향기가 난다.
- 혀: 말을 바로 한다.
- 몸: 스스로 자기에게 노력할 때 힘이 나온다. 몸에서 힘이 나오는 것
- 뜻: 해가 사람 마음속에 환하게 비처지는 것. 마음은 햇빛과 같이 나와서 많은 사람들이 어두운 마음을 닦게 된다.

청정하다는 것은 분별하지 않고 있는 그대로 본다는 뜻.

- 기소득공덕其所得功德: 그 얻는 공덕.

내 마음에 상대방의 마음이 비춰져서 그 사람이 노란색을 좋아하는지 빨간색을 좋아하는지 알 수 있게 된다.

◉ 모든 사람의 마음을 헤아릴 수 있는 힘.

- 여향소설如向所說: 이제 말하는 바와 같이.

◉ 자기가 한 대로 응답이 온다.

• 내왕고석乃往古昔

"아주 옛날 태곳적부터 바로 어제까지."

• 유불有佛

"부처님이 계셨다."

◉ 보이지 않게 우리를 도와주는 힘. 그 힘은 존재해 있다.

• 위음왕불威音王佛

우주가 생성된 후 최초로 깨달은 부처. 우리가 원래부터 가지고 있는 불성佛性을 의미한다.

한량없는 과거의 부처. 이 부처 이전에는 부처가 없었다고 하여 지극히 오랜 옛적을 말함. 이 부처는 당당한 위풍과 장중한 음성으로 법화경을 설하고 왕의 위풍을 가졌다.

◉ 이 세상을 잘못되지 않게, 마음대로 하지 못하게 하는 힘이 위음왕이다.
- 위음왕이란 큰 음성으로 널리 세계에 두루하여 모든 법왕을 위하여 두려움 없는 법을 설한다.
- 집 안에서 여자는 힘이 없으나 무서운 존재인 것처럼 위음왕은 두려운 존재. 땅을 상징한다. 땅에서 곡식이 나지만 하늘의 힘이 없으면 열매를 맺지 못한다.
- 부처님의 가르침이 주위 사람을 크게 감화시켰다. 정법正法이 왕성하게 되었다.
- 평등을 만들어 유지하는 자리. 이 세상 자체 본연의 모습.
- 위威: 육신. 눈. 물질로 감화를 미치게 한다는 뜻. 스스로 올바르면 주위에 감화가 미친다. 노력한 사람은 위음왕이 될 수 있다.
- 음音: 소리. 부처님 말씀을 뜻한다.
◉ 말법시대에는 위음왕여래威音王如來를 만나야 한다. 위음왕이란 왕이 되면 그 자리로 인해서 갖게 되는 힘을 말한다.

어떻게 하면 위음왕여래를 만날 수 있는가?

어려운 것을 낙으로 삼고 즐겁게 맞이할 때 위음왕여래를 만날 수 있다. 어렵게 사는 것을 고생이라 생각지 않고 남을 속이거나 못살게 하지 않으면 위음왕불을 만난 것이다.

남을 속이고 꾀로 살아가는 사람은 겁화劫火에 탄다. 남에게 대우를 못 받고 천대를 받게 되는 것이 겁화에 타는 것이다. 자식, 친구, 이웃에게 미움과 멸시와 천대를 당하는 것이 겁화에 타는 것이다.

• 겁명이쇠劫名離衰

"겁(그 세월)의 이름은 이쇠이다."

- 이쇠離衰: 쇠약함을 여의다, 떠나다.

위음왕여래 시대에는 부처님의 가르침이 왕성하므로 모든 사람의
마음이 다 청정하여 번뇌에서 벗어나 모두가 편안하다.

   ◉ 쇠약함을 떠난다. 쇠함이 없어진다. 고생이 떠난다.
     - 힘든 게 떠나고 편안함을 얻는다.
     - 노력한 대가에 의해서 새로운 것을 만드는 것.
     - 자기에게 괴로움이 없어지는 것.
     - 자식이 자라서 제 갈 길을 제대로 갈 수 있어도 자식을 돌봐주고 싶다.
       100살이 되어도 마음은 20~30대.

• 국명대성國名大成

크게 이루어진다는 뜻.

   ◉ 모든 것이 다 이루어진다.
     - 큰 성공을 말한다.
     - 모든 사람의 덕을 완성하게 한다.
     - 내가 하고 싶은 것을 해 놓고 나면 나와 집안과 남이 함께 이루어지는 것.
     - 내가 한 일은 크든 작든 모두 잘됐다.
     - 전세 살다가 내 집에서 살면 행복하다.
     - 죽만 먹다가 밥을 먹으면 세상이 내 것같이 부러울 게 없다.
     - 우리는 대성 속에서 살고 있다.
     - 어렵다가도 잠시 기쁜 일이 생기면 행복감을 느낀다. 부자가 전 재산을
       없애도 잠시 적은 돈이 생기면 행복하다. 버스 타고 다니던 사람이
       중고차라도 사면 행복하다. 내 것은 보잘것없더라도 다 귀하고 사랑스
       럽다.

• 성문聲聞

부처님의 설법을 듣고 사제법四諦法의 이치를 깨달아 아라한이 되고
자 하는 불제자.

　　◉ 실지實智는 모르고 소리를 듣고 말로써 사람을 거느리는 자리.

실지에는 들어가서 보지 못하고 말을 듣고 배워서 여러 사람에게
전달해 주는 자리이다. 자기 재량대로 하는 습관을 길러야 유불有佛의
힘이 연결되어 변화하는 힘이 생겨서 발전하게 된다.

• 정법시대正法時代

부처님 입멸 후 5백 년간. 부처님의 가르침을 실행하는 사람이 많은
시대. 이 시대에는 교법敎法과 수행修行이 이루어진다.

• 상법시대像法時代

정법시대 후 1천 년간. 부처님의 가르침을 실행하기보다는 그것을
연구하거나 논의하기를 주로 하는 시대. 이 시대에는 부처님의 가르침
보다는 탑을 조성하거나 사찰을 건립하는 등 형식적인 데 매달리게
된다.

• 말법시대末法時代

상법시대 후 1만 년간. 사람들이 교법에 몰두하고 있지만 수행이
없다. 승풍僧風이 흐려지고 혼탁해진 탓이다.

☞ 정법시대, 상법시대, 말법시대란 시대적으로 구분하기보다는 내가
　정직하고 도리에 맞게 정도正道로 살면 그것이 정법시대요, 내 이익

만을 생각해서 진실되지 못하고 허세를 부리고 살면 그것이 상법시대
요, 법을 위반하면서까지 남에게 피해를 주면서 내 멋대로 살면
이것이 말법시대이다. 그러므로 우리는 하루에도 열두 번씩 정법,
상법, 말법시대에 번갈아 살고 있는 것이다.

• 사십만억四十萬億 나유타那由他
　　◉ 사농공상士農工商과 같이 살아가는 것.
생로병사가 대대로 내려가며 돌아가는 것.
한 사람이 이룩한 것은 그 사람이 없더라도 쭉 내려간다.
관세음기도를 하면 예전이나 지금이나 그 힘은 같다.
한번 세도를 잡으면 세도 잡은 사람은 죽더라도 그 세도는 다른
사람에 의하여 쭉 계승된다.
위음왕불의 힘은 성문, 벽지불, 보살의 힘으로 영원히 내려간다.

• 정법正法 주세겁수住世劫數
"정법이 세상에 머무는 세월."
　　◉ 내 노력으로 내가 사는 것을 가지고 남을 도와주는 것. 열심히 노력하면
　　모자라는 것은 신이 도와준다. 신력神力으로 움직일 때 신의 변화의
　　힘을 받아서 움직인다.

• 일염부제미진一閻浮提微塵
"한 남섬부주의 티끌 수와 같다."
불교의 세계관은 이 우주를 수미산을 중심으로 4지역으로 나누는데,
남쪽에 있는 지역이 인간이 살고 있는 사바세계인 남섬부주이다.

그러므로 정법으로 운영하는 기간은 짧다는 의미이다. 말법시대에는
부처님의 가르침대로 사는 사람은 적고 사법이 판을 친다는 뜻이다.

• 사천하미진四天下微塵

"4천하의 티끌 수."

　　◉ 수미산의 사방을 가루(미진)로 만든 수효만큼 오랫동안.
　　기복이 아니고 땅에서 나온 것을 이용하여 사는 때

• 부유불출復有佛出 역호亦號 위음왕여래威音王如來

"또다시 부처님이 출현하셨는데 이름은 역시 위음왕여래셨다."

부처님의 가르침은 영원히 계속된다. 한 부처님의 가르침이 없어질
때가 오면 또 다른 부처님이 나타나서 가르침을 펴는데 그 가르침의
근본에는 위음왕부처님의 가르침이 깔려 있다.

법화경에는 많은 부처님이 차례로 등장하고, 또 그 이름이 맨 처음
부처님과 같은데 이것은 어느 부처님이나 똑같은 마음과 똑같은
뜻과 똑같은 방법으로 중생을 교화한다는 것을 나타낸다.

즉 부처님이 깨달으신 절대 진리는 세월이 아무리 흐르고 변해도
처음이나 끝이나 변하지 않는다는 뜻이다.

• 증상만비구增上慢比丘 유대세력有大勢力

"증상만 비구가 큰 세력을 가졌다."

증상만增上慢은 아직 최상의 교법과 깨달음을 얻지 못하고서 이미
얻은 것처럼 교만하게 우쭐대면서 남을 업신여기는 마음을 말한다.

법이 오래가면 실행하는 사람이 적고, 증상만이 되어 얻지 못하고도

얻었다 하고 방자하고 교만한 사람이 세력을 얻는다.

평소에 정법대로 사는 사람이라도 세력을 얻게 되면 증상만이 되기 쉽다. 그런데 내가 증상만이 되어 있는 것을 나는 모른다.

이럴 경우에 「상불경보살품」을 읽으면 아만我慢 증상만에서 벗어나게 된다.

• 명상불경名常不輕

"이름이 상불경이다."

석가모니불의 과거 수행할 때 이름. 모든 것을 가볍게 여기지 않는다는 뜻이며, 일체 행위가 본래 불성에 귀의함을 의미한다.

사람은 일이 끝난 다음 평가를 받는다. 죽은 다음 잘잘못을 가린다.

　◉ 왜 상불경해야 하는가?

　모든 것을 가볍게 여기지 않아야 그 속에 들어갈 수 있는 힘이 나오기 때문이다.

• 범유소견凡有所見

"무릇 만나는 이."

모든 것을 제 뜻(생각)대로 본다. 남의 생각은 개의치 않고 제 생각대로 본다.

• 불감경만不敢輕慢

"감히 가볍게 여기지 않는다."

　◉ 내 몸 하나라도 가볍게 여기지 않는다. 나에게서 무슨 생각이 나오면 그것은 필요에 의해서 나온 것이다. 그러니 무엇이든지 가볍게 여기지 않는다.

438

- 당득작불當得作佛

"마땅히 부처를 이룬다."

모든 사람에게 이익이 되게 한다.

- "이 비구가 경전을 전심하여 읽거나 외우지는 아니하고 다만 예배만을 행하는데…."

  ◉ 상불경보살의 말은 사람들 귀에 들어가지 않았으나 행동은 옳았다. 행동이 옳으면 성불할 수 있다. 말로써는 상대방을 설득시킬 수 없을지라도 최선의 노력을 다했을 때 성불할 수 있다.

- 무지비구無智比丘

"지혜가 없는 비구."

  ◉ 말로 해서 상대방에게 줄 수 없는 것.

"이 무지한 비구야, 어디서 왔기에 스스로 말하되 내가 그대들을 경멸하지 못하노라 하면서 우리에게 마땅히 성불하리라고 수기를 주느냐? 우리는 그런 허망한 수기를 받지 아니하리라."

  ◉ 네 말이 내 귀에 들어오지 않는다. 네 말을 알아들을 수가 없다. 내 수준에 맞게 해야지 네 주장만 해서 난 알아들을 수가 없다. 내가 알아들을 수 있게 해야지 무조건 '성불한다'고 하면 되겠느냐?라는 뜻.

✿

是比丘 臨欲終時 於虛空中에 具聞威音王佛의 先所說인 法華經의 二十千萬億偈하야 悉能受持하고 卽得如上 眼根淸淨과 耳鼻舌身意根淸淨하며 得是六根淸淨已하야는 更增壽命호대 二百萬億 那由他歲를 廣爲

人說 是法華經하니라. 於時에 增上慢 四衆인 比丘比丘尼와 優婆塞 優婆夷 輕賤是人하야 爲作不輕名者 見其得 大神通力과 樂說辯力과 大善寂力하며 聞其所說코는 皆信伏隨從하며 是菩薩은 復化千萬億衆하사 令住 阿耨多羅三藐三菩提하니라. 命終之後에 得値二千億佛하니 皆號日月燈明이라 於其法中에 說是法華經하고 以是因緣으로 復値二千億佛하니 同號雲自在燈王이라. 於此諸佛法中에 受持讀誦하고 爲諸四衆하야 說此經典故로 得是常眼淸淨하고 耳鼻舌身意 諸根이 淸淨하며 於四衆中에 說法하야 心無所畏하니라. 得大勢야 是常不輕菩薩摩訶薩이 供養如是 若干諸佛하사 恭敬尊重讚歎하야 種諸善根하고 於後에 復値千萬億佛하사 亦於諸佛法中에 說是經典하고 功德成就하야 當得作佛하니라. 得大勢야 於意云何오 爾時에 常不輕菩薩이 豈異人乎아 則我身是라. 若我於宿世에 不受持讀誦此經하야 爲他人說者면 不能疾得 阿耨多羅三藐三菩提어니와 我於先佛所에 受持讀誦此經하야 爲人說故로 疾得 阿耨多羅三藐三菩提호라. 得大勢야 彼時四衆인 比丘比丘尼와 優婆塞 優婆夷는 以瞋恚意 輕賤我故로 二百億劫에 常不値佛하고 不聞法 不見僧하며 千劫을 於阿鼻地獄에 受大苦惱하고 畢是罪已하야는 復遇常不輕菩薩의 敎化阿耨多羅三藐三菩提니라. 得大勢야 於汝意云何오 爾時四衆에 常輕是菩薩者 豈異人乎아 今此會中에 跋陀婆羅等 五百菩薩과 師子月等 五百比丘尼와 思佛等 五百優婆塞로 皆於阿耨多羅三藐三菩提에 不退轉者是니라. 得大勢야 當知하라 是法華經은 大饒益諸菩薩摩訶薩하야 能令至於阿耨多羅三藐三菩提하나니 是故로 諸菩薩摩訶薩이 於如來滅後에 常應受持讀誦하고 解說書寫是經이니라.

"이 비구가 운명하려 할 적에 허공중에서 위음왕불이 먼저 말씀하신 법화경 이십천만억 게송을 모두 듣고 다 받아 지니며 위와 같이 눈이 청정하고 귀와 혀와 몸과 뜻이 청정하여졌으며, 여섯 근이 청정하여진 뒤에 다시 수명이 증장하여 이백만억 나유타 해를 지나도록 여러 사람들에게 이 법화경을 널리 선전하였느니라. 이때에 뛰어난 체하던 비구 비구니 우바새 우바이들로서 이 사람을 천대하여 상불경이라는 이름을 짓던 이들이 그가 큰 신통의 힘과 말하기 좋아하는 변재의 힘과 매우 착하고 고요한 힘을 얻는 것을 보며 그 말하는 것을 듣고는 모두 믿고 복종하였으며, 이 보살은 다시 천만억 무리를 교화하여 아뇩다라삼먁삼보리에 머물게 하였느니라. 명을 마친 후에는 이천억 부처님을 만났으니 다 이름이 일월등명이시라. 그 불법 가운데서 이 법화경을 말씀하였고 그 인연으로 다시 이천억 부처님을 만났으니 다 같이 이름이 운자재등왕이시라. 이 여러 부처님 법 가운데서 이 경전을 받아 지니고 읽고 외우고 사부대중을 위하여 이 경전을 해설하였으므로 이 예사 눈이 청정하고 귀 코 혀 몸 뜻이 청정하게 되어 사부대중 가운데서 법을 연설하는 데 두려운 마음이 없었느니라. 득대세보살이여, 이 상불경보살마하살이 이러한 여러 부처님께 공양하고 공경하고 존중하고 찬탄하여 모든 선근을 심었으며, 그 뒤에 또 천만억 부처님을 만났고 또 그 부처님 법 가운데서 이 경전을 말하며 공덕이 이루어져 마땅히 성불하게 되었느니라. 득대세보살이여, 어떻게 생각하느냐. 그때의 상불경보살이 어찌 다른 사람이랴. 내 몸이었으니, 내가 과거에 이 경전을 받아 지니고 읽고 외우고 다른 사람을 위하여 말하지 아니하였다면 아뇩다라삼먁삼보리를 빨리 얻지 못하였으련마는 내가 먼저 부처님 계신 데서 이 경을 받아 지니고 읽고 외우고 다른 이에게 말하였으므로 아뇩다라삼먁삼보리를 빨리 얻었느니라. 득대세여, 그때의 사부대중인 비구 비구니 우바새 우바이들은 성내는 마음으로 나를 천시하였으므로 이백억 겁 동안 부처님을 만나 뵙지 못하고 법도 듣지 못하고 스님네를 보지 못하였으며, 일천 겁 동안을 아비지옥에서 큰 고통을 받았고, 그 죄보가 끝나고는 다시 상불경보살을 만나서 아뇩다라삼먁삼보리의 교화를 받았느니라. 득대세여, 어떻게 생각하느냐. 그때의 사부대중으로서 이 보살을 경멸하던 이가 어찌 다른 사람이랴. 지금 이 회중에 있는 발타바라 등 오백 보살과 사자월 등 오백 비구니와 사불 등 오백 우바새들이니 모두 아뇩다라삼먁삼보리에서 물러가지 않는 이들이니라. 득대세보살이여, 이 법화경은 모든 보살마하살을 크게 이익되게 하여 아뇩다라삼먁삼보리에 이르게 하느니라. 그러므로 보살마하살들은 여래가 열반한 뒤에 이 법화경을 항상 받아 지니고 읽고 외우고 해설하고 써야 하느니라."

"이 비구가 임종하려 할 적에 허공중에서 위음왕불이 먼저 말씀하신 법화경 이십천만억 게송을 모두 듣고 다 받아 지니며 위와 같이 눈이 청정하고 귀와 코와 혀와 몸과 뜻이 청정하여졌으며, 여섯 근이 청정해진 뒤에 다시 수명이 증장하여 이백만억 나유타 해를 지나도록 여러 사람들에게 이 법화경을 널리 선전하였느니라."

◉ 죽을 때 받아들여진다. 목숨이 다할 때 법화경이 받아들여진다. 무슨 일을 해서 자꾸 실패하다가도 열심히 노력하면 마지막 순간에 이뤄진다.

• 임욕종시臨欲終時
"운명하려 할 적에."
수명이 끝날 때 받아들여진다.

442

- 이백만억二百萬億 나유타세那由他世 광위인설廣爲人說 시법화경是法華經

"이백만억 나유타 해를 지나도록 여러 사람들에게 이 법화경을 널리 선전하였느니라."

　　◉ 너와 내 마음이 합해져서 천만년 오랫동안 내려간다.

부처님을 찾아오는 사람은 처음에는 아무것도 모르고 다만 정성만을 가지고 부처님을 찾는데 사람들이 '저 사람은 미쳤어. 뭘 바라고 매일매일 절에 오나?' 하고 비방한다.

그러나 자꾸 부처님에게 들어가면 위음왕불이 먼저 말씀하신 법화경 이십천만억 게송을 다 받아 지닐 수 있게 된다〔구문위음왕불具聞威音王佛 선소설先所說 법화경法華經 이십천만억게二十千萬億偈 실능수지悉能受持〕.

이런 것은 자기가 겪어 봐야지 배워서는 알 도리가 없다.

매일매일 법화경을 읽고 기도해도 아무것도 변화가 없지만 그 정성은 위음왕불께 받아들여진다.

- 어허공중於虛空中 구문위음왕불具聞威音王佛 선소설先所說 법화경法華經

"허공중에서 위음왕불이 먼저 말씀하신 법화경."

　　◉ 평소 법法의 성품이 공空함을 관하는 것은 행하기 어려운 것이므로 임종 때에 부처님이 설하신 법을 허공 가운데서 듣는다.

- 이십천만억게二十千萬億揭 실능수지悉能受持

"이십천만억 게송을 모두 듣고 받아 지닌다."

　　◉ 처음에는 보고 다음에는 세상소리가 들리고, 도道의 힘으로 경經의 많은 어려운 문구를 다 받아 지닌다.

• 이백만억二百萬億 나유타세那由他歲

"이백만억 나유타 세월."

선과 악, 양과 음 등의 상대적인 것을 떠났다. 초월했다.

그치지 않고 영구히 서로 마음이 합해지는 것.

• 대신통력大神通力

"큰 신통의 힘."

미혹을 제거하는 힘을 말한다.

의업意業이 청정하여 대신통력을 얻음.

눈에는 보이지 않지만 마음에 변화를 일으킨다.

• 요설변력樂說辯力

"말하기 좋아하는 변재의 힘."

   ◉ 어떤 경우라도 기쁜 마음으로 설할 수 있는 힘.

모든 사람을 설득할 수 있는 힘을 말한다.

말 한마디에 풀리는 것.

요설변력이 들어갈 때 악귀가 빨리 빠져나간다

신업身業이 청정하여 요설변력을 얻는다.

• 대선적력大善寂力

"매우 착하고 고요한 힘."

적寂이란 움직이지 않는 것, 어떤 변화나 위협에도 동요되지 않는

것을 말한다. 자기가 믿는 것을 관철해 나가는 것이 선적善寂이다.

구업口業이 청정하여 대선적력을 얻음.

- 명종지후命終之後

"수명을 다 마친 후."

   ◉ 명命이 다한 다음. 누구나 한때 운이 있다. 봄이 되면 꽃이 피고 나비가
      날아든다.

무당이 운이 있을 때는 비는 대로 다 이루어지지만, 운이 가면 이루어
지지 않고 말로만 한다.

사는 동안 이 세상에다 저축을 많이 하면 떠날 때 집착 때문에 못
떠난다. 재산이나 자식에 대한 집착 때문에 쉽게 떠나지 못한다.
그러나 부처님의 창고에 저축해 놓으면 떠날 때 즐겁다. 이때 저축이
란 불성佛性, 자성自性을 찾는 것. 진리를 추구하는 것이다.

- 득치이천억불得值二千億佛

"이천억 부처님을 만났다."

죽은 다음 죽은 자가 한 말이나 뜻이 후세에 전해진다. 운이 다
가도 자기가 한 일은 그대로 유지되면서 다른 사람에게 힘을 준다.
운이 다해도 상불경이 되면 득치, 즉 다시 기운을 얻는다. 스승이
법력이 다하면 제자들이 권지를 얻거나 실지를 얻어서 그 자리를
메꾼다.

   ◉ 명종지후命終之後에 득치이천억불得值二千億佛

      운運이 다해서 끝날 때 상불경하면, 모든 것을 가볍게 여기지 않으면
      다시 힘을 얻는다. 득치가 된다. 스승은 갔지만 여러 가지 능력을 가진
      제자들이 나와서 그 뒤를 잇는다.

      내가 죽고 나서 내가 한 말을 가지고 많은 사람에게 전하면 그 사람도
      똑같이 일월등명 속에서 살게 되는 것이나 마찬가지다. 석가모니가 성불
      한 공덕으로 우리가 고통 속에서 해방되고, 부모님이 열심히 사신 공덕

으로 우리가 잘 살고 있다.

◉ 득치이천억불하니까 상법시대 세월이 정법시대처럼 된다. 상법시대 대중이 정법시대처럼 움직인다.

• 부치이천억불復値二千億佛

"또다시 이천억 부처님을 만난다."

◉ 권지 실지가 같이 움직인다. 상법시대에 상불경보살이 나와서 만나는 사람에게 모두 성불한다고 하다가 운명하니까 득치 이천억불하니 사람들이 상법시대나 정법시대나 똑같이 움직인다.

◉ 정법시대가 지나고 상법시대에 증상만이 대세이던 시대에 상불경보살이 나와서 사람들을 교화하다가 명이 다하니까 이천억 불을 만나게 된다. 세상 사람을 하나하나 구한다는 뜻. 법화경을 설한 공덕으로 6근이 청정해져서 세상을 구원할 수 있는 힘이 생긴다. 집안 식구 구하는 것은 문제 아니다.

• 어기법중於其法中

"그 불법 가운데에."

◉ 그렇게 사는 속에서. 일월등명 시대로 사는 중에. 정법시대로 사는 중에.

◉ 석가모니가 설한 법은 실상을 얘기한 것이므로 석가모니가 가도 그 법은 그대로 유지된다.

부처님이 하던 그대로 하니까(於其法中) 그 인연으로 또 이천억 불을 만난다. 또 그 힘이 생긴다. 정법시대에 있던 힘이 또 생긴다.

◉ 옛날 정법시대 모습으로 똑같이 하니까 정법시대에 있던 그 힘이 또 생긴다. 즉 권지 실지가 생겼는데 이번에는 일월등명이 아니라 운자재왕이다.

정법시대와 일월등명불 시대에는 스스로 이뤄졌는데, 상법시대에는 원하고 노력해야 이루어진다. 무엇이든지 원하고 열심히 해야 이루어진다. 원하지 않으면 이루어지지 않는다.

• 운자재등왕雲自在燈王
  조상의 은덕. 여러 사람을 살리는 것
  부처님의 덕이 뛰어나다
  만인을 움직이는 힘. 생명의 종자.
  − 청정하다: 미혹에서 벗어나다. 차별하지 않는다.
  마음이 흔들리지 않는다. 마魔가 들어와도 흔들리지 않는다.
  헛맹세, 시기, 원망하는 것은 마魔가 들어온 것이다.

• 설시법화경說是法華經
  "이 법화경을 말씀하셨다."
  ◉ 예전 모습대로 그대로 지킨다. 어떤 사람이 자동차를 만들면 후배가 그대로 자동차를 만든다. 금형에서 물건을 만들듯 옛날 사람이 만들었던 것을 후배도 그대로 만든다.

• 심무소외心無所畏
  "마음에 두려움이 없다."
  ◉ 내가 남에게 얘기할 때, 나의 잘못이 없을 때, 두려움이 없을 때 업보가 벗겨진다. 내가 남에게 잘못이 없고 양심껏 살 때 업보가 없는 것이고, 일하거나 남 앞에 설 때 두려움이 있을 때 업보가 있는 것이다.

"득대세보살이여, 이 상불경보살마하살이 이러한 여러 부처님께 공양하고 공경하고 존중하고 찬탄하여 모든 선근을 심었으며, 그 뒤에 또 천만억 부처님을 만났고 또 그 부처님 법 가운데서 이 경전을 말하며 공덕이 이루어져 마땅히 성불하게 되었느니라."

법화경을 설하니 위음왕은 심무소외를 얻고, 일월등명불은 서로 이어 다함이 없고, 운자재는 윤택함을 덮음이 다함이 없다.

곧 위음왕, 일월등명, 운자재왕은 부처님 처소에서 봉사하고 대중에게 선근을 심고 법화경을 널리 전파하여 육근이 청정해지고 후에 마땅히 성불하였다.

상불경보살은 석가모니의 전신前身이다.

◉ 석가모니의 전생이 상불경보살이라는 말은 모든 것을 가볍게 여기지 않아서 세상의 이치를 깨닫게 되고 후에 성불하게 되었다는 의미이다.

◉ 육신으로 먼저 태어난 자리가 아니라 영은 살아있어서 예전이나 지금이나 똑같다. 실상은 똑같다. 마음은 예전이나 지금이나 똑같다. 예전 분이 한 것이나 지금 한 것이나 같다. 다만 육신만 왔다 갔다 할 뿐이다.

상불경보살은 무엇을 가볍게 여기지 않았는가?

이 세상에 존재하는 것은 모두 보살이다. 이 세상에 있는 모든 것은 서로 돕고 도움을 받게 되어 있다. 그러니 어떤 하찮은 미물이라도 가볍게 여겨서는 안 된다.

• 경천아고輕賤我故

"나를 천시했으므로."

- 모든 것을 업신여기는 마음이 가득 차서.
- 스스로가 때에 맞춰 제대로 생각은 하지 않고 남을 원망하기 때문에 나를 천시하게 된다.
- 자기가 자기를 학대했다.
- 품삯을 줘서 일을 시켰다고 고마워하지 않았다.
- 부부간에 서로 이기려고 하는 마음이 자기를 학대하는 것이다.

• 이백억겁二百億劫 상불치불常不値佛
"이백억 겁 동안 부처님을 만나지 못하다."
이생에도 시기, 원망 때문에 부처님을 만나지 못하고 정신없이 살고 전생에도 같다.

• 어아비지옥於阿鼻地獄
"아비지옥에서."

◉ 사는 것이 답답해서 숨이 막힌다. 아비지옥은 한 달 또는 일 년 동안 떨어져서 답답하고 숨이 막혀서 살지 못할 정도로 힘이 든다. 부도가 나서 쫓겨 다니는 것이나 남에게 얘기를 해도 알아듣지 못하면 답답해진다.
권지와 실지가 어우러져야 살 수 있는데 그런 게 없다.

• 부우상불경보살復遇常不輕菩薩
"다시 상불경보살을 만나다."

◉ 아비지옥에서 고통받다가 살아가는 길이 보인다. 상불경보살의 교화를 받으면 말년에 잘살게 된다.

- 발타바라跋陀婆羅

  발타바라는 현겁賢劫 천불千佛의 하나. 부처님이 법화경을 설법할 때에 설법을 들은 보살.

  선善을 보호한다는 뜻.

  ◉ 남의 잘못만 들춰서 밝히는 자를 가장 조심할 것.

- 사자월師子月

  참회하면 업장을 벗겨 주는 12존불 중의 하나.

  의로움을 기약한 사람. 사자와 같은 위엄이 있다.

  ◉ 모든 사람에게 나타내지 않고 해 주는 것 순리대로 묻어 두는 것.

- 니사불尼思弗

  ◉ 니사불尼思弗: 남을 밟고 사는 사람.

  ◉ 발타바라보살, 사자월, 니사불 등은 인간을 괴롭혀서 성숙하게 한다. 이들은 상불경의 교화를 받고 마음이 바뀌져서 아뇩다라삼먁삼보리를 얻는다. 경經을 만난 인연으로 니사불 등 비구 비구니 우바새 우바이 등이 무생법인을 얻는다. ⇨ 역연逆緣으로 말씀하심.

  인연에는 순연과 역연이 있으나 순연도 역연도 중요함.

  ◉ 상대를 마구 밟아 버리는. 남의 말을 묵살해 버리는 자. 남 잘되는 것을 보기 싫어함. 모든 사람을 내 아래로 본다.

  ◉ 인연법

  꽃은 그냥 꽃으로 이 세상에 나왔다. 나비는 제 스스로 났지만 꽃이 피면 나비가 찾아온다. 꽃과 나비가 인연이다. 인연이 되면 열매가 생긴다. 나비는 꽃에 열매를 맺게 해 주려고 의도적으로 꽃을 찾아간 것이 아니다. 나비는 제 할 일을 열심히 했을 뿐인데 꽃이 열매를 맺게 된 것이다.

부부가 마음을 합하면 열매를 맺게 된다. 그래서 재산도 늘고 자식은 제 할 일을 스스로 하게 된다. 내가 열심히 기도(꽃)하면 실상實相(나비)이 내게 다가온다. 그래서 나는 실상 속에 간직되어 있는 필요한 것을 꺼내 쓰게 된다.

◉ 환자가 곧 죽을 경우에라도 "당신은 언제 죽을 거야."라고 하지 말아야 한다. 그 소리를 듣는 순간 생에 대한 애착이 생겨서 죽은 뒤에 화신이 안 된다. 내일 죽더라도 "기도하면 더 살 수 있어."라고 해야 한다. 부처님 법에도 산다는 것은 자기 본성, 자성대로 산다는 것이다. 자기 본성대로 살면 마장이 끼지 않는다.

여래신력품如來神力品 제21

1. 대의

이 「여래신력품」에서는 땅속에서 올라온 보살(지용보살地涌菩薩)들이
부처님 열반하신 후 법화경을 널리 펼 것을 약속한다. 그러자 부처님께
서는 문수사리보살과 예전부터 사바세계에 있던 많은 보살과 사부대중
과 불법을 보호하는 8부 신중들에게 부처님의 신통력을 보여 주고
법화경의 무한한 공덕에 대하여 말씀하신다. 석가모니부처님을 비롯한
모든 분신 부처님들이 불가사의한 신력神力을 나타내시며 모든 설법에
서 말씀하시는 '진리는 오직 하나다.'라는 것을 대중에게 보여 주신다.
장차 이 사바세계를 비롯한 시방세계가 모두 불법으로 통합된다고
하신다.

　여기서 우리가 명심해야 하는 것은 「종지용출품 제15」에선 타방국토
에서 온 보살들이 부처님 열반하신 후 자기들이 법화경을 널리 펼
것을 말씀드리니까 그럴 필요가 없다고 거절하셨는데, 이 품에서는
부처님이 쾌히 승낙하시면서 여래의 가지신 법과 여래의 온갖 자재하신
신통의 힘과 여래의 온갖 비밀 법장과 여래의 매우 깊은 온갖 일이
모두 이 경에 있다고 말씀하신다.

이 말씀에는 무슨 뜻이 담겨 있느냐 하면, 불법을 닦아 아뇩다라삼먁 삼보리를 얻으려고 하는 사람은 나 자신 외의 힘으로는 얻을 수 없고 법화경을 수지 독송 해설 서사하여 내 속에 있는 불성을 스스로 찾아야 한다는 의미를 갖고 있다.

부처님은 땅속에서 올라온 지용보살에게 부처님이 열반하신 후 이 경經을 일심으로 수지 독송하고 해설 서사하며 여설수행如說修行해야 한다고 말씀하신다.

◉ 신통력은 일월등명불이 석가모니불을 사바세계에 보내서 「상불경보살 품」을 설하게 하여 중생들 마음 하나하나에 심어 놓았다. 그래서 환희심 이 나고, 일월등명불은 석가모니에게 힘을 줘서 신통력을 준다. 마치 사업가 아버지가 아들에게 돈을 줘서 내보냈는데 아들이 장사를 잘해서 돈을 더 벌면 그 아버지는 아들에게 보너스로 사업체를 맡기게 되는 것과 같다.

2. 이 품의 가르침

◉ 옛날이나 지금이나 자기가 하는 일을 열심히 하다 보면 차츰차츰 익숙해 지고 일솜씨도 늘어서 모든 사람들에게 도움을 주는 세상 이치를 설명하 고 있다.

◉ 여래신력이란 부처님을 믿으면 신력이 생겨서 뭐든지 다 이루어지는 것이 아니라 자기가 열심히 노력하다 보면 자기도 모르는 사이에 신력이 생겨나서 일을 성공적으로 마치게 되는 것을 말한다. 농사를 하든 사업 을 하든 공부를 하든 공업을 하든 처음에는 잘 안 됐으나 자꾸 노력하다 보면 나중에는 신력이 움직여서 일이 잘 이루어지고 여러 사람에게 도움 을 주게 되는 것을 말한다.

● 보시나 헌금을 많이 하고 기도도 많이 하고 경을 많이 읽으면 부처님이나 하나님이 도와주셔서 일이 잘 풀린다고 하는 것은 기복祈福신앙이다. 기복에 빠지면 진리와는 멀어지게 되고 열매를 얻을 수 없다.

경經 공부 잘하고 기도 잘하라고 차비를 주는 남편이나 자식이 있으면 업고 다녀야 한다.

만약 내외가 합심으로 기도하고 경經을 공부하면 그 집안에는 마魔가 침범하지 못한다.

설사 업보를 받아야 할 경우라도 마지막 자리는 피하게 해 준다.

3. 본문 해설

爾時에 千世界微塵等 菩薩摩訶薩의 從地涌出者 皆於佛前에 一心合掌하고 瞻仰尊顔하사 而白佛言하대 世尊하 我等이 於佛滅後 世尊分身의 所在國土 滅度之處에 當廣說此經호리니 所以者何오 我等이 亦自欲得 是眞淨大法하야 受持讀誦 解說書寫하야 而供養之니다. 爾時에 世尊이 於文殊師利等 無量百千萬億 舊住娑婆世界의 菩薩摩訶薩과 及諸比丘比丘尼와 優婆塞 優婆夷와 天龍夜叉와 乾闥婆 阿修羅와 迦樓羅 緊那羅와 摩睺羅伽 人非人等 一切衆前에 現大神力하며 出廣長舌하사 上至梵世하며 一切毛孔에 放於無量無數色光하사 皆悉遍照 十方世界하며 衆寶樹下 師子座上에 諸佛도 亦復如是하사 出廣長舌하야 放無量光하며 釋迦牟尼佛과 及寶樹下諸佛이 現神力時를 滿百千歲 然後에 還攝舌相하며 一時謦欬하사 俱共彈指하시니 是二音聲이 遍至十方 諸佛世界하야 地皆六種震動이러라. 其中衆生에 天龍夜叉와 乾闥婆 阿修羅와 迦樓羅 緊那羅와 摩睺羅伽 人非人等이 以佛神力故로 皆見此 娑婆世界에 無量無邊인 百千萬億의 衆寶樹下 師子座上諸佛하며 及見釋迦牟尼佛

이 共多寶如來로 在寶塔中하사 坐師子座하며 又見無量無邊인 百千萬億의 菩薩摩訶薩과 及諸四衆이 恭敬圍繞 釋迦牟尼佛하며 旣見是已에 皆大歡喜하야 得未曾有러라. 卽時諸天이 於虛空中에 高聲唱言호대 過此無量無邊인 百千萬億 阿僧祇世界하야 有國하니 名娑婆로 是中에 有佛하니 名은 釋迦牟尼라. 今爲諸菩薩摩訶薩하사 說大乘經하시니 名妙法蓮華라. 敎菩薩法이며 佛所護念이시니 汝等은 當深心隨喜하고 亦當禮拜供養 釋迦牟尼佛이시라. 彼諸衆生이 聞虛空中聲已에 合掌向娑婆世界하사 作如是言하사대 南無釋迦牟尼佛 南無釋迦牟尼佛하고 以種種華香과 瓔珞幡蓋와 及諸嚴身之具인 珍寶妙物로 皆共遙散 娑婆世界하시니 所散諸物이 從十方來호대 譬如雲集이라. 變成寶帳하야 遍覆此間 諸佛之上하니 于時十方世界 通達無礙하야 如一佛土러라. 爾時에 佛告上行等 菩薩大衆하사대 諸佛神力이 如是無量無邊 不可思議라. 若我以是神力으로 於無量無邊 百千萬億 阿僧祇劫에 爲囑累故로 說此經功德이라도 猶不能盡이니 以要言之컨대 如來一切 所有之法과 如來一切 自在神力과 如來一切 秘要之藏과 如來一切 甚深之事를 皆於此經에 宣示顯說이니라.

그때에 땅속에서 솟아올라 온 1천세계의 티끌 수 보살마하살들이 부처님 앞에서 일심으로 합장하고 존안을 우러르며 부처님께 사뢰었다.

"세존이시여, 저희가 부처님 열반하신 뒤에 세존의 분신이 계시는 국토와 열반하신 곳에서 이 경을 널리 해설하겠나이다. 그 까닭을 말씀하오면, 저희도 이 진실하고 깨끗한 법을 얻어서 받아 지니고 읽고 외우고 해설하며 써서 공양하려 함이나이다."

이때 세존이 문수사리보살 등과 예전부터 시방세계에 있던 한량없는 백천만억 보살마하살과 모든 비구 비구니 우바새 우바이 하늘 용 야차 건달바 아수라 가루라 긴나라 마후라가와 사람과 사람 아닌 여러 대중 앞에서 큰 신통의 힘을 나투시며 넓고 긴 혀를 내밀어 위로 범천에 이르고 모든 털구멍으로는 한량없고 수없는 빛깔의 광명을 놓아 시방세계에 두루 비추시었다. 여러 보배나무 아래 있는 사자좌 위에 앉으셨던 부처님들도 다 그와 같이 넓고 긴 혀를 내밀고 한량없는 광명을 놓았다. 석가모니 부처님과 보배나무 아래 계신 부처님들이 신통의 힘을 나투신 지 백천 년 만에 혀를 도로 거두시고 한꺼번에 기침하시고 손가락을 튕기시니 두 음성이 시방의 여러 부처님 세계에 두루 퍼지고 그 땅이 여섯 가지로 진동하였다. 그 가운데 있는 중생으로서 하늘 용 야차 건달바 아수라 가루라 긴나라 마후라가 사람과 사람 아닌 이들이 부처님의 신통한 힘을 말미암아 이 사바세계의 한량없고 그지없는 백천만억 보배나무 아래 있는 사자좌에 앉으신 여러 부처님을 보며, 또 석가모니불과 다보여래께서 보배 탑 안의 사자좌에 앉으심을 보고, 또 한량없고 그지없는 백천만억 보살마하살들과 사부대중이 석가모니불을 공경하여 둘러 모시고 있음을 보았다. 이런 것을 보고는 모두 환희하여 미증유함을 얻었더니, 그때에 여러 하늘들이 허공중에서 소리를 높여 외치었다.

"이 한량없고 그지없는 백천만억 아승지 세계를 지나가서 국토가 있으니 이름이 사바세계요, 그 가운데 부처님이 계시니 이름이 석가모니시라. 지금 보살마하살들을 위하여 대승경을 연설하시니 이름이 묘법연화경이라. 보살을 가르치는 법이며 부처님이 호념하시는 것이니, 그대들이 깊은 마음으로 예배할 것이며 석가모니불께 예배하고 공경하라."

저 중생들이 허공중에서 나는 소리를 듣고는 합장하고 사바세계를 향하여 이렇게 말하였다.

"나무석가모니불, 나무석가모니불."

그리고 가지가지 꽃과 향과 영락과 번기와 일산과 또 몸을 단장하는 기구와 보배와 묘한 물건들을 가지고 모두 멀리서 사바세계에 던지었다. 그 던진 물건들이 시방에서 오는 것이 마치 구름이 모이듯이 하며 변하여 보배휘장이 되어 여기 계시는 여러 부처님들의 위에 두루 덮으니, 이때 시방세계가 훤히 트이고 막힘이 없어 마치 한 세계와 같았다. 이때에 부처님이 상행보살 등 대중에게 말씀하셨다.

"여러 부처님의 신통한 힘이 이렇게 한량이 없고 가없어 생각하거나 의논할 수 없으니 내가 이런 신통의 힘으로써 한량없고 그지없는 백천만 억 아승지겁 동안에 뒤의 사람에게 유촉하기 위하여 이 경의 공덕을 말하더라도 오히려 다할 수 없느니라. 요령을 들어 말하건대 여래의 가지신 법과 여래의 온갖 자재하신 신통의 힘과 여래의 온갖 비밀한 법장과 여래의 매우 깊은 온갖 일을 모두 이 경에서 펴 보이며 드러나게 말씀하였느니라."

• 종지용출從地湧出

"땅에서 솟아오르다."

땅이란 마음을 말하는 것으로 종지용출이란 '마음의 땅' 즉 심지心地를 말한다. 마음 깊은 곳에서 스스로 올라왔으니 자력自力으로 이루는 것을 말한다.

부처님은 여러 품에서 법화경을 수지 독송 해설 서사하면 6근이 청정해져서 아뇩다라삼먁삼보리를 얻는다고 강조하신다. 6근이 청정하다는 의미는 번뇌 속에서 헤매고 있는 세간에서 세속의 번뇌를 초월한 깨달음의 경지인 출세간으로 나가는 것을 의미한다.

◉ 땅속에서 솟아올라 왔다는 말은 아무것도 몰라 힘들고 어려워도 자기도 모르게 스스로 살 수 있는 지혜가 솟아오르는 것이다. 죽을 수밖에 없는 경우를 당할 때 자기도 모르게 자기 모습이 나와서 살 수 있는 방법이 나온다. 어려움을 당할 때 열심히 경 공부하고 기도를 하면 종지용출이 되어 살아갈 길이 생긴다.

• **천세계미진등千世界微塵等 보살마하살菩薩摩訶薩**

천세계의 티끌 수 보살마하살들.

천세계는 소천, 중천, 대천의 일천 개의 세계이며, 여기서 천千은 '가득 차다'라는 뜻으로, 한 사람 한 사람의 마음이 가득 찼다는 의미이다.

부처님이 "나의 전생은 상불경보살이었다."고 하시는 말씀을 듣고 모두 감동되어서 마음에 환희심이 가득 찼다.

◉ 부처님 말씀을 듣고 감동이 되어 마음속에 환희심이 가득 찼다. 그때 그 사람들은 실상 세계와 연결된다. 즉 부처님이나 스승의 말을 듣고 믿고 환희심이 마음 가득 차면 그때 실상 세계로 연결된다.

석가모니부처님은 일월등명불의 명을 받고 이 세상(사바세계)에 나왔다. 그리고 사람들에게 자기의 전신은 상불경보살이었다고 말씀하셨다. 그 말씀을 들은 많은 사람들의 마음은 환희심이 가득 찼다.

환희심이 가득 찬 마음은 실상 세계로 연결된다. 바로 그때 신통력이 생긴다.

신통력이란 변화하는 힘을 말한다. 석가모니의 힘은 자신이 갖고 있는 것이 아니라 실상 세계와 연결되는 데서 생기는 것이다. 석가모니의 힘도 일월등명불에게서 받은 것이다.

「여래신력품」은 석가모니부처님의 힘은 어디서 나온 것이고 깨달은 사람의 힘은 어디서 나오는 것인가를 가르쳐 준다.

• 세존분신처世尊分身處

"세존의 분신이 계시는 곳."

남을 도와줄 수 있는 힘이 자란 자리. 사업을 해서 성공하여 남을 도와주게 되면 그 자리가 분신처.

• 멸도지처滅度之處

"열반하신 곳."

• 진정대법眞淨大法

"진실하고 깨끗한 큰 법."

　◉ 바른 법을 가르쳐서 바른 길로 가게 한다. 공부를 안 하는 학생에게 진정대법하여 공부를 하게 만든다. 법화경을 공부하지 않는 사람에게 진정대법하여 법화경을 수지 독송 해설 서사하게 하는 것. 진정대법이 되면 '아 그거 내가 해야 되겠구나!' 하는 마음이 생긴다.

"이때 세존이 문수사리보살 등과 예전부터 사바세계에 있던 한량없는 백천만억 보살마하살과 모든 비구 비구니 우바새 우바이 하늘 용 야차 건달바 아수라 가루라 긴나라 마후라가와 사람과 사람 아닌 여러 대중 앞에서 큰 신통의 힘을 나타내시다."

부처님 말씀은 세상에 있는 모든 생명체를 대상으로 한다. 「종지용출

품 제15」에서는 여러 보살들이 부처님 멸후 법화경을 널리 펴겠다고
할 때 그럴 필요가 없다고 하셨으나, 이 품에서는 아무런 차별 없이
땅속에서 나온 보살이나 그 밖의 천상계 등 모든 중생을 다 상대해서
부처님의 가르침은 절대적이므로 한결같이 믿어야 한다고 말씀하신다.

• 구주사바세계舊住沙婆世界
  "예전부터 사바세계에 있던."
  ◉ 먼저 하신 분들의 힘이 나에게 전달되어서 깨우치게 해 달라.

• 출광장설出廣長舌
  "넓고 긴 혀를 내밀다."
  인도에 '내 말은 거짓됨이 없이 진실하다'는 것을 나타내는 표현으로
  혀를 내미는 풍습이 있다.
  - 광장설廣長舌: 부처님의 혀. 부처님이 설하시는 것은 넓고 커서 한량
    이 없다.

• 상지범세上至梵世
  "위로는 범천에 이른다."
  진리의 말씀은 땅에서나 하늘에서나 변함이 없다는 뜻.

• 모공毛孔
  "털구멍."
  털구멍에서 기氣가 나가면 모든 사람이 하나로 합심된다. 털구멍에서
  나오는 힘은 감초나 소금의 역할을 한다.

◉ 법사의 법문이 감동을 줄 때 함장하면 법문이 감초, 소금의 역할을 한다. 경經을 읽거나 법문을 들을 때 "이 말씀이 나에게 하시는 말씀이구나." 할 때 제도가 된다.

◉ 원하는 학교에 합격할 때 ① 본인의 노력 ② 좋은 선생님 ③ 뒷받침하는 학부모 삼계界가 합하여 이루어진다. 기도가 이루어지는 원리도 이와 같다. ① 기도하는 나 ② 법문이나 독경하는 법사, 스님 ③ 뒷받침하는 가족이나 도반.

• 방어무량放於無量 무수색광無數色光

"한량없고 수없는 빛깔의 광명을 놓아."

진리는 어떤 경우에라도 변함이 없다.

밝은 진리의 빛이 어두운 무명의 세계를 물러가게 한다. 그래서 우리도 수행을 하면 부처님과 같이 천안天眼, 혜안慧眼, 불안佛眼을 성취할 수 있다.

• 개실변조皆悉徧照 시방세계十方世界

"시방세계에 두루 비추다."

부처님의 지혜와 자비는 시방세계 어느 곳이나 비춘다.

• 중보수하衆寶樹下 사자좌상제불獅子座上諸佛

"보배나무 아래 사자좌에 앉으신 여러 부처님."

◉ 인생은 항상 마음과 육신이 만족하지 못하면서 산다. 단지 노력할 뿐이다. 모든 문제가 해결되기 전까지는 마음이 안정되지 못한다. 답답한 가운데 하나하나 해결하면서 산다.

◉ 석가모니 ⇨ 육신, 그 외 부처님 ⇨ 마음, 영계

마음은 있어도 육신이 따라가지 못하고, 육신은 움직여도 마음이 따라가지 못한다.

마음은 하늘을 날고 싶어도 육신이 따라가지 못하지만, 산더미 같은 일이 있어도 처음에는 엄두가 나지 못하나 일단 시작하면 끝이 있다. 밭을 매는 사람이 처음에는 엄두가 나지 않아도 일단 시작하고 나면 일에 파묻혀서 다 끝낸다.

① 육신이 행하면 이루어지는 일

② 마음은 있어도 육신이 따라가지 못하는 일

◉ 보배 - 부처님의 말씀, 가르침을 듣고 그것을 자기 것으로 간직하는 것. 부처님의 가르침을 듣고 믿는 사람은 보배나무 아래 앉아 있는 것이다.

• 일시경해一時罄欬

"일시에 기침을 한다."

진실의 가르침을 주신다는 뜻.

• 구공탄지俱共彈指

"함께 손가락을 튕기다."

무엇을 수락한다는 뜻이다. 약속을 하고 나서 손가락을 튕기며 틀림없이 약속을 지키겠다는 다짐.

– 아미타불상: 양손 손가락을 동그랗게 해서 무릎 위에 올려놓고 있다. 말로만 구원해 주겠다는 것이 아니라 약속을 지키겠다는 뜻.

서방세계는 극락세계이고, 동방세계는 묘희세계이다.

- 시이음성是二音聲

  석가모니불과 모든 분신 부처님의 기침소리와 손가락을 튕기는 두
  가지 소리.

- 지개육종진동地皆六種震動

  "그 땅이 여섯 가지로 진동하였다."

  시방세계의 대지가 여섯 가지로 진동했다는 것은 무명을 타파하니
  육근이 청정해졌다는 뜻이다.

"그 가운데 있는 중생으로서 하늘 용 야차 건달바 아수라 가루라
긴나라 마후라가 사람과 사람 아닌 이들이 부처님의 신통한 힘을 말미암
아 이 사바세계의 한량없고 그지없는 백천만억 보배나무 아래 있는
사자좌에 앉으신 여러 부처님을 보며, 또 석가모니불과 다보여래께서
보배 탑 안에서 사자좌에 앉으심을 보고 또 한량없고 그지없는 백천만억
보살마하살과 사부대중이 석가모니불을 공경하여 둘러 모시고 있음을
보았다. 이런 것을 보고는 모두 환희하여 미증유함을 얻었다."

삼천대천세계에 존재하고 있는 모든 존재들은 부처님의 신통력에
의해 이 사바세계의 사자자리에 앉아 계신 부처님과 석가모니불과
다보여래를 본다.

다른 세계에 있는 모든 존재들은 법화경의 가르침을 들으려면 사바세
계로 와야 한다. 왜냐하면 이 사바세계에서 성불하신 석가모니부처님이
계시고 또 석가모니께서 법화경을 설하시면 그 말씀이 진실이라고
증명하시는 다보불이 계시기 때문이다.

석가모니불의 가르침을 듣고 6근이 청정해지면 이 사바세계 있는 이들이 서로 보고, 또 이 사바세계에 있는 이들도 다른 세계에 있는 이들을 보게 된다. 즉 어디에 있든 다 같이 깨닫게 된다는 것이다. 그러므로 이 사바세계에서 부처님께 귀의한다는 것은 시방세계에 계신 부처님께 귀의한다는 뜻이다.

그와 같이 시방세계가 하나로 통해서 모두 다 기뻐하고 지금까지 느껴 보지 못했던 환희를 느꼈다.

「화성유품 제7」에도 이와 같은 말씀이 있다.

"대통지승불이 아뇩다라삼먁삼보리를 득하니 어두운 곳이 밝아져서 서로 보게 되었다. 무명無明에 가려 있을 때는 주위를 보지 못하다가 지혜의 빛이 비춰져서 진리의 세계에 들어가니 그전까지 보지 못했던 어두운 곳이 밝아져서 다 보게 되었다."

내 주위의 환경이 변하여 밝아진 것이 아니라 깨달음을 얻으니 내가 달라졌다는 말씀이다. 나에게 변화가 일어났다는 뜻이다.

• 어허공중於虛空中 고성창언高聲唱言

"허공중에서 소리를 높여 외쳤다."

허공에서 나는 소리가 들렸다는 것은 마음속 깊이 울리는 소리를 말하고, 소리를 높여 외쳤다는 말은 미래의 하나의 가르침이 분명하게 정해졌다는 의미이다.

• 피제중생彼諸衆生

"이 사바세계가 아닌 다른 세계에 있는 모든 중생."

"그 던진 물건들이 시방에서 오는 것이 마치 구름이 모이듯이 하며 변하여 보배휘장이 되어 여기 계시는 여러 부처님들의 위에 두루 덮이니 이때 시방세계가 훤히 트이고 막힘이 없어 마치 한 세계와 같았다."

사바세계 이외의 세계에 살고 있는 중생들이 사바세계를 향하여 던진 가지가지의 꽃과 향과 영락 번개와 모든 몸을 장식하는 기구와 진귀한 보배와 묘한 물건이 마치 구름처럼 사바세계로 모여들어서 커다란 장막이 되어 석가여래와 모든 부처님을 덮었다는 것은, 이 사바세계에 계신 부처님의 가르침이 널리 퍼져서 그 가르침이 사바세계 뿐만 아니라 시방세계의 모든 중생까지도 다 구원하는 힘이 된다는 것을 의미한다. 즉 부처님의 법은 이 사바세계뿐만 아니라 우주 전체에 미친다는 뜻이다.

불교와 타 종교와의 다른 점은 타 종교는 교화의 대상이 인간인 데 반하여 불교는 그 교화대상이 인간뿐만 아니라 시방세계에 살고 있는 공중을 날아다니는 날짐승, 물속에 사는 물짐승, 보이지 않는 신들까지도 그 교화 대상이 된다는 점이다.

시방세계는 다 통하여 하나가 된다. 지금까지는 이 사바세계가 더러운 곳이요, 고통이 많은 곳이어서 깨끗하고 안락한 세상이 따로 있다고 하였지만 시방세계가 하나가 되면 그런 구별은 없어질 것이다.

이런 세계는 법화경이 널리 퍼져 있는 이상의 세계를 나타낸 것이다. 결국 시방세계가 하나가 된다는 의미는 나와 남이 둘이 아니라는 말씀이다. 즉 자타불이自他不二를 말씀하신 것이다.

성경에서 "네 이웃을 네 몸같이 사랑하라."는 말씀이 이를 표현하고 있는 것이다.

우리의 고통은 나와 남을 차별하는 데서 시작한다. 좋은 것과 나쁜 것, 작은 것과 큰 것, 예쁜 것과 미운 것 등 차별하는 마음에서 비롯된다. 그래서 좋은 것은 가까이하고 나쁜 것은 멀리하려는 차별심이 생겨난다. 부처님의 가르침은 사바세계와 시방세계가 따로 존재하는 게 아니라 하나라는 것을 말씀하신다.

• 소산제물所散諸物 종시방래從十方來
"그 던진 물건이 시방에서 오는 것이."
흩은 재물이 시방세계로부터 온다는 뜻은 부처님의 가르침이 시방세계까지 펴져서 환희심이 나서 부처님께 공양을 바친다는 말씀이다.

• 시방세계十方世界 통달무애通達無礙
"시방세계는 다 통하여 걸림이 없어서 한 불국토와 같다."
장차 법화경으로 시방세계가 하나가 되어 시방세계 중생까지 모두 다 구원한다는 뜻.
시방세계에 존재하고 있는 모든 생명체에는 불성이 있으니 불성으로 하나가 될 수 있다.

• 여래 10종 신력神力
이 「여래신력품」에서는 부처님께서 말법시대에 법화경을 광선유포하려는 지용보살(스스로 발심한 보살)들에게 부촉을 행하기 전에 그들에게 용기를 주시기 위해 열 가지 신통력을 보여 주신다. 이것이 '여래 10종 신력'이다. — 영산법화사출판부, 『법화경 강의』, pp.401~411.

①출광장설出廣長舌: 출광장설이란 부처님께서 혀를 길게 내미시는 것을 말한다. 이것은 부처님의 변설의 신력을 나타내고 있는 것이다. 부처님이 설하시는 바는 넓고 커서 한량이 없으므로 부처님의 혀를 광장설이라 하고 부처님께서 혀를 내밀어 보이신 것은 그 설하시는 바가 '진실이다'라는 뜻이다.

또 세존께서 혀를 내미시니까 다른 부처님도 일시에 혀를 내미셨다는 말씀은 어느 부처님이나 설하시는 바가 똑같다는 것을 의미한다. 즉 석가모니부처님께서 설하신 법화경은 진리를 말씀하신 것이므로 그 진리는 사바세계에서나 다른 세계 어디서나 다 변함이 없다는 의미이다.

②모공방광毛孔放光: 모공방광이란 털구멍으로 빛을 발하는 것을 말한다.

지혜를 갖춘 신력을 의미한다. 빛은 무명無明 즉 어두움을 비치는 것으로서 실상의 지혜를 나타낸다. 무수색광無數色光은 방광하는 빛의 색깔이 갖가지인 것 같지만 실상은 한 가지 빛이며 모두 어둠[無明]을 밝혀 준다.

③일시경해一時謦欬 : 기침소리를 일시에 낸다는 것은 가르침을 편다는 뜻이다.

④구공탄지俱共彈指: 다 함께 손가락을 튕긴다는 것은 가르침을 꼭 실행하겠다고 다짐하는 것을 뜻한다. 약속을 의미한다.

⑤육종진동六種震動: 무명을 깨뜨림으로써 땅이 여섯 가지로 진동하는 것을 보인 것은 천지가 모두 다 감응하고 인간의 마음이 모든 것에 미쳤다는 것을 의미한다. 육근六根에 다 감응되었다는 뜻.

⑥보견대회普見大會: 대회를 널리 본다는 것을 말한다.

모든 부처님의 도道는 한 가지이다. 시방세계의 일체중생은 다 부처님 신통력으로 이 사바세계의 모든 중생들이 한자리에 모여 있는 모양을 보신다는 것을 말한다. 이것은 각자 환경과 처지가 다르고 지혜의 정도가 다르더라도 때가 오면 다 올바른 가르침에 귀의하게 된다는 뜻.

⑦공중창성空中唱聲: 공중에서 시방세계의 대중에게 말하기를, 사바세계에 석가여래가 계시어 법화경을 설하시니 너희는 다 이에 귀의하는 마음을 내야 한다고 하신다. 그래서 시방세계의 사람들이 모두 다 사바세계를 향해 합장하고 '나무석가모니불', '나무석가모니불' 하고 예배를 했다. 즉 석가모니의 가르침은 나중에는 반드시 하나로 귀일하리라는 것이다.

⑧함개귀명咸皆歸命: 귀명이란 부처님께 귀의함을 말한다. 천상계에 있는 사람이나 이 지상에 있는 사람이나 어떤 세계에 있는 사람이나 모두 다 부처님께 귀의한다는 것을 뜻한다.

⑨요산제물遙散諸物: 멀리서 여러 가지 보물을 흩뜨리는 것을 말한다. 이것은 어느 세계에 있는 중생이라도 모두 부처님을 찬탄하는 것을 의미한다.

⑩통일불토統一佛土: 모두 통해서 하나의 불토佛土가 됨을 말한다. 절대 진리는 하나라는 것을 의미하고 불국정토佛國淨土의 건설을 설하고 계신다.

"법화경은 여래가 가지신 법과 여래의 온갖 자재하신 신통의 힘과 여래의 온갖 비밀한 법장과 여래의 매우 깊은 온갖 일을 모두 이 경에서 펴 보이며 드러나게 말씀하였느니라."

법화경에는 네 가지 공덕이 있다.

—영산법화사출판부, 『법화경 강의』, pp.413~415.

①여래일체如來一切 소유지법所有之法: 여래에게 있는 일체의 법을 말한다. 법이란 부처님께서 깨달으신 절대의 이치를 말하고 우주에 실재하는 모든 것들의 본성本性을 말한다. 이것이 바탕이 되어 인간의 법도 서고 인간에게 가르침도 설하게 된다.

법화경은 부처님께서 깨달은 모든 진리가 들어 있다. 법화경 이전의 여러 가지 가르침은 방편의 가르침이어서 그 가르침은 부처님께서 깨달으신 전부가 아니라 일부분이다. 법화경 이외의 경전도 모두 부처님께서 깨달으신 바를 기록한 것이지만 그 일부분이고 법화경에 이르러 부처님께서 깨달으신 바가 전부 들어 있다.

②여래일체如來一切 자재신력自在神力: 여래에게 있는 통달하여 걸림이 없는 일체의 자재한 신력을 말한다. 자재란 어떤 사람에게도 어떤 경우에라도 어떤 시대에도 절대로 잘못이 없는 것.

③여래일체如來一切 비요지장秘要之藏: 부처님은 실상의 지혜로 어떤 사람이나 어떤 경우에라도 그 사람에게 꼭 맞는 가르침을 설하신다. 이것이 일체비요一切秘要의 장藏이다.

④여래일체如來一切 심심지사甚深之事: 부처님께서 실행하시는 모든 일을 말한다. 일이란 실제의 면, 곧 실행을 말한다. 이론과 실제, 이치와 실행은 서로 수반되어야 한다. 이치[理]가 나타난 것이 일[事]이다.

이 법화경에는 부처님께서 실행하신 모든 것을 다 밝혀 놓으셨다. 부처님께서는 진리를 깨달으시고 또 수행을 쌓으셔서 깨달음을 여시고 멸도하실 때까지 몸으로 보여 주셨다. 그래서 부처님께서 행하신 일은 심심한 일로써 우리로서는 짐작할 수도 없는 미묘한 뜻이 들어 있다.

촉루품囑累品 제22

1. 대의

촉루囑累란 부처님의 가르침을 제자들에게 전하는 것을 말한다. 촉루囑累의 촉囑은 말로써 부탁하는 것이고, 루累는 법으로써 잇는다는 뜻이다. (累에는 누를 끼치다, 번거롭게 한다는 뜻도 있다.)

앞의 「여래신력품」에서는 상행보살上行菩薩 등 덕이 높은 보살들에게 이 법화경을 세상에 널리 펴라고 말씀하셨고, 이 「촉루품」에서는 가르침을 듣기 위해 모인 모든 보살들에게 이 법화경을 세상에 펴라고 말씀하신다.

부처님께서는 "내가 한량없는 백천만억 아승지겁 동안에 이 얻기 어려운 아뇩다라삼먁삼보리법을 닦아 익힌 것을 이제 그대들에게 부촉하노니, 그대들은 이 법을 받아 지니고 읽고 외워서 널리 선포하여 모든 중생으로 하여금 잘 듣고 알게 하라."고 하시면서 보살들의 머리를 세 번이나 쓰다듬고 세 번이나 거듭 말씀하시었다. 이것은 삼계(욕계, 색계, 무색계)를 장엄하시는 뜻을 갖는데, 이렇게 삼계장엄을 하시면 부처님 말씀의 힘이 영원히 지속된다.

부처님께서는 중생들에게 '부처의 지혜', '여래의 지혜', '자연의 지혜'를 전하시는데, 이것은 법화경의 가르침의 요체를 말씀하시는 것이다.

「견보탑품 제11」에서 시작된 허공회虛空會, 즉 부처님의 신통력에 의한 공중에서의 법화경의 이론적인 가르침은 이 품에서 끝난다. 모든 중생이 부처님의 신통력으로 공중에 마물러서 부처님의 법을 듣고 있었다는 것은 법화경의 중심 사상인 제법실상, 즉 공空에 대하여 설하셨다는 뜻이다.

다음 품부터는 여러 보살들이 등장하여 고난에 빠진 중생을 어떻게 구원하는지를 보여 주시면서 우리의 수행 방향을 제시하고 계신다.

2. 본문 해설

爾時에 釋迦牟尼佛이 從法座起하사 現大神力하시며 以右手로 摩無量 菩薩摩訶薩頂하시고 而作是言하사대 我於無量百千萬億 阿僧祇劫에 修習是難得 阿耨多羅三藐三菩提法하사 今以付囑汝等하노니 汝等은 應當一心으로 流布此法하야 廣令增益하라. 如是三摩 諸菩薩摩訶薩頂 하시고 而作是言호대 我於無量百千萬億 阿僧祇劫에 修習是難得 阿耨 多羅三藐三菩提法하사 今以付囑汝等하노니 汝等은 當受持讀誦하야 廣 宣此法하야 令一切衆生으로 普得聞知케 하라. 所以者何오 如來 有大慈 悲하사 無諸慳悋하고 亦無所畏하며 能與衆生에 佛之智慧와 如來智慧와 自然智慧니라. 如來는 是一切衆生之大施主라 汝等이 亦應隨學 如來之 法호대 勿生慳悋이니라. 於未來世에 若有善男子善女人이 信如來智慧 者는 當爲演說 此法華經하야 使得聞知니 爲令其人으로 得佛慧故라.

若有衆生이 不信受者는 當於如來 餘深法中에 示教利喜니라. 汝等이
若能如是면 則爲已報 諸佛之恩이니라. 時에 諸菩薩摩訶薩이 聞佛作是
說已하고 皆大歡喜 遍滿其身하야 益加恭敬하며 曲躬低頭하사 合掌向
佛하야 俱發聲言호대 如世尊勅하사 當具奉行호리니 唯然世尊하 願不有
慮하소서. 諸菩薩摩訶薩衆이 如是三反하사 俱發聲言호대 如世尊勅하사
當具奉行호리니 唯然世尊하 願不有慮하소서. 爾時에 釋迦牟尼佛이 令
十方來의 諸分身佛로 各還本土케 하시고 而作是言하사대 諸佛은 各隨所
安하고 多寶佛塔은 還可如故라 하시다. 說是語時에 十方無量 分身諸佛
이 坐寶樹下 師子座上者와 及多寶佛과 幷上行等 無邊阿僧祇 菩薩大
衆과 舍利弗等 聲聞四衆과 及一切世間 天人阿修羅等이 聞佛所說하고
皆大歡喜러라.

그때에 석가모니불이 법상에서 일어나 큰 신통의 힘을 나투어 오른손
으로 한량없는 보살마하살의 정수리를 만지시며 이렇게 말씀하셨다.

"내가 한량없는 백천만억 아승지겁 동안에 이 얻기 어려운 아뇩다라
삼먁삼보리법을 닦아 익힌 것을 이제 그대들에게 부촉하노니, 그대들
은 마땅히 한결같은 마음으로 이 법을 오래오래 선포하여 널리 퍼지게
하라."

이와 같이 여러 보살마하살의 정수리를 세 번 만지면서 이렇게 말씀하
셨다.

"내가 한량없는 백천만억 아승지겁 동안에 이 얻기 어려운 아뇩다라삼
먁삼보리법을 닦아 익힌 것을 이제 그대들에게 부촉하노니, 그대들은
이 법을 받아 지니고 읽고 외워서 널리 선포하여 모든 중생으로 하여금
잘 듣고 알게 하라. 왜냐하면 여래는 큰 자비가 있고 모든 간탐이 없으며

두려운 바도 없어서 중생에게 부처의 지혜와 여래의 지혜와 자연의 지혜를 주나니, 여래는 모든 중생의 대시주이니라. 그대들도 여래의 법을 따라 배우고 아끼는 생각을 내지 말라. 오는 세상에 만일 선남자선여인이 여래의 지혜를 믿는 이가 있으면 이 법화경을 연설하여 듣고 알게 할 것이니 그 사람으로 하여금 부처의 지혜를 얻게 하려 함이니라. 만일 어떤 중생이 믿지 아니하면 마땅히 여래의 다른 깊고 묘한 법에서 보여주고 가르쳐서 이롭고 기쁘게 하라. 그대들이 만일 이렇게 하면 모든 부처님의 은혜를 보답함이 되느니라."

이때 여러 보살마하살들이 이러한 부처님의 말씀을 듣고 크게 즐거움이 몸에 가득하여 더욱 공경하며 허리를 굽히고 머리를 숙이며 합장하고 부처님을 향하여 함께 말하였다.

"세존의 분부대로 받들어 시행하겠사오니 바라옵건대 세존이시여, 염려하지 마시옵소서."

여러 보살마하살들이 이렇게 세 번 여쭈어서 함께 말하였다.

"세존의 분부대로 받들어 시행하겠사오니 바라옵건대 세존이시여, 염려하지 마시옵소서."

이때 석가모니불이 시방에서 오신 여러 분신 부처님들을 본국으로 돌아가게 하려고 이렇게 말씀하셨다.

"여러 부처님들은 각각 편하실 대로 하시고 다보여래께서는 아직 그대로 계시옵소서."

이렇게 말씀하실 때에 시방에서 오셔서 보배나무 아래 사자좌에 앉으셨던 한량없는 분신 부처님들과 다보 부처님과 상행보살 등 그지없는 아승지 보살대중과 사리불 등 성문 사중과 모든 세간의 하늘 사람 아수라들이 부처님 말씀을 듣고 매우 환희하였다.

- 이시爾時 석가모니불釋迦牟尼佛

"석가모니부처님께서 「여래신력품」을 설하실 때."

- 종법좌기從法座起

"탑을 좇아 법 가운데 일어나신다."

◉ 모든 것을 참고 견딘 힘으로 인해 영靈이 뜨게 된다.

◉ 법좌에서 일어난다는 뜻은 영靈이 뜨는 것을 말한다. 법좌에서 움직여야 대 신력神力이 움직여지고 변화를 시킬 수 있다. 영이 뜨면 다 볼 수는 있으나 대 신력이 움직이지 않으면 그저 볼 뿐이다. 변화가 없다. 영이 뜨면 집에 도둑이 들어오는 것을 다 보지만 막을 수는 없다. 그냥 보고 알 뿐이다. 기도를 열심히 하면 영이 뜬다.

– 대신력大神力: 열 가지 신력.(「여래신력품」 참조)

- 이우수以右手 마무량보살마하살정摩無量菩薩摩訶薩頂

"오른손으로 무량보살마하살의 이마를 쓰다듬으셨다."

이마를 만진다는 뜻은 '믿고 맡긴다'는 인도의 풍습.

오른손으로 보살의 이마를 만지셨는데, 오른손은 지혜를 나타내고 이마를 만진다는 것은 실지實智의 지혜를 나타냄.

◉ 오른손: 세상은 오른쪽으로 돌아간다. 산 사람을 통해서 일을 할 때는 오른손을 사용한다. 힘을 더 실어 주기 위해서이다. 죽은 사람을 상대할 때는 왼손을 사용한다. 육갑을 짚을 때나 사주를 볼 때도 왼손을 사용한다. 귀신은 왼쪽만 사용.

- 수습修習 시난득아뇩다라삼먁삼보리법是難得阿耨多羅三藐三菩提法

"이 얻기 어려운 아뇩다라삼먁삼보리법을 닦아 익힌 것."

배우고 익히고 닦고 행하여 이와 같이 얻기 어려운 깨달음의 마음.

◉ 법法: 물과 같이 행하면 안 이루어지는 일이 없다.

① 물은 누가 쓰든지 쓰는 대로 쓰인다. 아무 불평 없이 상대가 쓰는 대로 쓰인다.

② 물은 바다로 갈 때까지 기다리고 참는다. 참아야 짠맛을 낼 수 있다.

③ 물은 누구에게나 베푼다. 베풀면 탐진치를 물리칠 수 있는 힘이 생긴다. 그러면 지혜가 움직인다.

• 응당일심應當一心

"마땅히 한마음으로."

차별심이 없는 보살의 마음으로.

• 여시如是 삼마제보살마하살정三摩諸菩薩摩訶薩頂

"이와 같이 보살마하살의 이마를 세 번 만졌다."

머리를 세 번 만지는 것은 굳고 견고하게 하시는 것이요, 중생으로 하여금 듣고 신해信解하는 마음을 내게 하심이다.

삼계로 장엄하신 것이다. 욕계, 색계, 무색계 또는 천지인天地人, 또는 신구의身口意 삼업三業으로 장엄하신 것.

◉ 때를 맞춰야 한다. 때는 각자가 다 다르다.

◉ 법사가 자기를 버리고 법문을 할 때 상대방은 마음, 뜻, 생각이 굳어져서 힘이 움직인다. 법사가 법문을 하면 듣는 사람이 자기가 때를 맞춰서 듣는다. 그리고 자기의 마음, 뜻, 생각이 굳어져서 힘이 생긴다. 그렇지 않고 법사가 자기 마음대로 법문을 하면 그 말에 힘이 없어서 상대방이 듣지 않는다.

경經을 열심히 읽다 보면 나와 경經이 때가 맞을 때가 있다. 그때 스스로 힘이 생긴다. 이것이 부처님의 능력이다.

그때까지 기다려야 한다. 빌거나 3천 배를 하는 것보다 더 효과적이다. 「수희공덕품」에서 법화경을 차츰차츰 전하여 50번째 사람이 법화경을 듣고 기뻐한 공덕이 크다는 말씀은 50번째 사람도 마음, 뜻, 생각이 굳어져서 힘을 움직일 수 있다는 말씀이다. 50개의 촛불을 밝힐 때 처음에 밝힌 촛불로 차례차례로 50개의 촛불을 밝히지만 그 50개 촛불의 밝기는 똑같다.

• 여래如來 유대자비有大慈悲 무제간린無諸慳吝 역무소외亦無所畏 능여중생 能與衆生 불지지혜佛之智慧 여래지혜如來智慧 자연지혜自然智慧
"여래는 큰 자비가 있고 모든 간탐이 없으며 두려운 바도 없어서 중생에게 부처의 지혜와 여래의 지혜와 자연의 지혜를 준다."
– 유대자비有大慈悲: 중생과 더불어 즐거워하며 차별 없는 마음을 일컫는다.
– 무제간린無諸慳吝: 마음에 일체 아낌과 인색함이 없다. 유화인욕柔和忍辱하는 마음.
– 역무소외亦無所畏: 또한 두려움이 없다. 거리낌이 없다.
이 법을 널리 선포케 하는 것은 여래의 세 가지 행을 배우게 하여 모든 중생과 더불어 대법의 이익을 베풀어 주게 하려는 것이다.
첫째는 대자비의 행이니 평등한 자비로 구제하는 것이고,
둘째는 아낌이 없는 행이니 깨달은 바를 아낌없이 드러내 보여 남을 불법으로 인도하는 행이고,
셋째는 법을 설함에 있어 아까워하지 않을 뿐 아니라 어떤 것에도

거리낌이 없고 아무 구애됨이 없음을 보여 준다.

이와 같이 해야 능히 모든 중생에게 세 가지 지혜, 즉 부처의 지혜, 여래의 지혜, 자연의 지혜를 줄 수 있다.

- **불지지혜**佛之智慧: 부처님의 지혜.

우주의 진리를 깨달으신 지혜, 즉 제법실상을 간파하는 지혜이다. 번뇌 속에서 헤매는 중생을 구원할 수 있는 힘을 가진다.

- **여래지혜**如來智慧: 여래란 진여眞如로부터 오신 분이란 뜻. 즉 진리의 세계로부터 중생계로 오셔서 대자비로 중생을 깨우치시고 구원해 주신다. 중생에게 진여를 깨우치게 한다.

- **자연지혜**自然智慧: 누구나 가지고 있는 불성이 나타나서 이루어진 지혜이다.

위의 세 가지 지혜는 부처님의 지혜를 세 가지 관점에서 본 것이다. 모든 사람을 구원하는 지혜, 절대의 진리를 깨달은 지혜, 자기가 타고난 본성을 자라게 해서 얻은 지혜. 이 세 가지 지혜는 결국 부처님이 가지고 있는 지혜를 세 가지 각도에서 본 것이다.

• **여래**如來 **시일체중생지대시주**是一切衆生之大施主

"여래는 모든 중생의 대시주이시다."

부처님은 모든 생명 있는 곳에 가르침을 차별 없이 다 베풀어 주신다. 법보시는 누구에게나 평등하다. 햇빛은 착한 사람이나 악한 사람을 가리지 않고 골고루 비치고, 비는 누구에게나 똑같이 내린다. 부처님 법은 근기가 높은 사람이나 낮은 사람이나 자기 깜냥에 맞게 평등하게 받아들여진다.

• 시교리희示教利喜

"실제로 보여 주고, 가르치고, 이롭게 하고, 기쁘게 한다."

자기가 경經을 배우거나 남에게 경經을 가르치는 순서이다.

①시示: 보인다. 경의 대략적인 줄거리를 얘기해서 배우려는 마음을 일으키게 한다. 말세를 살아가는 우리에게 부처님의 가르침이 얼마나 중요한 것인가를 이해시킨다.

②교教: 가르친다. 경의 자세한 부분을 설명한다.

③리利: 가르쳐서 안 것을 실행한다. 자비심을 내어 어려운 이웃을 도와준다. 대승의 자리이타自利利他를 몸소 실천한다.

④희喜: 자리이타 행을 하면 저절로 기쁨이 일어난다.

• 여시삼반如是三反

"이와 같이 세 번을 반복하다."

삼계로 장엄하여 그 뜻을 굳게 한 것임.

• 영시방래令十方來 제분신불諸分身佛 각환본토各還本土

"시방세계에서 오신 여러 분신 부처님들을 본국으로 돌아가게 하다."

법화경 설법을 증명하기 위해 시방세계에서 이 영축산으로 모여 오신 분신의 여러 부처님들을 각각 그 본토로 돌아가게 하시다.

• 시방무량十方無量 분신제불分身諸佛 좌보수하坐寶樹下 사자좌상자師子座上者 급다보불及多寶佛 병상행등并上行等 무변아승지無邊阿僧祗 보살대중菩薩大衆 사리불등舍利弗等 성문사중聲聞四衆 급일체세간及一切世間 천인天人 아수라등阿修羅等 문불소설聞佛所說 개대환희皆大歡喜

"시방세계에서 오셔서 보배나무 아래 사자좌에 앉으셨던 한량없는 분신 부처님들과 다보 부처님과 상행보살 등 그지없는 아승지 보살대 중과 사리불 등 성문 사중과 모든 세간의 하늘 사람 아수라들이 부처님의 말씀을 듣고 매우 환희하였다."

모든 세계에 있는 삼라만상 존재들의 힘이 한데 모여서 언젠가는 이 사바세계가 정토로 될 것이 분명해졌다. 정토를 다른 세계에서 구할 것이 아니라 이곳에서 구해야 한다. 이 세상의 모든 생명 있는 존재들이 모두 가지고 있는 불성을 발휘해서 수행해 나가면 결국에는 자기도 부처님이 될 수 있다는 것을 확실하게 알았기 때문에 모두 기뻐했다.

「촉루품」 다음부터는 여러 보살을 등장시켜서 그 보살들이 어떠한 수행을 하여 중생을 고통에서 벗어나게 해 주는 힘을 얻었는가를 설하시면서 우리의 수행의 길을 안내해 주신다.

약왕보살본사품藥王菩薩本事品 제23

1. 대의

부처님께서는 「서품 제1」부터 「촉루품 제22」까지는 지혜가 뛰어난 사리불을 비롯한 많은 성문들에게 제법실상, 즉 우주 실상에 대하여 설명하셨고, 이 「약왕보살본사품」부터 「보현보살권발품 제28」까지는 여러 보살들을 등장시켜서 그 보살들이 어떤 수행을 해서 중생들이 고통에서 벗어나게 해 주는 힘을 얻었는가를 설하시면서 우리의 수행의 길을 보여 주신다.

어떤 보살이 신구의 3업에 대한 수행을 어떻게 해서 중생을 구원하는 힘을 갖게 되었는지를 설명하신다.

우선 몸〔身〕에 대한 수행에는 약왕보살을 내세워서 어떻게 수행했는지, 또 입〔口〕에 대한 수행은 묘음보살이 과거에 어떤 수행을 했는지, 그리고 마음〔意〕에 대한 수행은 관세음보살을 내세워서 어떻게 중생을 구원하는지를 설하신다.

「약왕보살본사품」은 수왕화보살宿王華菩薩이 약왕보살의 전생에 대해서 부처님께 묻는 것으로 시작한다. '본사本事'란 보살들의 전생 이야기를 말한다. 석가모니부처님께서 과거에 보살도를 행하실 때의 이야기는 본생담本生談이라고 한다.

약왕보살은 중생들의 병을 치유하겠다는 서원을 세운 보살로서 이
보살의 전생은 일체중생희견보살一切衆生喜見菩薩인데, 일월정명덕여
래日月淨明德如來께 법화경의 진리를 듣고 1만 2천 년 동안 난행고행과
낙습고행의 수행 결과 다양한 상대에 따라 그 상대에게 알맞은 몸을
나타내어 그 근기에 맞는 법으로 제도하는 '현일체색신삼매現一切色身三
昧'의 힘을 얻었다. 일월정명덕여래란 해와 달과 같이 청정하고 차별하
지 않고 골고루 베푸는 지혜를 뜻하는데, 이 부처님은 석가모니부처님이
깨달으신 자리를 말한다. 서품에서 문수사리보살이 미륵보살에게 말하
기를 "일월등명불은 옛날에도 법화경을 설했고 지금도 설하는데 시기는
달라도 이름은 모두 일월등명불"이라고 말씀하신다.

일체중생희견보살은 일월정명덕여래와 법화경에 신통력으로 공양
을 했으나 이런 공양은 몸으로 공양하는 것보다 못하다고 생각하고
몸을 태우는 소신燒身 공양을 하였다. 불은 1천2백 년 동안 탔으며
한량없는 무량광無量光의 빛은 온 세상을 비췄다. 일체중생희견보살은
이 공양을 마치자 수명이 다하였지만 그 후 일월정명덕여래의 국토에
왕자의 몸으로 태어났다. 다시 태어났다는 것은 수명이 한량이 없다,
즉 무량수無量壽라는 말이다.

일체중생희견보살은 자기 몸을 태우는 소신공양을 함으로써 무량광
과 무량수를 얻었다. 즉 자기를 낮추고 아상我相, 인상人相, 중생상衆生
相, 수자상壽者相의 4상을 버리면 영생하게 된다는 것을 보여 준다.

일월정명덕여래가 열반에 들면서 일체중생희견보살에게 불법과 보
살 대제자와 아뇩다라삼먁삼보리법과 7보 세계 등 여러 가지를 맡기고

사리를 모아 8만 4천 탑을 세운다.

일체중생희견보살은 남을 기쁘게는 하지만 남을 변화시킬 수 있는 힘은 없다. 그러나 이 보살이 난행고행과 낙습고행을 하면 남을 변화시킬 수 있는 힘을 갖게 된다. 즉 약왕보살이 된다. 남을 변화시킬 수 있는 힘이 있어야 병이 낫는다.

남을 변화시킬 수 있는 힘은 일월정명덕여래(우주를 움직이는 힘)와 법화경(우주를 움직이는 힘을 적어 놓은 것)을 공부해서 그 힘이 생겼다.

• 약왕보살의 전생

약왕보살은 일월정명덕여래 밑에서 수행과 공부를 하였다. 이때의 이름이 일체중생희견보살이며, 난행고행과 낙습고행을 하였다.

일체중생희견보살은 자유와 통찰을 실현하고 현일체색신삼매를 이룰 수 있었다. 그리고 다양한 화신化身을 통하여 많은 중생을 구제하였다. 때로는 어린아이로, 때로는 여인으로, 때로는 상인으로 현신現身하여 만나는 모든 사람에게 기쁨을 주었다. 이는 자기 자신이 고정불변의 자기라는 생각에 갇혀 있지 않았기 때문에 온갖 화신으로 현신할 수 있는 능력을 실현하게 되었다.

그러자 스승에 대한 사랑과 감사의 마음이 커졌다. 그는 몸으로 공양하기 위해 자신의 몸에 향유를 붓고 스스로 불을 붙였다. 그 불빛이 80억 항하사 세계를 비추고 몸이 다 탈 때까지 천이백 세가 걸렸다.
⇨ 화연火然 천이백세千二百歲.

불빛이 천이백 세에 걸쳐 빛났다는 뜻은 지혜의 빛은 영원하다는 말씀이다. 자기 몸을 태워 그 빛으로 모든 중생이 자신과 같은 눈을 얻어 불성을 볼 수 있는 기회를 마련해 주었다.

몸이 불길에 다 타 없어진 후, 일체중생희견보살은 정덕왕가淨德王家에 왕자로 태어나서 일월정명덕여래를 찾아갔다. 그리고 그 앞에 무릎을 꿇고, "스승이시여, 아직도 이 세상에 계시나이다." 하고 게송을 말하였다.

容顔甚奇妙용안심기묘 光明照十方광명조시방
　부처님의 얼굴은 매우 아름답고 미묘하시며
　지혜의 빛은 시방을 다 비추고 있습니다.
我適曾供養아적회공양 今復還親覿금부환친근
　저는 옛날 전생에서 부처님께 공양했었는데
　지금 또 이렇게 돌아와 뵙습니다.

일월정명덕여래가 일체중생희견보살에게 말씀하셨다.

"선남자여, 다시 돌아왔구나! 나는 오늘밤 열반에 들리라. 불법을 너에게 부촉하노라. 또 모든 보살 대제자들과 아뇩다라삼먁삼보리법과 또 삼천대천의 칠보세계와 여러 보배나무와 시중드는 하늘을 너에게 맡기노라."

일체중생희견보살은 자신의 몸을 태워 공양하고 나서, 부처님의 금빛 같은 몸을 얻는다. 이때 삼천대천세계가 육종으로 진동하고 천우보화天雨寶華하며 일체 인천人天이 미증유를 얻었다.

일체중생희견보살은 자기 몸을 태워 그 빛으로 모든 중생에게 자기와 같은 눈을 얻어 자성自性(불성)을 볼 수 있는 기회를 준 것이다. 불교의 궁극의 목적은 자아발견自我發見, 자기의 참모습을 찾는 데 있다.

- 상불경보살: 모든 사람은 타고난 불성이 있고 누구나 부처가 될 수 있다는 것을 깨우쳐 준다.
- 약왕보살: 난행고행과 낙습고행을 하며 내 몸을 태워 많은 중생이 원하는 대로 구원한다.
- 묘음보살: 씨 하나가 땅에 떨어져 썩으면 10알, 100알이 되듯 말도 상대방에게 떨어져서 몇 배의 지혜가 생긴다.
- 관세음보살: 내 자성 속에 있는 대자대비의 마음을 내어 중생을 구원한다.
- 보현보살: 행行으로써 일체중생을 이롭게 하는 보살.

「보현보살권발품」이 법화경 마지막에 있는 것은 깨달음의 마지막 단계는 보살행을 실천해야 한다는 것을 강조하기 위함이다.

2. 이 품의 가르침

◉ 약왕보살의 힘은 우주에 가득 찼다. 그 힘을 어떻게 꺼내 써야 하는지에 대해 설명한 것이 「약왕보살본사품」이다.

◉ 이 품은 우주 실상의 근본 이치를 보고 움직여서 변화되는 자리를 가르쳐 주신다. 오행五行(약)의 힘과 우주의 힘이 연결되는 자리에 대해 설하신다.

◉ 약초에서 변화된 것이 약왕이다. 처음엔 약초로 자라서 나중에 열매를 맺고 약효가 생겼을 때 힘이 모인 것이 약왕이다.

◉ 약초는 가지고 있는 힘이 각기 다르다. 여러 가지 약초를 한데 삶아서 하나의 약이 되지만 쓰는 사람에 따라 각자에게 맞는 약효가 생긴다. 사람도 실상에서 가지고 온 힘이 각기 다르다. 내가 겸손하고 구부리면

여러 사람의 힘이 나에게 전달된다. 내가 겸손하고 구부리면 그 사람이 나에게 고마워하고 좋아하게 된다. 이때 그 사람의 힘이 나에게 온다. 세상의 약초에서 그 힘을 빼내서 병을 고치는 것이다.

많은 사람의 마음을 내게 향하게 해서 그 힘으로 병을 고치는 것이다. 병을 고치는 원리는 같다. 그러므로 병이 나면 무조건 겸손하고 구부려야 한다. 만약 병이 완쾌되면 놀러 가야지 또는 예쁜 여자를 만나야겠다는 생각이 들면 병이 다시 깊어진다.

◉ 왜 약왕기도를 하는가?

기도를 할 때 무엇을 주십시오! 하면 주지 않는다. 우주 실상에는 내가 필요한 모든 것이 들어 있는데 내가 필요한 것을 꺼내 쓸 수 있는 힘이 부족하니까 실상 세계와 연결되는 보살들의 힘을 빌려 내가 필요한 것을 얻기 위함이다.

우주를 움직이는 힘, 일월정명덕부처님과 연결하기 위해선 약왕보살의 힘을 빌려야 한다.

일월정명덕부처님은 우주를 움직이고 만물을 자라게 하는 오행五行, 즉 우주를 움직이는 에너지를 말한다.

법화경 28품은 우주 실상을 움직이는 힘으로 장엄되어 있다. 28품 각각은 움직이는 힘이 각기 다르다. 법화경에 등장하는 보살들은 우리가 우주 실상과 연결하는 것을 도와준다.

우리도 실상에서 가지고 나온 힘이 각각 다르다. 어떤 사람은 체육에 소질이 뛰어나고 어떤 사람은 음악에 소질이 있고 등 각기 실상에서 가지고 온 힘이 각각 다르다. 스님이나 법사도 마찬가지로 그 힘이 각각 다르다. 어떤 스님, 법사는 기도를 잘 이끌고, 어떤 스님, 법사는 독경에 힘이 있고 어떤 스님 법사는 법문에 힘이 있다. 그러면 그 힘에 맞게 임무가 주어져야 한다.

◉ 약왕보살 기도를 할 때 병을 낫게 해 달라고 기도하지 말고 난행고행, 낙습고행, 소신공양하면 병이 낫는다는 믿음을 갖고 기도하라.

석가모니불(노력. 난행고행. 유학有學)

⇒ 다보불(이루어지는 자리. 무학無學)

약의 힘은 보이지 않으나 그 속에 들어 있다. 약왕은 필요한 사람을 찾아간다. 약왕이 찾아오도록 기도하라. 약의 힘은 몇 백 년이 흘러도 약효는 변하지 않는다. 몸이 아프면 먼저 병원에 가서 치료하고 그다음으로 수행을 해야 한다.

◉ 약왕기도는 새벽 3시에 이 품을 읽고 기도한다. 3시는 우주의 힘이 움직이는 때이다. 단오 때는 12시에 움직인다.

– 축시丑時(새벽 1시부터 3시까지)는 음양이 같이 만들어서 힘을 북돋아 주므로 힘을 고르게 해 준다(소는 양쪽 발굽이 같다). 선과 악이 고루 병행하여 주므로 병이 낫는다.

– 자시子時(밤 11시부터 새벽 1시까지)는 밤과 낮을 연결해 준다. 밤낮을 연결하여 균형을 잡아서 자연의 힘을 받는다. 음양이 부합되는 자리이다.

◉ 신神이 우리를 직접 도와주는 게 아니다. 신은 우리의 약한 힘을 북돋아 주어서 우리의 힘을 배양시킨다. 오래 참고 견디면서 이 고생을 끝내 달라고 빌면 신이 찾아와 우리의 부족한 자리를 채워 준다. 인간은 신과 달리 영靈이다. 영靈은 영원불멸이다. 인간이 죽으면 육신은 물, 흙이 되고 마음은 영靈이 된다. 영靈은 영생한다.

약왕보살이 직접 우리의 병을 고쳐 주는 게 아니다. 나를 통해서 병을 고치고 병이 나으면 약왕은 간다. 기도꾼을 따로 뽑는 것은 그를 통해서 약왕보살, 관세음보살의 힘이 움직이기 때문이다.

우리의 뇌는 끊임없이 훈련을 하면 뇌세포가 파괴되는 것이 늦어진다.

늙어도 열심히 훈련, 공부하면 성장 발전한다. 그러기 위해선 몰입, 집중하는 훈련이 필요하다.

늙으면 암기력은 떨어지지만 이해력은 높아진다. 경經 공부는 암기하는 공부가 아니라 이해하는 공부다. 경 구절을 한번 이해하면 내 것이 된다.

경 구절은 실상의 모습을 글자로 표현한 것이므로 경 공부를 한다는 것은 우주 실상을 이해한다는 뜻이다.

경 공부를 한다거나 기도를 한다거나 독경을 한다는 것은 모두가 몰입이나 집중을 한다는 뜻이다.

3. 본문 해설

爾時에 宿王華菩薩이 白佛言하대 世尊하 藥王菩薩이 云何遊於娑婆世界닛가. 世尊하 是藥王菩薩이 有若干百千萬億那由他 難行苦行이닛가. 善哉世尊하 願少解說하소서. 諸天龍神夜叉와 乾闥婆 阿修羅와 迦樓羅 緊那羅와 摩睺羅伽 人非人等이며 又他國土에 諸來菩薩과 及此聲聞衆이 聞皆歡喜하오리다. 爾時에 佛告 宿王華菩薩하사대 乃往過去 無量恒河沙劫에 有佛하시니 號는 日月淨明德如來 應供 正遍知 明行足 善逝 世間解 無上士 調御丈夫 天人師 佛世尊이라. 其佛이 有八十億 大菩薩 摩訶薩과 七十二恒河沙 大聲聞衆하시며 佛壽는 四萬二千劫이요 菩薩 壽命도 亦等이며 彼國은 無有女人과 地獄 餓鬼 畜生과 阿修羅等과 及以 諸難하며 地平如掌하야 琉璃所成이며 寶樹莊嚴하고 寶帳覆上하며 垂寶 華幡하고 寶瓶香爐는 周遍國界하며 七寶爲臺호대 一樹一臺며 其樹去 臺는 盡一箭道라 此諸寶樹에 皆有菩薩聲聞하야 而坐其下하며 諸寶臺

488

上에 各有百億諸天하야 作天伎樂하고 歌歎於佛하야 以爲供養이러니 爾時 彼佛이 爲一切衆生憙見菩薩과 及衆菩薩 諸聲聞衆하야 說法華經이러라. 是一切衆生憙見菩薩이 樂習苦行하야 於日月淨明德佛法中에 精進經行하야 一心求佛을 滿萬二千歲已하고 得現一切色身三昧하며 得此三昧已에 心大歡喜하야 卽作念言호대 我得現一切色身三昧는 皆是得聞 法華經力이라 我今에 當供養日月淨明德佛과 及法華經하리라 하고 卽時에 入是三昧하니 於虛空中에 雨曼陀羅華와 摩訶曼陀羅華와 細末堅黑栴檀하야 滿虛空中하사 如雲而下하며 又雨海此岸 栴檀之香하니 此香은 六銖로대 價直는 娑婆世界로 以供養佛이러라.

그때에 수왕화보살이 부처님께 사뢰었다.

"세존이시여, 약왕보살이 어떻게 사바세계에 다니나이까. 세존이시여, 이 약왕보살이 얼마만 한 백천만억 나유타의 행하기 어려운 고행이 있나이까. 거룩하시어라 세존이시여, 원컨대 간략히 해설하여 주소서. 여러 하늘 용 야차 건달바 아수라 가루라 긴나라 마후라가 사람과 사람 아닌 이들과 다른 국토에서 온 보살들과 이 성문 대중이 들으면 모두 환희하오리다."

이때 부처님이 수왕화보살에게 말씀하셨다.

"지나간 옛적 한량없는 항하사 겁 전에 부처님이 계시었으니 이름이 일월정명덕여래 응공 정변지 무상사 조어장부 천인사 불세존이시며, 그 부처님께 팔십억 대보살마하살과 칠십이 항하사 대 성문들이 있었느니라. 부처님의 수명은 사만이천 겁이요 보살의 수명도 그와 같으며, 그 국토에는 여인과 지옥과 아귀와 축생과 아수라들과 여러 가지 어려움이 없고, 땅이 반듯하여 손바닥과 같은데 유리로 이루어졌으며 보배나무로 장엄하고 보배휘장을 그 위에 덮었으며 보배 꽃과 번기를 달았는데 보배로 된 병과 향로가 나라 안에 두루 가득하고, 칠보로 된 대가 있어 나무 하나에 대가 하나씩인데 나무에서 대까지가 활 한바탕 거리이고, 여러 보배나무에는 모두 보살과 성문들이 그 아래 앉았으며, 보배로 된 대 위에는 각각 백억 하늘들이 있어 하늘 풍류를 잡히고 노래하며 부처님을 찬탄하여 공양하였느니라. 그때 그 부처님이 일체중생희견보살과 여러 보살대중 성문대중을 위하여 법화경을 말씀하였느니라. 이 일체중생희견보살이 고행하기를 좋아하여 일월정명덕부처님 법 가운데서 정진하고 거닐면서 일심으로 부처 되기를 구하여 일만이천 세가 된 뒤에야 온갖 색신을 나타내는 삼매를 얻었느니라. 이 삼매를 얻고는 매우 즐거워서 이렇게 말하였느니라. '내가 온갖 색신을 나타내는 삼매를 얻은 것은 모두 법화경을 들은 힘이니 내 이제 일월정명덕부처님과 법화경에 공양하리라.' 그리고 이 삼매에 들어 허공중에서 만다라화와 마하만다라화와 굳고 검은 전단 가루를 비 내리니 허공에 가득하여 구름처럼 내려오고, 또 해차안 전단향을 내리니 이 향은 육수의 값이 사바세계와 맞먹는 것으로 부처님께 공양하였느니라."

• 수왕화보살宿王華菩薩 백불언白佛言
"수왕화보살이 부처님께 사뢰었다."
우리는 지배의 법칙에 의해서 살아간다. 자라는 것, 늙는 것, 사는 것, 죽는 것 등 모두 어떤 지배의 법칙에 의해서 살아간다.
그런데 그 지배의 주인이 누구냐 하고 수왕화보살이 부처님께 물어본다. 수왕화보살은 그 지배의 주인이 누구인지 모른다.
아무리 똑똑하고 현명하고 권세가 높아도 그 지배를 벗어나지 못한다.

머리가 희어지는 것, 허리가 꼬부리지는 것, 모두 지배의 법칙을
벗어나지 못한다.

- 수왕화보살宿王華菩薩: 노력하기 전에 근심과 걱정이 많은 보살.
이럴까, 저럴까 항상 헤매는 자. 항상 궁금증을 갖고 있는 보살.
알기는 아는데 힘이 없는 자. 그래서 알려고 노력하는 자.
한 치 앞을 못 보고 사는 우리가 바로 수왕화보살이다.

- ◉ 약왕보살이 없으면 수왕화보살이 있을 수 없다. 약왕보살과 수왕화보살
  은 불가분의 관계이다.
- ◉ 약왕보살: 고통에서 신음하고 있는 중생들을 병으로부터 해방시키고
  결국에는 성불의 길로 인도하시고자 원願을 세우신 보살.

자기 몸을 희생해서 남을 구할 수 있을 때 약왕이 될 수 있다. 약왕보살
은 변화를 나타내는 보살이다.
세월은 그 사람을 가만히 놔두지 않는다. 끊임없이 노력하지 않으면
고통이 오게 만든다. 세상은 어떤 이유를 달아서라도 그 사람이
변화를 해야 살 수 있게 만든다. 그 변화를 받아들이지 않으면 고통이
온다.

• 약왕보살藥王菩薩 운하유어사바세계云何遊於沙婆世界

"약왕보살이 어떻게 사바세계에 다니나이까?"
약왕보살처럼 자유자재하기 위해서는 어떠한 수행을 해야 하는가를
묻는 말이다.

- 유행遊行: 자유자재하고 여유로운 행行, 곧 집착이 없는 공空의 보살
  행을 말한다.

인생 70, 80이 되고 보면 젊을 때에는 분하고 걱정되고 아까운 일들이

모두 부질없고 하찮은 일이었구나 하는 생각이 든다. 즉 웬만한 일에는 마음 동요가 없는 상태가 유행遊行이다.

◉ 약왕보살의 힘은 이 세상에 가득하다. 누구든지 쓸 수 있게 세상에 퍼져 있다.

◉ 약왕보살이 사바세계에서 자유자재한 까닭은 난행고행과 낙습고행으로 자유자재한 힘을 얻었기 때문이다.

• **시약왕보살**是藥王菩薩 **유약간**有若干 **백천만억나유타**百千萬億那由他 **난행고행**難行苦行

"이 약왕보살이 얼마만 한 백천만억 나유타의 행하기 어려운 고행이 있나이까."

중생은 끝도 없는 고통 속에서 살고 있는데 약왕보살이 그 고통을 해결해 줄 수 있는 힘을 어떻게 가지게 되었는가를 묻는 말이다.

- **난행고행**難行苦行: 힘든 고행.

◉ 상생상극相生相剋. 처음에는 서로 상생相生을 시키고 몸이 아픈 모습으로 나타나고 병을 이기려고 노력한다. ⇨ 난행難行
그러다가 고행苦行이 된다. 병을 이기기 위해 고행이 되면서 하나는 상생相生이 되고 하나는 상극相剋이 된다. 좋은 것은 불러들이고 좋지 않은 것은 이겨 버린다. 이 모습이 '약藥'자에 있다. 「약왕보살본사품」을 읽으면 상생상극의 변화가 움직여서 병을 낫게 해 준다.

기도는 참회 시간이다. 참회하고 반성해야 나의 나쁜 데이터(data)가 지워진다. 죄를 반성하지 않으면 천도가 안 된다. 스님들이 열심히 천도재를 지내도 잠시 물러갔다가 원상 복귀한다. 부처님을 열심히 믿으면 용서는 해 줘도 데이터는 지울 수 없다. 자성自性이 태양, 달과 같이 밝고 물과 같이 맑아야 극락, 천당에 갈 수 있다.

◉ 백천만억의 고통을 이기는 방법이 난행고행이다. 깊은 병은 난행고행으로 낫는다. 수명 연장도 난행고행으로 한다.

◉ 무슨 일이든지 유학과 무학이 어우러져야 한다.

유학 – 경 공부, 무학 – 선禪.

의사는 유학만 가지고는 병을 못 고친다. 병은 무학에서 고친다.

• 일월정명덕여래日月淨明德如來

일월정명덕여래는 우주 실상을 움직이는 실상의 모습이자 우리의 마음자리이다.

약왕보살이 받든 부처님으로, 해와 달과 같이 청정하고 밝은 지혜를 지녔는데 그 지혜를 차별하지 않고 누구에게나 골고루 나눠 준다. 약왕보살이 법화경을 수행한 공덕으로 청정하고 밝은 지혜를 얻어 무명의 어두움을 타파하고 번뇌를 청정하게 다스릴 수 있었다.

일월정명덕여래는 우주를 움직이고 만물을 자라게 하는 힘을 말한다. 이 부처님은 석가모니부처님이 깨달은 자리이다. 석가모니부처님이 깨달은 자리가 어떤 때는 문수사리보살로, 어떤 때는 관세음보살로, 또 어떤 때는 일월정명덕여래인데 중생의 요구에 따라 그때그때 이름을 바꿔서 나타난다. 그러나 석가모니부처님이 깨달은 진리는 하나이다.

일日은 해를 말하는 것이니 만물을 밝게 비춰 주고 만물을 기르는 힘이며, 월月은 달을 말하는 것이니 어둠을 밝혀 주고 추운 데를 덮어 주는 자리이다. 정淨은 깨끗한 물을 말하는 것이니 더러워진 데를 깨끗이 해 주고 원래대로 복원시켜 주는 자리이며, 명明은 무명無

明의 상대적인 말로서 미혹이나 번뇌가 없는 자리, 덕德은 용서하고
베푸는 자리를 말한다.

그러면 우리들을 움직이게 하고 살게 하는 힘은 무엇인가? 즉
우리를 움직이게 하는 일월정명덕여래는 무엇인가?

일日은 아버지와 같이 나를 있게 해 주고 나를 성장하게 해 주는
자리이고, 월月은 어머니와 같이 나를 길러 주고 감싸 주는 자리,
정淨은 내가 더러워졌을 때 나를 깨끗이 씻겨서 원래대로 복원시켜
주고 나를 쉬게 해 주는 자리, 명明은 나를 어둡지 않게 밝혀 주는
친구 같은 자리, 덕德은 석가모니나 예수 공자 맹자처럼 우리의 갈
길을 가르쳐 주는 스승의 자리이다.

우리가 이 세상에 올 때 가지고 온 일월정명덕여래는 각자 다르다.
어떤 사람은 일월정명덕의 다섯 가지(五行)를 골고루 다 가지고 온
사람도 있고 어떤 사람은 그렇지 못한 사람도 있다.

만약 다 못 가지고 왔다면 법화경을 열심히 읽으면 부족한 것을
채울 수 있다.

그래서 「약왕보살본사품」 끝머리에 부처님께서 수왕화보살에게
이르시길, 이 법화경을 받아 지니는 사람을 공양하라고 하시고 모든
중생을 늙고 병들고 죽는 바다에서 해탈케 하라고 분부하셨다.

- 청정清淨: 본디 마음자리. 미혹 번뇌가 없는 마음자리. 작다 크다,
  많다 적다 등의 분별이 없는 마음.
물잔, 커피잔, 요강으로 구별되지 않고 커피를 담으면 커피잔, 물을
담으면 물잔, 오줌을 담으면 요강으로 정해 놓지 않는다. 공空은
고정된 실체가 없다. 무엇이든지 다 된다. 무엇으로도 다 써먹을

494

수가 있다.

• 응공應供

여래 10호 중의 하나. 마땅히 존경과 공양을 받을 만한 사람.

노력한 대가의 응답. 노력한 대가로 병이 낫는 것이다.

공짜가 아니라 기도한 만큼 준다.

모든 만물은 모두 공양 바치러 온 자리이다.

> ◉ 부모님 약을 지을 땐 정성을 다해 약을 지어 달라고 의원에게 절을 한다.
> 그러면 의원은 정성을 다해 약을 짓는다. 세상의 모든 열매는 남의 도움
> 이 있어야 열매가 열린다. 벼는 바람의 도움으로, 과일은 벌 나비의
> 도움으로 열매를 맺는다. 사람도 남이 도와줘야 열매를 맺는다. 남이
> 나를 도와주고 싶어도 내 아상我相이 높으면 나를 도와주지 않는다.
> 먼저 내가 남을 도와주고 나서 남의 도움을 기다려야 한다.

이 세상에는 만족이 없다. 아무리 잘났어도 한 개가 부족하다. 선악이
공존하니까. 모두 다 만족하면 힘이 자라지 않는다. 다 갖출 수 없다.
인생은 그 부족한 것 하나를 채우느라고 고생한다.

• 정변지正徧知

올바른 깨달음을 얻은 사람. 바르고 원만하게 깨달았다. 언제든지
남들에게 바른 모습이 보여진다.

노력의 대가는 바로 알게 된다.

모든 사물을 바르게 판단할 수 있다. 일월정명덕에 들어가서 난행고행
으로 자기가 경험해 보지 않고는 바른 것을 알 수 없다.

- 명행족明行足

  지혜와 수행을 완성한 사람. 지智와 행行이 다 만족스럽다.

  마음과 마음이 부딪치면서 노력할 때 노력해서 얻는 것은 만족할 수 있다. 자기 사는 것을 만족해야 하는데 항상 부족하게 살았다. 약왕보살 기도를 하면 모든 것이 만족스러워진다.

  선악이 합하는 데서 오는 만족이다.

  해〔日〕는 미운 것 고운 것 가리지 않고 다 비춘다. 세상은 선악이 공존해 있기 때문에 모든 사람에게 똑같이 최선을 다해서 해와 같이 살아야 한다.

- 선서善逝

  '잘 가신 분'이라는 뜻으로, 피안에 도달해서 다시는 나고 죽는 윤회에 빠지지 않는 부처님을 일컫는 말이다.

- 세간해世間解

  세상의 일을 잘 아는 사람.

  모든 일은 세상이 해결해 준다.

  자신의 일은 자기의 힘이 생겨서 스스로 해결하게 된다.

  세상의 뜻에 따라 살았다. 저(피안) 세상에서 우리의 길을 열어 주는 대로 살게 된다.

- 무상사無上士

  위없이 가장 높은 사람.

  남녀노소 똑같이 평등이다.

가르쳐서 되는 것이 아니라 자기가 노력해서 되는 것이다

• 조어장부調御丈夫

말을 잘 다루듯 모든 중생을 잘 가르치는 대장부.

자기가 노력하면 스스로 이루어지게 된다.

노력하면 바로 일을 할 수 있고, 일을 하면 할수록 점점 더 잘된다.

• 천인사天人師

신神과 사람의 스승.

세상은 다 갖추고 살 수 없다. 무엇이든 한 가지는 부족하게 되어

있다. 부족한 것을 채우려고 노력하게 된다.

나도 모르는 사이에 배우면서 살았다.

자연으로 부처님께서 도와준다.

• 불佛

부처.

항상 구부리고 겸손하면 만물을 다 기를 수 있고 집안이 무고하다.

• 세존世尊

세상에서 가장 존귀한 사람.

부처님은 영원불멸이다. 부처님은 우주에 꽉 차 있고 이 우주를

운영하는 분이다.

- 기불其佛

  일월정명덕 속에 살아 움직이는 힘을 일컫는다.

- 불수佛壽 사만이천겁四萬二千劫 보살수명菩薩壽命 … 일체중생희견보살—切衆生喜見菩薩 급중보살及衆菩薩 제성문중諸聲聞衆 설법화경說法華經

  이 일월정명덕 속에는 생로병사의 4고四苦가 없고 불이不二(상대적인 것)가 없다.

  영원한 부처님의 수명은 영원한 생명, 즉 진리의 절대성을 얘기한 것이다.

- 무유연인無有女人 지옥地獄 아귀餓鬼 축생畜生 아수라등阿修羅等 급이제난及以諸難

  여인이 없다는 것은 차별이 없다, 즉 중도中道를 말한다.

  여자와 네 가지 악도惡道(지옥, 아귀, 축생, 아수라)는 집착과 번뇌에서 빠져나오지 못하고 어둠 속을 헤매는 중생들로서 이러한 미망迷妄에서 벗어나기 위해서는 지혜의 등불만이 필요한 것이다. 그러므로 이러한 미혹 중생이 없다는 것은 부처님의 지혜(진리의 지혜)가 충만한 곳이라는 뜻이다.

  법화경을 수행하면 악도에 떨어지지 않게 되고 부처님의 덕이 주위를 감화시켜서 깨끗하게 되고 아무 어려움이 없게 된다.

  부처님이 내 마음에 있으면 차별하는 마음과 4악도(지옥: 꼼짝도 할 수 없이 매어 있음, 아귀: 목마르고 배고픔, 축생: 고통 속에 산다. 아수라: 투쟁하면서 산다)의 마음이 일어나지 않는다.

- 지평여장地平如掌

"땅의 평평하기가 손바닥과 같다."

땅은 마음의 바탕[심지心地]을 나타내는데 평평하니까 마음에 차별심이 없다. 중도를 나타냄.

또한 땅이 평탄하다는 것은 진리의 평등함을 나타낸다.

절대적인 진리는 평등하다. 진리는 차별적으로 적용되지 않는다.

땅은 평등하다. 어떤 씨앗을 던져도 다 받아들인다. 땅은 평등하기 때문에 모든 중생을 다 받아들인다.

나는 모든 것이 평등하기 때문에 누구든지 다 받아들여서 네 깜냥대로 다 지혜를 주어서 이루게 해 주겠다. 부처님은 누구든지 다 책임을 지고 자신의 힘에 맞게 응답을 줄 것이다.

- 유리소성琉璃所成

"유리로 이루어졌다."

마음이 맑고 맑으므로 땅도 맑고 맑다

모든 것이 다 비추어서 알게 된다.

자기의 모습이 나타나 보이는 것이다.

- 보장부상寶帳覆上

"보배 휘장을 덮었다."

부처님의 지혜는 복과 덕을 닦음이다.

노력한 힘에 의해 잘못을 덮어 준다.

입술이 없으면 이가 시리다. 덮어 준다.

☞ 유리로 된 보배나무와 아름다운 장막이 쳐지고 깃발이 날리고,

그 밖에 여러 가지 보배가 많다는 것은 진리의 감화력, 공덕을 의미한다. 부처님의 덕德이 세상을 감화시켜서 정토淨土를 만든다는 뜻.

• 수보화번垂寶華旛
"보배 꽃과 번기를 달다."
아주 잘 보인다. 우뚝 섰다. 애써 감추려고 해도 잘 보인다.

• 보병향로寶瓶香爐
"보배로 된 병과 향로."
말과 행동은 막아 놓아도 세상에 향기가 퍼지게 되어 있다.
우리 마음에 부처님의 믿음을 넣고 여기서 나가는 말은 마치 향을 피워 놓은 것과 같다. 그 말에서 향기가 난다.

• 주변국계周徧國界
"나라 안에 두루 가득하다."
자기 측근에게 움직여진다.
똑같은 약을 여러 사람에게 줘도 믿는 사람에게만 효력이 있고 나머지는 효력이 없다.
여러 사람이 있어도 그중 한 사람만을 상대해서 장엄하고 한 사람에게만 가는 것이지 다 가는 것이 아니다.

• 일수일대一樹一臺
"나무 하나에 대가 하나."

하나하나 나무 아래 하나하나 보배자리가 있다는 것은 한 사람이
한 가지 능력은 가지고 있는 것을 비유한 것이다.
한 마디 한 마디 살아있는 말이 나갈 때 열매를 맺는다.
한 가지 법문을 해도 듣는 사람의 근기에 따라서 따로따로 다 맞게
들어간다.

• 기수거대其樹去臺 진일전도盡一箭道
"나무에서 대까지의 거리가 활 한바탕 거리이다."
활 한바탕의 거리이니 멀지 않은 거리를 의미함.
활을 조준할 때 집중하듯 정성을 모아서 깊이 들어갈 때 보인다.
모든 만물의 한계를 나타낸다. 목표 없이 움직일 수 없다.
목표를 벗어날 수 없는 것이 중생의 모습이다.
누구든지 주위의 한계를 벗어나지 못한다.
그 자리의 힘에 의해서 움직이는 원리. 화살이 힘이 다해 떨어지는
자리는 아무리 기도해도 죽을 때 죽는다.

• 각유백억제천各有百億諸天
"각각 백억 하늘들이 있어."
한 가지를 봐도 우리 마음은 각각 다르다.
아무리 고통 속에 살아도 언젠가는 이 고생이 끝나겠지 하고 믿는
의지처는 각각 다르다.

• 작천기악作天伎樂
"하늘 풍류를 잡히고."

큰소리치고 사는 것. 잘난 모습을 자랑하는 것.

말을 할 때 신이 나서 하는 것.

최선을 다할 때 자기가 제일이다 하는 데서 즐거움을 갖는다.

• 가탄어불歌歎於佛
"노래하며 부처님을 찬탄한다."

큰소리치고 살지만 누구든지 탄식을 하고 살게 된다. 살면서 즐거움을 느끼기도 하고 탄식하기도 한다.

세상 만물은 자기 잘난 멋에 산다.

• 설법화경說法華經
"법화경을 말씀하신다."

부처님이 하늘에 묻어 둔 변화무쌍한 내용의 기록들이 우리의 마음과 연결되는 것이다.

세월이 흐르다 보니 보이지 않는 힘이 여러 사람이 쓸 수 있도록 열매를 맺는다.

• 일체중생희견보살一切衆生喜見菩薩
모든 사람들이 만나면 즐거워하는 보살이다.

난핵고행과 낙습고행을 하면 나의 말과 행동에서 향기나 나와 남이 나를 좋아하게 된다. 그러면 깊은 산속에 숨어 살아도 많은 사람이 찾아온다.

◉ 우리의 본성에는 일체중생희견보살의 에너지가 있다. 나를 내려놓으면 모든 사람을 기쁘게 하는 힘이 있다.

일체중생희견보살은 남을 기쁘게는 하지만 남을 변화시킬 수 있는 힘은 없다. 그러나 이 보살이 난행고행과 낙습고행을 하면 남을 변화시킬 수 있는 힘을 갖게 된다. 즉 약왕보살이 된다.

어떻게 하면 남을 변화시킬 수 있는 힘을 가질 수 있는가?

일월정명덕여래(우주를 움직이는 힘)와 법화경(우주를 움직이는 힘을 적어 놓은 것)을 공부하면 그 힘이 생긴다.

- 시일체중생희견보살是一切衆生喜見菩薩 낙습고행樂習苦行 차향육수가치 此香六銖價値 사바세계沙婆世界 이공양불以供養佛
  - ◉ 약왕보살과 일체중생희견보살은 합하면 하나이고 나누면 둘이다. 일체중생희견보살이 난행고행하면 약왕보살이 된다.
  - ◉ 낙습고행樂習苦行: 자식을 키우는 것과 같이 즐겁게 하는 고행을 말한다. 고생하는 것을 즐겁게 받아들이는 자리, 난행고행에서 얻어진 것을 지키는 자리이다. 난행고행이 낙습고행으로 바뀌어야 한다. 난행고행만 하면 일찍 쇠한다. 공부하기가 괴로운 학생이 처음에는 힘들더라도 참고 열심히 하면 나중에는 공부에 빠져서 밥 먹는 것도 잊게 된다. 이때 나를 변화시키고 남을 변화시키는 힘이 생긴다.

약왕보살이 전생에 어떻게 수행해서 일체중생희견보살이 되었는지를 설명하는 것이다. 법화경의 내용을 수행하기를 즐겁게 고생하여 청정하고 밝은 지혜를 얻은 연후에 현일체색신삼매를 얻었다.

- 현일체색신삼매現一切色身三昧
  중생을 제도하기 위해 마음을 한곳으로 집중하고 중생이 처해 있는 상황에 따라 거기에 적절한 가르침을 주기 위해 몸을 변화하여 나타낼 수 있는 힘.

중생의 근기에 따라 그에 맞게 여러 가지의 방법으로 중생을 교화할 수 있는 능력을 말한다. 묘음보살妙音菩薩은 중생의 근기에 따라 34가지 모습으로 응신應身하여 중생을 제도하고, 관세음보살은 33가지 모습으로 응신하여 중생을 제도한다. 이와 같이 부처님이나 보살이 중생을 제도하기 위해서 상대에 알맞은 모습으로 변화해서 상대에게 알맞은 가르침을 주는 능력을 말한다.

현일체색신삼매를 얻는다는 것은 상대방에 맞추어서 여러 가지로 변하는 힘을 얻는 것이다. 일체색신을 나타내는 삼매를 얻은 것은 자기 몸을 태워서 없앴는데 오히려 모든 몸을 나타내는 삼매를 얻었다.

나 자신을 태우는 소신공양을 함으로써 현일체색신삼매를 얻었다. 버림으로써 모든 것을 얻는다.

일체중생희견보살이 반야바라밀다를 얻으면 약왕보살이 된다.

반야바라밀다를 얻으면 돌을 보더라도 이 돌이 앞으로 어떻게 쓰일 것이라는 것을 안다. 약왕보살로 바뀌면 그 돌을 필요한 사람이 쓸 수 있도록 눈에 띄게 만들어 주는 게 약왕이다.

일체중생희견보살은 신력神力으로 공양했다. 신력공양은 이신공양以身供養만 못하다.

일체중생희견보살은 보고 겉은 아는데 그 속을 알지 못한다.

마치 의사가 환자의 병명은 아는데 낫게 하는 방법은 모르는 것과 같다.

향을 마신다는 것은 모든 것을 불쌍히 볼 때 향을 마실 수 있다. 고행을 해야 모든 게 불쌍하게 보인다.

• 어일월정명덕불법중於日月淨明德佛法中 정진경행精進經行 일심구불一心求佛 만만이천세이滿萬二千世已

일월정명덕부처님 법 가운데서 정진하고 거닐면서 일심으로 부처되기를 구하여 일만 이천 세가 된 뒤.

◉ 이 세상을 움직이는 힘은 연속적으로 이어 나간다. 우주 실상을 움직이는 일월정명덕불과 연결되면 자꾸 이어진다.

– 정진경행精進經行: 정진하고 행한다.

◉ 내가 무슨 일을 하면서 옳고 그른 것을 다시 생각하면서 하는 것. 익숙해질수록 더욱 조심하고 노력해야 한다.

– 일심구불一心求佛: 오직 한 마음으로 부처 되기를 바라다.

◉ 아직 모자라는 것. 아직도 다 찾지 못해서 열심히 찾아 하나하나 발전해 나가는 것. 모든 것은 다 살기 위해서 관리하고 보호하고 아끼고 하는 것이다. 이생에서 노력하는 것은 내생에 와서 쓸 것을 준비하는 것이다.

– 만만이천세이滿萬二千歲已: 일만 이천 세를 다 채우고.

살다가 중단됨이 없이 결실을 보게 된다. 시작하면 끝이 있는 것이다. 이 세상은 언제든지 연속해서 세상이 끝날 때까지 유지해 간다.

• 득차삼매이得此三昧已 심대환희心大歡喜 즉작염원卽作念願 아득현일체색신삼매我得 現一切色身三昧 개시득문법화경력皆是得聞法華經力

"삼매를 얻고는 매우 기뻐서 이렇게 말하였다. 내가 온갖 색신을 나타내는 삼매를 얻은 것은 모두 법화경을 들은 힘이다."

◉ 내가 얻은 일체색신삼매는 노력하고 고행해서 얻은 것이다

◉ 삼매를 얻으면 왜 환희심이 나는가? 해 놓은 일이 빛이 날 때, 고생하고 운이 트이고 하여 세상을 알고 힘이 생겨서 어둠도 밝음도 없이 되는 때는 기쁨뿐이다.

◉ 삼매를 얻기 전까지는 내가 어두우니까 괴롭고 외마(병마)가 들어온다. 그러나 삼매를 얻으면 외마가 들어오지 못한다. 우울하면 외마가 침범하며, 내가 기쁘면 외마가 들어오지 못한다. 기쁜 마음이 있다는 것은 내가 외마를 이겼다는 것이다. 기도를 하거나 독경을 하거나 경 공부를 할 때 법문을 들을 때 환희심이 나면 외마가 침범하지 못한다. 밖에서 집으로 들어오는 남편, 애들을 기쁘게 반갑게 맞이하면 외마가 집 안으로 들어오지 못한다. 환희심이 날 때 새로운 일을 시작해야지 지금 할일이 없으니까 새로운 일을 하겠다는 생각은 잘못이다.

◉ 왜 법화경을 들은 힘인가? 내가 일체색신삼매를 얻은 것은 난행고행을 해서 얻은 것이다. 노력해서 얻은 것은 절대로 없어지지 않고 영원하다. 열심히 노력하는 데서 보이지 않는 힘이 생긴다. 노력하는 가운데서 얻어진다.

◉ "법화경의 힘"
내가 실상법칙에 순종하고 노력하고 진실하게 산 힘. 노력하고 진실하면 모든 사람이 울타리가 되어 바람을 막아 준다. 내가 곤경에 빠졌을 때 여러 사람이 나를 도와준다. 내가 원망하는 사람이 많으면 내가 진실하게 살지 못했다는 증거이다.

◉ 기도, 독경, 탑돌이를 하고 나서 환희심이 나고 바로 좇아오는 생각대로 하면 실수가 없다.

❀

作是供養已하시고 從三昧起하사 而自念言호대 我雖以神力으로 供養於佛이나 不如以身供養이라 하고 卽服諸香의 栴檀薰陸과 兜樓婆 畢力迦와 沈水膠香하며 又飮瞻蔔 諸華香油호대 滿千二百歲已에 香油塗身하고 於日月淨明德佛前에 以天寶衣로 而自纏身하고 灌諸香油하며 以神通力願으로 而自然身하사 光明이 遍照 八十億 恒河沙世界하니 其中諸佛

이 同時讚言호대 善哉善哉라 善男子야 是眞精進이며 是名 眞法供養如來라 若以華香瓔珞과 燒香末香塗香과 天繪幡蓋와 及海此岸栴檀之香인 如是等 種種諸物供養으로 所不能及이며 假使國城妻子布施라도 亦所不及이니라. 善男子야 是名 第一之施라 於諸施中에 最尊最上이니 以法供養 諸如來故니라. 作是語已하고 而各默然이러라. 其身이 火燃千二百歲하고 過是已後에 其身이 乃盡하니라. 一切衆生憙見菩薩이 作如是法供養已하고 命終之後에 復生日月淨明德佛國中하야 於淨德王家에 結加趺坐하고 忽然化生하니라. 即爲其父하야 而說偈言하오대 大王今當知하소서 我經行彼處하야 即時得一切 現諸身三昧하고 懃行大精進호대 捨所愛之身하야 供養於世尊은 爲求無上慧니다. 說是偈已하고 而白父言하오대 日月淨明德佛이 今故現在하시니 我先供養佛已에 得解一切衆生語言陀羅尼하고 復聞是法華經의 八百千萬億那由他인 甄迦羅 頻婆羅 阿閦婆等偈호니 大王하 我今에 當還供養此佛호리이다. 白已코 即坐七寶之臺하사 上昇虛空호대 高七多羅樹하고 往到佛所하야 頭面禮足하며 合十指爪하고 以偈讚佛하오대 容顏甚奇妙하시며 光明照十方이삿다 我適曾供養이러니 今復還親覲호이다.

이렇게 공양하고는 삼매에서 일어나 스스로 생각하기를 '내가 비록 신통의 힘으로 부처님께 공양하였으나 몸으로써 공양함만 같지 못하리라.' 하고 곧 전단향 훈육향 도루바향 필력가향 침수향 교향 등을 먹고, 또 담복 따위 여러 가지 꽃으로 짠 향유를 마시기를 1천2백 년이 되도록 하였으며, 또 향유를 몸에 바르고 일월정명덕부처님 앞에서 하늘의 보배 옷으로 몸을 감고 향유를 붓고 신통의 힘과 서원으로 스스로 불사르니 광명이 80억 항하사 세계에 두루 비치었느니라. 그 세계에 계시는 부처님들이 한꺼번에 찬탄하시었느니라.

"착하여라, 착하여라 선남자여, 이것이 진정한 정진이며 이것이 참으로 법답게 여래께 공양함이니라. 만일 꽃과 향과 영락과 사르는 향 가루향 바르는 향과 하늘의 비단 번기와 일산과 해차안의 전단향이나 이와 같은 여러 가지로 공양하는 것으로는 미칠 수 없으며 가사 나라나 성이나 처자로 보시하는 것으로도 미칠 수가 없느니라. 선남자여, 이것은 제일 가는 보시라 할 것이며 모든 보시 중에 가장 존귀하고 가장 으뜸이니 여래에게 법답게 공양하는 연고이니라."

이렇게 말씀하고는 잠잠하였으며 그 몸이 1천2백 년 동안을 탄 뒤에야 몸이 다하였느니라. 일체중생희견보살이 이렇게 법공양을 하여 목숨이 다한 뒤에 다시 일월정명덕부처님 국토에 났는데 정덕왕의 가문에 결가부좌하고 홀연히 화생하였고, 곧 그 아버지를 위하여 게송을 말하였느니라.

"대왕이여, 통촉하소서. 제가 저곳에서 거닐면서 온갖 색신을 나타내는 삼매를 얻었나이다. 큰 정진을 부지런히 행할 제 사랑하는 몸을 버려 세존께 공양했으니 위없는 지혜 구함이외다."

이 게송을 말하고는 아버지에게 말하였다.

"일월정명덕부처님이 아직도 계시나이다. 내가 전에 부처님께 공양하고 모든 중생의 말을 아는 다라니를 얻었고 다시 법화경의 8백천만억 나유타 견가라 빈바라 아축바 등 게송을 들었사온데, 내가 돌아왔으니 지금도 마땅히 이 부처님께 공양하려 하나이다."

이렇게 말하고 칠보로 된 대에 앉아 칠다라수 높이의 허공에 올라가서 부처님 계신 데 이르러 머리를 조아려 발에 예배하고 열 손가락을 모아 게송으로 부처님을 찬탄하였느니라.

"존안이 매우 기묘하시고 광명이 시방에 비치나이다. 제가 일찍이 공양하였사온데 이제 또 가까이 뵙나이다."

• 이자연신而自然身 광명변조光明偏照 팔십억八十億 항하사세계恒河沙世界
"스스로 몸을 불사르니 그 광명이 팔십억 항하사 세계를 두루 비추었다."
일체중생희견보살이 자기 몸을 태워 그 빛으로 모든 중생이 자기와 같은 눈을 얻어 불성, 자성自性을 볼 수 있는 기회를 주었다. 불교의 참모습은 자아발견에 있다.

• 국성처자보시國城妻子布施
"나라나 성이나 처자로 보시하다."
내가 가장 귀하다고 여기고 아끼는 것을 부처님께 바치다.
이때 부처님께 바치는 것은 물건이 아니라 마음이다.
- 국國: 재물, 명예, 인기 등 내가 가장 중요하게 여기는 것.
- 성城: 가정, 집, 직장 등 나를 지켜 주는 것.
- 처자妻子: 내가 아끼는 것.

• 기신화연其身火然 천이백세千二百歲 과시이후過是以後 기신내진其身乃盡
"그 몸이 일천이백 년 동안을 탄 뒤에야 다하였다."
일체중생희견보살은 자기 몸을 태워서 그 빛으로 우리의 불성, 자성을 밝게 영원히 비취었다. 초가 자기 몸을 태워 주위를 밝히듯이 일체중생희견보살도 자기 몸을 버려서 중생을 구제한다.

- 해일체중생어언다라니解一切衆生語言 다라니陀羅尼

  모든 다른 사람의 마음을 알고 설說하는 힘. 일체중생희견보살이 부처님께 소신공양을 했기 때문에 이런 능력을 얻었다.

- 용안심기묘容顔甚奇妙 광명조시방光明照十方
  - ◉ 용안容顔: 만물이 살아 움직이게 하는 힘. 우주 실상에 장엄되어 있는 힘. 우주의 힘과 그 힘에 부합되어 살아갈 수 있는 힘 그 자체. 우주 실상을 움직이는 힘과 나의 칠보七寶로 장엄된 힘이 연결될 때 용안이라고 한다. 우주 실상의 힘과 내 힘이 맞을 때 기도가 잘되고 운수가 대통이고 병이 잘 낫는다. 난행고행, 낙습고행을 하면 거기서 나오는 빛은 시방세계를 비춘다.
  - ◉ 심기묘甚奇妙: 매우 기묘하다.

    내가 저세상에서 이 세상으로 올 때 가지고 온 모습대로 열심히 살았더니 묘妙가 생겼다.

    모든 사람은 본래 자기 모습대로 살아야 한다. 자기 본래의 얼굴은 감추고 잘난 모습을 보이면 다른 사람과 호흡을 같이할 수가 없다. 왜냐하면 사람은 얼굴을 보고 마음이 움직이기 때문이다. 장관 얼굴을 하면 장관 대접을 해 주고, 거지 얼굴을 하면 거지 대접을 해 준다.

    자기가 가지고 온 모습대로 살면 어떤 사람과도 어울릴 수가 있다. 제 모습대로 살면 누구와도 호흡을 맞출 수 있다.

    얼굴에 상相을 내면 누구와도 다 어울릴 수가 없다. 따라서 자기가 가지고 온 모습대로 살면 묘妙가 움직인다. 그래서 심기묘甚奇妙이다.
  - ◉ 광명조시방光明照十方: 광명의 빛이 온 세계를 비추다.

    부처님의 지혜의 빛이 온 세상을 비추고 있다.

    사방에서 와서 내가 필요한 대로 준다.

• 아적증공양我適曾供養 금부환친근今復還親覲

"제가 일찍이 공양하였사온데 이제 또 가까이 뵙나이다."

옛날 전생에서 부처님께 공양했었는데, 부처님과 인연이 깊어서 지금 또 이렇게 찾아뵙고 가르침을 배우고 다시 공양을 드리게 되었습니다.

◉ 나는 지금까지 내 재주만 믿고 살았는데 이제 보니 내 재주 밖에 나를 움직이는 자리가 따로 있구나.

존안이 매우 기묘하시고

지혜의 빛이 사방을 다 비추나이다.

제가 일찍이 공양하였삽더니

이제 또 친근하나이다.

이 게송은 일체중생희견보살이 자신의 몸을 태워 세존께 공양을 올리고 나서 위없는 지혜를 얻은 뒤 일월정명덕부처님 국토에 다시 나서 일월정명덕부처님을 찬탄하는 것이다.

필자의 스승께서는 이 게송을 소리 내어 세 번을 외면 법화경을 보호하는 신중들이 좋아한다고 하셨다.

부처님이시여, 저는 제 본래 모습대로 살게 해 주십시오. 그래야 누구와도 어울릴 수 있고 누구와도 호흡을 맞출 수 있습니다. 그래야 제가 배가 고프면 밥이 생기고, 몸이 아프면 약이 생기고 추우면 옷이 생깁니다. 제가 힘들 때 실상이 도와줍니다.

이것이 묘妙이다. 보석 목걸이를 하고 다이아몬드 반지를 끼고 공양간에 들어가면 거기서 일하는 사람들이 받아 주지 않는다. 내가 상相을 냈기 때문이다.

✿

宿王華야 此經은 能救一切衆生者며 此經은 能令一切衆生으로 離諸苦惱며 此經은 能大饒益 一切衆生하야 充滿其願하나니 如淸凉池하야 能滿一切 諸渴乏者며 如寒者得火며 如裸者得衣며 如商人得主며 如子得母며 如渡得船이며 如病得醫며 如暗得燈이며 如貧得寶며 如民得王이며 如賈客得海며 如炬除暗이니라. 此法華經도 亦復如是하야 能令衆生으로 離一切苦와 一切病痛하고 能解一切 生死之縛이니라.

"수왕화여, 이 경은 능히 모든 중생을 구원하는 것이며, 이 경은 모든 중생으로 하여금 모든 괴로움을 여의게 하며, 이 경은 모든 중생들을 이익되게 하여 그 소원을 만족케 하느니라. 마치 서늘한 못이 모든 목마른 이를 만족케 함과 같으며, 추운 이가 불을 얻음과 같으며, 헐벗은 이가 옷을 얻음과 같으며, 상인이 화주를 만남과 같으며, 아들이 어머니를 만남과 같으며, 물 건너는 이가 배를 만남과 같으며, 병난 이가 의사를 만남과 같으며, 어두울 적에 등불을 얻음과 같으며, 가난한 이가 보물을 얻음과 같으며, 백성이 임금을 만남과 같으며, 장사꾼이 바다를 만남과 같으며, 햇불이 어둠을 없앰과 같듯이 이 법화경도 그와 같아서 중생으로 하여금 모든 고통과 모든 병을 여의게 하며 모든 중생의 속박을 풀어 주느니라."

☞ **법화경의 12가지 공덕**

① 능만일체能滿一切 제갈핍자諸渴乏者: 목마른 사람에게 물을 주어 해갈하여 만족케 한다.

중생이 법화경을 통하여 법의 이치를 얻는 것은 마치 목마른 사람에게 물을 주어 해갈케 하는 것과 같다.

② 한자득화寒者得火: 추운 이가 불을 얻는다.

◉ 이웃에 인심을 잃을 때 인심을 얻게 하여 훈훈하게 해 준다.

◉ 외로운 사람을 외롭지 않게 해 준다.

③ 나자득의裸者得衣: 헐벗은 이가 옷을 얻다.

◉ 부처님이 가피를 주어 보호한다.

④ 상인득주商人得主: 상인이 화주를 만난다.

◉ 인생은 장사와 같이 이익을 남겨야 한다.

◉ 농사, 자식을 기르는 것을 약왕보살이 이익이 되게 한다.

⑤ 자득모子得母: 아들이 어머니를 만난다.

◉ 부모의 사랑이 그리운 사람에게 사랑의 응답을 준다.
   자기를 보호해 주는 힘과 연결된다.

⑥ 도득선渡得船: 물 건너는 이가 배를 만난다.

배는 물을 건너가기 위한 방편이다.

◉ 어려운 일을 만나면 방편을 써서 살아가는 방법을 가르쳐 준다.

⑦ 병득의病得醫: 병난 이가 의사를 만남과 같다.

◉ 병든 자가 의원을 만나면 몸이 치유되듯이 법화경은 마음의 병을 고쳐 준다.

⑧ 암득등暗得燈: 어두울 때 등불을 얻는다.

◉ 어제까지 캄캄해서 몰랐는데 오늘 새로운 길이 열렸다.

◉ 어둠(어리석음)으로 인한 장애를 소멸시킨다.

⑨빈득보貧得寶: 가난한 이가 보물을 얻는다.

가난을 면하게 하고 배우고자 하는 마음을 내게 하여 지혜를 구족케
한다.

⑩민득왕民得王: 백성이 임금을 만난다.

◉ 하늘 땅 사람의 이치를 연결하여 화합하게 한다.

◉ 의지할 데가 생긴다. 나를 보호해 준다.

⑪고객득해賈客得海: 장사꾼이 바다를 만난다.

◉ 어디든지 자기 일이나 말에 맛을 내게 해서 여러 사람이 즐겁게 함께해
주겠다.

⑫거제암炬除暗: 횃불이 어둠을 없앤다.

법화경은 어리석은 미혹을 없애 준다.

• 능해일체能解一切 생사지박生死之縛

"일체의 생사의 속박, 사물의 변화의 속박에서 풀려난다."

◉ 환경의 변화에 따라 자기 마음의 자유를 잃어버린다.

◉ 세상의 온갖 변화에 따라 내 마음이 갈팡질팡한다. 더우면 덥다고 불평,
추우면 춥다고 불평, 이익이 나면 좋아서 날뛰고, 손해가 나면 죽는
시늉을 하고, 부자가 되면 교만해지고, 가난해지면 비굴해지고, 남이
욕을 하면 성을 내고, 남이 칭찬하면 우쭐거린다. 어떠한 환경에 있더라
도 동요되지 말고 평상심을 갖는 것이 중요하다 하겠다.

여기서 해解는 '해탈'을 의미한다. 이곳을 벗어나서 저곳으로 가는
게 아니라 무엇에나 자재自在를 얻는 것, 일을 하거나 잠을 자거나
밥을 먹는 모든 일이 자재하다. 생사에 매달리지 않는 것을 말한다.

묘음보살품妙音菩薩品 제24

1. 대의

세존께서 「약왕보살본사품」을 말씀하시고 나자, 갑자기 백호상白毫相의 광명이 동방으로 비춰서 정광장엄淨光莊嚴세계에까지 닿자 그곳에는 묘음보살妙音菩薩이 있었다. 그 보살은 오래전부터 모든 덕의 근본을 심었으며 한량없는 백천만억 부처님께 공양하고 친근하면서 매우 깊은 지혜를 다 성취하였다. 이 묘음보살이 사바세계로 와서 부처님께 공양하고 신통력으로 중생의 근기에 따라 34가지 모습으로 응신應身하여 법화경을 가르친다.

묘음보살은 아득한 옛날 운뢰음왕 부처님께 1만 2천 년 동안 10만 가지 풍류로 공양하고 음악을 연주해 올리고, 또 8만 4천의 칠보로 된 바리때를 받들어 올린 공덕으로 신통의 힘을 얻었다.

약왕보살은 과거에 이 사바세계에서 당시의 부처님과 법화경을 위해 소신공양한 공덕으로 현재 약왕보살이 되었으나, 묘음보살은 이와는 달리 사바세계에서 멀고 먼 동방의 불국토에서 법화경으로 중생을 구제한 보살이다.

묘음보살은 동쪽 세계에 있는데 이 보살은 약왕보살과 연관되어 있고 여러 가지 몸을 나타낸다는 것은 삼매의 힘이고 중생을 교화하는 방편이다.

묘음보살이나 약왕보살은 모두 현일체색신삼매現─切色身三昧를 얻어서 중생의 근기에 알맞게 제도한다는 점은 같지만, 약왕보살은 사바세계에 머무는 데 반하여 묘음보살은 아득히 먼 동방세계에서 왔다는 점이 다르다. 법화경이 사바세계뿐만 아니라 우주 전체가 부처님의 교화 대상이라는 것을 보여 준다.

약왕보살은 일체중생희견보살─切衆生喜見菩薩 시절에 난행고행과 낙습고행의 수행을 하고 자기 몸을 태우는 소신공양으로 현일체색신삼매와 해일체중생어언解─切衆生語言다라니를 얻고 약왕보살이 되었는데 묘음보살은 그 삼매의 힘을 중생을 가르치는 데 어떻게 사용하는지 보여준다.

사바세계를 불국토를 만들기 위한 약왕보살, 묘음보살, 그리고 관세음보살의 역할을 보면,

① 약왕보살은 난행고행, 낙습고행과 소신공양을 하여 일체중생의 말을 아는 지혜, 즉 해일체중생어언다라니를 얻었고, 현일체색신삼매를 얻어서 상대에 따라 그 상대에 알맞은 모습으로 나타나서 상대에게 알맞은 방편을 사용하는 힘을 가졌다.

② 묘음보살은 34가지로 몸을 나타내어 다른 사람을 가르쳐서 밝은 지혜로 이끈다. 묘음보살은 아득히 먼 동방에서 이 사바세계에 오셔서 34가지로 몸을 나타내어 모든 중생을 구제하는 보살로서, 현재 우리가 살고 있는 사바세계가 곧 불국토임을 말한다. 그러므로 극락이나 천당은 물론 지옥도 내 마음 안에 있는 것이지 마음 밖에 있는 것이 아니다.

③관세음보살은 33가지로 몸을 나타내어 중생 구제의 자비행慈悲行
을 실천한다.

2. 본문 해설

爾時에 釋迦牟尼佛이 放大人相 肉髻光明하며 及放眉間 白毫相光하사
遍照東方 百八萬億 那由他 恒河沙等 諸佛世界러라. 過是數已에 有世
界하니 名은 淨光莊嚴이요 其國에 有佛하시니 號는 淨華宿王智如來 應供
正遍知 明行足 善逝 世間解 無上士 調御丈夫 天人師 佛世尊이라. 爲無
量無邊 菩薩大衆의 恭敬圍繞하야 而爲說法이러라. 釋迦牟尼佛의 白毫
光明이 遍照其國하니라. 爾時에 一切淨光莊嚴國中에 有一菩薩하니 名
日妙音이라. 久已殖衆德本하사 供養親近 無量百千萬億諸佛하야 而悉
成就 甚深智慧하고 得妙幢相三昧와 法華三昧와 淨德三昧와 宿王戲三
昧와 無緣三昧와 智印三昧와 解一切衆生語言三昧와 集一切功德三昧
와 清淨三昧와 神通遊戲三昧와 慧炬三昧와 莊嚴王三昧와 淨光明三昧
와 淨藏三昧와 不共三昧와 日旋三昧하사와 得如是等 百千萬億 恒河沙
等 諸大三昧러라. 釋迦牟尼佛의 光照其身하니 卽白淨華宿王智佛言호
대 世尊하 我當往詣 娑婆世界하야 禮拜親近하고 供養釋迦牟尼佛하며
及見文殊師利法王子菩薩과 藥王菩薩과 勇施菩薩과 宿王華菩薩과 上
行意菩薩과 莊嚴王菩薩과 藥上菩薩하노이다. 爾時에 淨華宿王智佛이
告妙音菩薩하사대 汝는 莫輕彼國하야 生下劣想하라. 善男子야 彼娑婆
世界는 高下不平하고 土石諸山에 穢惡이 充滿하며 佛身은 卑小하고 諸菩
薩衆도 其形이 亦小로대 而汝身은 四萬二千由旬이요 我身은 六百八十
萬由旬이라. 汝身이 第一端正하고 百千萬福光明이 殊妙라. 是故로 汝往

호대 莫輕彼國하야 若佛菩薩과 及國土에 生下劣想이니라. 妙音菩薩이
白其佛言호대 世尊하 我今詣 娑婆世界는 皆是如來之力이며 如來神通
遊戲며 如來功德 智慧莊嚴이니다. 於是에 妙音菩薩이 不起于座하사 身
不動搖하고 而入三昧하시니 以三昧力으로 於耆闍崛山의 去法座不遠에
化作八萬四千 衆寶蓮華하니 閻浮檀金으로 爲莖하고 白銀으로 爲葉하며
金剛으로 爲鬚하고 甄叔迦寶로 以爲其臺러라. 爾時에 文殊師利法王子
見是蓮華하고 而白佛言호대 世尊하 是何因緣으로 先現此瑞호대 有若干
千萬蓮華에 閻浮檀金으로 爲莖하고 白銀으로 爲葉하며 金剛으로 爲鬚하
고 甄叔迦寶로 以爲其臺니이까.

그때에 석가모니불이 어른다운 몸매인 살상투의 광명과 미간백호상
의 광명을 놓아 동방으로 백팔만억 나유타 항하사의 부처님 세계를 비추
었다. 이러한 세계를 지나가서 또 세계가 있으니 이름이 정광장엄이요,
그 세계에 부처님이 계시었으니 이름이 정화수왕지여래 응공 정변지
명행족 선서 세간해 조어장부 천인사 불세존이시라. 한량없고 그지없는
대중에게 둘러싸이어 공경을 받으면서 법을 말씀하시는데, 석가모니불
의 백호상의 광명이 그 국토에 두루 비추었다. 이때 일체정광장엄 세계에
한 보살이 있으니 이름이 묘음이라, 오래전부터 모든 덕의 근본을 심었으
며 한량없는 백천만억 부처님께 공양하고 친근하면서 매우 깊은 지혜를
다 성취하였다. 묘당상삼매, 법화삼매, 정덕삼매, 수왕희삼매, 무인삼
매, 지인삼매, 해일체중생어언삼매, 집일체공덕삼매, 청정삼매, 신통
유희삼매, 혜거삼매, 장엄왕삼매, 정광명삼매, 정장삼매, 불공삼매, 일
선삼매를 얻어 이러한 백천만억 항하사의 모든 대 삼매를 얻었다. 석가모
니부처님 광명이 그 몸에 비치매 곧 정화수왕지부처님께 사뢰었다.

"세존이시여, 제가 사바세계에 가서 석가모니불께 예배하고 친근하고 공양하려 하오며 또 문수사리법왕자보살, 약왕보살, 용시보살, 수왕화보살, 상행의보살, 장엄왕보살, 약상보살을 뵈오려 하나이다."

이때 정화수왕지불이 묘음보살에게 말씀하셨다.

"그대는 저 국토를 업신여겨서 하열하다는 생각을 내지 말라. 선남자여, 저 사바세계는 높고 낮고 하여 평탄하지 못하고 흙산 돌산에 더러운 것이 가득하였으며, 부처님 몸이 작고 보살들의 형상도 작은데 그대의 몸은 사만이천 유순이고 내 몸은 육백팔십만 유순이며, 그대의 몸은 가장 단정하여 백천만 복덕에 광명이 특수하니라. 그러므로 그대가 가더라도 그 국토를 업신여기지 말고 부처님과 보살과 국토에 대하여 하열하다는 생각을 내지 말라."

묘음보살이 부처님께 사뢰었다.

"세존이시여, 제가 지금 사바세계에 가는 것은 다 여래의 힘이오며 여래의 신통으로 유희함이며 여래의 공덕과 지혜로 장엄함이나이다."

이에 묘음보살이 자리에서 일어나지 않고 몸을 동요하지 않고 삼매에 들었다. 삼매의 힘으로 기사굴산의 설법하는 사자좌에서 멀지 않은 곳에 팔만사천의 보배연화를 변화하여 만들었으니, 염부단금으로 줄기가 되고 백은으로 잎이 되고 금강으로 꽃술이 되고 견숙가 보배로 꽃받침이 되었다.

이때 문수사리법왕자가 이 연화를 보고 부처님께 사뢰었다.

"세존이시여, 무슨 인연으로 이 상서가 나타났나이까. 수많은 천만 연화가 생기어 염부단금으로 줄기가 되고 백은으로 잎이 되고 금강으로 꽃술이 되고 견숙가 보배로 꽃받침이 되었나이다."

"그때에 석가모니불이 어른다운 몸매인 살상투의 광명과 미간백호상의 광명을 놓아 동방으로 백팔만억 나유타 항하사의 부처님 세계를 비추었다. 이러한 세계를 지나가서 또 세계가 있으니 이름이 정광장엄淨光莊嚴이라."

석가모니부처님이 최상의 지혜의 빛인 살상투의 광명과 중도의 이치를 환하게 밝히신 미간백호상의 광명이 중생에게 비춰지니 중생들의 무량한 108번뇌가 청정한 빛으로 꾸며진 세계로 변해진다. 108번뇌란 6근과 그것의 대상이 되는 6경계(또는 6진)가 서로 작용하여 일어나는 갖가지 번뇌를 말하는데 이것이 과거, 현재, 미래에 일어나므로 108번뇌가 된다(6근×6경계×3＝108).

우리가 묘음보살이나 약왕보살이나 관세음보살을 만나기 위해선 오랜 세월 동안 쌓아 놓은 무량한 번뇌에서 벗어나야 하는데 그러기 위해선 부처님의 지혜의 빛을 만나야 한다.

우선 108종류의 한량없는 번뇌에서 탈출해야 하는데 난행고행과 낙습고행을 해서 현일체색신삼매와 해일체중생어언다라니를 얻어야 한다. 그리하면 중생들의 요구에 따라 적절한 말과 행동으로 그들을 구제할 수 있다.

• 묘음보살妙音菩薩

묘음보살은 말소리 음악소리 등이 현묘한 보살이다. 묘음보살은 가르침을 펴는 보살이다. 이 보살은 지난 세상 십만 가지의 풍류를 운뢰음왕불雲雷音王佛에게 바치고 동방의 정광장엄국에 태어났다. 한량없는 삼매를 얻고 34개의 몸을 나타내어 중생을 교화시킨다.

◉ 말의 씨앗 ⇨ 보이지 않는 힘의 원천이다. 말의 힘은 사람을 살리기도

하고 죽이기도 한다. 세 번 생각하고 한 마디 하라.

◉ 말 속에 힘이 있어서 그 말의 뜻을 똑바로 잘 전달해 주는 보살. 이 힘이 없으면 내가 말하는 것이 상대에게 잘못 전달되어 오해가 생긴다.

◉ 같은 얘기를 해도 어떤 사람의 얘기는 잘 이해가 되는데 어떤 사람의 얘기는 잘 이해가 안 되는 것은 묘음의 힘이 있느냐 없느냐의 차이에서다.

◉ 상대방에게 곱게 말하고 듣기 싫지 않게 말할 때 보살이 도와준다.

◉ 묘음기도는 어머니가 하는 것이 원칙이다. 묘음기도를 하면 다보여래가 움직여져서 기도가 이루어진다.

◉ 묘음기도는 부족하게 왔더라도 부족한 것을 채워 줄 수 있다. 입학시험, 승진시험처럼 모자라서 못 올라갈 때 기도로써 채워 준다.

• 석가모니불釋迦牟尼佛

석가모니는 육신은 돌아가셨지만 석가모니가 설하신 말씀은 모두 살아서 움직이는 불변의 모습. 육신은 다 던지고 가셨으나 그 말씀은 영원히 남아 우리의 나아갈 바를 비춰 준다.

• 방대인상放大人相

"바다같이 큰 인상을 발하다."

부처님은 수행의 보답으로 32가지 어른다운 모습을 얻었는데 이것이 대인상이고, 그중 하나가 정수리에 살상투처럼 불룩하게 솟아난 모습이다. 이 살상투는 부처님뿐만 아니라 수행을 오래 하면 누구나 생겨나는 모습이다.

나를 버려야 빛이 나온다.

오랜 수행을 하더라도 신비스러운 힘을 얻고자 한다거나 나의 이익을 도모하기 위해서 수행하면 아무 소용이 없다. 나를 버리고 비우는 수행을 하면 지혜의 빛이 생긴다.

- **육계광명**肉髻光明 **급방미간**及放眉間 **백호상광**白毫相光
    - ◉ 부처님한테서 광명이 나면 모든 장애가 물러간다. 마가 물러간다. 우리도 난행고행, 낙습고행을 하면 부처님과 같이 육계광명하며 백호상광하게 된다. 만약 부처님만 되고 우리는 할 수 없다면 이 경이 무슨 소용이 있겠는가? 부처님은 「약왕보살본사품」에서 누구나 난행고행, 낙습고행, 소신공양을 하면 아뇩다라삼먁삼보리를 얻고 병도 낫는다고 하셨다. 이것은 부처님과 우리와의 약속이다.
  - – **육계광명**肉髻光明 : 살상투의 광명
    - ◉ 생각하는 대로 광명이 움직이는 모습. 하늘의 힘과 우리 인간이 직접 움직여지는 모습.
    - ◉ 우리의 생각과 하늘의 빛(부처님의 광명)이 같이 연결되면서 같이 움직여지는 원리.
    - ◉ 전체를 보는 것. 자기 마음이 열리면서 전체를 다 알게 되는 것. 머리 전체가 환해지면서 다 알게 된다.
    - ◉ 생각을 정리해 준다. 어두운 생각을 밝게 해 준다. 놀고 싶은 생각, 자고 싶은 생각 등 나쁜 생각을 없애고 할 일(공부)만 생각하게 한다.
    - ◉ 어떻게 하면 육계광명이 움직이는가?
      중생의 아픔을 내 아픔과 같이 생각하고 중생의 괴로움을 내 괴로움과 같이 생각할 때, 중생의 문제를 해결하려고 연구하고 노력할 때 육계광명이 생긴다.
  - – **백호상광**白毫相光 : 석가모니불의 두 눈썹 사이에 있는 희고 빛나는 가는 터럭〔白毫〕에서 나오는 빛. 이 광명이 무량세계를 비춘다.
    - ◉ 보고 싶은 부분. 살상투 광명에 의하여 본 것을 다시 자세히 보고 싶을

때 한 자리를 본다. 두 눈 사이에서 나오는 밝은 힘이 비치면서 거울같이 상대에 비치면서 알게 된다. 마음의 마장이 녹아진다. 마음에 오랫동안 간직했던 매듭이 풀린다.

- 백호광명白毫光明: 백호상의 광명

자기만이 할 수 있는 일이 자기 눈에 띄는 것.

머릿속에 비춰서 자신 마음이 우주에 가득 차면 알게 된다.

• **변조동방**偏照東方 **백팔만억**百八萬億 **나유타**那由他

"동쪽으로 백팔만억 세계를 비추다."

　◉ 이 세상 나쁜 면은 보이지 않고 좋은 면만 보게 한다. 유혹에 넘어가지 않게 한다. 내 갈 길만 눈에 띄게 한다.

　◉ 「서품」의 '양미간의 백호광명이 동방으로 1만 8천 세계에 두루 비치어 금빛 찬란하며 아래로는 아비지옥 위로는 아가니타천까지 비췄다.'라는 구절은 우리 마음에는 지옥세계(고통의 모습)와 아가니타천(즐거운 세계) 이 있다는 것을 말씀하신 것이다. 우리는 고생하는 중생을 구원하겠다는 마음과 중생들이 즐겁게 살도록 도와줘야 한다는 마음이 움직여야 한다.

- 변조동방偏照東方: 동쪽으로 비추다.

　◉ 해가 동쪽에서 뜨듯이 다 보이게 된다. 분별하는 힘이 생겨서 스스로 이루어지는 것.

- 백팔만억 **나유타**那由他

　◉ 묘음보살은 과거 일은 생각지 않고 앞으로 살아가는 바른 길을 알려 준다.

- 백百: 마음이 한결같을 때 그 자리에 갈 수 있다.

- 팔만억八萬億: 생로병사生老病死 자비희사慈悲喜捨를 터득해야 그 세계에 갈 수 있다.

백팔만억 세계는 밖에 있는 것이 아니라 우리 마음속에 있다.

• 과시수이過時數已

"지나가서."

 ◉ 씨앗을 뿌리고 기다릴 수 있을 때. 기도와 노력하면서 기다릴 수 있을
  때 모든 일이 잘 이루어진다. 세상은 지난 다음에 알게 된다.

• 정광장엄淨光莊嚴

"밝은 빛으로 장엄하다."

 ◉ 빛으로 장엄되어 있다. 필요한 대로 쓰게 되어 있다.
  농사면 농사, 공업이면 공업, 각자가 필요한 대로 쓰게 되어 있다. 머리가
  깨어서 알게 해 주는 능력이 있다. 내 마음이 깨끗하게 장엄되어 있으니
  어떤 것도 침범하지 못한다.

 ◉ 모든 사람이 괴로움을 받고 있을 때 깨끗하게 풀어 주는 나라.

 ◉ 내가 정광장엄(깨끗하고 밝게 장엄)이 되어 있으면 세상을 바로 보게
  되고 바로 알게 되고, 나를 알게 되고 욕심이 없어지고 세상에 순응하게
  된다. 그러나 정광장엄이 안 되면 욕심이 앞서고 세상살이가 이해가
  안 되고 세상과 다투게 된다.

 ◉ 어떻게 하면 정광장엄이 되는가? 썩혀야 한다. 생풀을 썩혀야 거름이
  되듯이 말이 부드럽고 묘妙해야 한다. 그래야 말에 진정성이 있다.

• 정화수왕지淨華宿王智

 ◉ 고요한 가운데 스스로 나를 가르치는 자리. 고요한 가운데 나를 가르치는
  스승이 있다. 정화수왕지여래 자리에 들어가서 생긴 지혜는 만인이 좋아
  하지만 자기 생각, 꾀로 나온 자리는 공감을 얻지 못한다. 흙탕물이
  바다에 가면 맑아지듯이 정화수왕지여래 앞에 가면 스스로 깨끗해지면

서 연구하는 힘이 생긴다. 난행고행을 하면 정화수왕지여래가 움직이고
말을 하면 상대방의 지혜가 움직이게 된다.

묘음보살 기도를 하면 정화수왕지여래의 힘이 생겨서 머리가 맑아지고
지혜가 솟아난다. 그래서 입학시험을 앞둔 학생이나 승진시험을 앞둔
직장인은 묘음보살 기도를 하면 좋다.

法법을 전한다는 것은 진리를 사람 마음에 심어 준다는 뜻이다. 석가모
니, 공자, 맹자, 예수의 말씀이 사람들 마음에 새겨져서 전하게 된다.
부모 말씀도 자식의 마음에 새겨져야 전할 수 있다.

• **무량무변**無量無邊

"한량없고 그지없는."

이 세상의 변화는 헤아릴 수 없고 인간은 어디까지 참아야 할지
모른다. 한 번 잘하지 말고 계속해서 잘하라.

• **공경위요**恭敬圍繞

"둘러싸여 공경을 받다."

공경하고, 옆이 잘못될까 봐, 자식들이 잘못될까 봐 살피는 것.

• **일체정광장엄국중**一切淨光莊嚴國中

"일체의 깨끗한 빛으로 장엄된 나라."

일체 우주가 빛으로 장엄되어 모든 만물이 살고 있는 가운데 지혜의
빛으로 장엄된 말 한마디가 집안의 장애를 없애 준다.

세상은 빈틈이 없다. 자기가 한 것만큼 주고받는다.

- 유일보살有一菩薩 명왈名曰 묘음妙音

"한 보살이 있으니 그 이름은 묘음이라."

난행고행을 하고, 공부를 많이 하고, 기술을 잘 익혀도 결국 말(소리)로써 전하게 된다. 그러니 묘음보살이 제일이다.

몇 천 마리, 몇 만 마리 펭귄이나 물개들이 무리 중에서 자기 새끼를 찾는 방법은 눈으로 보고, 코로 냄새 맡고 자기 새끼를 찾는 게 아니라 자기 새끼가 내는 소리를 듣고 새끼를 찾는다.

모든 것은 말을 통해서 하고 이루어지는 것도 말을 통해서 이루어진다. 말하는 것이 살아서 움직인다.

이 세상은 빛과 소리로 되어 있고 소리를 듣고 알게 된다.

죽을 때까지 나오는 말은 늘 변화를 가지고 살아있다.

- 구이식중덕본久已植衆德本

"오래전부터 모든 덕의 근본을 심었다."

  ◉ 말은 오래 참고 정성을 들여서 할 때 덕의 근본을 심게 된다. 모든 사람이 다 고맙다고 느끼게 하라. 용서하고 참고 견딜 때 덕을 심게 된다. 말 한마디라도 조심해서 하라.

- 이실성취而悉成就 심심지혜甚深智慧

"매우 깊은 지혜를 다 성취하였다."

이 세상의 깊은 이치를 잘 알았다.

- 삼매三昧

삼매란 불교 수행의 한 방법으로 마음을 오직 하나의 대상에만 집중시

키는 경지를 일컫는다. 이 경지에 이르면 바른 지혜를 얻고 대상을
올바르게 보게 된다. 삼매에 들면 마음이 오직 하나의 경계에 멈춘다.
마음이 멈추면 모든 것이 밝아진다. 그러면 경계가 환히 보인다.

- 묘음보살이 얻은 16가지 삼매

    ◉ 16방위. 가득 찼다. 원의 모습.

둥근 것이 힘이 제일 크다. 둥근 속을 들여다보는 것이 삼매.
둥근 속에서 보는 힘은 각기 다르다. 그 속에서 보는 자리가 삼매.
16자리에서 나오는 힘은 세상을 돕고 있다. 16가지 중에 한 가지라도
빠지면 살 수 없다.

16삼매는 지혜가 움직이는 자리.

『화성유품 제7』에서도 대통지승여래의 16왕자도 출가하여 아뇩다라
삼먁삼보리를 얻고 시방세계의 각 방위에서 부처가 된다. 석가모니부
처님도 그중의 한 분이시다. 그러므로 이 시방세계에는 부처님으로
꽉 차 있다.

• 묘당상삼매妙幢相三昧

- 묘당妙幢: 아름다운 깃발. 장군의 본진에 세워진다.

우리는 목표를 보지 못하나 묘당상삼매 자리에 가면 목표가 분명하게
보인다.

묘당상삼매는 법화경의 가르침을 잘 받아들이면 외도의 삿된 주장을
물리치고 바른 지혜를 나타내는 힘.

• 법화삼매法華三昧

법화경의 가르침을 잘 받아들이면 제법실상의 이치를 증득하게 된다.

◉ 예전이나 지금이나 사람 사는 법은 똑같다. 예전에도 열심히 산 사람은 부자로 살았고 게으르게 산 사람은 가난하게 살았듯이, 지금도 부지런하면 잘살게 되고 게으르면 못 산다. 예전이나 지금이나 난행고행을 하면 묘음으로 움직여지고 그렇게 되면 석가모니와 같은 힘이 생긴다. 처음 가는 길이라도 지도를 보고 가면 잘 찾아갈 수 있다. 마찬가지로 석가모니부처님이 설하신 법화경을 잘 보면 석가모니불과 같이 되어서 해탈, 대자유를 누리게 된다.

• 정덕삼매淨德三昧

정淨은 번뇌의 소멸, 덕德은 용서, 뛰어난 일상행동.
깨끗한 덕이란 무명無明을 다스리고 자기와 남을 구별하거나 차별함이 없이 올바른 가르침을 펴는 능력을 말한다.

• 수왕희삼매宿王戲三昧

수宿는 오래, 왕王은 왕성하다·뛰어나다, 희戲는 자유자재를 뜻한다.
수왕희삼매란 오래도록 뛰어난 덕을 갖추고 무엇에도 집착함이 없이 자유자재로 가르침을 펴 나가는 능력이다.

• 무연삼매無緣三昧

무연無緣이란 아무 인연이 없다는 뜻으로, 나와 아무런 인연이 없는 사람이라도 차별을 두지 않고 연민과 대자비大慈悲로 펴 나가는 힘.

• 지인삼매智印三昧

지혜가 뛰어나서 주위 사람들에게 깊은 감화를 주는 힘.

- 해일체중생어언삼매解一切衆生語言三昧

  모든 사람의 말, 바라는 바를 잘 알아서 그들에게 알맞은 가르침을
  펼 수 있는 힘.

- 집일체공덕삼매集一切功德三昧

  집集이란 하나로 모으는 것, 공덕이란 남을 위하여 내가 애쓰는 것.
  법화경 수행을 통하여 주위 사람들에게 일승一乘의 가르침을 펴는
  것을 말한다.

- 청정삼매清淨三昧

  청정은 번뇌를 없애는 것, 청정하면 지혜가 드러나게 된다.
  청정삼매란 번뇌를 없애고 드러난 지혜로 자비의 가르침을 펴 나가는
  능력을 말한다.

- 신통유희삼매神通遊戲三昧

  신통神通은 환경의 지배를 받지 않는 것, 걸림이 없는 것, 유희는
  자유자재함.
  신통유희삼매란 위대한 지혜의 작용으로 온갖 속박과 집착을 끊어
  걸림 없이 자유자재하게 가르침을 펴 나가는 능력이다.

- 혜거삼매慧炬三昧

  혜慧는 지혜로움, 거炬는 횃불, 혜거는 지혜의 횃불.
  횃불이 주위를 밝게 비추듯이 빛나는 지혜의 가르침으로 중생의
  어리석음을 없애 주는 능력을 말한다.

• 장엄왕삼매莊嚴王三昧

장엄莊嚴은 아름답고 엄숙하게 꾸미는 것.

지혜와 덕으로써 자신을 꾸며 주위 사람을 감화, 교화시키는 힘을
말한다.

• 정광명삼매淨光明三昧

맑고 묘한 광명으로 일체를 밝게 비춤. 자기 몸에서 나오는 빛이
맑아서 주위를 맑게 하는 것.

• 정장삼매淨藏三昧

장藏은 여래장如來藏을 말한다.

수행과 공덕이 깊어지면 어떠한 경우에도 번뇌에 물들지 않는다. 그러
므로 어떠한 번뇌나 미혹에서도 벗어나서 가르침을 펼 수 있는 힘.

◉ 씨앗을 땅이 덮어 줘야 싹이 나듯 남의 잘못을 덮어 줘야 지혜가 생긴다.

• 불공삼매不共三昧

불공不共이란 함께하지 않는다는 뜻이다.

삼승三乘은 없고 일승一乘의 보살만이 가질 수 있기에 '여래의 함께하
지 않는 법'이다. 누구나 불성이 있다는 것을 믿고 상불경보살의
마음으로 법화경을 펴 나가는 자세를 말한다.

◉ 같이할 수 없다. 선禪은 남과 같이할 수 없다. 자기의 아픔은 누구도
   같이할 수 없다. 부처님은 보이지 않는 힘에서 움직인다. 자기를 버리면
   들어갈 수 있고, 자기를 못 버리면 들어갈 수 없다.

◉ 애를 낳고 길러 봐야 부모의 마음을 알 수 있다. 자기가 부모가 되어

봐야 부모 마음을 알 수 있다.

• 일선삼매日旋三昧

일선日旋이란 해가 돈다는 뜻이다.

해가 쉬지 않고 돌아 모든 만물을 환하게 비추듯이 모든 사람에게 고루 부처님의 지혜가 미치도록 해 주는 힘을 말한다.

◉ 문수사리가 움직여야 덕망을 얻는다. 공자, 맹자는 남을 위해 공부를 많이 했으므로 남이 먼저 알아보고 존경하게 된다. 남을 위해 말을 할 때 일선삼매가 움직여진다.

• 석가모니불釋迦牟尼佛 광조기신光照其身

"석가모니부처님의 광명."

보이지 않는 우주에 빛으로 힘이 장엄되었다가, 경經을 읽으면 전깃불을 켜는 것과 같이 빛이 비치면서 우리들이 알게 되는 것과 같다. 이때 전기의 재료는 난행고행難行苦行이다.

"세존이시여 제가 사바세계에 가서 석가모니불께 예배하고 친근하고 공양하려 하오며, 또 문수사리법왕자보살, 약왕보살, 용시보살, 수왕화보살, 상행의보살, 장엄왕보살, 약상보살을 뵈오려 하나이다."

◉ 왜 사바세계에 가서 석가모니불을 친근하는가?

석가모니불은 힘인데 석가모니불을 친근하지 않고는 사바세계에서 살 수가 없다. 마치 걸어서는 하루에 백 리를 못 가지만 자동차로 가면 천 리를 갈 수 있는 것과 마찬가지이다. 사바세계에 오면 우선 석가모니부처님을 친근해야 한다.

● 말 속에는 문수사리법왕자보살의 힘이 들어 있어야 한다.

  머리를 맑게 해서 지혜를 일으킨다.

  나는 지혜롭게 살겠다. 문수사리는 자연의 지혜를 말한다.

  부처님이 깨달은 지혜가 문수사리이다.

  문수사리를 통하여 배우고 계승해 나가는 것.

  모든 사리를 판단하고 행하는 것.

이때 정화수왕지불이 묘음보살에게 말씀하셨다.

"그대는 저 국토를 업신여겨서 하열하다는 생각을 내지 말라. 선남자
여, 저 사바세계는 높고 낮고 하여 평탄하지 못하고 흙산 돌산에 더러운
것이 가득하였으며 부처님 몸이 작고 보살들의 형상도 작은데, 그대의
몸은 사만이천 유순이고 내 몸은 육백팔십만 유순이며, 그대의 몸은
가장 단정하여 백천만 복덕에 광명이 특수하니라. 그러므로 그대가
가더라도 그 국토를 업신여기지 말고 부처님과 보살과 국토에 대하여
하열하다는 생각을 내지 말라."

정화수왕지부처님이 묘음보살에게 사바세계로 가되 '그곳을 업신여
기거나 천하게 생각하지 말라. 사바세계에 계신 부처님이나 보살이나
국토의 모양을 보고 가볍게 여기지 말라'고 하신 뜻은 무엇일까?

다른 종교의 경우에는 하늘에서 신이 내려오거나 천사가 내려와서
이 땅에 사는 사람을 깨끗한 곳으로 인도하여 구원하는 데 반해서,
법화경은 부처님의 보탑도 땅에서 솟아올라 왔고 보살도 땅에서 솟아올
라 왔다. 이 땅에서 솟아 나왔다는 것은 이 세상의 괴로움과 고통을
건너야만 비로소 진실한 깨달음이 열리고 진실한 지혜가 성취된다는

뜻이다.

정화수왕지불이 묘음보살에게 사바세계는 감인堪忍(참고 견딤)의 세계라는 것을 설명한다. 즉 사바세계는 높고 낮음의 차별이 많고 더럽고 나쁜 번뇌와 미혹이 가득한 세상이다. 남보다 자기를 먼저 생각하고 남을 저주하며 자기의 이익만을 생각한다. 이러한 사바세계에서 법을 펴려면 수행과 공덕으로 온갖 미혹과 번뇌를 극복하여 깨달음을 얻어야 한다. 또한 사바세계에서 법화경을 펴는 힘은 자신의 노력만으로 되는 것이 아니라 여래의 신력神力 때문이라는 것이다.

• 고하불평高下不平

고高는 한계를 의미하며, 높고 낮기 때문에 평등이 없다는 말이다. 서로 같이 살다 보면 불평이 나온다. 다 같지가 않다. 이 사람에게 좋은 것이 저 사람에겐 나쁘다.

• 예악충만穢惡充滿

"더러운 것이 가득 찼다."
남을 저주하고 못살게 군다.

• 여신汝身 사만이천유순四萬二千由旬 아신我身 육백팔십만유순六百八十萬由旬

"그대의 몸은 4만 2천 유순이고 내 몸은 680만 유순이다."
묘음보살은 자비희사慈悲喜捨의 사무량심四無量心으로 6근과 6진六塵이 청정하며, 정화수왕지불은 6근과 8식八識을 전화轉化하여 청정한 법신을 성취했다.

- 묘음보살妙音菩薩 백기불언白其佛言

"묘음보살이 그 부처님께 사뢰었다."

묘음보살의 힘이 움직이는 원리.

  ◉ 백기불언白其佛言이란 말로써 상대의 마음을 바꿔서 사람답게 만드는
    것이다. 이런 힘은 어디서 오는가? 문수사리의 지혜가 있어야 한다.
    그래서 묘음보살이 문수사리를 만나는 것이다.

  ◉ 우리는 기도할 때 복을 달라고 한다. 부처님은 직접 복을 주지 않는다.
    부처님은 복을 구하는 도구를 주신다. 어부가 그물을 얻듯이, 나무꾼이
    도끼를 얻듯이, 공부하는 사람에게 책이 생기듯이 우리는 도구를 마련해
    야 한다. 도구를 마련하기 위해 열심히 노력하고 그리고 나서 기도를
    해야 한다. 밥을 얻어먹어야 하는 사람도 밥 담을 그릇을 마련해야 한다.

- 여래신통유희如來神通遊戲

"여래의 신통으로 유희한다."

유遊는 자유자재의 뜻. 얽매이지 않는 것.

  ◉ 내가 말을 잘못해도 듣는 사람이 올바르게 듣는다. 말로써 기쁨을 주기도
    하고 말로서 꼼짝 못하게 한다. 퇴직금을 탄 친구에게 나쁜 땅을 좋은
    땅이라고 속여 팔았지만, 그 땅을 산 사람은 적덕을 많이 한 사람이라
    문수사리가 움직여서 그 땅이 곧 요지로 변한다.

- 여래공덕如來功德

"여래의 공덕."

모든 사람을 다 돌보아 주시는 힘.

• 지혜장엄智慧莊嚴

"지혜로 장엄한다."

부처님은 한량없는 지혜를 갖추고 계셔서 모든 사람들이 우러러본다.

• 염부단금閻浮檀金 위경위경爲莖

"황금으로 줄기가 된다."

말을 하게 되면 그 말이 상대방에게 굳어져서 전달된다.

• 백은위엽白銀爲葉

"백은으로 꽃잎이 된다."

말을 하면 불변의 말이 태산같이 나간다.

• 금강위수金剛爲鬚

"금강으로 꽃술이 된다."

사람마다 마음이 자식의 풍신이 좋아지고.

• 견숙가보甄叔迦寶 이위기대以爲其臺

"붉은 보석으로 꽃받침이 되었다."

말을 비단결같이 하면 상대방의 마음이 편안하다.

- 견숙가甄叔迦: 붉은 빛이 나는 보석 이름.

관세음보살보문품觀世音菩薩普門品 제25

1. 대의

이 품의 내용을 요약하면 다음과 같다. 여러 가지 재난 속에서 벗어나지 못하는 중생들을 대신하여 무진의보살이 부처님께 어떻게 하면 중생들이 갖가지 재난에서 벗어날 수 있겠습니까? 하고 여쭙는다. 부처님께서는 중생들이 갖가지 재난을 당할 때에 관세음보살을 일심으로 부르면 모든 재난에서 벗어날 수 있고 중생이 염원하는 바도 이루어진다고 말씀하신다.

관세음보살은 중생을 교화하고 재난 속에서 구원할 때 그 상대의 모습에 따라 33신身의 몸으로 나타나서 일체중생을 구원해 준다. 즉 7가지 재난과 3가지 독에서 구원해 주고(7난難3독毒), 2가지 원願(二求)을 이루게 해 준다.

우리나라 불자들이 가장 일상으로 예송하는 경전은 반야심경, 천수경, 금강경, 아미타경, 화엄경의 보현행원품 및 법화경의 「관세음보살보문품」이라고 할 수 있다. 특히 「관세음보살보문품」으로 기도하는 관음기도는 아주 보편화가 되어 있고 그 역사는 아주 오래되었다. 「관세음보살보문품」은 법화경의 여러 보살품 중에서 대표적으로 적극적인 구원사상을 보여 준다. 구원의 힘은 자연섭리인데 우리가 그 이름을 관세음이라 하기도 하고 신중神衆이라 하기도 한다.

관세음보살을 염송하고 일심칭명一心稱名하고 공경 예배하면서 외부에 있는 관세음보살이 나를 찾아와서 나를 구원하는 것이라고 하면 이것은 기복신앙이 되고, 내가 자성自性을 찾아서 내 속에 있는 대자대비한 마음인 관세음보살이 나 스스로를 구원한다고 믿고 수행을 하면 실상법문이 된다.

이 보살은 중생들이 여러 가지 재난에서 내는 소리를 관觀하고 구원하므로 관세음觀世音이라 한다. 또한 자기 이름을 일심으로 부르면 어디서든지 즉시에 나타나서 구원해 주고, 그 구원의 손길은 누구에게나 열려 있으므로 보문普門, 즉 '널리 들어가는 문門'이라고 한다.

보문普門의 普는 골고루 미친다, 門은 누구나 들어올 수 있다는 뜻이니 널리 모든 중생에게 문을 활짝 열어 놓았다는 뜻이다. 어떤 사람이라도 차별하거나 거부하는 일이 없이 평등하게 구원의 문으로 들어오라는 것이다. 즉 관세음보살이 대자대비원大慈大悲願으로 중생의 근기에 맞춰 33신의 모습으로 나타나서 널리 중생을 구원한다.

중생을 구원하고자 하는 데는 신구의 3업을 정화시키는 데서 출발한다. 법화경에는 몸(신身)에 해당하는 품이 「약왕보살본사품 제23」이고, 입(구口)에 해당하는 품은 「묘음보살품 제24」이며, 뜻(의意)에 해당하는 품은 「관세음보살보문품 제25」이다.

불도佛道 수행의 중심은 기도와 참회에 있고, 지극한 기도를 일심으로 하여 삼매의 경지에 이르러 부처님의 마음과 기도하는 사람의 마음이 하나가 되면 보통 때에는 생각하지 못했던 힘이나 지혜가 생겨나게 된다. 따라서 몸으로 행하고[身], 입으로 말하고[口], 마음으로 생각하는 것[意]의 3가지는 서로 떼려야 뗄 수 없다.

관세음觀世音에서 관觀한다는 것은 주의를 기울여서 자세히 본다는 뜻이다. 그러므로 환경에 따라, 처지에 따라, 그 성질에 따라 서로 다른 가지가지의 괴로움과 번뇌를 없애고 싶어 하는 여러 사람의 호소를 하나하나 자세히 살펴보고, 각자에게 알맞은 가르침을 주고 각기 알맞은 구원의 길을 주는 것이 관세음이다.

보문은 답답한 마음을 넓혀 준다는 의미를 갖고 있다. 마음이 작고 좁아서 고통을 느끼게 되는데, 마음을 태평양처럼 크게 만들면 고통이 묽어지고 끝내는 사라지게 된다.

관세음보살은 보이지 않으나 중생의 소리를 듣고 그의 마음을 넓혀서 고통에서 벗어나게 해 준다.

관세음이나 묘음이나 이루어지는 것은 마찬가지인데 변화하는 것이 다르다. 묘음은 차차 변화되어 받는 데 반해서 관세음은 즉시 변화를 받는다.

• 7난七難 3독三毒
- 칠난七難: 마음속에서 일어나는 번뇌를 말하는데 이는 외부로부터 오기도 하고 내 속에서 스스로 일어나기도 한다.
  ① 화난火難: 불로 인한 재난. 화火로 인해 생기는 재난에 처했을 때 관세음보살을 일심칭명으로 부르면 번뇌가 사리지게 된다.
  ② 수난水難: 물로 인해 생기는 재난을 말하는데 관세음보살을 부르면 악업惡業이 옅어진다.
  ③ 풍난風難: 태풍, 헛된 욕망을 바로잡는다.
  ④ 왕난王難: 권력에 의한 재난

⑤ 귀난鬼難: 귀신의 장난에 의한 병에 걸리지 않게 한다.

⑥ 가쇄난枷鎖難: 감옥에 갇히는 재난

- 가枷: 목에 두루는 형틀

- 쇄鎖: 쇠사슬

⑦ 원적난怨賊難: 도적이나 원수로부터 받는 재난

• 삼독三毒: 마음에서 생겨나는 탐진치로 인한 재난

① 탐심貪心: 탐내는 마음. 탐심에는 오욕五慾이 있다.

- 오욕: 재물욕, 성욕, 명예욕, 수면욕, 식욕

② 진심瞋心: 화가 나면 악구惡口를 하게 되고, 악의를 품고, 악행을 하게 되어 삼악업三惡業을 지어 결국 악도惡道에 떨어지게 된다.

③ 치심癡心: 진리에 대하여 어두운 것을 말하는데 이것이 무명無明이고, 이 무명으로 인해 12연기緣起가 시작된다.

• 이구양원二求兩願

관세음보살은 복덕 많고 지혜 있는 아들을 낳게 해 주고, 딸을 원하면 단정하고 잘생긴 딸을 낳게 해 준다.

이 말씀은 아들로 표현되는 지혜와 딸로 표현되는 자비가 생긴다는 말씀이다. 결국 관세음보살은 지혜와 자비의 보살인 것이다.

2. 본문 해설

爾時에 無盡意菩薩이 卽從座起하고 偏袒右肩하고 合掌向佛하야 而作是言호대 世尊하 觀世音菩薩이 以何因緣으로 名이 觀世音이닛고. 佛告

無盡意菩薩하사대 善男子야 若有無量 百千萬億衆生이 受諸苦惱하되
聞是觀世音菩薩하고 一心稱名하면 觀世音菩薩이 卽時에 觀其音聲하야
皆得解脫케 하나니라. 若有持是觀世音菩薩名者하면 設入大火라도 火
不能燒하나니 由是菩薩의 威神力故니라. 若爲大水所漂라도 稱其名號
하면 卽得淺處하고 若有百千萬億衆生이 爲求金銀琉璃와 硨磲瑪瑙와
珊瑚琥珀 眞珠等寶하야 入於大海할새 假使黑風이 吹其船舫하야 飄墮
羅刹鬼國커든 其中에 若有乃至一人이라도 稱觀世音菩薩名者면 是諸
人等이 皆得解脫 羅刹之難하리니 以是因緣으로 名觀世音이니라.

그때 무진의보살이 곧 자리에서 일어나 오른쪽 어깨를 드러내고 합장
한 뒤 부처님을 향하여 이렇게 사뢰었다.

"세존이시여, 관세음보살은 무슨 인연으로 이름을 관세음이라 하나
이까?"

부처님이 무진의보살에게 말씀하셨다.

"선남자야, 만일 한량없는 백천만억 중생이 모든 괴로움을 받을 적에
이 관세음보살의 이름을 듣고 일심으로 관세음보살을 일컬으면 곧 그
음성을 관찰하고 다 해탈케 하느니라. 이 관세음보살의 이름을 지니는
이는 설사 큰불에 들어가도 불이 능히 태우지 못하나니 이 보살의 위엄과
신력으로 말미암음이니라. 큰물에 떠내려가더라도 그 이름을 일컬으면
곧 얕은 곳을 얻게 되며, 만일 백천만억 중생이 금 은 유리 차거 마노
산호 호박 진주 등 보배를 구하려고 큰 바다에 들어갔다가 가령 폭풍에
불려 그 배가 나찰들의 나라에 표착하였을 적에 그 가운데 한 사람이라도
관세음보살의 이름을 일컫는 이가 있으면 여러 사람들이 모두 나찰이
난을 벗어나게 되나니, 이런 인연으로 관세음이라 하나니라."

• 관세음보살과 관자재보살

관세음보살은 고통에 빠진 중생들을 구원해 주는 구원사상이 강하다. 중국 진晉나라 때 인도의 승려인 구마라습鳩摩羅什(344~413, 본명은 쿠마라지바)이 원문을 번역할 때 관세음보살이라 했다.

관자재보살은 지혜의 완성자로서의 의미가 강하다. 지혜를 완성했으므로 자유자재[觀自在]하다는 의미가 강하다. 즉 법신보살이다. 당나라 현장법사(삼장법사)의 번역에 의한다.

관觀은 사물의 본성을 마음으로 꿰뚫어보는 것이다.

사람은 서로 대화를 하지만 무슨 말을 하는지 그 속을 알 수 없다. 관觀이 되면 상대방의 속마음을 알 수 있다. 우주의 모습은 우리 눈에 보여도 그 내용을 모른다. 관觀이 터질 때 그 내용을 알 수 있다.

우리 인간은 해, 달, 별의 영향을 받고 산다. 그러나 그 속을 모른다. 그러니 관하라. 제법諸法이 공空한 것을 관하라.

◉ 관觀: 관이란 보이지 않는 것을 보는 자리를 말한다.

우주의 모습은 보이지 않지만 살아서 움직인다. 우리가 일상생활에서 일어나는 것을 보는 것은 누구나 할 수 있는 일이지만 그 밖에 있는 것은 보지 못한다. 관觀이란 일상생활 이외의 것을 보는 것을 말한다. 꿈을 꾸면 꼭 맞는다는 것은 일상생활에서 보는 것 이외의 것을 보는 것을 말한다. 그것이 관觀의 세상에서 보는 것이다.

도道를 통하면 형체 밖의 것을 보는 것이지 형체 안의 것을 보지 않는다. 형체 밖의 것을 보는 것을 觀이라 한다. 그 밖에 있는 것이 우리와 연결되는 것을 알 때 관觀이라 한다. 꿈이 맞는다는 것은 형체 밖의 것을 본다는 것이다.

관觀에서 보면 인간(世)의 행을 충실히 할 때 변화가 일어난다. 꿈이 잘 맞는 사람은 세世의 힘을 받아야 하므로 언행을 조심하라. 인간이 관觀과 음흡의 행行을 할 때 나쁜 것이 물러간다. 나쁜 것이 바뀐다. 그래서 관세음을 부른다. 남을 원망하고 시기하면 관觀이 움직여지지 않는다. 이럴 때 입 밖에 내지 않으면 세世의 변화를 받을 수 있다. 미워해도 참으면 그것이 거름이 된다. 비료가 되어 복이 오고 열매를 맺는다.

◉ 미워하는 것을 참으면 그 사람이 먼저 호의를 보인다. 남에게 기쁨을 줄 때 관觀이 움직여진다. 말을 삼갈 때 음흡이 움직여진다.

◉ 세世: 세는 보이는 자리, 즉 형상을 말한다.
인간은 공중에 살면서도 우리 마음은 측량하지 못한다. 인간은 우주 법칙대로 산다.

◉ 음흡: 음은 말로 이루어져서 깨닫게 하는 자리이다.

◉ 관觀과 음흡의 변화를 받으면 곧 해탈한다.
관기음성觀其音聲해야 해탈케 된다. 관세음觀世音이 준 재산은 자식 대까지 내려가고 마魔가 준 재산은 3년을 못 간다.

• 이시爾時

그때란 어느 때인가?「관세음보살보문품」전품인「묘음보살품」에서 묘음보살이 동방을 설하고 난 후가 바로 이시爾時이다. 관세음보살은 서방西方을 설한다.

법화경이 시작되는「서품」은 여시아문如是我聞(나는 이와 같이 들었다)으로 시작하고, 각 품의 시작은 이시爾時로 시작한다.

이시는 그때라는 뜻인데 이는 경經을 보는 때를 말한다. 그러면 그때는 어느 때를 말하는가? 경에서 말씀하는 그때는 과거 현재 미래를 통틀어서 말하는 것이다. 과거 천 년 전에 이 경을 볼 때나 지금 이 경을 볼 때나 앞으로 천 년 후에 이 경을 볼 때에도 이 경의 말씀은 조금도 틀리지 않고 그 시대 상황에 맞게 해석된다는 뜻이다. 또 동서양을 막론하고 시대나 장소를 떠나서 이 경의 말씀은 다 맞는다는 뜻이다. 관념적인 차원에서는 시간이 존재한다. 그러나 지혜의 차원에서는 시간의 관념이 없다. 이것이 무량수無量壽이다. 한 시간이 어떤 사람에겐 10분도 안 되게 짧게 느껴지기도 하고, 또 어떤 사람에겐 하루같이 길게 느껴지기도 한다.

경은 생각이나 관념으로 쓴 것이 아니라 지혜로 말씀한 것을 기록한 것이므로 어느 시기나 어느 장소에서나 다 적용이 된다.

• 무진의보살無盡意菩薩

◉ 자기의 뜻을 다한 보살. 사람으로서 노력을 다한 보살. 인간은 뜻을 성취하려고 노력할 뿐이지 뜻을 다 성취하는 사람은 없다. 장관이나 대통령도 자기 뜻을 다 이룬 사람은 하나도 없다. 단지 이루려고 노력할 뿐이다. 사람은 오직 자기 뜻을 다 하고 하늘의 명을 기다릴 뿐이다(진인 사대천명盡人事待天命).

◉ 무진의無盡意가 제 정성을 다해도 보이지 않는다. 그래서 실상實相에게 물어 볼 수밖에 없다. 부처님은 지혜와 복덕을 갖추고 계시는데 무진의 는 자기가 최선의 노력을 해도 앞길이 보이지 않는다. 그래서 부처님께 여쭤 볼 수밖에 없다.

◉ 잘 풀리지 않거나 무엇인지 모를 때 그 자리를 떠서 잘 살펴봐라. 그 자리를 떠서 자기를 보면 평소 자기는 잘못한 것이 하나도 없다고 하던 사람도 자기 잘못을 볼 수가 있다.

◉ 남녀노소 모두 만족을 느끼고 사는 사람은 한 사람도 없고 항상 부족함을 느끼고 살고 있다. 그래서 누구나 부처님에게 도와 달라고 빈다. 우리가 기도를 할 때 하늘에 대고 기도하지만 하늘이 잘되라고 기도하는 게 아니라 땅이 잘되라고 기도한다. 땅에서 나오는 곡식이 잘되라고 하늘에

대고 기우제를 지내고, 땅에서 살고 있는 내가 잘되라고 하늘에 대고
기도한다.

• 즉종좌기卽從座起

"곧 자리에서 일어나서."

◉ 마음의 법을 정하고자 하는 고로 자리에서 일어난다. 사람은 무슨 일이
닥쳐야 "아! 이랬구나!" 하고 아는 것이 즉종좌기이다. 무슨 일이든지
앞이 보이지 않고 뜻대로 되지 않기 때문에 즉종좌기할 수밖에 없다.
무진의가 되어야 마음 깊은 곳에서 일어나는 게 있다. 뜻을 다해야 마음
속에서 일어나는 게 있다. 얼마나 닦았기에 마음에서 일어나는 게 있는
건가?

◉ 기도의 원리
내 생각과 여러 사람의 생각이 다른 법이다. 자기 생각으로 움직이면
관세음보살이 움직이지 않고, 여러 사람의 생각이 무엇인지 알고 구하면
관세음이 움직인다.
자기 생각으로 하는 기도는 잘못된 기도이고 관세음을 만날 수 없다.
부모, 스승, 친구가 아무리 도와줘도 내가 스스로 나를 돕지 않으면
이루어지지 않는다. 내가 나를 도와주어야 한다. 부처님이 관세음을
통하여 도와주고 싶어도 내가 내 스스로를 도와주지 못하면 부처님의
가피를 받을 수 없다.

• 편단우견偏袒右肩

오른쪽 어깨를 드러내다.

상대방에게 공경심을 나타내는 인도 예법이다. 왼쪽 어깨에 옷을
걸치고 오른쪽 어깨는 드러낸다.

"나는 지금 부처님께 공양할 준비가 되어 있습니다."라는 뜻이다.

세상에 공경심을 갖게 되면 지금까지 눈에 띄지 않아서 일을 하지 못했는데, 일거리가 눈에 띄게 되고 스스로 열심히 일을 하게 된다.

• 합장향불合掌向佛

"부처님을 향하여 합장하다."

두 손이 함께 움직일 때 힘이 생기고 변화한다.

실상實相과 내 마음이 합할 때 힘이 나온다.

믿음과 올바른 길과 육신의 자리가 합할 때 기도가 이루어진다.

• 이하인연以何因緣 명관세음名觀世音

"어떤 인연으로 이름을 관세음이라 하였습니까?"

관세음은 눈에 띄지 않는데 어떻게 노력해야 관세음과 연결할 수 있습니까?

세상 이치는 인연법으로 되어 있다.

관세음보살은 인연법에 의하여 만날 수 있다.

◉ 우주 삼라만상은 인연법에 의하여 움직이고 살아 나간다. 관세음은 인연을 맺게 해 준다. 관세음의 원리를 깨닫고 행할 때 인연이 되게 한다.

• 관세음보살觀世音菩薩

사람은 다 자기가 처한 환경에 따라 각각 가지가지의 번뇌와 고통을 가지고 있다. 관세음보살은 이러한 번뇌와 고통을 없애고 싶어 하는 사람들의 호소를 하나하나 살펴보고 각자에게 알맞은 가르침을 주고 알맞은 구원의 길을 열어 준다.

◉ 관세음과 인연을 맺는 방법.

누구나 다 하늘, 공간, 땅의 칠보와 연결되어 있다. 관세음 기도는 나와 칠보를 연결하는 것이다. 그러기 위해서는 첫째 때를 기다려야 하고, 둘째 이웃과 화목해야 하고, 셋째 노력해야 한다.

◉ 관세음의 힘은 어떻게 움직여지는가?

관세음의 힘은 바로 나에게 있다. 내가 스스로 볼 수 있고 내 힘이 생겨서 알기 때문에 나를 알려 주는 모습이 관세음이고, 자연의 모습이고, 보이지는 않지만 그 모습이 바로 관세음이다.

관세음은 내가 알도록 되어 있는 그 힘의 모습이 관세음이다. 그러기 때문에 관세음이 보호하게 된다.

◉ 관음력觀音力은 석가모니불이 설하는 진리를 깨닫고 그것을 실천하는 데서 생긴다.

"무진의보살이 바치는 영락을 관세음보살이 받지 않고 석가모니불께서 받으라고 권해서 영락을 받아서 하나는 석가모니불에게 바치고 하나는 다보불에게 바쳤다."

무진의보살은 왜 영락을 받지 않았는가?

자신의 자재신통력은 진리를 설하는 석가모니불과 그것을 증명하는 다보불의 덕택이기 때문이다. 실상의 진리는 둘이 아니라 하나다.

• 관음묘지력觀音妙智力 능구세간고能求世間苦

관세음의 묘한 지혜의 힘이 능히 세상의 고통을 구원한다.

우리의 문제 해결의 열쇠는 외부에 있는 것이 아니라 내부에 있다. 인생의 풍랑 치는 파도를 건널 수 있는 힘은 자기의 내면을 성찰하다 보면 지혜로운 자아를 발견하는 데 있다.

- 불고佛告 무진의보살無盡意菩薩

"부처님이 무진의보살에게 말씀하셨다."

자기 마음속에서 자연적으로 솟아 나오는 것. 스스로 마음이 움직여지는 자리.

- 자기가 모든 뜻을 다하고 실상의 힘을 기다린다. 응답 자리.
- 우주는 늘 살아 움직여서 불佛이다. 살아있는 우주에 우리 염원이 들어가는 것이 불고佛告이다.

- 약유무량중생若有無量衆生

"만약 한량없는 중생이."

- 이 세상 만물은 헤아릴 수 없이 다양하다. 이 세상 만물은 서로서로 모든 것과 연결되면서 살 수 있게 되어 있다.

- 수제고뇌受諸苦惱

"모든 고통을 받을 적에."

- 자기가 자기를 속이는 데서 고통이 온다. 인생 경로 중 30, 40대의 고통이 제일 힘들다.
- 답답하고 억울함을 당해서 남을 원망하게 되는데 이때 남을 원망하지 않을 때 관세음이 움직인다. 세상 이치는 그렇게 되어 있기 때문에 자연에 순종하면서 원망하지 않고 참고 나가면 관세음이 움직여지고 원망하면 관세음이 움직여지지 않는다.

- 일심칭명一心稱名

"오직 한 마음으로 이름을 부르면."

나와 관세음이 하나다. 관세음은 내 안에 있지 밖에 있는 게 아니다.

마음 밖에서 구하지 말라. 부처님 공덕의 일면이 자비심인데 그것이 관세음이다. 내가 자비심을 일으키면 관세음과 내가 하나가 된다. 이름을 부른다는 것은 몸과 입과 마음의 일심소행一心所行을 뜻한다. 일심이란 차별심을 없애는 것. 분별하지 않는 것이다.

한번 마음먹었으면 변하지 말고 그대로 나가라.

한결같은 마음으로 움직여라.

한 가지 일을 가지고 열심히 들어가라. 혼자서 사는 여자가 기른 자식은 성공하지 않는 법이 없다. 땅의 힘이 강할 때 그 자식이 잘된다.

• 관기음성觀其音聲

"그 음성을 관觀해서."

그 음성을 관觀해서 듣고 안다. 목소리를 듣고 알게 된다.

관세음을 부르면 응답이 반드시 와서 음성을 따라서 모든 것을 해탈케 하는 것이다.

• 개득해탈皆得解脫

"모두 해탈한다."

모두 자유로워진다.

탐하는 마음이 없으면 모두 해탈된다.

진짜의 모습을 볼 수 있다.

모든 어려운 일이 풀어진다.

- 해탈: 인간은 탐·진·치·번뇌·망상이나 과거의 업에 의하여 구속되어 있고 이로부터의 해방이 해탈이다. 해탈은 외부에서〔神〕구하는

것이 아니라 지혜, 즉 반야般若를 증득함으로써 이루어진다. 지혜는
내 생각 내 뜻 내 경험을 내세우면 지혜가 생기지 않는다. 지혜는
하늘의 뜻, 즉 실상의 뜻에 따르면 지혜가 스스로 생겨나고 자비심이
일어난다. 결국 번뇌의 속박을 벗어나서 무애자재無礙自在의 깨달음
을 얻어서 대자유大自由가 되는 상태를 말한다.

• 설입대화設入大火

"불에 들어가도."

화난火難을 뜻한다.

　　◉ 남이 나를 화나게 해서 내 칠보를 녹슬게 한다.

　　◉ 재물이나 마음으로 나의 칠보를 녹슬게 한다.

　　◉ 내가 스스로 내 가슴에 불을 놓는다. 내 칠보에 녹이 슬면 들어오던
　　　물자도 안 들어오고 친절하던 사람도 불친절하게 된다.

• 화불능소火不能燒

"불이 태우지 못한다."

불은 탈 것이 있어야 하는데 내 마음을 비우고 있으면 마음의 불이
일어나지 않는다.

　　◉ 누가 불을 질러도 참고 나가면 관세음을 만난다.

　　　나와 관세음이 하나가 되는 경지에 이르면 물이라든가 불이라든가 그
　　　밖의 모든 재난의 고통은 다 관념적인 현상일 뿐이다.

• 위신력고威神力故

"위엄과 신력 때문으로."

신력이란 실상의 힘을 인간에게 필요한 힘으로 변환해서 써먹을
수 있게 한다.

위신력은 많은 사람이 믿고 따를 때 그 힘이 생긴다.

• 약위대수소표若爲大水所漂

"만약 큰물에 떠내려가더라도."

애써 모은 것을 물에 떠내려 보내듯 다 없애다.

물은 내 스스로 빠지는 것. 증권, 노름에 내 스스로 빠진다.

• 즉득천처卽得淺處

"즉시에 얕은 곳으로 나온다."

　　◉ 나를 욕보이고 침몰시켜도 참고 견디면 관세음을 만난다.

깊이 빠지지 않고 방황에서 벗어나서 자신의 방향을 잡게 된다.

우리가 사는 데 힘이 덜 들고 가볍게 살 수 있다.

• 약유백천만억중생若有百千萬億衆生

"만약 백천만억의 한량없는 중생이."

인간으로 와서 고통받는 중생들.

백百을 가지면 천千을 가지고 싶고, 천을 가지면 만萬을 가지고 싶고,
만을 가지면 억億을 가지고 싶어 하는 중생의 마음. 인간의 욕심은
한도 끝도 없어서 수미산을 모두 금덩이로 만들어 가져도 더 갖고
싶어 하는 게 인간의 욕심이다. 이것이 중생의 고통이다. 여기에서
벗어나는 길은 스스로 만족하는 자족自足뿐이다.

• 입어대해入於大海

"큰 바다에 들어간다."

재물, 명예, 권력 등을 구하려고 세상에 뛰어드는 것을 의미한다.

• 가사흑풍假使黑風 취기선방吹其船舫

"만약 그 배가 흑풍에 불려."

흑풍은 눈을 뜰 수 없는 괴로움을 뜻한다.

◉ 흑풍은 북풍이며 찬바람이다. 속마음을 감추고 얘기하면 상대방이 들을 때 경우는 바르지만 무언지 모르게 마음에 이상한 느낌이 드는 것이 흑풍이다.

◉ 이렇게도 저렇게도 못하게 하는 자리.

◉ 내 몸 하나 의지할 데가 없다.

◉ 인생은 배로 비유한 것은 인간은 모든 것을 싣고 산다. 아내, 남편, 자식, 등 가족 모두를 싣고 산다.

◉ 검은 마음을 먹고 들어오는 사람이 사기를 쳐서 가져간다.

• 표타나찰귀국漂墮羅刹鬼國

"나찰들의 나라에 표착하였을 적에."

◉ 자기의 마음을 전부 끌어간다.

◉ 방향 감각 없이 정신없이 산다.

◉ 선禪에 들어가 보면 우리 인생이 사는 것이 형평저울처럼 수평으로 산다. 한쪽에 물건을 더 놓으면 반대쪽이 기울어져서 물건이 쏟아진다. 인간은 수평으로 살기 때문에 욕심은 금물이다. 욕심을 내어 수평을 못 지키게 하는 것이 귀국鬼國이다.

• 약유내지일인若有乃至一人

"오직 한 사람만이라도."

　◉ 한 사람이라도 옳게 살면 관세음과 연결된다.

열 가지를 다 실패해도 한 가지만이라도 하늘이 시키는 일을 하면 성공한다.

하늘이 시키는 일을 하면 실상이 도와준다.

• 칭관세음보살명자稱觀世音菩薩名者

"관세음보살의 이름을 부르는 사람."

　◉ 수백 명이 죽을 운에 처할지라도 그중 한 사람만이라도 실상의 힘을 받은 사람이 있으면 그 사람의 힘으로 전체가 살 수 있다. 경經을 자꾸 보고 깊이 들어갈 때 실상과 연결할 수 있는 힘이 생긴다. 관세음이란 자기가 노력하는 대로 이루어지는 자리를 말한다. 훌륭한 일을 많이 해서 좋은 분이라는 말을 듣게 되면 칠난七難에서 벗어날 수 있다.

• 시제인등是諸人等 개득해탈皆得解脫 나찰지난羅刹之難

"이 사람들은 나찰의 재난에서 벗어나게 된다."

　◉ 탐심이 많으면 나찰의 난을 맞게 된다.

한 사람이 관세음과 하나가 되면 대중이 다 고통에서 벗어난다. 한 사람의 힘으로 한 가정, 한 국가가 일어난다.

한 가지 선善이 백 가지 악惡을 다 소멸한다.

• 이시인연以是因緣 명관세음名觀世音

"이러한 인연으로 이름을 관세음이라 한다."

이는 능히 소리를 관觀해 듣고 어려움을 구한 까닭에 이름이 관세음이다.

일념으로 움직이지 않고 마음을 비우면 일체의 번뇌를 떠나 해탈할 수 있다.

✿

若復有人이 臨當被害하야 稱觀世音菩薩名者면 彼所執刀杖이 尋段段壞하야 而得解脫하고 若三千大千國土에 滿中夜叉羅刹이 欲來惱人이라도 聞其稱觀世音菩薩名者하면 是諸惡鬼 尙不能以惡眼視之온 況復加害야따녀. 設復有人이 若有罪커나 若無罪이 杻械枷鎖하야 檢繫其身이라도 稱觀世音菩薩名者면 皆悉斷壞하고 卽得解脫하나니라. 若三千大千國土에 滿中怨賊커든 有一商主將諸商人하야 齎持重寶하고 經過嶮路할새 其中一人이 作是唱言호대 諸善男子야 勿得恐怖하고 汝等은 應當一心으로 稱觀世音菩薩名號하면 是菩薩이 能以無畏로 施於衆生하리니 汝等이 若稱名者면 於此怨賊에 當得解脫이라커든 衆商人이 聞하고 俱發聲言호대 南無觀世音菩薩하면 稱其名故로 卽得解脫하나니라. 無盡意야 觀世音菩薩摩訶薩의 威神之力이 巍巍如是니라.

"또 어떤 사람이 해를 입게 되었을 적에 관세음보살의 이름을 일컬으면 그들이 가진 칼과 작대기가 조각조각 부서져서 벗어나게 되느니라. 만일 삼천대천세계에 가득한 야차와 나찰들이 와서 사람을 괴롭히려 하다가도 그 사람이 관세음보살의 이름을 일컬음을 들으면 이 악귀들이 흉악한 눈으로 보지도 못하겠거든 하물며 해할 수가 있으랴. 또 어떤 사람이 죄가 있거나 죄가 없거나 간에 수갑과 고랑과 칼과 사슬이 그 몸을 속박하였더라도 관세음보살의 이름을 일컬으면 모두 부서지고 끊어져서 벗어나게 되느니라. 만일 삼천대천세계에 도적이 가득 찼는데,

어떤 장사꾼 우두머리가 귀중한 보물을 가진 장사꾼들을 데리고 험난한 길을 지나갈 적에 그중의 한 사람이 말하기를 '선남자들아, 무서워하지 말고 그대들은 일심으로 관세음보살의 이름을 일컬으라. 이 보살은 능히 중생들의 두려움을 없애 주나니, 그대들이 그 이름만 일컬으면 이 원수인 도적들의 난을 벗어나게 되리라.' 하여 여러 장사꾼들이 듣고 함께 소리를 내어 '나무관세음보살' 하면 그 이름을 일컬은 연고로 곧 벗어나게 되느니라. 무진의여, 관세음보살마하살의 위엄과 신력이 이렇게 어마어마하니라."

- 임당피해臨當被害

"해를 당했을 적에."

우리는 한 치 앞을 내다보지 못한다. 마음과 몸을 잘 다스리고자 했는데도 생각하지 못한 사고가 난다.

마땅히 할 말을 했는데 피해를 당한다. 바른말을 했는데 피해를 당한다.

- 피소집도장彼所執刀杖

"그가 갖고 있는 칼과 작대기."

◉ 도刀 ⇨ 마음에 탐貪이 생기면 칼로 잘라 버리고,

장杖 ⇨ 힘들면 관세음을 지팡이로 삼아 구원을 요청하라.

- 심단단괴尋段段壞

"조각조각 부서지다."

◉ 흙을 두들기면 단단해지듯 마음에 상처를 입어서 가슴에 사무치면 그

원망이 가슴속 깊이 자리 잡고 있기 때문에 임당피해가 된다. 남이 밉거나 속상하면 다 풀어 버리고 헤쳐라. 그러면 단단했던 땅이 부드러워져서 곡식과 만물을 살리게 된다.

◉ 남을 미워하고 원망하는 마음을 풀어 헤치면 상대방도 살고 나도 사는데, 움켜쥐고 있으면 나도 못살고 상대방도 못살게 된다.

• 이득해탈而得解脫

"벗어나게 된다."

◉ 진瞋에서 오는 것. 화가 나서 마음을 잃어버릴 때 관세음보살을 부르면 내 마음을 다시 찾게 된다.

도둑이 자기 마음이 스스로 변화되는 것.

육취의 고통에서 벗어나는 자리.

- 육취중생六趣衆生: 육도 윤회하는 중생. 보통 사람의 마음속에서 일어나는 6가지 상태를 가리킨다. 누가 시켜서 가는 곳이 아니라 자기스스로 간다. 마음에 의해 가는 곳.

①지옥: 성. 화를 내는 마음. 진에瞋恚.

◉ 갇혀 사는 것. 자기 마음대로 할 수 없다. 부모, 자식에게 얽매여 산다.

②아귀: 욕심. 자기중심. 먹어도 먹어도 배고픔. 먹기 위해 산다.

③축생: 본능대로, 어리석음. 눈앞의 것만 보고 앞뒤 보이지 않음.

◉ 번식. 자식에 대한 고통

④수라: 싸움. 투쟁

◉ 남이 잘못되길 바라는 것

⑤인人: 보통. 평정

⑥천天: 천상계. 행복

◉ 자기가 제일인 줄 알다가 실패

• 삼천대천국토三千大千國土

고대 인도의 우주 세계관.

수미산을 중심으로 하나의 해와 달이 있는 세계가 일세계, 이것이 천 개가 있는 게 소천, 그 소천이 천 개가 있는 게 중천, 그것이 천 개가 있는 게 대천세계.

　◉ 하늘도 내 마음대로 안 되고, 인간도 내 마음대로 안 되고, 땅도 내 마음대로 안 된다. 이 세상은 내 마음대로 되는 게 하나도 없다. 그래서 사람은 그 속에서 헤매면서 노력하면서 살아야 한다.

• 만중야차나찰滿中夜叉羅刹

"이 세상은 야차 나찰로 가득 찼다."

－ 야차夜叉

①팔부중八部衆의 하나. 수미산 중턱의 북쪽을 지키는 비사문천왕毘沙門天王의 권속으로, 땅이나 공중에 살면서 여러 신들과 불법佛法을 수호한다는 신.

②사람을 괴롭히거나 해친다는 사나운 귀신.

－ 나찰羅刹: 가외可畏・속질귀速疾鬼라고도 번역한다. 신속하게 땅이나 공중으로 다니면서 사람을 잡아먹는다는 무서운 악귀惡鬼.

• 욕래뇌인欲來惱人

"사람을 괴롭히려고 한다."

자기도 모르게 차차 고통에 빠진다.

- 시제악귀是諸惡鬼

"이러한 모든 악귀들이."

◉ 모든 사람은 자기가 살기 위해서 귀신같이 말을 한다.

귀신이 움직이는 것이 아니라 귀신같이 말을 한다.

사람이 말을 하는데 선善은 하나도 없고 악한 말을 하고 있다.

- 상불능이尙不能以 악안시지惡眼視之 황부가해況復加害

"흉악한 눈으로 보지도 못하겠거든 하물며 해할 수가 있겠는가?"

◉ 사람들이 더 이상 악한 말을 할 수 없게 해 준다.

나로 인하여 상대방이 업보를 짓게 하지 않겠다.

남이 잘못하지 않도록 도와주는 모습으로 살 때 그 공덕으로 관세음이

우리와 함께한다.

- 약유죄若有罪 약무죄若無罪

"죄가 있거나 없거나 간에."

◉ 이 세상에 와서 자기 임무를 다하지 않았을 때 유죄.

알고 했거나 모르고 했거나 자연의 법칙을 흩트려 놓으면 모두가 죄다.

실상은 모르고 저지른 죄도 기록된다. 그러므로 우리는 참회하는 길밖

에 없다.

- 축계가쇄杻械枷鎖

"수갑, 고랑, 칼과 사슬"

자기 마음대로 못하는 것. 이 세상은 고통의 형틀에 매여서 꼼짝할

수 없다.

- 축계枻械: 수갑과 고랑. 자기 마음을 털어 놓지 못하고 속에 감추고
  산다.
- 가쇄枷鎖: 죄인의 목에 씌우던 나무칼과 목이나 발목에 채우던 쇠사
  슬. 자기 마음에 자물쇠를 채우고 캄캄하게 산다.

• 검계기신檢繫其身
"몸을 속박하다."
몸을 매어 두어 꼼짝 못하게 한다.

• 개실단괴皆悉斷壞
"모두 부서지고 끊어지다."
하나하나 떨어져 나가면서 무너진다.

• 즉득해탈卽得解脫
"즉시 해탈한다."
   ◉ 치癡에서 벗어난다. 관세음보살을 부르면 어리석음에서 벗어난다. 관세
     음과 하나가 되면 지혜가 솟아나므로 어리석은 자리에서 벗어나게 된다.
지혜가 솟아나면 다 풀어져서 원한과 고통이 없어진다.

• 만중원적滿中怨賊
"세상에 가득 찬 적들."
자기를 해치는 원수만이 아니라 못 견디게 더운 날씨와 추운 날씨
등 내 마음대로 되지 않는 것이 모두 적이다.
   ◉ 형제 이웃 날씨 자연현상 등 전체가 다 내 적이다.

내 마음대로 안 되기 때문에 내 마음에서 스스로 적이 생기는 것이다. 남이 모두 나의 적인 줄 알지만 나도 남의 적인 줄 모른다.

◉ 우주 속에는 선, 악, 부귀, 빈천 등 여러 가지가 공존해 있다. 내가 무엇을 찾느냐에 따라 운명이 달라진다. 중생은 안 되는 것, 어려운 것만 찾는다. 좋은 것을 찾으면 좋은 세상이 온다. 행, 불행, 기쁨, 슬픔 중 내 눈은 내가 찾는 것 관심 있는 것만 보인다. 나는 세상을 있는 대로 보는 게 아니라 내가 보는 대로 있는 것이다. 나의 업業에 의해서 세상을 본다. 농사짓는 사람이 땅을 보면 밭으로 보고, 건설업자가 땅을 보면 주택단지로 보고, 교육자가 땅을 보면 좋은 학교터로 본다.

• 유일상주有一常主
"한 장사꾼."
많은 사람도 한 사람의 뜻을 따른다.
대표가 되어서 끌고 나갈 때 힘이 생긴다.

• 재지중보齋持重寶
"보물을 가지고."
자기가 일하는 분야가 곧 보물이다.

• 경과험로經過險路
"험난한 길을 가다."
험한 길을 지나는 것은 생사의 길을 걷는다는 뜻.
사는 것은 좁고 험한 길을 가는 것과 같다.

• 작시창언作是唱言

"말을 하되."

  ◉ 하늘의 뜻을 미리 알고 행하면 하늘이 나를 알아주어서 내 뜻에 맞추게
    된다.

• 제선남자諸善男子

"여러 선남자들아."

자기가 살기 위해서 노력하는 사람들.

• 물득공포勿得恐怖

"두려워하지 말라."

이 세상에는 부처님이 계시니 걱정하지 말라. 방편문이 있어 걱정할
것이 없다.

• 응당일심應當一心 칭관세음보살명호稱觀世音菩薩名號

"마땅히 한마음으로 관세음보살의 이름을 부르라."

  ◉ 대중에게 권하여 일심으로 보살의 이름을 부르면 각 보살은 현신해서
    형상을 나타낸다. 석가모니부처님의 형상은 나타나지 않는다.
  ◉ 명호名號: 죽은 다음에 그 이름은 땅에 묻혀서 나중에 누구든지 필요할
    때 써먹을 수 있는 모습.

• 능이무외能以無畏 시어중생施於衆生

"능히 중생들의 두려움을 없애 준다."

관세음보살은 우리를 두려움의 공포에서 벗어나게 해 주고 편안하게

해 준다.

• 어차원적於此怨賊 당득해탈當得解脫

"원수와 도적들로부터 마땅히 벗어난다."

보살의 힘으로 재앙을 벗어난다.

• 구발성언俱發聲言

"함께 소리를 낸다."

스스로 마음이 수그러지면서 모든 마음과 뜻을 부처님께 바칠 수
있게 될 때.

• 나무관세음보살

"관세음보살님께 귀의합니다."

　　◉ 이 세상은 빛과 소리로 구성되어 있다. 사람은 말을 통해서 의사가 전달되
　　고 말을 통해서 마음이 바뀌게 된다. 말은 보이지 않지만 마음을 움직이
　　게 하는 힘을 가졌다. 말을 통해서 가지가지 맛을 낸다.
　　관세음보살은 공간의 칠보를 움직이는 힘을 가졌다. 그 힘이 사람의
　　마음을 움직이게 한다.

• 외외여시巍巍如是

"이와 같이 어마어마하다."

생각할수록 알 수 없는 변화의 응답이 온다.

이 우주는 자기가 하는 대로 응답을 준다.

　　◉ 여시아문如是我聞: "이와 같이 내가 들었다."

내가 한 모습대로 세상이 나에게 말한다. 내가 열심히 살면 열심히 살았다는 소리가 들리고, 게으르게 살면 게으르게 살았다는 소리가 들린다.

✿

若有衆生이 多於婬欲이라도 常念恭敬 觀世音菩薩하면 便得離欲하며 若多瞋恚라도 常念恭敬 觀世音菩薩하면 便得離瞋하며 若多愚癡라도 常念恭敬 觀世音菩薩하면 便得離癡하나니 無盡意야 觀世音菩薩이 有如是等 大威神力하사 多所饒益일새. 是故로 衆生이 常應心念하나니라. 若有女人이 設欲求男하야 禮拜供養 觀世音菩薩하면 便生福德 智慧之男하고 設欲求女하면 便生端正 有相之女하야 宿殖德本이라 衆人이 愛敬하리니 無盡意야 觀世音菩薩이 有如是力하나니라. 若有衆生이 恭敬禮拜 觀世音菩薩하면 福不唐捐하나니 是故로 衆生이 皆應受持 觀世音菩薩名號하나니라. 無盡意야 若有人이 受持六十二億 恒河沙菩薩名字하고 復盡形토록 供養飮食衣服과 臥具醫藥하면 於汝意云何오. 是善男子善女人의 功德이 多不아. 無盡意言호대 甚多니다 世尊하 佛言하사대 若復有人이 受持觀世音菩薩名號하야 乃至一時라도 禮拜供養하면 是二人福이 正等無異하야 於百千萬億劫에 不可窮盡이니라. 無盡意야 受持觀世音菩薩名號하면 得如是 無量無邊 福德之利하리라.

　"어떤 중생이 음욕이 많더라도 항상 관세음보살을 생각하고 공경하면 문득 음욕을 여의게 되느니라. 만일 성내는 마음이 많더라도 항상 관세음보살을 생각하고 공경하면 문득 성내는 마음을 여의게 되느니라. 만일 어리석은 마음이 많더라도 항상 관세음보살을 생각하고 공경하면 문득 어리석음을 여의게 되느니라. 무진의여, 관세음보살은 이러한 큰 위엄과 신력이 있어 이익되게 하나니 그러므로 중생들은 항상 마음으로 생각할 것이니라. 어떤 여인이 아들을 낳기 위하여 관세음보살께 예배하고 공양하면 문득 복덕 많고 지혜 있는 아들을 낳게 되느니라. 딸을 낳기를 원하면 문득 단정하고 잘생긴 딸을 낳으리니 전세에 덕의 근본을 심었으므로 모든 사람이 사랑하고 공경하리라. 무진의여, 관세음보살은 이와 같은 힘이 있느니라. 만일 중생이 관세음보살께 공경하고 예배하면 복이 헛되지 않으리니 그러므로 중생은 마땅히 모두 관세음보살의 이름을 받아 지닐 것이니라. 무진의여, 어떤 사람이 육십이억 항하사 보살의 이름을 받아 지니고 또 몸을 마치도록 음식과 의복과 침구와 의약으로 공양한다면 그대는 어떻게 생각하느냐, 이 선남자선여인의 공덕이 많겠느냐."

무진의보살이 말하였다.

"매우 많겠나이다, 세존이시여."

부처님이 말씀하셨다.

"만일 어떤 사람이 관세음보살의 이름을 받아 지니고 한때만이라도 예배하고 공양하면 이 두 사람의 복이 꼭 같고 다름이 없어서 백천만억 겁에 이르러도 다하지 아니하리라. 무진의여, 관세음보살의 이름을 받아 지니면 이와 같이 한량없고 그지없는 복덕의 이익을 얻느니라."

• 다어음욕多於淫慾

"음욕이 많더라도."

◉ 음욕은 호흡을 통하여 생겨난다.

허망한 생각을 가지게 되는 것이 음욕.

욕심을 부리고 상상만 한다.

• 편득이욕便得離慾
"욕심이 사라진다."
자기가 할 일이 생기니 허망한 욕심이 다 사라진다.
편득이욕하면 새사람이 되어 모두가 좋아하게 된다.

• 약다진에若多瞋恚
"성내고 화내는 마음이 많더라도."
내 생각에 나는 참되고 바르게 사는데 남은 그렇지가 않다. 그래서
화가 나고 성질이 난다.

• 약다우치若多愚癡
"어리석더라도."
　◉ 먹고사는 것에만 신경을 쓴다.
　　자기 입맛에 맞는 것에만 신경 쓰고 남의 입맛은 생각하지 않는다.

• 편득이치便得離癡
"어리석음에서 벗어난다."
　◉ 인연법을 알게 되면 막히지 않고 통하게 되므로 어리석음이 떠난다.

• 여시등대위신력如是等大威神力
"이와 같이 큰 위엄과 신력을 갖고 있다."
능히 삼독을 멸하여 청정한 지혜를 얻고 일체의 이익을 얻어 대위신력
大威神力이다.
- 대위신력: 보이지 않는 힘을 크게 만들어 주는 것.

- **다소요익多所饒益**

"이로움이 많다."

그때그때 필요할 때 힘이 움직여져서 이익을 주는 모습.

- **상응심념常應心念**

"항상 마음에 간직한다."

탐·진·치 삼독이 바뀌면서 사람들이 남을 인도할 수 있는 힘이 나오는 것을 의미한다.

- **설욕구남說欲求男**

"아들을 원하면."

지혜를 말함.

씨앗을 구하는 자리. 번식시키는 자리.

말없이 도와주는 자리.

말하지 않아도 믿고 도와주는 자리.

- **설욕구녀說欲求女 변생단정便生端正 유상지녀有相之女**

"딸을 낳기를 원하면 문득 단정하고 잘생긴 딸을 낳는다."

어머니의 바른 마음으로 인하여 여자아이가 단정하고, 어머니의 자비로 인하여 여자아이 상호가 구족함이다.

　- 설욕구녀說欲求女: 자비심을 말함. 기르는 자리. 말해서 도와주는 자리.

- 공경 예배恭敬禮拜

"공경하고 예배드린다."

모든 중생의 마음은 보이지 않는다. 그 마음이 안 보이기 때문에 공경하고 순종할 때 복을 받는다.

- 숙식덕본宿植德本 중인애경衆人愛敬

숙세宿世에 일찍이 덕의 근본을 심어 누구나 사랑하고 공경한다.

- 복불당연福不唐捐

"복이 헛되지 않는다."

관세음보살을 공경 예배하면 복을 헛되게 버리지 아니한다. 성심으로 예배 공양하면 관세음보살이 반드시 감응한다.

모든 종교는 복불당연을 통해서 알게 되고 말을 통해서 이루어진다.

- 시고是故 중생衆生 개응수지皆應受持 관세음보살명호觀世音菩薩名號

"그러므로 중생들은 모두 마땅히 관세음보살의 이름을 받아 지녀야 할 것이다."

사람이 뜻에 따라 원하면 구하는 것을 다 얻을 수 있다.

언제나 예배하고 공경하면 반드시 그 복을 얻게 되므로 허망하지 않다.

- 항하사보살恒河沙菩薩

"항하의 모래처럼 한없이 많은 보살."

이 세상 만물이 다 보살이다.

이 세상 모든 생명체는 서로 돕고 산다. 자기 혼자선 살 수가 없다. 서로 도와주고 도움을 받는 보살자리에서 살아야 한다.

- **부진형復盡形**

"몸을 마치도록."

목숨이 다할 때까지 끊임없이 계속한다면.

- **음식飮食 의복衣服 와구臥具 의약醫藥**

  - 음식: 남에게 말할 때 기운을 북돋아 주는 말을 하라.
  - 의복: 외롭고 힘든 사람의 친구가 돼 줘라.
  - 와구: 이불 등 침구. 남의 잘못을 덮어 줘서 훈훈하게 느낄 수 있도록 하라.
  - 의약: 항상 준비하라.

- **시이인복是 二人福 정등무이正等無異**

"이 두 사람의 복이 다르지 않고 꼭 같다."

관세음보살에게 평생토록 음식, 의복, 와구, 의약으로 공양한 사람이나 관세음보살의 명호를 받아 지니고 잠시라도 예배 공양한 사람의 공덕이 같다.

음식이나 옷이나 잠자리 및 의약을 관세음보살에게 공양한다는 것은 배고픈 사람에게 밥을 주고 헐벗은 사람에게 옷을 주고 잠잘 곳이 없는 사람에게 잠자리를 제공하고 아픈 사람에게 약을 준다는 것이며, 이는 자비심의 표현이다. 또한 관세음보살의 명호를 불러 관세음과 내가 하나가 되면 저절로 자비심이 발효된다. 그러므로 이 두 가지

행은 다른 것 같지만 같은 것이다.

또한 음식이나 의복 와구 의약과 같은 재물로 공양한다는 것은 재물의 집착으로부터 벗어난다는 말이고, 관세음보살의 명호를 받아 지닌다는 것은 모든 집착에서 떠났다는 뜻이니 이 둘은 다르지가 않다.

✿

無盡意菩薩 白佛言호대 世尊하 我今에 當供養 觀世音菩薩하리라. 卽解頸衆寶珠瓔珞하니 價直百千兩金이라 而以與之하고 作是言호대 仁者는 受此法施珍寶瓔珞하소서. 時에 觀世音菩薩이 不肯受之어늘 無盡意 復白觀世音菩薩言호대 仁者는 愍我等故로 受此瓔珞하소서. 爾時에 佛告觀世音菩薩하사대 當愍此 無盡意菩薩과 及四衆 天龍夜叉와 乾闥婆阿修羅 迦樓羅 緊那羅와 摩睺羅伽 人非人等故로 受是瓔珞이니라. 卽時에 觀世音菩薩이 愍諸四衆과 及於天龍 人非人等하사 受其瓔珞하야 分作二分호대 一分은 奉釋迦牟尼佛하고 一分은 奉多寶佛塔하나니라. 無盡意야 觀世音菩薩이 有如是自在神力과 遊於娑婆世界하나니라.

무진의보살이 부처님께 사뢰었다.

"세존이시여, 제가 지금 관세음보살께 공양하겠나이다."

그리고 곧 목에 장식하였던 영락의 값이 백천만금이나 되는 것을 끌러 드리면서 이렇게 말하였다.

"어진 이여, 법으로 보시하는 이 보배영락을 받으시옵소서."

이때에 관세음보살이 받지 않으려 하자 무진의가 다시 관세음보살께 말하였다.

"어진 이여, 우리를 어여삐 여기시어 이 영락을 받으소서."

이때 부처님이 관세음보살에게 말씀하셨다.

"마땅히 이 무진의보살과 사부대중과 하늘 용 야차 건달바 아수라 가루라 긴나라 마후라가 사람과 사람 아닌 이들을 어여삐 여겨서 이 영락을 받으라."

곧 그때 관세음보살이 사부대중과 하늘 용 사람과 사람 아닌 이들을 어여삐 여겨서 그 영락을 받아 두 몫으로 나누어 한 몫은 석가모니불께 받들고, 한 몫은 다보불탑에 받들었다.

"무진의여, 관세음보살은 이렇게 자유자재한 신통의 힘이 있어 사바세계에 다니느니라."

• 중보주영락衆寶珠瓔珞

값이 나가는 보배를 말한다.

땀을 흘려 바친 보배. 노력해서 나는 땀은 영락과 같은 보배이다.

• 일분一分 봉석가모니불奉釋迦牟尼佛 일분一分 봉다보불탑奉多寶佛塔

"한 몫은 석가모니불께 바치고, 한 몫은 다보불께 바쳤다."

관세음보살이 중생을 구제할 수 있는 힘은 아뇩다라삼먁삼보리를 얻은 석가모니불의 가르침과 그 가르침을 저장하여 누구든지 언제나 써먹을 있도록 해 주는 다보불 덕분이다. 그래서 영락을 두 부처님께 바친 것이다.

❀

爾時無盡意菩薩 以偈問曰

世尊妙相具 我今重問彼 佛子何因緣 名爲觀世音

具足妙相尊　偈答無盡意　汝聽觀音行　善應諸方所
弘誓深如海　歷劫不思議　侍多千億佛　發大淸淨願
我爲汝略說　聞名及見身　心念不空過　能滅諸有苦
假使興害意　推落大火坑　念彼觀音力　火坑變成池
或漂流巨海　龍魚諸鬼難　念彼觀音力　波浪不能沒
或在須彌峯　爲人所推墮　念彼觀音力　如日虛空住
或被惡人逐　墮落金剛山　念彼觀音力　不能損一毛
或値怨賊繞　各執刀加害　念彼觀音力　咸卽起慈心
或遭王難苦　臨刑欲壽終　念彼觀音力　刀尋段段壞
或囚禁枷鎖　手足被杻械　念彼觀音力　釋然得解脫
呪詛諸毒藥　所欲害身者　念彼觀音力　還著於本人
或遇惡羅刹　毒龍諸鬼等　念彼觀音力　時悉不敢害
若惡獸圍遶　利牙爪可怖　念彼觀音力　疾走無邊方
蚖蛇及蝮蠍　氣毒煙火燃　念彼觀音力　尋聲自廻去
雲雷鼓掣電　降雹澍大雨　念彼觀音力　應時得消散
衆生被困厄　無量苦逼身　觀音妙智力　能救世間苦

이때에 무진의보살이 게송으로 여쭸다.
묘한 상 갖추신 세존이시여, 제가 이제 거듭 저 일을 여쭈옵니다.
불자가 어떠하온 인연으로써 관세음보살이라 이르나이까.
묘한 상호 갖추신 세존께옵서 게송으로 무진의에게 대답하시되
그대가 관세음의 행을 들으라. 곳에 따라 마땅하게 응하느니라.
큰 서원은 바다와 같이 깊었고 헤아릴 수가 없는 여러 겁 동안
여러 천억 부처님 모셔 받들며 청정한 큰 서원을 세웠느니라.

내 이제 그대에게 대강 말하니 그 이름을 듣거나 몸을 보거나
마음에 생각하고 헛되지 않으면 모든 세상 괴로움 소멸하리니
어떤 이가 해치려는 생각을 품고 불구덩이에 밀어서 떨어뜨려도
관세음을 염하는 거룩한 힘이 불구덩이를 못으로 변하게 하고
큰 바다에 빠져 떠내려갈 제 용과 고기 여러 귀신의 난을 만나도
관세음을 염하는 거룩한 힘이 파도가 빠뜨리지 못하게 하고
수미산 봉우리에 서 있을 적에 어떤 이가 밀어서 떨어뜨려도
관세음을 염하는 거룩한 힘이 해와 같이 허공에 떠 있게 하고
흉악한 사람에게 쫓겨 가다가 금강산에 떨어져 굴러 내려도
관세음을 염하는 거룩한 힘이 털 하나도 손상치 못하게 하고
원수인 도적에게 둘러싸여서 제각기 칼을 들고 해하려 해도
관세음을 염하는 거룩한 힘이 모두 다 자비한 마음 생기게 하고
어쩌다가 국법에 걸려들어서 사형을 집행하여 죽게 되어도
관세음을 염하는 거룩한 힘에 칼날이 조각조각 부수어지고
옥중에 갇혀서 큰칼을 쓰고 손발에 고랑 차꼬를 채웠더라도
관세음을 염하는 거룩한 힘이 저절로 시원하게 해탈케 되고
방자히 저주하며 독약으로 나의 몸을 해치려는 자라도
관세음을 염하는 거룩한 힘이 도리어 그 사람을 해하게 되고
흉악한 나찰이나 독한 용이나 여러 가지 악귀를 만나더라도
관세음을 염하는 거룩한 힘이 그것들이 해하지 못하게 하고
영악한 짐승들에 둘러싸이어 험상한 이와 발톱 무섭더라도
관세음을 염하는 거룩한 힘이 끝없는 먼 곳으로 도망케 하고
산무애 살무사와 독사와 전갈 독기가 불꽃처럼 내뿜더라도
관세음을 염하는 거룩한 힘이 소리 듣고 스스로 피하여 가고

검은 구름 천둥에 번개 치면서 우박과 소나기가 퍼붓더라도
관세음을 염하는 거룩한 힘이 잠시간에 흩어져 걷히게 되고
중생들이 곤액과 핍박을 받아 한량없는 괴로움 닥치더라도
관세음의 기묘한 지혜의 힘이 세간의 모든 고통 구해 주나니.

• 세존묘상구世尊妙相具 아금중문피我今重問彼

"묘한 상을 갖추신 세존이시여, 제가 이제 거듭 여쭙겠나이다."

　　◉ 세존世尊이란 우리 인간이 받드는 자리를 말한다. 인간은 우주의 변화하
　　는 힘에 의하여 살고 있으므로 세존이라 한다.
　　우주에는 모든 것이 갖추어져 있고 묘하게 구성되어 있어서 말로는 표현
　　할 수 없고, 인간이 한 번 보고는 그 내용을 알 수 없기에 자꾸 들어가
　　보는 것이고 거듭 묻는 것이다. 내가 우주의 힘을 빌려 쓰려면 자꾸자꾸
　　들어가 봐야 한다. 올 고추 농사가 잘됐다고 해서 내년에도 잘된다는
　　법이 없다. 우주는 항시 변하기 때문이다. 그래서 하늘(세존)에게 물어
　　본다.

• 불자하인연佛子何因緣 명위관세음名爲觀世音

"불자가 어떤 인연으로써 관세음보살이라 이르나이까."

　　◉ 깨달아서 하나를 얻었다면 그 하나를 통하여 자꾸자꾸 늘어나는 것인데
　　그 내용을 어떻게 알게 되겠습니까? 어떤 방법으로 하나를 얻는 방법을
　　스스로 알게 되어 중생들에게 도움을 줄 수 있겠습니까?
　　모든 것을 갖춘 우주 실상은 오직 자기 뜻을 다한 사람에게만 응답을
　　해 준다.

- 구족묘상존具足妙相尊 게답무진의揭答無盡意

"묘한 상을 갖추신 세존께서 무진의에게 답하시되."

◉ 우주 실상 법칙은 우리가 땀을 흘린 것만큼 그 응답이 오게 되어 있다. 묘하게 갖추어져 있는 자연실상은 오직 뜻을 다할 때 응답이 있다. 이 세상이치는 자기가 한 것만큼 보답이 있다.

문장으로는 부처님께서 무진의보살의 질문에 답하시는 것으로 볼 수 있으나, 속뜻으로는 이 우주 실상은 자기 뜻과 노력을 다한 사람에게만 그 대가를, 열매를 얻게 되어 있다는 실상의 법칙을 말씀하고 계신 것이다. 그러니까 자기 뜻을 다하지 않고 노력하지 않는 사람은 아무것도 얻을 수 없다는 자연법칙을 말씀하고 계신다.

無風天地無花開무풍천지무화개

　바람 없는 곳에 꽃을 피울 수 없고

無露天地無結實무로천지무결실

　땀 흘리지 않는 곳에 열매가 있을 수 없다

― 설송 종조님

- 선응제방소善應諸方所

"곳에 따라, 처지에 따라, 상대에 따라 알맞게 응답한다."

이런 경우엔 이렇게 저런 경우엔 저렇게 어떤 경우나 어떤 상대라도 그 상황에 맞게 적절하게 대응한다. 그렇게 할 수 있는 것은 관세음보살은 공空이므로 천백억 화신化身으로 어떠한 경우라도 일체를 다 대응한다.

묘음보살은 34모습으로 나타나서 중생을 구제하고 관세음보살은

33모습으로 중생을 구제하는데, 이렇게 상대의 처지에 따라 자기 몸을 변화할 수 있는 것은 자기에게 고정된 상相이 없기 때문이다. 정해진 상이 없으면 어떤 것으로도 다 변화할 수 있다. 중생은 '나'에 집착되어 있기 때문에 어떤 것으로도 될 수 없다.

집착하지 않고 정해지지 않아야 인因과 연緣에 의해서 모든 것으로 다 된다.

◉ 선응善應: 천지의 이치에 거스르지 말고 매사에 순응하라.

선응이란 날씨가 맑으면 맑은 대로, 날씨가 궂으면 궂은 모습대로 살아 가는 모습이다.

◉ 써먹을 때 잘 써먹어라. 써먹을 때는 방편으로 잘 써먹어야 한다.

• 역겁불사의歷劫不思議

"헤아릴 수 없는 여러 겁 동안."

◉ 몇 겁을 지나도 생각만으로는 아무 일도 되지 않는다. 생각은 이렇게 해야지 했다가도 실제로는 안 된다.

• 시다천억불侍多千億佛 발대청정원發大淸淨願

"여러 천억 부처님 모셔 받들며 청정한 큰 서원을 세웠다."

세상 이치대로 사니까 뭐든지 해 놓은 것은 천년만년 내려간다.

• 심념불공과心念不空過

"마음에 생각하고 헛되지 않으면."

믿음을 가져라. 이렇다 저렇다 판단하지 말라.

- 혹치원적요惑値怨賊擾 각집도가해各執刀加害 염피관음력念彼觀音力 함즉 기자심咸卽起慈心

"원수인 도적에게 둘러싸여서 제각기 칼을 들고 해하려 해도 관세음을 염하는 거룩한 힘이 모두 다 자비심이 생기게 하고.

　◉ 나를 해치려는 사람이 있을 때 관세음의 힘이 그 사람을 벌을 준다가 아니라, 내가 남을 못살게 하려는 마음이 생기면 관세음의 자비심이 그러지 못하게 한다.

　만약 나를 해치려는 사람이 있을 때 관세음을 부르면 관세음이 나타나서 그 사람을 벌을 준다면 이것은 복수이지 자비심의 발로가 아니다. 사람들이 아무리 잘못하고 죄를 많이 지어도 부처님은 벌을 주시지 않는다. 벌은 죄를 지은 사람이 스스로 받는 법이다. 이것이 인연법이다.

- 주저제독약呪詛諸毒藥 소욕해신자所欲害身者 염피관음력念彼觀音力 환착 어본인還著於本人

방자히 저주하며 독약으로 나의 몸을 해치려 하는 자라도 관세음을 염하는 거룩한 힘이 도리어 그 사람을 해하게 한다.

　◉ 나를 저주하고 해치려는 사람이 있으면, 관세음의 힘이 그 사람에게 벌을 주게 된다면 이것은 복수이고 부처님의 가르침이 아니다. 내가 남을 저주하고 악한 말을 하고 싶은 충동이 일어날 때 관세음을 부르면 그 생각이 사라져서 악업을 안 짓게 한다.

- 독룡제귀등毒龍諸鬼等

"독을 뿜는 용과 여러 가지 악귀들"

　◉ 남을 손해 보게 하는 재주.

재미로 살생을 하거나 남에게 손해를 끼치게 하면 그 업보로 남이

자기 말을 믿지 않게 되어 답답한 일만 생기게 되는데, 이런 마음이
일어날 때 관세음을 염하면 그런 마음에서 벗어나게 된다.

• 약악수위요若惡獸圍繞 이아조가포利牙爪可怖
"영악한 짐승들에 둘러싸여 험상한 이와 발톱이 무섭더라도."
나를 무너뜨리려는 무리가 여러 가지 방법으로 나를 해치려고 해도.
 － 이利: 날카로움.
 － 조爪: 발톱.

만약 내 마음에 상대를 구석에 몰아넣고 내 욕심을 채우고 싶은
욕망이 일어날 때 관세음을 만나면 짐승과 같은 마음에서 벗어나게
되고 해방된다.

• 완사급복갈蚖蛇及蝮蠍 기독연화연氣毒煙火燃
"독사와 전갈 따위가 불꽃처럼 독한 기운을 내뿜더라도."
내 마음속에 독사나 전갈 같은 독한 마음이 일어나더라도.
마음속에 독을 품고 있는 사람은 항상 두려움을 느끼고 산다.
이런 마음이 일어난다는 것은 자기의 본심을 잃었기 때문이다. 관세음
을 염念해서 본심을 찾아야 한다.

• 심성자회거尋聲自廻去
"소리를 듣고 스스로 피하여 간다."
남을 해치려는 마음을 내다가도 관세음을 생각하면 자비심으로 돌아
가서 평상심을 갖게 한다.

576

부처님의 가르침은 나를 변화시켜서 해탈을 구하는 것이지 남을 바꾸게 하려는 가르침이 아니다. 우리는 남을 바꾸게 하려는 데 애를 쓴다. 시어머니는 며느리를 바꾸게 하려고 하고, 며느리는 시어머니를 바꾸게 하려고 애를 쓴다. 남편은 아내를 바꾸게 하려고 애를 쓰고, 아내는 남편을 바꾸게 하려고 애를 쓴다.

이 세상 모든 사람을 자기가 좋아하는 사람으로 바꿀 수는 없다. 자기가 바뀌면 온 세상이 바뀐다. 이것이 신통력이다. 신통력은 어디 먼 곳에 있는 것이 아니라 본래부터 내가 갖고 있는 것이다.

– 심尋: 찾다.

• 운뢰고철전雲雷鼓掣電 강박주대우降雹澍大雨

"구름이 잔뜩 끼어 번개와 우레가 벽력같고 우박이 쏟아지고 비가 퍼부어도."

번개와 우레가 치고 우박이 쏟아지고 비가 퍼붓는다는 것은, 자연현상이나 우리 마음이 그런 경지에 처해서 무서움과 공포에 시달리더라도 관세음을 염하면 마음의 공포에서 벗어난다. 평상심을 찾는다.

• 중생피곤액衆生被困厄 무량고핍신無量苦逼身

"중생들이 갖가지 고통과 재액을 받아서 그 괴로움이 몸에 닥쳐와도."

• 관음묘지력觀音妙智力 능구세간고能救世間苦

관세음보살의 묘한 지혜의 힘이 능히 모든 사람의 괴로움을 구해준다.

묘한 지혜란 부처님의 지혜를 말한다. 우리가 고통에서 구원받을

수 있는 것은 재물도 아니고 권력도 아니고 명예도 아니고 오직
부처님의 지혜뿐이다.

✿

具足神通力 廣修智方便 十方諸國土 無刹不現身
種種諸惡趣 地獄鬼畜生 生老病死苦 以漸悉令滅
眞觀淸淨觀 廣大智慧觀 悲觀及慈觀 常願常瞻仰
無垢淸淨光 慧日破諸闇 能伏災風火 普明照世間
悲體戒雷震 慈意妙大雲 澍甘露法雨 滅除煩惱焰
諍訟經官處 怖畏軍陣中 念彼觀音力 衆怨悉退散
妙音觀世音 梵音海潮音 勝彼世間音 是故須常念
念念勿生疑 觀世音淨聖 於苦惱死厄 能爲作依怙
具一切功德 慈眼視衆生 福聚海無量 是故應頂禮

신통하고 묘한 힘 모두 갖추고 지혜의 방편까지 널리 닦아서
시방의 모든 세계 어디서든지 갖가지 몸 나투지 않는 데 없어
가지가지 험하고 나쁜 갈래인 지옥과 아귀들과 축생에까지
나고 늙고 병들고 죽는 고통을 차츰차츰 모두 다 없애 버리네.
참된 관찰 청정한 관찰이오며 넓고 크신 지혜로 관찰하심과
가엾이 관찰함과 인자한 관찰 언제나 원하옵고 앙모합니다.
때 없이 청정하고 밝은 광명이 해와 같은 지혜로 어둠 깨치고
풍재와 화재를 굴복시키고 골고루 밝은 빛이 세상 비추니
대비는 체가 되고 계행은 우레 인자하온 마음은 묘한 큰 구름
감로 같은 법비를 뿌려 내려서 번뇌의 더운 불꽃 소멸하오며

송사하고 다투는 관청에서나 무섭고 겁이 나는 진중에서도
관세음을 염하는 거룩한 힘이 원수들을 물리쳐 흩어 버리네.
미묘한 음성이신 관세음이여 범천왕의 음성과 조수의 음성
세간의 음성보다 동뜨시오니 그러므로 언제나 생각들고
잠시라도 의심을 내지 말아요. 관세음보살의 청정한 성인
괴로움과 번뇌와 죽는 액운에 능히 믿고 의지할 데가 됩니다.
여러 가지 공덕을 다 갖추시고 자비하신 눈으로 중생을 보며
복더미 바다같이 한량없나니 그러므로 머리 조아려 예배하시오.

• 오관五觀

관세음보살이 중생을 구제할 수 있는 힘은 진관, 청정관, 광대지혜관,
비관 및 자관의 오관五觀에서 나온다. 이 오관은 한 가지를 여러
가지로 표현한 것이다. 이것들은 서로 이어져 있어서 떨어질 수
없다.

①진관眞觀: 모든 것을 참되게 본다.

②청정관淸淨觀: 번뇌를 벗어난 상태로 진실을 구함.

③광대지혜관廣大智慧觀: 태양이 모든 어두움을 구석구석 없애 주듯
이 악한 사람이건 착한 사람이건 구별 없이 구원해 준다.

④비관悲觀: 모든 사람을 불쌍히 여기는 마음.

⑤자관慈觀: 모든 사람을 불쌍히 여겨서 행복하게 해 주자, 편안하게
해 주자고 마음먹는다.

• 비체계뢰진悲體戒雷震

"대비大悲는 체體가 되고 계행은 우레."

계戒는 대비大悲의 마음에서 나온다. 계는 대비를 본체로 한 것이므로 대비심을 몸으로 한 계행비체계戒行悲體戒라고 한다.

관세음보살은 자비심의 화신이므로 그 자비심을 바탕으로 하여 거기서 나온 행行은 천둥이 천지를 뒤흔들듯 큰 힘을 가지고 있어서 많은 사람을 움직이게 한다.

자비심으로 하는 일은 적敵이 없다.

• 감로법우甘露法雨

"감로수와 같은 법비를 내리다."

감로의 법비(가르침)는 우리 마음을 적셔서 지혜와 자비심을 갖게 해 준다. 그리하여 번뇌의 불꽃을 꺼지게 한다.

부처님의 가르침은 우리의 번뇌를 깨끗이 없애 주고 집착을 여의게 한다.

• 범음梵音

"범천왕의 음성."

범음梵音은 청정한 음성이라는 뜻이다. 불신佛身이 청정하므로 시방의 모든 부처님의 음성 역시 범음의 청정함을 내시기 마련이다.

시방의 모든 부처님은 한 목소리로 말씀을 하시지만, 듣는 이들은 제각기 근기에 맞추어 듣게 마련이다.

석가모니부처님이 기사굴산에서 설법을 하실 때에 한 목소리 범음으로 설하시지만 당시에 기사굴산에 모인 모든 대중은 각자의 근기에 따라 부처님의 말씀을 알아들었다.

스님이나 법사가 법문을 할 때 자기 생각으로 법문을 하면 신도들이 졸지만 자기 생각을 내려놓고 실상과 연결된 법문을 하면 듣는 사람이 제각각 자기 근기에 맞게 가져간다.

• 해조음海潮音

"아침에 밀려들었다가 나가는 바닷물 소리."

새소리, 물소리, 바람소리 등 자연의 원음原音이 해조음.

중생이 관세음보살을 부르면 때를 가리지 않고 이익을 주는 것을 해조음에 비유했다. 부처나 보살의 설법을 때를 어기지 않는 밀물과 썰물에 비유한 것이다.

• 세간음世間音

"세간의 음성."

부처님이 소승 경전을 연설하실 때에 내는 음성을 말한다. 출세간음出世間音은 보살을 가르치는 법문을 연설하실 때에 내신다.

• 아뇩다라삼먁삼보리심을 내다

"보리심을 내어 중생을 구하겠다는 마음을 내다."

보리심을 내면 보살이 된다. 보리심은 허공과 같아서 무상無相. 구름(번뇌)이 사라지면 보리가 저절로 드러난다.

무명무상無名無相, 무생무멸無生無滅이므로 중생을 구하고도 중생을 구원했다는 생각을 내지 않는다.

　◉ 고통이 오면 먼저 관세음보살을 부르고, 그 부르는 힘으로 인하여 아뇩다라삼먁삼보리를 얻으려는 마음이 생겨난다.

다라니품陀羅尼品 제26

1. 대의

세존께서 「관세음보살보문품」 설법을 마치시자 약왕보살이 이 법화경을 수지 독송 해설 서사하는 사람은 그 공덕이 얼마나 되느냐고 여쭙는다. 그러자 세존께선 선남자선여인이 팔백만억 나유타 항하사의 보살에게 공양하는 것보다 이 법화경의 게송 하나를 독송하고 그 뜻을 이해하는 것이 훨씬 더 큰 공덕이 있다고 말씀하신다. 그러자 약왕보살이 법화경을 펴는 사람을 보호하기 위해 다라니를 말한다. 약왕보살과 용시보살을 위시하여 비사문천왕, 지국천왕 및 귀자모신 등 10명의 나찰녀가 다라니를 외워 법화경을 펴는 법사를 보호할 것을 서원한다. 이 다라니는 불법을 펴는 사람을 보호하고, 병도 치료하며, 죄를 소멸하고 깨달음을 얻는 것을 도와주는 힘을 가졌다.

「약왕보살본사품」에서는 난행고행과 낙습고행의 수행과 소신공양의 공덕을 갖추고, 「묘음보살품」에서는 현일체색신삼매라는 방편의 가르침을 펴는 지혜를 갖추며, 「관세음보살보문품」에서는 중생을 구제하는 대자대비의 행을 갖추어 중생을 구제한다.

부처님은 지혜와 복덕을 갖추어 중생을 구제하시지만 이것을 지키고 호위하지 않으면 마군魔軍의 장난으로 이루어 놓은 공功을 망칠까 봐 염려가 되어 두 보살과 두 천왕, 열 명의 나찰녀가 다라니주陀羅尼呪를 설하여 마장을 몰아내고 쇠환衰患을 소멸하기로 부처님께 약속한다.

다라니는 번역하지 않고 원어 그대로 두어 다라니가 갖고 있는 신비함을 유지시켰다. 구마라습 고승이 불경을 번역할 때 몇 가지의 원칙을 정해 놓았는데, 다라니는 비밀의 법이므로 번역하면 그 신비성이 감소되고 다라니는 제불보살들의 불가사의한 힘이 들어 있어 번역하지 않고 원음 그대로 읽는 것이 효과적이므로 번역하지 않았다.

각각의 다라니는 때에 따라 움직이는 힘이 다른 모습으로 나타난다. 따라서 기도 시간이 밤 12시, 1시, 3시가 되는 것도 때에 따라 변화하는 힘이 다르기 때문이다.

만약 악귀나 누진이 있으면 다라니가 그들을 꼼짝 못하게 만든다.

말세에는 자연의 법칙이 무너지고 사람의 마음도 정법을 멀리하고 사법邪法을 가까이하게 되어 생각하지도 않았던 재난이 줄을 잇는다. 천재지변이 자주 일어나고 이름 모를 새로운 병들이 만연하게 된다. 이럴 때일수록 우리는 보이지 않는 힘에 의하여 보호를 받아야 한다.

법화경에는 여래의 자재신통력과 비밀법장이 들어 있다. 부처님은 법화경을 수지 독송하고 해설 서사하는 사람을 여러 보살이나 신들을 시켜 보호해 주신다고 약속하셨다.

이 책에서는 「다라니품」에 수록된 5개의 다라니가 어떤 경우에 쓰이는지를 잘 설명해 놓았다.

이 「다라니품」은 다음의 「묘장엄왕본사품 제27」과 연결이 된다. 「묘장엄왕본사품」에서는 범부도 성불할 수 있다는 것을 보여 주고,

이 「다라니품」의 원리를 알아야 「묘장엄왕본사품」의 원리를 알게 되고
장엄하는 원리를 알게 된다.

2. 본문 해설

爾時에 藥王菩薩이 卽從座起하야 偏袒右肩하고 合掌向佛하고 而白佛
言호대 世尊하 若善男子善女人이 有能受持 法華經者하야 若讀誦通利
커나 若書寫經卷하면 得幾所福이닛고. 佛告藥王하사대 若有善男子善女
人이 供養八百萬億 那由他 恒河沙等諸佛하면 於汝意云何오 其所得福
이 寧爲多不아. 甚多니다 世尊하. 佛言하사대 若善男子善女人이 能於是
經에 乃至受持 一四句偈하야 讀誦解義하고 如說修行하면 功德이 甚多니
라. 爾時에 藥王菩薩이 白佛言호대 世尊하 我今에 當與說法者의 陀羅尼
呪하야 以守護之호리다. 卽說呪曰

　　그때에 약왕보살이 자리에서 일어나 오른쪽 어깨를 드러내고 부처님
을 향하여 합장하고 사뢰었다.
　　"세존이시여, 선남자선여인으로서 법화경을 받아 지니는 이가 읽거나
외우거나 통달하거나 경책을 쓴다면 얼마나 많은 복을 받나이까."
　　부처님이 약왕보살에게 말씀하셨다.
　　"만일 선남자선여인이 팔백만억 나유타 항하사의 보살에게 공양하였
다면 그대는 어떻게 생각하느냐. 그가 얻는 공덕이 많다 하겠느냐?"
　　"매우 많겠나이다. 세존이시여."
　　부처님이 말씀하셨다.
　　"만일 선남자선여인이 이 경에서 네 구절로 된 한 게송만을 받아 지니

고 읽고 외우고 뜻을 해설하여 말한 대로 수행하면 그 공덕이 더욱 많으리라."

이때 약왕보살이 부처님께 사뢰었다.

"세존이시여, 제가 이제 법을 말하는 이에게 다라니 주문을 주어 수호하겠나이다."

곧 주문을 말하였다.

• 약왕보살 다라니

안니 만니 마네 마마네 지례 차리제 샤먀 사리다위 선데 목데 목다리 사리 아위사리 상리 사리 사예 아사예 아기니 선데 샤리 다라니 아로가바사파자비사니 네비데 아변다라녜리데 아단다파례수디 우구례 무구례 아라례 파라례 수가차 아삼마삼리 붓다비기리질데 달마 파리차데 싱가녈구사네 바사바사수디 만다라 만다라사야다 우루다 우루다교사랴 악사라 악사라다야 아바로 아마야나다야

■ 약왕보살 다라니는 평화, 청정, 평등, 해탈 등 법화경의 본질과 연관되는 말들이 포함되어 있다.

• 다라니陀羅尼

석가모니부처님 가르침의 정수를 요약한 것으로서, 신비적 힘을 가진 말로써 모든 악한 법을 버리고 좋은 법을 지니게 하는 주문을 말한다. 다라니는 긴 경전의 문장을 간단한 말로 요약하여 기억하기 편하게 하고 선법善法을 증장시키고 악법惡法을 감소시키는 일을 한다.

- 진언眞言·만트라Mantra : 석가의 깨달음이나 서원을 나타내는 말로
서 불교에서 진실하여 거짓이 없는 신주神呪.

◉ 다라니란 부처님 마음에 내 마음을 붙이는 것. 부처님 마음에 내 마음이
들어가 붙어 있는 것. 다라니를 외면 부처님 마음에 붙어서 그 말이
나가니까 부처님 말씀이 된다.

◉ 이 세상의 많은 만물 중에서 내가 필요한 하나를 갖는 것. 전체 거느린
중에서 하나를 갖는다.

◉ 우리 인간은 마음이 헤지면 병이 난다. 마음이 헤지면 집안일도 잘 안
되고 사업도 잘 안 된다. 그래서 마음을 한데 모으라는 것이다. 밖으로
나가 있는 마음이 한데 모이면서〔一心〕 자기가 하는 일이 이루어지게
되어 있는 원리.

☞ 약왕보살 다라니는 어떤 상황에 처했을 때 외우나?

◉ 병(열병, 독감)이 날 때, 이름 모를 전염병이 돌 때, 화합을 원할 때.

◉ 여러 사람의 마음이 합해져서 약이 효력을 본다. 약 짓는 사람, 약 달이는
사람, 약 먹는 사람의 정성이 한데 모아져서 약의 효력이 발생한다.

◉ 상극相剋에서 변화되어 병이 낫는다. 서로 상생相生하는 사람끼리 만나
면 아무 시끄러움이 없이 평화롭게 지내지만 큰일은 하지 못한다. 그러
나 서로 상극하는 자리에서 만난 사람은 시끄럽고 불화하지만 그 불화를
극복하면 큰일을 이룰 수 있다. 법화경을 읽고 기도하라. 상극을 이길
수 있는 묘妙가 나온다.

◉ 자기 마음속 깊이 진심으로 생각하는 바를 계속해서 염念하면 모든 일이
저절로 이루어진다.

✿

爾時에 勇施菩薩이 白佛言호대 世尊하 我亦爲擁護 讀誦受持法華經者
하야 說陀羅尼호리다. 若此法師 得是陀羅尼하면 若夜叉 若羅刹과 若富
單那 若吉蔗 若鳩槃茶 若餓鬼等이 伺求其短이라도 無能得便호리다.
卽於佛前에 而說呪曰

　　이때 용시보살이 부처님께 사뢰었다.
　　"세존이시여, 저도 법화경을 읽고 외우고 받아 지니는 일을 옹호하기
위하여 다라니를 말하겠나이다. 이 법사가 이 다라니를 얻으면 야차나
나찰이나 부단나나 길자나 구반다나 아귀 등이 그의 부족한 짬을 엿보아
도 얻지 못하리이다."
　　곧 주문을 말하였다.

• 용시보살 다라니
　자례 마하자례 욱기 목기 아례 아라바제 널례제 널례다바제 이디니
　위디니 지디니 널레지니 널리지바디

■ 용시보살 다라니에는 선善, 환희, 가르침에의 안주安住 등 마음의
　세계가 내포되어 있다.

• 용시보살勇施菩薩
　석가모니부처님이 법화경을 설하실 때 있던 보살.
　　◉ 두려움 없이 아낌없이 베푸는 보살. 아끼고 간직하고 숨기고 하는 것을
　　내려놓는다.

☞ 용시보살다라니는 어떤 상황에 처했을 때 외우나?

◉ 남자나 여자가 자기 위치를 찾지 못하고 헤맬 때, 직장을 자주 옮기거나 가게를 자주 옮길 때, 안정을 찾지 못할 때 외운다.

- 야차夜叉: 비사문천왕의 권속. 호법신
- 나찰羅刹: 속질귀신. 병을 일으키는 귀신
- 부단나富單那: 몸에서 나쁜 냄새가 나고 사람과 축생을 괴롭힌다.
- 길자吉蔗: 시체를 일으켜 원한이 있는 사람을 해치게 하는 귀신
- 구반다鳩槃茶: 사람을 가위 눌리게 하는 귀신. 사람의 정기를 빨아 먹는 귀신.

✿

爾時에 毘沙門天王護世者 白佛言호대 世尊하 我亦爲 愍念衆生하야 擁護此法師故로 說是陀羅尼호리다. 卽說呪曰

이때 세상을 보호하는 비사문천왕이 부처님께 사뢰었다.

"세존이시여, 저도 중생을 어여삐 여기며 이 법사를 옹호하기 위하여 다라니를 말하겠나이다." 곧 주문을 말하였다.

• 비사문천 다라니

아리 나리 노나리 아나로 나리 구나리

■ 비사문천 다라니는 중생에게 자비를 베푸는 내용이다.

• 비사문천왕毘沙門天王

불법을 수호하는 사천왕 중의 하나.

수미산의 북방을 수호하며 사천왕 중 가장 중심이 되는 신이다.

다문천왕多聞天王이라고도 한다.

- 다문천왕多聞天王: 사천왕의 하나. 창조의 신이며 세상을 보호, 감독
  하며 선한 일을 한 사람에겐 복을 주고 악한 일을 한 사람에겐 벌을
  주는 제석천왕帝釋天王을 도와 불법을 수호하는 호법신護法神.

- 사천왕四天王: 세계 중심의 수미산 중턱에 살며 위로는 제석천을
  모시고 사방四方, 사주를 지키고 불법을 수호하는 네 호법신.
  동쪽은 지국천왕持國天王으로 음악을 관장한다.
  서쪽은 광목천왕廣目天王으로 '추한 눈, 악한 눈'이란 뜻. 눈을 부릅떠
  위엄으로써 악을 물리친다.
  남쪽은 증장천왕增長天王으로 '늘어나다, 확장되다'의 뜻. 만물을
  소생시킨다.
  북쪽은 비사문천왕毘沙門天王으로 '불법을 널리 듣는다'는 뜻. 다문
  천多聞天이라고도 한다.

☞ 비사문천다라니는 어떤 상황에 처할 때 외우나?

　　◉ 상갓집을 방문할 때 이 다라니를 외우면 상문부정喪門不淨을 피할 수
　　　있다.
　　　시신을 대하거나 수의를 입힐 때 외운다.
　　　누구나 1년에 몇 번은 장례식장에 갈 일이 생긴다. 장례식장에 들어가기
　　　전 이 비사문천다라니를 3번 외우면 아무 탈이 없다.

　　◉ 생전에 자기 임무는 하지 않고 놀기만 하다 죽은 사람의 경우 이 다라니를
　　　외운다.

✿

爾時에 持國天王이 在此會中하야 與千萬億 那由他 乾闥婆衆으로 恭敬
圍繞하고 前詣佛所하야 合掌白佛言호대 世尊하 我亦以陀羅尼神呪로
擁護持法華經者호리다. 卽說呪曰.

　　이때 지국천왕이 이 모임 가운데 있다가 백천만억 나유타 건달바 무리
에게 둘러싸여 공경받으며 부처님 앞에 이르러 합장하고 부처님께 사뢰
었다.
　　"세존이시여, 저도 다라니 신주로 법화경 지니는 이를 옹호하겠나이다."
　　곧 주문을 말하였다.

• 지국천왕 다라니
　　아가네 가네 구리 건다리 전다리 마등기 상구리 부루사니 알디

■ 지국천왕 다라니에는 기도의 힘이 내포되어 있다.

• 지국천왕持國天王
　　수미산 동쪽에 살면서 붉은 몸에 천의天衣로 장식하고 왼손에는 칼을
들고 오른손에는 보주寶珠를 들고 있다. 4대천왕은 사찰의 입구 사천
왕문에 입상立像으로 되어 있다.

☞ 지국천왕 다라니는 어떤 상황에 처할 때 외우나?
　　◉ 혹惑한 걸 없앤다. 이사할 때, 집안에 새사람이 들어올 때, 노름이나
　　　술에 빠질 때 외운다.

爾時에 有羅刹女等하니 一名은 藍婆요 二名은 毘藍婆요 三名은 曲齒요 四名은 華齒요 五名은 黑齒요 六名은 多髮이요 七名은 無厭足이요 八名은 持瓔珞이요 九名은 皐帝요 十名은 奪一切衆生精氣라. 是十羅刹女 與鬼子母와 幷其子 及眷屬으로 俱詣佛所하야 同聲으로 白佛言호대 世尊하 我等이 亦欲擁護 讀誦受持法華經者하야 除其衰患호리니 若有伺求 法師短者면 令不得便케 호리다 하고 卽於佛前에 而說呪曰

이때 나찰녀들이 있으니 첫째는 람바요, 둘째는 비람바요, 셋째는 곡치요, 넷째는 화치요, 다섯째는 흑치요, 여섯째는 다발이요, 일곱째는 무염족이요, 여덟째는 지영락이요, 아홉째는 고제요, 열째는 탈일체중생정기라. 이 나찰의 여자 열이 귀자모와 그 아들과 권속들로 더불어 부처님 계신 데 이르러 소리를 함께하여 부처님께 사뢰었다.

"세존이시여, 저희들도 법화경을 읽고 외우고 받아 지니는 이를 옹호하여 그의 궂은 걱정을 덜겠사오며, 만일 법사의 부족한 짬을 엿보는 이가 있으면 기회를 얻지 못하게 하겠나이다."

곧 부처님 앞에서 주문을 말하였다.

• 귀자모鬼子母 다라니
이제리 이제민 이제리 아제리 이제리 니리 니리 니리 니리 니리 루혜 루혜 루혜 루혜 다혜 다혜 다혜 도혜 로혜

• 귀자모鬼子母
자식을 사랑하는 귀신. 처음에는 남의 자식을 잡아가는 귀신이었는

데, 부처님의 교화를 받아 자식을 사랑하는 부처님 제자가 되었다. 애자모愛子母라고도 한다.

☞ 귀자모 다라니는 어떤 상황에 처할 때 외우나?
악귀 예방, 열병, 신경계통 병이 났을 때 왼다.

• 10 나찰녀
①람바藍婆: 결박結縛. 번뇌에 빠진다.
②비람바毘藍婆: 이박離縛, 번뇌의 구속에서 떠났다.
③곡치曲齒: 이가 곧지 못하고 굽은 나찰.
④화치華齒: 이가 잘생긴 나찰.
⑤흑치黑齒: 이가 검은 나찰.
⑥다발多髮: 머리털이 많은 나찰.
⑦무염족無厭足: 만족할 줄 모르는 나찰.
⑧지영락持瓔珞: 영락을 가진 나찰.
⑨고제皐帝: 하소何所. 어디에 가는 것인가. 어디에 닿을 것인가.
⑩탈일체중생정기奪一切衆生精氣: 모든 사람의 정기를 빼앗는 나찰.
중생의 심장에 들어가서 생명을 지탱해 주는 단물을 빨아먹는다.

✿

寧上我頭上이언정 莫惱於法師니 若夜叉와 若羅刹과 若餓鬼와 若富單那와 若吉蔗와 若毘陀羅와 若犍馱와 若烏摩勒伽와 若阿跋摩羅와 若夜叉吉蔗와 若人吉蔗와 若熱病인 若一日 若二日 若三日 若四日 乃至七日과 若常熱病의 若男形 若女形과 若童男形과 若童女形이 乃至夢中에

도 亦復莫惱리다. 卽於佛前에 而說偈言호대 若不順我呪하고 惱亂說法
者면 頭破作七分을 如阿梨樹枝하며 如殺父母罪하고 亦如壓油殃과 斗
秤欺誑人과 調達破僧罪호리니 犯此法師者는 當獲如是殃이니라.

　"차라리 제 머리 위에 올라앉을지언정 법사를 괴롭히지 말아야 하오
니, 야차나 나찰이나 아귀나 부단나나 길자나 비타라나 건타나 오마륵가
나 아발마라나 야차 길자나 사람 길자나 열병귀로서 하루 열병귀, 이틀
열병귀, 사흘 열병귀, 나흘 열병귀 내지 이레 열병귀나 늘 열병귀나 사내
형상이나 여자 형상이나 동남의 형상이나 동녀의 형상들이 꿈속에서라
도 시끄럽게 하지 못하게 하겠나이다."
　곧 부처님 앞에서 게송을 말하였다.
　"나의 주문을 순종하지 않고 법 말하는 이를 시끄럽게 하면 머리를
깨어 일곱 조각에 아리나무 가지와 같이 하여 부모 죽인 죄와도 같고,
저울과 말을 속인 죄 같고, 조달의 화합승 파한 죄같이 이 법사를 침범한
자는 그와 같은 재앙 받으리."

- 비타라毘陀羅: 붉은 귀신

- 건타犍馱: 누런 귀신

- 오마륵가烏摩勒伽: 검은 귀신

- 아발마라阿跋摩羅: 푸른 귀신

- 인길자人吉蔗: 사람 모습을 한 귀신

- 약야차若夜叉·약인길자若人吉蔗: 시체를 일으키는 귀신

아리나무 가지는 땅에 떨어지면 자연적으로 일곱 조각이 된다.

부모를 죽이고 승단의 화합을 깨뜨린 자는 오역죄 중 삼역죄에 해당한다.
조달調達은 제바달다. 세존을 해하려 하고 승단을 파괴하려 했다.

✿

諸羅刹女 說此偈已하고 白佛言호대 世尊하 我等도 亦當身自擁護 受持
讀誦修行是經者하야 令得安隱하며 離諸衰患하고 消 衆毒藥호리이다.
佛告 諸羅刹女하사대 善哉善哉라 汝等이 但能擁護受持 法華名者라도
福不可量이온 何況擁護 具足受持하고 供養經卷호대 華香瓔珞과 末香
塗香 燒香과 幡蓋伎樂이며 燃 種種燈호대 酥燈油燈과 諸香油燈과 蘇摩
那華油燈과 瞻蔔華油燈과 婆師迦華油燈과 優鉢羅華油燈의 如是等 百
千種으로 供養者야따녀. 皐帝야 汝等及眷屬이 應當擁護 如是法師니라.
說是陀羅尼品時에 六萬八千人이 得無生法忍하니라.

"세존이시여, 저희들도 몸소 이 경을 받아 지니고 읽고 외우고 닦아
행하는 이를 옹호하여 항상 편안하고 모든 쇠퇴하는 걱정을 여의며 모든
독약을 소멸케 하겠나이다."

부처님이 여러 나찰녀에게 말씀하셨다.

"착하고 착하도다. 너희들이 능히 법화경 이름만 받아 지니는 이를
옹호하여도 복이 헤아릴 수 없겠거늘, 하물며 법화경을 구족하게 받아
지니며 경책에 공양하기를 꽃 향, 영락가루 향, 바르는 향, 사르는 향,
번기, 일산과 풍류로 하고 갖가지 등을 켜는 데 우유등, 기름등, 향유등,
소마나꽃 기름등, 담복화 기름등, 바사가꽃 기름등, 우발라꽃 기름등
이러한 백천 가지로 공양하는 이를 옹호함일까 보냐. 고제여, 너희 권속
들이 마땅히 이런 법사를 옹호하라."

이 다라니품을 말씀할 때에 육만 팔천 사람이 무생법인을 얻었다.

• 여등汝等 단능옹호수지但能擁護受持 법화명자法華名字 복불가량福不可量
"너희는 다만 능히 법화의 이름만 받아 지니는 자를 호위하고 보호하여
도 복을 헤아릴 수 없거늘."

'나무묘법연화경' 하고 제목을 부르는 것은 곧 모든 다라니를 부르는
것과 같다. 제목을 부름으로써 우리는 악惡을 버리고 선善을 지니게
된다. 따라서 제목은 다라니 중의 다라니이다.
－ 보호해야 할 사람
①법화경의 이름을 받아 지니는 사람.
②법화경의 내용을 잘 알아서 수행하고 공양하는 사람.

• 설시다라니품시說時陀羅尼品時 육만팔천인六萬八千人 득무생법인得無生
法認
"부처님께서 이 경을 말씀하실 때에 육만 팔천 명의 사람이 무생법인을
얻었다."
이 「다라니품」을 읽으면 6근根과 8식識이 다 청정하게 되고 지혜를
얻어 모든 법이 공함을 깨닫게 된다. 그리고 불생불멸의 진리를
깨치게 되고 거기에 안주하여 마음이 흔들리지 않게 된다.
－ 무생법인無生法忍: 불생불멸의 진리를 깨달아 어떠한 환경에 처하더
라도 마음을 움직이지 않음.
삼라만상의 일어남과 사라짐을 여실지견如實知見으로 보아 집착을
여읜 것을 말한다.

일어남과 사라짐을 여실히 보아 마음이 끄달리지 않으니 번뇌가 일어나지 않는다. 이것이 불생不生이고 무생無生이다.

번뇌가 일어나지 않았으니 일어나지 않는 번뇌가 죽을 일도 사라질 일도 없다. 이것이 불멸不滅이다.

● 신神에게 무조건 빌지 말라. 신에게 빌고 문제를 해결하면 내가 공양을 바치고 신세를 졌으므로 신이 부탁하는 것을 들어줘야 한다. 신에게 신세를 지면 신은 그 보답을 요구한다. 이렇게 말하라. "나는 천지 이치대로 행하고 있고 중생을 위하여 일하고 있는 것이니 네가 나를 도와야 한다." 이것이 정도正道(제악막작諸惡莫作 중선봉행衆善奉行)이다.

실상의 법칙대로, 자연의 법칙대로 사는 사람은 신에게 빌 필요가 없다. 내가 정법대로 살면 실상이 나를 도와준다.

묘장엄왕본사품妙莊嚴王本事品 제27

1. 대의

「묘장엄왕본사품」은 세상 돌아가는 이치를 설명하고 우주가 살아 움직이는 모습을 그려 놓았다. 이 품은 법화경의 유통분流通分으로서 법화경을 수지 독송 해설 서사하고 광선유포廣宣流布(부처의 가르침을 널리 폄)하여 일체중생이 불도에 들어오게 하기 위한 부처님의 방편이다.

이 「묘장엄왕본사품」은 이교도인 묘장엄왕妙莊嚴王이 그의 왕비와 두 아들에게 감화되어 부처님의 제자가 되어서 법화경을 세상에 전하는 일에 앞장선다는 본사本事(불제자들의 과거생의 인연을 설하신 내용)를 설하신다.

아득한 옛날 운뢰음수왕화지불雲雷音宿王華智佛 시대에 묘장엄妙莊嚴이라는 국왕과 왕비인 정덕淨德과 두 아들인 정장淨藏과 정안淨眼이 있었는데, 왕비와 두 왕자는 불법에 귀의했으나 국왕인 묘장엄왕은 외도外道인 바라문법에 빠져 있었다. 이때에 운뢰음수왕화지불께서 법화경을 설하신다는 말을 듣고 왕비와 두 왕자는 외도에 심취하고 있는 국왕을 불법에 귀의케 하려고 하였다.

두 왕자는 왕비로부터 아버지를 불법으로 인도하기 위해서는 어떤 신비한 것을 보여 주는 게 효과적이라는 말씀을 듣고 국왕에게 여러 가지 신통 변화를 보여 준다. 공중으로 뛰어올라 허공중에서 가고 서고 앉고 눕기도 하고, 머리에서 물을 내고 몸 아래에서 불을 내기도 하고, 몸을 크게 만들어서 허공에 가득하기도 하고, 또 작은 몸을 나타내기도 하고, 땅속에 들어가기도 하면서 여러 가지 신통 변화를 국왕에게 보여 주었다.

이런 모습을 본 국왕이 아들들에게 어디서 이런 신통 변화를 배웠느냐고 묻자 두 아들은 법화경을 설하고 계신 운뢰음수왕화지불이 우리의 스승이라고 대답한다. 이에 국왕도 그 부처님을 만나 불법에 귀의하게 되고 많은 신하들과 국민들이 불법에 귀의하게 된다.

이 품에서는 묘장엄왕이 선지식인 정장淨藏과 정안淨眼과 정덕淨德의 도움으로 삿된 것에서 벗어나 깨달음을 얻는 과정을 설명하고 있다.

남을 불법으로 인도하기 위해서는 우선 내가 법화경 수행을 통해 청정한 마음으로 가득 차고〔淨藏〕, 그래서 바른 지혜가 생겨나서 모든 것을 바로 보게 되는 눈을 가지게 되고〔淨眼〕, 그리고 나서 삿된 것에 흔들리지 않게 되어야〔淨德〕 남을 불법으로 인도할 수 있다.

장엄莊嚴의 본래 뜻은 아름다운 것으로 국토를 꾸미고 훌륭한 공덕을 쌓아 몸을 장식하고 향이나 꽃 따위를 부처에게 올려 장식하는 일이다.

◉ 장엄莊嚴이란, 사람은 각자 작든 크든 제 집을 짓고 산다. 그런데 누가 방 셋이 있어야 하는데 제 힘으로는 하나밖에 가질 수 없다고 할 때 목수가 방 둘을 만들어 주어 편하게 살게 해 준다. 이때 비용은 목수가 부담한다.

◉ 매일 매일 자라는데 껍질도 따라 자란다. 껍질이 자라서 내용을 보호한다. 콩나물이 매일 매일 자라는데 껍질이 자라서 내용물을 보호한다. 법문을 자주하면 껍데기도 자란다. 껍데기 ⇨ 가피

◉ 노래 부르는 것과 같다. 소리의 변화로 인해 기분 좋게 들리고, 나쁘게 들리고, 기쁘게 들리고, 슬프게 들리고 하는 소리의 모습이다. 인생은 노래 부르는 것과 같다. 노래를 잘 부르려고 노력하다 보면 변화가 일어난다. 그 노력하는 대로 나중에는 열매를 맺게 된다.

◉ 우주가 살아서 움직이는 내용을 그렸다.

– 묘妙: 매일 매일 새롭게 생겨난다. 오늘은 오늘 것이 나오고, 내일은 내일 것이 새로 나온다. 세상이 끝나는 날까지 매일매일 새로운 것이 살아 나온다. 그것은 삼계界의 변화를 말한다.

– 장莊: 장엄할 때는 그 사람에게 힘이 있어야 장엄이 된다. 아무 힘이 없으면 장엄이 안 된다. 무슨 힘이든지 힘이 있어야 그 힘에 맞게 장엄이 된다. 매일매일 새로 나오는 것마다 스스로 집을 만든다. 새로 나오는 것마다 각각 껍질이 있다. 알도 먼저 껍질이 있고 나서 알맹이가 생기고, 곡식이나 과일 모두가 그렇다. 스스로 껍질을 만들고 세상에 나온다. 공기에도 껍질이 있고 그 속에 핵이 있다. 말에도 껍질이 있어서 말이 똑똑 떨어진다. 껍질이 없으면 확 퍼진다.

– 엄嚴: 장엄은 껍질이 있어야 장엄할 수가 있다. 껍데기가 내용물을 보호한다. 사람이나 식물의 내용물이 자라면 껍데기도 자란다. 법문의 내용이 자라면 그 껍데기가 자라서 많은 사람이 듣고 싶어 한다. 법문의 껍데기는 가피加被다. 껍질을 다 쓴 사람은 장엄할 수가 없다. 아상我相이 높으면 장엄을 못 받는다.

법사, 스님을 믿어야 장엄이 된다. 믿지 않으면 장엄이 안 된다. 한 번 받으면 열 번 다 장엄이 되고, 한 번 안 받으면 열 번 다 장엄이 안 된다.

그 사람이 실상에서 가져온 것이 조금이라도 남아 있는 경우에 장엄을 하면 그 껍질 속에서 변화를 받아서 힘이 생겨서 일이 이루어진다. 가지고 온 것을 다 써 버리면 장엄이 안 된다.

자기가 옳다고 우기는 사람은 장엄이 안 된다.

자기가 잘났다고 하는 사람도 장엄이 안 된다.

법사나 스님을 믿어야 장엄이 잘된다.

법사가 장엄을 하려면 신도가 법사를 믿어야 한다. 법사가 겸손해야 신도가 믿는다.

2. 본문 해설

爾時에 佛告諸大衆하사대 乃往古世에 過無量無邊 不可思議 阿僧祇劫하야 有佛하니 名은 雲雷音宿王華智 多陀阿伽度 阿羅訶 三藐三佛陀며 國名은 光明莊嚴이요 劫名은 憙見이라 彼佛法中에 有王하니 名은 妙莊嚴이요 其王夫人은 名曰淨德이며 有二子하니 一名은 淨藏이요 二名은 淨眼이라. 是二子 有大神力과 福德智慧하며 久修菩薩 所行之道하니 所謂 檀波羅蜜이며 尸羅波羅蜜이며 羼提波羅蜜이며 毘梨耶波羅蜜이며 禪波羅蜜이며 般若波羅蜜이며 方便波羅蜜이며 慈悲喜捨로 乃至三十七品 助道法을 皆悉明了通達이러라. 又得菩薩의 淨三昧와 日星宿三昧와 淨光三昧와 淨色三昧와 淨照明三昧와 長莊嚴三昧와 大威德藏三昧하야 於此三昧에 亦悉通達하니라. 爾時에 彼佛이 欲引導妙莊嚴王하며 及愍念衆生故로 說是法華經하니라. 時에 淨藏淨眼二子 到其母所하야 合十指爪掌하고 白言호대 願母는 往詣雲雷音宿王華智佛所하소서. 我等도 亦當侍從親近하야 供養禮拜호리니 所以者何오 此佛이 於一切天人衆

中에 說法華經하시리니 宜應聽受니다. 母告子言호대 汝父信受外道하야 深著婆羅門法하시니 汝等은 應往白父하야 與共俱去케 하라. 淨藏淨眼이 合十指爪掌하고 白母호대 我等이 是法王子로 而生此邪見家오니 母告子言호대 汝等은 當憂念汝父하야 爲現神變이니 若得見者면 心必淸淨하야 或聽我等하야 往至佛所리라. 於是二子 念其父故로 踊在虛空호대 高七多羅樹라 現種種神變할세 於虛空中에 行住坐臥호대 身上出水하고 身下出火하며 身下出水하며 身上出火하며 或現大身호대 滿虛空中타가 而復現小하고 小復現大하며 於空中滅하야 忽然在地하며 入地如水하고 履水如地하야 現如是等種種神變하사 令其父王으로 心淨信解러라.

그때에 부처님이 대중에게 말씀하셨다.

"지나간 옛적에 한량없고 그지없는 불가사의 아승지겁 전에 부처님이 계시었으니 이름이 운뢰음수왕화지 다타아가도 아라하 삼먁삼불타이시고, 겁의 이름은 희견이었느니라. 그 부처님의 법 가운데 임금이 있으니 이름이 묘장엄이요, 부인의 이름은 정덕이며, 두 아들이 있었으니 하나는 정장이요, 다른 하나는 정안이었느니라. 이 두 아들이 큰 신통의 힘과 복덕과 지혜가 있고 오래전부터 보살의 행하는 도를 닦았으니 이른바 단나바라밀다, 시라바라밀다, 찬제바라밀다, 비리야바라밀다, 선나바라밀다, 반야바라밀다, 방편바라밀다와 자비희사와 내지 삼십칠품의 도를 돕는 법이라 모두 분명하게 통달하였느니라. 또 보살도 정삼매와 일성수삼매와 정광삼매와 정색삼매와 정조명삼매와 장장엄삼매와 대위덕장삼매를 얻었는데 이런 삼매에 역시 모두 통달하였느니라. 그때에 그 부처님이 묘장엄왕을 인도하고 중생들을 어여삐 생각하므로 이 법화경을 말하였느니라. 이때 정장 정안 두 아들이 그 어머니에게 가서 열 손가락과 손바닥을 합하고 사뢰었다. '원컨대 어머니시여, 운뢰음수왕화지 부처님 계신 데 가사이다. 저희들이 모시고 가서 친근하고 공양하고 예배하겠나이다. 왜냐하면 이 부처님이 모든 천상 인간 대중 가운데서 법화경을 말씀하시오니 마땅히 들어야 하나이다.' 어머니가 아들에게 말하였다. '너희 아버지가 외도를 믿고 바라문의 법에 빠져 있으니 너희는 아버지에게 가서 여쭙고 함께 가자고 하여라.' 정장 정안이 열 손가락을 합하고 어머니에게 여쭈었다. '우리는 법왕의 제자로서 이 삿된 소견 가진 이의 집에 태어났나이다.' 어머니가 아들에게 말하였다. '너희는 아버지를 근심하여 신통 변화를 보여라. 아버지가 보시면 마음이 깨끗하여져서 우리들과 함께 부처님 계신 데 갈 듯하니라.' 이에 두 아들이 아버지를 생각하여 허공으로 일곱 다라수쯤 올라가서 여러 가지 신통 변화를 나타내는데, 허공중에서 가고 서고 앉고 눕기도 하고, 몸 위에서 물을 내고 몸 아래서 불을 내며, 혹 큰 몸을 나투어서 허공에 가득하다가 또 작은 몸을 나투기도 하고, 작은 몸으로 다시 큰 몸을 나투며 공중에서 없어져서 땅 위에 있기도 하고, 땅속에 들어가기를 물과 같이 하고, 물 위에 다니기를 땅과 같이 하며 이렇게 갖가지 신통 변화를 나타내어서 아버지로 하여금 마음이 깨끗하여 믿게 하였느니라."

• 불고佛告

"부처님께서 말씀하시다."

   ◉ 부처님이 우리에게 말씀하신다. ⇒ 신력神力
     부처님의 말씀이 내 마음에 스스로 들어온다. ⇒ 영력靈力
     세상이 스스로 움직여진다. ⇒ 법력法力
   ◉ 신력神力은 나를 위해 열심히 할 때 생긴다. 노력의 결과로 생기는데 신력은 남을 변화시키지는 못한다.

영력靈力은 남을 위해 기도할 때 생긴다.

법력法力은 내가 세상과 더불어 움직일 때 생긴다. 법력은 남을 변화시킬 수 있는 힘이 있다.

• 운뢰음수왕화지雲雷音宿王華智

운뢰음이란 비가 내리기 직전에 먼저 구름이 모이고 우레가 친다는 뜻으로, 이 땅에 진리의 법비를 충분히 내리기 위한 큰 가르침의 소리, 즉 법화경을 설하는 소리를 말한다.

◉ 구름에 의해서 뇌성이 난다. 그 사람의 마음을 읽고 사정을 봐라.

사업이 잘되게 해 줘야겠다. ⇨ 관세음보살로 장엄.

세도가 있어야겠다. ⇨ 득대세보살로 장엄.

◉ 말(구름)에 의해서 상대의 마음이 일어난다. 그 마음의 소리가 난다.

법사가 고행을 해야 상대의 마음이 일어난다.

고생을 한 것을 알면 장엄이 된다.

• 다타아가도多陀阿伽度

– 여래: 부처님의 본성本姓.

– 아라하阿羅訶: 응공. 부처님의 자비.

– 삼먁삼불타三藐三佛陀: 정변지. 부처님의 지혜.

• 국명國名과 겁명劫名

– 국명: 지역, 장소를 의미한다. ⇨ 계界

– 겁명: 시간. 세월을 의미한다. ⇨ 세世

국명과 겁명은 시간과 공간을 의미한다. 모든 존재에는 시간과 공간이 있다. 이것이 세계이다. 우주에는 무한한 세계가 있다.

나의 세계, 너의 세계, 엄마의 세계, 아버지의 세계, 남편의 세계, 아내의 세계, 선생님의 세계, 부처의 세계, 보살의 세계 지옥의 세계, 극락의 세계, 선인의 세계, 악인의 세계, 짐승의 세계, 꽃의 세계 등등 모든 존재는 각각 자기의 세계가 있다.

• 광명장엄光明莊嚴

광명은 빛, 무명을 밝히는 지혜이니 곧 지혜장엄.

　◉ 내가 노력하는 데서 빛이 난다.

• 희견喜見

"기쁘게 보다, 혹은 보는 것이 기쁘다."

광명장엄으로 어둠이 물러가니 모두가 즐겁다는 뜻.

나이가 많아질수록, 재산이 많을수록 공덕하는 자리. 나이가 많으면 경험을 나눠 줄 수 있고, 재산이 많으면 재물을 나눠 줄 수가 있어 즐겁다.

• 정덕淨德

"덕이 맑음, 또는 깨끗한 덕."

덕德은 본래 청정하다.

　◉ 마음을 잡아 주어 안정되게 하는 자리.

　◉ 덕을 심어 놓으면 자식들이 힘들지 않게 조상들이 해 놓은 것을 유지 관리할 수 있다.

　◉ 미혹이 없는 깨끗한 마음으로 공덕을 쌓으면 그것이 장엄이다. 곧 마음의 장식이 된다. 이것은 외부에서 주어지는 것이 아니라 자기가 갖추고

있는 덕德에서 나온다.

• 정장淨藏

"청정한 마음으로 가득 찼다."

- ◉ 마음 가운데 깊이 묻어 둔다. 모든 것을 까발리지 않고 마음 가운데 묻어 두면 훈훈하다.
- ◉ 보이지는 않으나 깊은 마음으로 고마움을 느낀다.
- ◉ 마음에 감춰 둬서 그 속에 그 사람의 힘이 움직이게 하는 것 ⇨ 무학無學
- ◉ 정장淨藏이 약왕보살이 된다. 약왕의 힘은 보이지 않으나 약속에 힘이 들어 있다. 약왕은 찾아온다. 필요한 사람을 찾아간다.

• 정안淨眼

모든 사물을 깨끗하고 밝은 눈으로 본다.

- ◉ 마음속에 깨끗한 것이 쌓이니 깨끗하고 바로 보이게 된다. 사물을 바로 볼 수 있는 힘이 있다.
- ◉ 정장이 되어야 정안이 움직여진다.
- ◉ 눈에 띄어서 모든 사람을 가르치는 것 ⇨ 유학有學

☞ 정덕淨德·정장淨藏·정안淨眼의 관계

마음에 미혹이 있으면 본래의 참모습을 못 보게 되고 올바로 들리지 않는다. 그러므로 마음속의 상태는 정장하여 번뇌가 없어 깨끗하고, 외부에 대해서는 정안하여 사물을 바로 관찰한다. 이 셋의 관계는 서로 연결되어 떼려야 뗄 수가 없다. 이 품에서는 한 가족으로 그 관계를 설명하였다.

• 청정淸淨

모든 사물에는 고정적인 모습이 없고 실제적인 성질이 없다. ⇨

제법무아諸法無我

이 세상 모든 존재에는 자성自性이 없다는 것을 깨달아야 청정하게

된다. 자성은 고정된 실체實體가 없고 인연 따라 이룬다.

⇨ 불수자성수연성不守自性隨緣成

자성을 따르지 않고 인연 따라 이룬다. ─ 「법성게」

자성이 없기 때문에 무엇이든지 될 수 있다. 관세음보살이나 묘음보살은 자성이 없기 때문에 상대의 필요에 따라 몸을 변화하여 중생을 구제할 수 있다.

◎ 신들린 사람은 세상 모두를 아는 것처럼 말하지만 핵심이 없다. 열심히 일하는 사람은 세상일엔 관심이 없다.

신장기도나 산신기도처럼 신에게 빌면 신은 주는데 그냥 주는 게 아니라 꿔 주는 것이다. 이자를 내야 한다. 즉 매일매일 열심히 기도하고 공양해야 한다. 잠시라도 쉬면 원금과 이자를 한꺼번에 가지고 간다. 신이 움직여서 얻은 것은 열매가 없다. 부처님이 움직이면 한 되가 한 섬으로 늘어난다.

• 단나바라밀檀那波羅蜜 시라바라밀尸羅波羅蜜 찬제바라밀羼提波羅蜜 비리야바라밀毘梨耶波羅蜜 선바라밀禪波羅蜜 반야바라밀般若波羅蜜

육바라밀을 이르는 말이다. 바라밀의 뜻은 미혹의 경지를 떠나서 깨달음의 경지에 이르는 것을 말한다.

─ 단나바라밀檀那波羅蜜: 보시바라밀. 아끼고 탐내는 것을 제도한다.

─ 시라바라밀尸羅波羅蜜: 지계바라밀. 모든 악을 그치게 한다.

- 찬제바라밀羼提波羅蜜: 인욕바라밀. 악연惡緣을 맺지 않게 한다.

- 비리야바라밀毘梨耶波羅蜜: 정진바라밀. 나태와 게으름을 제도한다.

- 선바라밀禪波羅蜜: 선정바라밀. 마음의 산란함을 제도한다.

- 반야바라밀般若波羅蜜: 지혜바라밀. 어리석음을 제도한다.

• **방편바라밀方便波羅蜜**

자비의 지혜가 작용하면 모든 중생을 구원하는 방편이 된다. 부처님의 지혜는 모든 중생을 깨달음의 길로 인도하는 방편이 된다.

• **자비희사慈悲喜捨**

사무량심四無量心을 말한다.

- 자심慈心: 남에게 행복을 주려는 마음.

- 비심悲心: 남의 괴로움을 없애고자 하는 마음.

- 희심喜心: 남의 기쁨을 함께 기뻐하는 마음.

- 사심捨心: 자기가 베푼 것을 생각지 않음.

• **삼십칠품三十七品 조도법助道法**

범부가 불도를 닦아 부처의 경지에 이르는 동안 거쳐야 하는 37가지 법이다.

◉ 법을 닦는 데 도와주는 원리. 우리의 마음을 협조해 주는 법이 있는데 그것이 37가지이다.

◉ 우리는 경經을 볼 때 자기 마음에다 부처님을 붙여서 본다. '내가 지금 이러이러하니까 부처님이 도와주시겠지', '나는 보시를 얼마 했으니까 부처님이 도와주시겠지.' 하고 나를 중심으로 보니까 경經이 보이지 않는

다. '나'를 떼어 놓고 보라. 그래야 경이 보이고 세상 이치가 보인다.

• 삼매三昧

마음이 한곳에 있어 흔들리지 않는 것.

하나의 대상에만 마음을 집중시켜 일심불란한 경지를 가리키는 말.

◉ 삼매는 3가지가 어둡지 않다. 보인다. 캄캄한 것을 환하게 볼 수 있다〔昧〕. 하늘, 공간, 인간의 어두움. 재산은 없어져도 또 생긴다. 한번 망했다고 실망하지 말라 재산은 다시 생긴다.

바라밀이 되고 나서 삼매가 이루어진다. 무슨 일이든지 열심히 하면 힘이 생기는데 그 힘이 삼매고 이끄는 원동력이 된다. 만물은 해〔日〕의 힘에 의해서 자라고 굳게 되고 열매를 맺는다. 그러나 삼매는 해〔日〕의 힘과 상관없이 보이지 않는 곳에서 나온다.

◉ 독경할 때 막힌다. 왜 그럴까? 그것은 자기의 힘과 우주의 힘이 연결되지 않을 때 독경이 막힌다. 이럴 경우에는 독경하기 전 우주와 연결하는 힘을 길러야 한다.

• 정삼매淨三昧

마음을 깨끗이 한다는 것을 철저하게 생각한다.

즉 마음의 번뇌를 말끔히 없앤다.

• 일성수삼매日星宿三昧

해나 별의 빛이 주위를 비추듯이 덕을 갖추고 있으면 저절로 주위의 사람들을 교화하고 구원해 나갈 수 있다.

◉ 해가 지면 별이 나오고, 별이 나오면 잠을 잔다. 환하면 눈에 띄고 눈에 띄면 고생할 것만 보인다. 고생 때문에 그것을 극복하려는 데서 힘이

생긴다. 어떻게 해서든지 상대를 일하게 만든다.

• 정광삼매淨光三昧

청정한 지혜의 광명이 항상 맑다.

마음이 깨끗하니 자연 주위를 깨끗하게 만든다.

• 정색삼매淨色三昧

마음이 깨끗하니 그것이 자연 겉으로 나타난다.

• 정조명삼매淨照明三昧

등불을 밝히면 주위가 밝아지듯이 마음이 청정하면 주위에 감화를 준다.

• 장장엄삼매長莊嚴三昧

덕德이 자꾸 자라면 결국은 부처님과 같이 될 수 있다.

• 대위덕장삼매大威德藏三昧

모든 사람에게 감화를 미치게 해서 주위의 사람들을 다 부처님과 같이 되게 한다.

• 민념중생고愍念衆生故 설시법화경說是法華經

"중생이 미혹에 빠져 있으므로 불쌍하게 여겨서 이 법화경을 설하시다."

- 도기모소到其母所 합십지조合十指爪

"어머니 있는 곳에 가서 열 손가락과 손바닥을 합하다."

자식을 위해 모든 것을 희생하는 어머니가 돼 봐야 한다. 그래서 열 손가락이 닳도록 빈다.

- 친근親近

"가깝게 지내다."

  ◉ 내 뜻을 밝혀서 상대방이 가늠하도록 한다.

    나의 본아本我, 진아眞我, 타아他我를 보게 해서 나에게 맞는 것을 준다. 나를 평가해 보고 나의 힘에 맞는 것을 준다.

  ◉ 법문은 자기가 확실히 알고 나서 자기 것을 만들어야 힘이 나간다. 그렇지 않은 법문은 앵무새 법문이다. 내 것으로 법문할 때 변화의 힘이 나간다.

  ◉ 일이 성사되는 이치

    내가 그 사람에게 일감을 줘서 그 사람이 부자가 되었다고 생각한다. 그러나 실상은 내가 일감을 줘서 그 사람이 부자가 된 것이 아니라 그 사람의 복으로 이루어진 것이다. 그 사람이 복을 가지고 왔기 때문에 내가 일을 준 것이다. 사람이 일을 해서 성공할 때 자력自力만으로 되는 것이 아니라 여러 사람의 도움으로 된 것이다. 자기가 가지고 온 복으로 된 것이다. ➪ "하늘은 스스로 돕는 자를 돕는다."

- 불佛

"깨치다. 영원히 살아 움직인다."

  ◉ 노력한다고 이루어지는 것이 아니다. 제 힘만으로는 이루어지는 것이 아니다. 하늘이 스스로 이루어지게 한다.

    경經 공부 잘하고 기도 잘하라고 차비를 주는 남편이나 자식이 있으면 업고 다녀라. 만약 내외가 합심合心으로 기도하고 경經 공부하면 마魔가 침범하지 못한다. 설사 업보業報를 받아야 할 경우라도 마지막 자리는 피하게 해 준다.

◉ 약왕보살 기도: 약왕보살 기도할 때 병을 낫게 해 달라고 기도하지 말고 난행고행, 낙습고행, 소신공양하면 병이 낫는다는 믿음을 갖고 기도하라.

 – 석가모니불: 노력, 난행고행 ⇨ 유학有學(육신)
 – 다보불: 이루어지는 자리 ⇨ 무학無學(마음)

  약의 힘은 보이지 않으나 그 속에 들어 있다. 약왕은 필요로 하는 사람을 찾아간다. 약왕이 찾아오도록 기도하라. 약의 힘은 몇 백 년이 흘러도 약효는 변하지 않는다. 몸이 아프면 먼저 병원에 가서 치료하고 그다음으로 수행을 해야 한다.

• 모고자언母告子言
"어머니가 아들에게 말하다."
어머니의 사랑은 자慈이고, 아버지의 사랑은 비悲이다.
어머니는 땅. 하늘에서 내려오는 힘을 땅에서 간직한다. 사랑으로 대해야 자식의 칠보가 움직인다.
칠보를 찾아야 편안하게 산다.
칠보는 20대에 찾을 수도 있고 70~80대에도 못 찾을 수 있다.

• 정장정안淨藏淨眼 이자二子
밤과 낮. 선과 악. 음과 양 ⇨ 둘인 것 같지만 하나.

- 법왕자法王子

  "법의 아들."

  부처님의 가르침을 바로 깨우쳐 새로 거듭 태어남.

- 용재허공踊在虛空

  "뛰어올라 허공에 머물다."

  공空의 자리에 있다.

- 칠다라수七多羅樹

  - 다라수多羅樹: 높이가 20m 정도 되는 야자수의 일종으로 수액은
    설탕의 원료가 되며, 열매는 식용으로 쓰인다.

    ◎ 칠보의 모습.

    ◎ 큰 권한을 잡을 때 칠 다라수가 움직여야 완전히 성공한 것이다. 구부리는
       데서 모든 사람이 따르게 되고 내조하게 되고 충성된 마음이 움직이게
       된다.

    ◎ 말세에는 여자들의 내조가 움직인다.

- 행주좌와行住坐臥

  일상생활에 있어서 걷고, 정지하고, 앉고, 눕는 기본적인 동작이다.

    ◎ 행行은 실제로 행하지 않고 마음으로 해 본다.
       주住: 마음으로 머무르고, 좌坐: 주저앉게 되고, 와臥: 결국 드러눕게
       된다. 결국에는 좌절이 와서 세상 이치대로 노력하고 고생하면서 산다는
       뜻이다. 하늘이 시키는 대로 살자.

    ◎ 여러 가지 신통변화를 보이는 것은 조화를 얘기하려는 것이 아니라
       실상實相의 변화를 얘기하려는 것이다.

• 신상출수身上出水

"몸 위에서 물을 낸다."

  ◉ 자기도 모르는 사이에 수분이 나가면서 상대방의 마음을 움직여 주는 것. 자기도 생각지 않는 데서 변화를 시켜 준다.

  ◉ 자기 마음에서 수분이 나가니 남을 이해시키고 후하게 대접한다.

• 신하출화身下出火

"몸 아래서 불을 낸다."

  ◉ 불은 열과 빛을 낸다. 어두운 사람에게 등불이 되어서 빛을 밝혀 줘서 자기 길을 밝혀 주고 추운 사람에게 훈훈하게 해 준다.

• 신하출수身下出水

몸 아래에서 물을 낸다.

  ◉ 비가 높은 데서 아래로 흘러 내려간다.

구름이 비가 되어 내려오는 것.

• 신상출화身上出火

"몸 위에서 불을 낸다."

  ◉ 발을 통하지 않고는 몸에서 불을 뿜지 못한다. 발은 화기火氣, 손은 수기水氣를 움직인다.

• 이부현소而復現小 소부현대小復現大

"작은 몸을 나투기도 하고 작은 몸으로 다시 큰 몸을 나툰다."

  ◉ 부자가 되었다가 가난해졌다가 한다. 줄이기도 하고 작은 데서 크게 되기도 하고.

• 입지여수入地如水

"땅속에 들어가기를 물과 같이 한다."

◉ 마음이 땅속에 들어가서 그 속을 들여다본다.

• 이수여지履水如地

"물 위에 다니기를 땅에서처럼 한다."

◉ 선禪 속에서 물 위를 걷는다.

• 영기부왕令其父王 심정신해心淨信解

"아버지로 하여금 마음이 깨끗하여 믿게 하다."

여러 가지 신통변화를 보인 것은 부왕으로 하여금 마음의 청정함을
얻어 바른 믿음으로 해탈하여 거듭나게 함이다.

✿

時父見子의 神力如是하고 心大歡喜하야 得未曾有하며 合掌向子言호대
汝等師는 爲是誰며 誰之弟子어뇨. 二子白言호대 大王하 彼雲雷音宿王
華智佛이 今在七寶 菩提樹下 法座上坐하사 於一切世間 天人衆中에
廣說法華經이시니 是我等師요 我是弟子니다. 父語子言호대 我今에 亦
欲見汝等師로니 可共俱往이니라. 於是二子 從空中下하사 到其母所하
야 合掌白母호대 父王이 今已信解하야 堪任發阿耨多羅三藐三菩提心
호리다. 我等이 爲父하야 已作佛事로니 願母見聽하사 於彼佛所에 出家修
道케 하소서. 爾時 二子 欲重宣其意하사 以偈白母호대 願母放我等하사
出家作沙門하소서. 諸佛甚難値라 我等隨佛學하노이다. 如優曇鉢華하
야 値佛復難是며 脫諸難亦難이라 願聽我出家하소서. 母卽告言호대 聽

汝出家하노니 所以者何오 佛難值故니다. 於是二子 白父母言호대 善哉
父母여 願時往詣 雲雷音宿王華智佛所하야 親近供養이니 所以者何오
佛難得值는 如優曇鉢羅華하며 又如一眼之龜 值浮木孔이라. 而我等은
宿福深厚로 生値佛法이니 是故로 父母는 當聽我等하사 令得出家니다.
所以者何오 諸佛難値며 時亦難遇니다.

그때 아버지는 아들의 신통함이 이러함을 보고 마음이 기뻐서 미증유
함을 얻고는 합장하고 아들에게 말하였다.

"너희 스승은 누구이며 누구의 제자이냐?"

두 아들이 여쭈었다.

"대왕이시여, 저 운뢰음수왕화지불께서 지금 칠보로 된 보리수 아래
있는 법좌에 앉으사 모든 세간의 천상 인간 대중에게 법화경을 말씀하시
니, 그가 저의 스승이옵고 저희는 그의 제자이옵니다."

아버지가 아들에게 말하였다.

"나도 너의 스승을 뵈옵고자 하니 함께 가자."

이에 두 아들이 허공에서 내려와 어머니의 앞에 가서 합장하고 여쭈
었다.

"부왕께서 지금 믿었사오니 마땅히 아뇩다라삼먁삼보리심을 낼 것이
옵니다. 저희가 아버지를 위하여 불사를 지었사오니 바라건대 어머니께
서 저희들이 저 부처님 계신 곳에서 출가하여 도를 닦도록 허락하소서."

이때 두 아들이 그 뜻을 거듭 펴려고 게송으로 어머니에게 여쭈었다.

"어머니시여, 저희를 버리셔서 출가하여 사문이 되게 하소서. 부처님
만나기는 어려운 일, 저희는 부처님 따라 배우렵니다. 우담발화를 만나
기 어렵거니와, 부처님은 이보다 더 만나기 어렵고, 팔난을 벗어나기

더 어렵사오니, 저희의 출가함을 허락하소서."

어머니는 말하였다.

"너희의 출가를 허락하노라. 왜냐하면 부처님 만나기 어려운 연고이
니라."

이에 두 아들은 부모에게 아뢰었다.

"거룩하시어라 부모님이시여, 바라건대 이제 운뢰음수왕화지부처님
계신 데 가서 친근하고 공양하사이다. 그 까닭을 말씀하오면, 부처님을
만나기 어려움이 우담발화와 같사오며, 또 눈먼 거북이 떠 있는 나무의
구멍을 만남과 같사온데 이제 우리가 전세의 복이 두터워서 금생에 불법
을 만났습니다. 그러므로 부모님께서 저희의 출가함을 허락하시오니,
그 까닭은 부처님 만나기 어렵고 때도 만나기 어려운 연고입니다."

• 불난득치佛難得值
이 세상에서 얻기 어려운 네 가지가 있다. ⇨ 4난득四難得
첫째는 6취(지옥, 아귀, 축생, 아수라, 인, 천) 중에서 사람으로 태어나기
가 어렵다. ⇨ 인신난득人身難得
둘째는 사람의 몸을 받았어도 남자의 몸 받기가 어렵다. ⇨ 장부난득丈
夫難得
셋째는 불법 만나기가 어렵다. ⇨ 불법난득佛法難得
넷째는 정법을 만나기가 어렵다. ⇨ 정법난득正法難得

• 맹구우목盲龜遇木
바다에서 한 눈먼 거북이가 구멍 뚫린 나무판자를 만나기가 어렵듯이
인신난득, 불법난득을 말함.

부처님 만나기란 몇 천 년 만에 피는 우담발화 꽃을 보는 것보다 어렵고, 눈먼 거북이가 바다에 흘러 다니는 구멍 뚫린 나무판에 모가지를 내밀기보다 더 어렵다. 또 사람이 생사에 빠져 법을 해탈하여 얻기는 또한 심히 어렵다는 뜻이다.

불법을 만나기가 이렇게 어려우니 누구나 사람의 몸을 받아서 태어날 때 불법에 들어와야 한다.

✿

爾時에 彼佛이 爲王說法하사 示敎利喜하시니 王大歡悅이러라. 爾時에 妙莊嚴王과 及其夫人이 解頸眞珠瓔珞하사 價直百千으로 以散佛上하시니 於虛空中에 化成四柱寶臺하고 臺中에 有大寶床하니 敷百千萬天衣하며 其上에 有佛이 結跏趺坐하사 放大光明이러라. 爾時에 妙莊嚴王이 作是念호대 佛身은 希有하야 端嚴殊特하며 成就第一 微妙之色이샷다. 時에 雲雷音宿王華智佛이 告四衆言하사대 汝等이 見是妙莊嚴王이 於我前에 合掌立不아 此王이 於我法中에 作比丘하야 精勤修習하고 助佛道法이러라. 當得作佛하리라. 號는 娑羅樹王이라 國名은 大光이요 劫名은 大高王이며 其娑羅樹王佛이 有無量菩薩衆과 及無量聲聞하며 其國이 平正하리니 功德이 如是니라. 其王이 卽時에 以國으로 付弟하고 與夫人二子의 幷諸眷屬으로 於佛法中에 出家修道하며 王이 出家已에 於八萬四千歲를 常勤精進하야 修行妙法華經하고 過是已後에 得一切淨功德莊嚴三昧하고 卽昇虛空 高七多羅樹하야 而白佛言하오대 世尊하 此我二子 已作佛事하사 以神通變化로 轉我邪心하야 令得安住於佛法中하고 得見世尊호니 此二子者는 是我善知識이라 爲欲發起 宿世善根하야 饒益我故로 來生我家니다.

이때 저 부처님이 왕을 위하여 법을 말씀하여 보여 주고 가르치고 이익되게 하고 기쁘게 하니 왕이 매우 기뻐하였느니라. 그때에 묘장엄왕과 그 부인이 목에 꾸몄던 백천 냥 값이 나가는 진주 영락을 끌러 부처님 위에 흩으니 허공중에서 네 기둥의 보배대로 화하였고, 대 안에는 큰 보배 형상이 있어 백천만 가지 하늘 옷을 깔았는데 그 위에 부처님이 결가부좌하고 앉아서 큰 광명을 놓았다.

그때 묘장엄왕은 이렇게 생각하였다.

'부처님의 몸이 희유하시어 단정하고 엄숙하고 특수하여 제일 미묘한 색상을 성취하였도다.'

이때 음뢰수왕지부처님이 사부대중에게 말씀하셨다.

"너희들은 이 묘장엄왕이 내 앞에 합장하고 서 있는 것을 보느냐? 이 왕이 나의 법 가운데서 비구기 되어 부지런히 수행하면서 부처님의 도법을 돕다가 당래에 성불하여 이름을 사라수왕이라 하리라. 국토의 이름은 대광이요, 겁의 이름은 대고왕이니라. 그 사라수왕불은 한량없는 보살대중과 한량없는 성문이 있으며, 국토는 평정하고 번듯하니 공덕이 이러하니라. 그 왕이 즉시 나라 일을 아우에게 맡기고 부인과 두 아들과 여러 권속들과 함께 불법에 출가하여 도를 닦았느니라."

왕이 출가하고는 8만 4천 년 동안에 부지런히 정진하여 묘법연화경을 수행하다가 그 뒤에 일체정공덕장엄삼매를 얻고는 곧 허공으로 일곱 다라수를 올라가서 부처님께 사뢰었다.

"세존이시여, 저의 두 아들이 불사를 지어 신통변화로 저의 삿된 마음을 돌이켜 불법 가운데 편안히 머물게 하여 세존을 뵈옵게 되었나이다. 이 두 아들은 저의 선지식이온데 전생의 선근을 일으켜 저를 이익되게 하려고 저의 집에 태어났나이다."

• 시교리희示教利喜

"열어 보이고 가르쳐서 이익되게 하고 기쁘게 하다."

불교는 무조건 믿어라 하지 않고, 먼저 보여 주고 나서 믿음이 가면 불법을 가르치고 그 가르침이 자기에게 득이 되어서 기쁘게 한다.

• 묘장엄왕과 그 부인이 목에 꾸몄던 백천 냥 값이 나가는 진주 영락을 끌러 부처님 위에 흩으니 허공중에서 네 기둥의 보배대로 화하였고, 대 안에는 큰 보배 형상이 있어 백천만 가지 하늘 옷을 깔았는데 그 위에 부처님이 결가부좌하고 앉아서 큰 광명을 놓았다.

- 진주 영락을 끌러 부처님께 바치다: 내가 가장 귀중하다고 여기는 보물 (재물, 권세, 명예, 인기 등)을 부처님께 공양하다. 즉 집착을 버리다.

- 허공중에서 네 기둥의 보배대로 화하다: 귀중한 보물에 대한 집착을 버리니까 내 마음자리가 공空이 되다.

- 네 기둥의 보배대로 화하다: 동서남북 모두가 보배로 되다. 내가 가장 아끼던 보물을 버리니 내가 공 자리에 있게 되고 동서남북 온 세상이 보물로 변하더라. 즉 내가 모든 것에 집착을 끊으니 온 세계가 보배로 가득한 궁전이 되더라.

- 대 안에는 큰 보배 형상이 있어 백천만 가지 하늘 옷을 깔았는데 그 위에 부처님이 결가부좌하고 앉아서 큰 광명을 놓았다: 보물로 장식한 궁전에 부처님이 동요 없이 앉아서 큰 광명을 놓았다는 말은 내가 집착을 여의니 내 안에 있던 불성이 나타나서 지혜의 빛이 비쳤다는 뜻이다. 내가 무소유가 되니 이 세상 값진 보물이 다 내 것이 된다는 말.

- 기국평정其國平正

  "국토는 평평하고 반듯하다."

  마음이 고르고 바르다.

- 8만 4천 년 동안 부지런히 정진하여 묘법연화경을 수행하다

  8만은 8정도八正道를 말함이니 ①정견正見(올바로 보는 것. 자성자리에서 보는 것), ②정사正思(바른 생각), ③정어正語(바른 말), ④정업正業(바른 행), ⑤정명正命(올바른 생명), ⑥정정진正精進(바른 정진, 노력), ⑦정념正念(올바른 기억), ⑧정정正定(올바른 선정)을 열심히 닦고, 4천은 4고苦, 즉 생로병사生老病死의 고통에서 벗어나는 수행을 했다는 말씀이다.

보현보살권발품普賢菩薩勸發品 제28

1. 대의

이 품은 동방의 보위덕상왕불寶威德上王佛의 나라에서 법화경을 듣고자
하여 석가모니부처님이 계신 사바세계를 찾아온 보현보살普賢菩薩이
"후세에 이 법화경을 수지하는 사람들을 수호하겠다."라고 말씀드리자
석가모니세존께서 그를 칭찬하시며 "보현과 똑같은 행을 하는 사람을
나도 수호하겠다."라고 하시며 말법시대에 법화경을 공부하는 사람을
지켜 주시고 그들을 도와주시겠다고 약속하신다.

보현보살은 자비로 깨달은 보살 또는 모든 방면에 현명한 보살의
의미를 갖고 있다. 보현보살의 보普는 '넓다' 또는 '두루 미치다'라는
뜻이고 현賢은 '어질다', '착하다'는 뜻이다. 그러므로 보현普賢의 의미는
'덕德이 누구에게나 넓게 두루 미친다'는 뜻이다.
권발勸發이란 '권해서 하게 하다', '힘써 나아가다', '스스로 솟는 마음'
이란 뜻이다. 보현보살은 여러 가지 만물에 맞게 움직이는 모습이다.
기쁜 사람에겐 기쁜 대로, 슬픈 사람에겐 슬픈 대로, 아픈 사람에겐
아픈 대로, 배고픈 사람에겐 배고픈 대로 상대방에 꼭 맞게 움직인다.

상대방에 맞는 행行을 함으로써 일체중생을 이롭게 한다.

이 보현보살이 법화경의 마지막에 있는 것은 깨달음의 마지막 단계는 모든 것에 차별하지 않고 두루두루 어질게 보살행을 실천해야 한다는 것을 강조하고 있기 때문이다.

법화경 「서품 제1」에 등장하는 문수보살은 대지大智를 상징하고, 법화경 마지막 「보현보살권발품 제28」에 등장하는 보현보살은 대행大行을 상징한다. 이것은 깨달음의 시작은 지혜이지만 그 마지막은 큰 행行, 곧 보살행을 강조하고 있는 것이다.

이것은 부처님께서 갖추고 있는 무한한 절대의 힘을 양면兩面으로 나누어서 문수와 보현으로 표현한 것이다. ⇨지智와 행行

법화경 앞부분에서는 우주가 운영되는 모습을 그렸고 방편설과 일불승을 설하시고, 유통분流通分에서는 말법시대에 법화경을 널리 펴는 사람을 보호한다고 하였고, 마지막으로 이 「보현보살권발품」에서 어떠한 행行을 해야 깨달음을 얻게 되는지를 밝혔다.

법화경 설법이 끝날 무렵 보현보살이 법화경의 공덕을 찬탄하고 법화경을 널리 펼 것을 권하고 있다.

보현보살이 부처님께 불멸 후 어떻게 하면 법화경을 만날 수 있겠냐는 질문에 부처님은 4가지 법을 성취하면 법화경을 만날 수 있다고 말씀하신다.

보현보살은 법화경을 지니는 사람을 갖가지 마魔로부터 수호하고 코끼리를 타고 나타나서 법화경의 한 구절 한 게송을 잊었더라도 가르쳐주고 함께 읽겠다고 서원한다.

2. 본문 해설

爾時에 普賢菩薩이 以自在神通力과 威德名聞하여 與大菩薩 無量無邊 不可稱數로 從東方來할새 所經諸國이 普皆震動하고 雨寶蓮華하며 作 無量百千萬億 種種伎樂하더라.

그때에 보현보살이 자재한 신통의 힘과 위덕과 소문난 이름으로써 한량 없고 그지없고 일컬을 수 없는 대보살들과 함께 동방으로부터 오는데, 지나오는 국토가 모두 다 진동하고 보배 연꽃을 비 내리며 한량없는 백천만억 갖가지 풍악을 잡혔다.

보현보살은 동방의 보위덕상왕불국에서 석가모니불이 기사굴산에서 법화경을 설하시는 것을 듣고자 하여 찾아오는데, 이 보살은 '자재한 신통의 힘', 즉 자재신통력과 '위덕과 소문난 이름', 즉 위덕명문威德名聞 한 보살이다.

- 자재신통력自在神通力
  "자재한 신통의 힘."
  - 내가 스스로 갖는 힘으로써 태양과 같이 상대가 필요한 대로 써먹을 수 있게 움직이는 힘을 말한다.

- 위덕명문威德名聞
  위덕威德은 저절로 주위 사람을 움직이는 힘을 말하고, 명문名聞은 이름이 널리 들려서 그 행동이 훌륭함을 사람들이 알게 되는 것이다.

위덕이 있으므로 마魔로부터 항복받고, 착한 덕德으로 인해 널리 일체를 교화하여 명성이 멀리까지 퍼진다.

● 우리는 누구나 저세상에서 이 세상으로 올 때 실상實相 세계에서 가지고 온 능력이나 힘을 올바르게 쓰면 신통력이 생기고 많은 사람을 도와주게 되고 그 이름이 널리 퍼져 위덕명문威德名聞하게 된다. 공자, 맹자, 소크라테스 등 많은 위인들은 자기가 가지고 온 능력을 올바르게 써서 이름을 남겼다.

농사하는 사람이 자기가 가꾸는 농작물을 열심히 노력하고 연구하면 그 분야에서는 자재신통력이 생기게 되어서 수확도 늘고 모든 사람이 원하는 농산물을 산출하게 되고 그 이름은 주위에 널리 퍼져 많은 사람의 입에 오르내리게 된다. 무슨 일을 하든지 땀 흘려서 열심히 일하다 보면 자재신통력이 생긴다. 그러나 욕심에 따라 다른 일을 하면 신통력이 안 생긴다. 장사를 해야 하는 사람이 지위와 명예가 탐이 나서 법관을 희망하고 노력해도 법관이 되기 힘들고, 설사 법관이 되었다 하더라도 훌륭한 법관은 되지 못하고 항상 불만 속에 살아가게 된다.

✿

世尊하 我於寶威德上王佛國에 遙聞此娑婆世界 說法華經하고 與無量無邊 百千萬億 諸菩薩衆으로 共來聽受호니 唯願世尊하 當爲說之하소서. 若善男子善女人이 於如來滅後에 云何能得 是法華經이닛고. 佛告普賢菩薩하사대 若善男子善女人이 成就四法하야사 於如來滅後에 當得 是法華經이니 一者는 爲諸佛護念이요 二者는 植衆德本이요 三者는 入正定聚요 四者는 發救一切衆生之心이라. 善男子善女人이 如是成就四法이라사 於如來滅後에 必得是經이니라.

"세존이시여, 제가 보위덕상왕부처님 국토에 있으면서 멀리 이 사바세계에서 법화경을 말씀하심을 듣잡고 한량없고 그지없는 백천만억 보살 대중들과 함께 와서 듣고자 하오니, 원컨대 세존께서 말씀하여 주옵소서. 만일 선남자선여인이 여래가 열반하신 뒤에 어찌하면 이 법화경을 만날 수 있겠나이까."

부처님이 보현보살에게 말씀하셨다.

"선남자선여인이 네 가지 법을 성취하면 여래가 열반한 뒤에 이 법화경을 만날 수 있느니라. 하나는 부처님을 호념함이요, 둘은 모든 덕의 근본을 심음이요, 셋은 바로 결정된 종류에 들어감이요, 넷은 모든 중생을 구호하려는 마음을 냄이니라. 선남자선여인이 이렇게 네 가지 법을 성취하면 여래가 열반한 뒤에 반드시 이 경을 만나게 되느니라."

◉ 보현보살은 보위덕상왕부처님 계신 곳에 계신 보살이다. 보위덕상왕불국이란 필요한 모든 것이 다 마련되어 있는 곳을 말한다. 이곳에는 덕이 한없이 높아서 모든 사람을 다 구원할 수 있는 힘을 갖추고 있는 부처님이 계신다. 누구나 덕德을 쌓으면 남이 스스로 도와주는 원리를 말하고, 누구나 열심히 살고 덕을 쌓으면 보위덕상왕불국에 간다. 즉 내가 필요할 때 남이 도와준다는 말이다.
이 보위덕상왕불국엔 무엇이나 다 있고 무엇이든지 다 이루어진다. 다 이루어지는 자린데, 보현보살이 다 이루어지는 자리에 있으면서 겸손하게 자기를 낮추고 사바세계에 있는 사람을 구원하기 위하여 내려왔다. 내가 잘나고 높은 것을 나타내지 않고 상대의 눈높이에 맞추어서 상대를 구원해야 한다는 것을 가르친다.

여래가 열반한 뒤에 어떻게 해야 이 법화경을 만날 수 있느냐는 보현보살의 질문에 부처님께선 네 가지 법을 성취해야 한다고 말씀하신다. 성취사법成就四法이란 네 가지 방편법에 스스로 밝아 방편의 지혜가 있어야 이 법화경을 얻는다고 말씀하신다.

①제불호념諸佛護念: 부처님을 호념하는 것이니, 이것은 모든 부처님께서 보호하고 돌보아 주시고 계시다는 것을 믿는 것이다.

누구나 겸손하면 모든 사람들로부터 호념 받는 사람이 된다. 남들이 아끼는 삶이 된다. 이 세상은 선과 악으로 구성되어 있는데 내가 옳은 생각을 하면 선이 찾아오고, 그른 생각을 하면 악이 찾아온다. 그러니까 선과 악은 밖에 있는 게 아니라 내 안에 있는 것이다.

②식중덕본植衆德本: 모든 덕의 근본을 심음이니, 복을 많이 지으라는 말씀이다. 덕본德本이란 깨달음을 성취할 수 있는 선근善根을 말한다. 덕의 근본을 심는다는 것은 남의 마음에 내 마음을 심는 것이다. 어려운 일이 생기면 나와 의논해야겠다는 마음이 일도록 남의 마음에 내 마음을 심는 것을 말한다.

때가 되면 스스로 찾아볼 수 있도록 내 마음을 심어 줘라. 덕이란 큰 것이 아니라 작은 것부터 하라. 그리고 무슨 일을 하더라도 후생을 위한 일을 하라는 말씀이다.

③입정정취入正定聚: 바른 자리에 선다, 삿된 자리에 들어가지 않는다, 바른 마음을 갖는다는 뜻.

취취란 인간의 종류로서, 정정취正定聚란 바른 방향으로 향하는 사람, 사정취邪定聚란 그릇된 방향으로 결정하는 부류에 들어간 사람, 부정취不定聚란 어느 쪽으로도 정해지지 않는 보통 사람을 말한다.

④발구일체중생지심發救一切衆生之心: 모든 사람을 구원하고자 하는 마음을 내라는 말씀은 사람의 마음을 변화시켜서 따르게 하라는 가르침이다.

법화경 「안락행품 제14」에서는 문수사리 법왕자 보살마하살이 부처님께 "세존이시여, 보살마하살이 미래의 나쁜 세상에서 어떻게 하면 이 경을 해설할 수 있겠나이까?" 하고 사뢰자 부처님께서는 "만일 보살마하살이 미래의 나쁜 세상에서 이 경을 해설하려면 네 가지 법에 편안히 머물러 있어야 하느니라." 하고 안주사법安住四法을 말씀하신다.

안주사법은 모든 행이 신구의身口意 삼업三業에 의지하고, 지혜와 자비에 뿌리를 두고, 지혜로써 자기 몸을 다스리고 자비로써 만물에 응해야 한다는 말씀으로 신구의 삼업이 바르면 편안하고 즐겁고, 올바르지 못하면 위험하고 근심스러운 까닭에 이는 특히 문수사리보살의 바른 지혜(인간의 지혜가 아닌 자연 실상의 지혜)를 의지하여 네 가지 법에 머물러야한다고 이르셨다.

안주4법의 내용을 보면 다음과 같다.

①신안락행身安樂行: 보살의 행할 곳과 친근할 곳에 편안히 머물러 있어야 한다. 즉 몸가짐을 바로 해야 한다.

②구안락행口安樂行: 경經을 읽을 때 사람이나 경전의 허물을 말하지 말고 법사를 업신여기지 말라. 즉 말을 바로 해야 한다.

③의안락행意安樂行: 질투하거나 속이는 마음을 내지 말고 불도를 닦는 이의 허물을 말하지 말라. 즉 바른 뜻을 세워라.

④서원안락행誓願安樂行: 집에 살거나 출가한 사람에게 대자대비한 마음을 내라. 즉 대자비행大慈悲行을 말한다.

「보현보살권발품 제28」의 '성취사법'과 「안락행품 제14」의 '안주사법'은 서로 일맥상통하는 면이 있다.

법화경 28품 전체를 적문迹門과 본문本門으로 나눌 때 적문은 「서품 제1」에서 「안락행품 제14」까지를 말하고, 본문은 「종지용출품 제15」에서 「보현보살권발품 제28」까지를 말한다.

적문이란 석가모니불이 나타나기 이전 아득히 먼 과거에 성불한 본불本佛이 중생을 구제하기 위하여 석가모니불로 그 자취를 나타낸 부분을 말하고, 본문이란 실제로 나타나신 석가모니불과 인간과의 관계를 나타낸 부분을 말한다.

"여래가 열반한 뒤에 반드시 이 경을 만나게 되리라."

◉ 이 말씀의 뜻은 부처님이 열반하신 후 말법시대에 법화경을 만나기 위해선 앞에 말씀한 성취사법을 해야 한다는 말씀이지만, 꼭 법화경을 만나기 위해서라기보다는 우리가 무슨 일을 할 때, 시기나 기회를 놓쳤더라도 부처님을 믿고 들어가면 다시 시기나 기회를 만날 수 있다는 뜻이다.

법화경에는 '여래 멸후' 또는 '세존 멸도 후'라는 말씀이 자주 등장하는데 둘은 그 의미가 같다고 볼 수 있다. 그러나 세존 멸도 후란 자연의 질서가 무너질 때를 얘기하는 것이고, 여래 멸후란 인간의 마음자리가 변해서 악해질 때, 즉 말기현상을 나타낼 때를 말한다. 사람이 이성을 잃게 되는 때를 말한다.

✿

是人이 若行若立에 讀誦此經하면 我爾時에 乘六牙白象王하고 與大菩薩衆으로 俱詣其所하야 而自現身하며 供養守護하야 安慰其心하고 亦爲供養法華經故로 是人이 若坐하야 思惟此經이면 爾時에 我復乘白象王

하고 現其人前하며 其人이 若於法華經에 有所忘失 一句一偈하면 我當
教之하야 與共讀誦하야 還令通利케 호리다. 爾時에 受持讀誦 法華經者
得見我身하고 甚大歡喜하야 轉復精進하며 以見我故로 即得三昧와 及
陀羅尼하리니 名爲旋陀羅尼며 百千萬億旋陀羅尼며 法音方便陀羅尼
라 得如是等 陀羅尼이다.

"이 사람이 다니거나 섰거나 이 경을 읽고 외우면 제가 그때에 어금니
여섯 가진 흰 코끼리를 타고 대보살들과 함께 그의 처소에 가서 몸을
나타내어 공양하고 수호하여 그 마음을 위로하오리니, 역시 법화경을
공양하기 위함입니다. 이 사람이 만일 앉아서 이 경을 생각할 적에 제가
흰 코끼리를 타고 그 앞에 나타나되 그 사람이 법화경의 한 구절 한 게송을
잊었더라도 제가 가르쳐 주어 함께 알고 외워서 도로 통달케 하겠나이다.
이때에 법화경을 받아 지니는 이가 제 몸을 보고 매우 기뻐하여 더욱
정진하며 저를 본 인연으로 삼매와 다라니를 얻을 것이니, 이름이 선다라
니와 백천만억 선다라니와 법음방편 다라니이니 이러한 다라니를 얻을
것입니다."

• 약행약립若行若立
"다니거나 섰거나."
일이 잘되거나 또 일이 잘 안 되거나 간에.

• 육아백상六牙白象
"어금니 여섯 가진 흰 코끼리."
6근이 청정하다는 뜻.

흰 코끼리를 탄 보현은 이치를 나타내므로 흰빛은 이치가 맑고 순수하다. ⇨ 제법실상의 이치를 본다.

• 유소망실有所忘失 일구일게一句一偈

"한 구절 한 게송을 잊었더라도."

　　◉ 생각했던 것을 잊어버려서 썩는다.

　　만물엔 다 때가 있는데 마魔가 들어와서 그때를 놓친다.

　　한 가지를 생각해서 일을 시작하려는데 잊어버린다. 모든 일에는 때가 있는데 그때가 지나면 썩는다. 약마, 약마자, 약마녀, 약마민, 약위마소착자, 약야차, 약나찰, 약구반도, 약비사사, 약길자, 약부단나, 약위타라 등에 의해서 잊는다.

• 여공독송與共讀誦

"함께 읽고 외워서."

내가(부처님) 너와 함께 한다. 같이 움직인다.

• 환령통리還令通利

"도로 통달케 하겠다."

　　◉ 그 참뜻을 열어 보이고 깨달아 들어가게 한다.

　　우리가 이 세상에 올 때 도급을 맡아 가지고 왔는데 자기가 할 일을 다 하고 가도록 해야 한다. 공부를 맡아 가지고 왔으면 박사를 해서 연구 업적을 내야 하고, 사업을 해서 많은 사람에게 일자리를 주려고 왔다면 그 일을 해야 한다. 또 농사하는 일을 가지고 왔으면 열심히 농사해서 많은 사람을 먹여 살려야 한다.

• 전부정진轉復精進

"더욱 정진하며."

◉ 누구나 이 세상으로 올 때 실상 세계에서 받아 지니고 온 것을 열심히 하면 자재신통력이 생긴다. 그러면 그 이름이 널리 퍼져서 위덕명문하게 된다.

◉ 제갈공명(蜀漢의 모신)과 사마의(魏의 정치가)가 전쟁을 하는데, 제갈공명은 속전속결로 끝내고 싶은데 사마의는 싸움에 응하지 않는다. 제갈공명이 사마의를 끌어내려고 사신을 시켜 여자 옷을 사마의에게 보낸다. 그것을 본 사마의 장수들이 화가 나서 싸울 것을 주장하나 사마의가 만류한다.

사마의가 사신에게 묻는다.

"요새 제갈 선생께서 식사는 어떠하신가?"

사신이 말하기를

"제갈공명께선 요새 일찍 일어나시고 일은 많아서 3홉 드시기가 어렵습니다."

이에 사마의가 사신에게 이르기를,

"돌아가거든 식사는 적은데 일은 많으니 어찌 오래 살기를 바라겠느냐〔食小事奔安久能平〕? 하면서 한탄하더라고 전해라."

돌아온 사신이 사마의가 한탄한다는 말에 제갈공명은 자기를 뒤돌아보게 된다. 자기를 뒤돌아보니 그동안 너무 바쁘게 살아왔다. 자기 힘보다 더 많은 일을 했다. 제갈공명은 병이 들어 54세에 오장원에서 죽는다. 사마의는 이 세상에 올 때 하늘의 명을 받아 가지고 왔다. 즉 하늘의 부름으로 이 땅에 온 것이다. 그러나 제갈공명은 하늘의 명을 받아 온 것이 아니라 유현덕이 세 번을 찾아가 간청해서 억지로 세상에 나왔다.

⇨ 삼고초려三顧草廬

제갈공명은 인간이 만든 목표를 정하고 달성하는 데 노력하다가 실패하였다. 제갈공명은 하늘의 운에 책임을 진 게 아니라 사람의 응답에 책임을 진 것이다. 제갈량의 목표는 천하를 3등분해서 서로 견제와 균형을 도모하고자 하였다. 그래서 제갈공명은 자기 몸이 다하도록 열심히 일을 한 것이다. 제갈공명은 하늘의 운을 받아 가지고 와서 일을 한 것이 아니다. 즉 제갈공명은 할 일이 아닌 것을 하다 간 것이고, 사마의는 자기의 할 일을 하다 간 것이다. 사마의는 하늘의 운이 있어 전부정진轉復精進이 된 것이다. 왜냐하면 자기 일이니까. 자기 일을 하니까 힘이 있는 것이다.

이렇듯 실상 세계에서 자기가 할 일을 가지고 온 사람은 그 일을 열심히 하면(즉 전부정진하면) 자재신통력이 생긴다.

• 삼매三昧

삼매란 한 가지에만 마음을 집중시키는 일심불란一心不亂의 경지를 말한다.

순수한 집중을 통하여 마음이 고요해진 상태로 불교 수행의 이상적인 경지는 곧 삼매의 상태이다.

◉ 이 세상은 해 달 별의 힘에 의해서 움직인다. 그 외 사람의 힘에 의해서 움직이는데 이것이 삼매의 힘이다. 삼매란 보이지 않는 힘이 나와 함께 하는 것을 말한다. 자기가 실상實相에서 받아 가지고 온 일을 열심히 하면 자재신통력이 생기고 삼매에 들어가게 된다.

장마철에 우물을 파면 남이 비웃지만, 가뭄 때 많은 사람을 살린다. 이것이 삼매의 힘이다. 남편의 월급으로 사는 부인이 "우리가 쥐꼬리만 한 당신 월급으로 애들 과외시키고 이렇게 사는 줄 알아? 내가 다 재주를 피워서 사는 거지." 하면 그 집은 삼매의 힘이 안 생긴다. 이런 집에 어려운 일이 생기면 평소 축적해 둔 힘이 없어서 그냥 망하고 만다. 좋은 일을 하고 떠벌리지 않으면 삼매의 힘이 생긴다.

• 선다라니旋陀羅尼

선旋은 돌린다는 뜻으로 A가 B에게 넘겨주고, B는 C에게 넘겨주고 해서 자꾸 이어지는 것이다. 곧 A가 B에게 부처님의 가르침을 설해 주고, B는 C에게 설해 주고, C는 D에게 설해 줘서 끊임없이 이어지는 것을 말한다.

다라니陀羅尼란 악惡을 멈추고 선善을 권장하는 힘이 있다. 선다라니 란 부처님의 가르침을 듣고 자기만 듣고 감탄하는 것이 아니라 그 가르침을 남에게 설해서 그 사람도 감탄하게 해서 자꾸 이어지게 하는 것이다. 그러한 근본이 되는 힘은 맨 처음 설법회상에서 법을 들은 사람이 가지고 있다. 그래서 근본이 되는 힘이 세상을 불국토로 바꾸어 놓는 것이다. 촛불 하나가 만 개의 촛불을 밝히는 원리와 같다.

• 백천만억 선다라니百千萬億旋陀羅尼

모든 사람을 감화시키는 힘을 말한다. 한 사람이 여러 사람에게, 또 그들이 더 많은 사람들에게 올바른 법을 펴 나가는 것을 뜻한다.

• 법음방편다라니法音方便陀羅尼

법음은 법화경의 가르침을 세상에 펴는 것. 방편은 상대의 근기에 맞춰 편리하게 쓰는 것이니, 법화경의 가르침을 상대의 근기에 맞게 펴는 것을 말한다.

- 보현보살다라니

아단디 단다바디 단다바례 단다구사례 단다수다례 수다례 수다라바

디 붓다파션네 살바다라니아바다니 살바바사아바다니 수아바다니
싱가바리사니 싱가널가다니 아싱기 싱가바가디 데례아다싱가도랴
아라데파라데 살바싱가디삼마디가란디 살바달마수파리찰데 살바
살타루타교사랴아누가디 신아비기리디데

■ 이 다라니는 악을 소멸하는 힘을 가졌다.
☞ 보현보살 다라니는 어떤 경우에 외우나?
　인연을 맺게 할 때.

✿

若有受持讀誦 正憶念하야 解其義趣하고 如說修行하면 當知是人은 行
普賢行하야 於無量無邊 諸佛所에 深種善根이라 爲諸如來의 手摩其頭
다. 若但書寫하면 是人命終에 當生忉利天上하리니 是時 八萬四千天女
作衆伎樂하고 而來迎之어든 其人이 卽著七寶冠하고 於婇女中에 娛樂
快樂이온대 何況受持讀誦 正憶念하야 解其義趣하고 如說修行이닛가.
若有人이 受持讀誦하고 解其義趣하면 是人命終에 爲千佛授手하사 令
不恐怖케 하며 不墮惡趣하고 卽往兜率天上彌勒菩薩所호니다. 彌勒菩
薩은 有 三十二相한 大菩薩衆의 所共圍繞며 有百千萬億 天女眷屬이어
든 而於中生하나니다. 有如是等功德利益일새 是故로 智者는 應當一心
으로 自書커나 若使人書하고 受持讀誦 正憶念하야 如說修行이니다. 世尊
하 我今에 以神通力故로 守護是經하야 於如來滅後 閻浮提內에 廣令流
布하야 使不斷絶케 호리다. 爾時에 釋迦牟尼佛이 讚言하사대 善哉善哉라
普賢아 汝能護助是經하면 令 多所衆生으로 安樂利益이니라. 汝已成就

不可思議功德하야 深大慈悲며 從久遠來로 發阿耨多羅三藐三菩提意하고 而能作是 神通之願하야 守護是經이니 我當以神通力으로 守護能受持 普賢菩薩名者리라.

"만일 받아 지니고 읽고 외우고 바르게 기억하고 뜻을 해설하고 말한 대로 수행하는 이가 있으면 이 사람은 보현의 행을 행하여 한량없고 그지없는 부처님 처소에서 선근을 깊이 심으며, 여러 여래께서 손으로 마리를 만져 주시는 줄을 알아야 하나이다. 다만 쓰기만 하여도 이 사람이 목숨을 마치고 도리천상에 태어날 적에 8만 4천 하늘아씨들이 모든 풍류를 잡히면서 와서 맞고, 이 사람은 7보관을 쓰고 시녀들 속에서 호사하며 즐길 것이거든, 하물며 받아 지니고 읽고 외우고 바르게 기억하고 뜻을 해설하고 말한 대로 수행함이겠습니까. 만일 받아 지니고 읽고 외우고 뜻을 해설하면 이 사람은 목숨을 마치고 1천 부처님이 손을 내밀어 주어 두렵지도 않고 나쁜 갈래에 떨어지지도 않고 곧 도솔천상의 미륵보살 계신 데 왕생할 것이며, 미륵보살은 32 어른다운 몸매가 있는 대보살들에게 둘러싸여서 백천만억 하늘아씨 권속들이 있는 가운데 나게 하리이다. 이와 같은 공덕과 이익이 있사온데 지혜 있는 이는 마땅히 일심으로 스스로 쓰거나 사람으로 하여금 쓰게 하여 받아 지니고 읽고 외우고 바르게 기억하고 말한 대로 수행할 것이옵니다. 세존이시여, 저는 신통의 힘으로 이 경을 수호하며 여래가 열반하신 뒤에 남섬부주에 널리 선포하여 끊어지지 않게 하겠나이다."

그때에 석가모니불이 찬탄하시었다.

"착하고 착하도다, 보현이여. 그대가 이 경을 보호하고 도와서 많은 중생을 안락하고 이익되게 하였으니, 그대는 불가사의한 공덕을 성취하였고 자비가 깊고 커서 오래전부터 아뇩다라삼먁삼보리심을 내었으며, 능히 이렇게 신통한 서원을 세워 이 경을 받아 지니나니 내가 신통한 힘으로써 보현보살의 이름을 받아 지니는 이를 수호하리라."

• 수지독송受持讀誦 정억념正憶念 해기의취解其義趣
  – 수지독송受持讀誦: 받아 지니고 읽고 외우고 뜻을 해설한다.
  우리 안에 불성이 있다는 것을 깨닫게 되면 모든 번뇌가 없어지고
  삶과 죽음에서 벗어나는 힘을 가지게 된다.
  – 정억념正憶念: 바르게 기억한다.
    ◉ 남의 마음에 맞게 산다. 쓸데없는 생각 하지 말고 바르게 하라.
  – 해기의취解其義趣: 뜻을 해설한다.
    ◉ 남의 뜻을 새겨 봐라.

• 위제여래爲諸如來 수마기두手摩其頭
  "모든 여래들이 손으로 머리를 만져 준다."
  모든 여래의 지혜를 얻는다.
  부처님이 믿는다는 뜻.
    ◉ 머리를 짚으면 동서남북 중앙의 힘이 움직여진다.

• 영불공포令不恐怖
  "두려워하지 않는다."
  환경의 영향을 전혀 받지 않는다는 말.

참고 문헌

寂明, 『설송 큰스님 묘법연화경 전품 법문』(현불사, 2006).

小林一郎, 『法華經講義』(李法華 역, 靈山法華寺出版部, 1976).

니와노 닛쿄, 『법화경의 새로운 해석』(박현철·이사호 역, 經書院, 1996).

박혜경, 『법화경 이야기』(범우사, 1999).

민희식, 『법화경과 신약성서』(블루리본, 2010).

지광, 『법화경공부』, 네이버카페.

寶華靑定, 『묘법연화경』(修庸寺, 2006).

무진행 이상구, 『천부경강해』(화림원, 2012).

妙法蓮華經, 『大正藏』, 권9, 동국대학교불교학술원.

이법화, 『법화경 강의』(영산법화사출판부)

무비스님, 『법화경 법문』(담앤북스, 2017)

네이버블로그, 불교와 인연

인운 손종호

연세대학교 정법대학 행정학과를 졸업하고, 동 대학 대학원에서 행정학 박사학위를 취득하였다.

미국 조지워싱턴대학교 연구교수, 경기대학교 행정학과 교수, 경기대학교 법정대학장 및 행정대학원장, 사회교육원 원장, 전국 행정대학원 협의회 회장, 경기도 행정쇄신위원회 및 정책위원회 위원 등을 역임하였다.

현재 경기대학교 행정학과 명예교수이다.

1986년 8월 대한불교 불승종佛乘宗 종조宗祖이신 설송雪松 큰스님으로부터 법사 수기를 받았다.

죽기 전에 꼭 읽어야 할 법화경

초판 1쇄 인쇄 2021년 5월 24일 | 초판 1쇄 발행 2021년 6월 3일
글쓴이 손종호 | 펴낸이 김시열
펴낸곳 도서출판 운주사

  (02832) 서울시 성북구 동소문로 67-1 성심빌딩 3층

  전화 (02) 926-8361 | 팩스 0505-115-8361

ISBN 978-89-5746-652-0 03220   값 33,000원

http://cafe.daum.net/unjubooks 〈다음카페: 도서출판 운주사〉